中国博士后科学基金第63批面上一等资助项目（2018M631108）资助

群际关系
心理预警机制研究

胡发稳 著

中国社会科学出版社

图书在版编目（CIP）数据

群际关系心理预警机制研究 / 胡发稳著 . — 北京：中国社会科学出版社，2022.5

ISBN 978-7-5203-9854-1

Ⅰ.①群… Ⅱ.①胡… Ⅲ.①群体心理学—研究 Ⅳ.① C912.64

中国版本图书馆 CIP 数据核字 (2022) 第 039985 号

出 版 人	赵剑英
责任编辑	许 琳
责任校对	李 硕
责任印制	郝美娜

出　　版	中国社会科学出版社
社　　址	北京鼓楼西大街甲 158 号
邮　　编	100720
网　　址	http://www.csspw.cn
发 行 部	010-84083685
门 市 部	010-84029450
经　　销	新华书店及其他书店
印刷装订	北京君升印刷有限公司
版　　次	2022 年 5 月第 1 版
印　　次	2022 年 5 月第 1 次印刷
开　　本	710×1000　1/16
印　　张	20.75
字　　数	309 千字
定　　价	118.00 元

凡购买中国社会科学出版社图书，如有质量问题请与本社营销中心联系调换

电话：010-84083683

版权所有　侵权必究

序

群际冲突，特别是涉及民族因素的各种冲突问题，常危及社会和谐与稳定，一直是学术界倍感兴趣的话题和热点。目前，对于群际冲突的探讨存在国际关系、民族关系和群际关系3种研究视角，集中于构建群际冲突的原因模式基础上，探寻有效防止和解决群际冲突问题的社会组织方式和管理政策模式。尽管其社会归因和心理驱动因素得到了广泛描述和解释，但对于这些因素之间的内在作用机制却长期被忽视，其社会－心理联动机制是一个尚未有效解决的重要科学问题。从群际冲突的复杂性看，显然没有任何一个单一学科能为它的发生机制及其社会后果作出综合而完整的解读。

针对已有研究存在"忽视机制模型，构建预警指标考察不足"等缺陷，该书在梳理以群际冲突为切入点的群际冲突的社会因素和心理变量的基础上，尝试从生理—认知—行为的整合性视角出发，基于群际冲突信息加工模式的建构，分别从生理唤醒反应、社会认知加工、行为动力模态3个方面展开了实验研究。具体而言，综合采用神经生理记录技术、社会网络分析、经典ERP心理实验范式、复杂系统理论方法，以冲突信息加工中的生理反应特性、社会表征、认知加工模式、行为动力模式和冲突行为为研究对象，进行多维度、多水平的实证检测和印证。然后，根据复杂系统动力学观点，基于突变理论，应用突变级数法与模糊集的复杂系统多准则决策技术将3方面的研究数据进行整合，从而系统地考证和建构了一个理解群际冲突信息加工机制的理论模型，为监测和预警潜在群际冲突者提供了检测技术和理论参考。

  本书的最大特色是将复杂系统突变理论引入群际冲突信息的加工预警分析中，并融入现代神经生理测评技术和 ERP 研究范式，突破已有研究的方法局限性和问题域。此其一。其二，采用复杂社会网络分析技术对群际冲突主题的社会表征进行建模分析，有效弥补了结构性分析的理论研究缺陷。其三，将突变理论中的突变级数方法引入群际冲突信息加工机制理论模型预警效应的综合评价，既可以在整体上判定个体的预警级别，也可以对具体的准则层面上作出险情判别。

  通过对群际冲突的信息加工机制问题进行系统研究，该书提出群际冲突的心理传播预警模型是由生理应答模式、社会认知模式、行为动力模式、群际攻击行为 4 个准则层组成的复杂系统的结论。在写作行文上，研究目的明确，结构完整，资料详实，论述条理清晰，无论在研究视角、理论建构、研究内容方面，还是在实验设计、数据分析方法上，都做了一些新的尝试和改进，发现了一些具有较强社会价值的新知识。当然，其中的一些新关系和新发现，以及所建构的冲突信息加工模型尚需开展大量研究来予以检验、修正和发展。

  总之，该书是国内对群际冲突的心理预警机制问题进行系统研究的第一部专著，弥补了民族学、人类学相关研究中的不足，有助于提高人们对群际冲突问题的认识，并对处理群际冲突问题具有重要的参考价值，同时也可为防控群际冲突和维护社会稳定提供一些科学依据和工作思路。

  本书适合社会学、民族学、心理学、人类学、管理学等相关专业的本科生、研究生、科研人员以及从事民族问题研究和民族事务工作的人员阅读参考。

王沛

2022 年 1 月 29 日

华东师范大学

前　言

　　社群团结是检验国家社会管理水平和质量的一个重要指标，而它本身却是一个政治、经济、文化、历史、地缘、信仰、民心多种因素合力的产物。在微观操控层面上，消解群际冲突是实现各社群大团结的必然要求。但事实上，群际冲突从未沉寂过，局部或地区性群体性冲突事件时有发生，严重影响当地社会的安定团结和繁荣发展，成为和平时代背景下的一个不和谐、不合调的刺耳音符。为了有效预防和管控这类非常规突发性群体事件，各国的政府和学者都予以极大的关注热情，纷纷以群际冲突成因及其处置管理为主题进行了大量研究。考虑到群际冲突从来都不是由某个单一因素造成的，研究者主要将其成因归结为"社会、心理和行为"三大方面。不可否认，这些研究增进了人们对群际冲突实质的认识和理解，也为对它的有效管控提供了理论和技术指导。但从当今群际冲突此起彼伏的现实情势看，这种线性思维的因果决定论研究方式有其固有缺陷，为此，我们试图整合社会－心理－生理－行为因素，进行复杂性分析，通过对群际互动情境中的"神经生理因素、社会认知因素、行为动力模式和行为反应特性"评估，找出群际冲突的微观检测指标，为客观监测和预警潜在冲突者及其暴力行为倾向提供可操作的程序和方法。下面分别对这些工作进行回顾、总结和展望。

　　本书的理论基础主要来自于对群际关系和群体过程相关的社会因素、心理因素的文献综述，由第一章、第二章组成，内容概述如下：

　　在第一章，着力梳理群际冲突的社会归因。为了科学地把握和界定

"群际冲突"概念，本研究首先梳理和比较了"冲突"一词的辞典释义与学科定义，指出词典释义仅规定了它的内在特征，以及心理学和文学创作意义上的表征模式，而不同学者的定义则是为其研究目的和理论取向服务的。基于这两方面的内涵解析，本研究将冲突界定为发生在个体或群体之间对立的、互不相容的目标、认识、情感或行为，并由此引起不和谐或不一致的相互作用的任何一个心理和行为状态。冲突产生的必要条件是存在差异，其核心要素包括不一致、对立、不和谐、不相容、对抗互斥。然后，为准确解释各种冲突现象的发生发展规律，对冲突理论进行了回顾。环状冲突模型把冲突驱动因素区分为人际关系、价值观念、外因/情绪、数据信息、结构性因素五大类，它们相互连接，组成一个冲突的成因连环，既可以单独引发特定冲突，也能相互作用，形成合力共同导致冲突。边界冲突模型将冲突归因于行为主体间的社会边界及其规范受到了挑战、威胁和违反，也即行动者之间边界的不一致、破裂或者对立。冲突动力学模型将冲突界定为行动者使用冲突行为相互争斗以实现不相容目标或表达敌意的情境，其主要原因可归结为资源目标不兼容、角色不兼容、价值观不相容3个方面，而冲突群体和触发事件则是冲突爆发的两个条件要素，一旦爆发后，其演变过程大致分为升级、僵持、调停3个时期。综合来看，这些理论所述及的各因素及其效应路径还存在较大的不确定性和主观性，尚需后续研究进行检验、修正，以确证它们的冲突风险预警效应。

其三，本研究将群际冲突界定为不同民族行动者之间对立的、互不相容的目标、认识、情感或行为，并由此引起对立或不一致的相互作用的任何一个状态，包括行为表现上的不一致、对抗、争斗，以及行动者内在的各种心理特质及其功能的不相容、不和谐。从社会归因看，民族类属理论将群际冲突的根源归结为人们所持有的民族范畴心理本质观，经由它造成了群际间认知、情感和行为等方面的心理本质差异感，这种差异感是群际冲突的前提条件和决定性因素，因而是不可避免的。群体冲突理论把群际冲突归因于群体间资源利益目标的不兼容，即为争夺稀缺资源和消除主观危机感而采取的敌意行为或暴力对抗。安全困境理论认为群际冲突起因于族群双方对彼此的未决不确定性的动机、意图和能力的解释困境，及其衍生的最合理反应的回应困境，为消解由此双重困境引起的恐惧和焦虑，确保民族安全，便需采取冲突行为来获取自身民族利益最大化。理性选择理论把群际冲突视为一个族群基于行为效用的理性"成本-收益"计算，采用暴力手段和攻击性行为来追求特定利益目标而有意选择的产物。发生阶段理论从个体发生学角度，对群际冲突的阶段特征和时相变化进行了构建。但学者们未深究这些因素的内在联系和作用机制，也就无法利用它们有效预警和干预管理。

第二章阐述了群际心理过程，即从社会认知、群体过程、强化敏感性、群际信息加工机制、群际行为反应5个方面综述了群际关系的心理因素及其机制。尽管心理驱动因素得到了广泛描述和解释，但它们之间的内在作用机制却长期被忽视，其社会-心理联动机制是一个尚未有效解决的重要科学问题。鉴于此，我们认为一个群际冲突事件是个体或群体的生理因素、认知因素和行为因素协同作用的产物，继而提出了群际互动信息加工机制理论模型，并进行了预警路径设计和行为动力量具修订。

在上述工作基础上，本书基于复杂系统理论中的突变论思维模式，分别围绕生理应答模式、社会认知模式和行为动力模式三大主题，采用多种方法开展系列研究来检验它们在群际冲突行为中的作用机制，甄选出了一些核心的关键预测指标。这些研究大致涉及群际冲突的生理应答、社会表征、注意加工、冲突监控、行为决策以及认知神经机制等内容，由第三章、第四章、第五章、第六章构成。具体而言，在第三章中，采用美国 BIOPAC MP150 和 NeuroFlight 系统，记录和测量了在视频刺激作用下的自主生理反应、EEG 脑电参数及行为效应，结论认为在群际冲突的信息加工中，人们所表现出的特异性生理唤醒反应与特质攻击性和特质冲动性相关联，表明群际冲突信息的刺激作用会改变个体的生理唤醒状态，进而激活冲动性和攻击性行为模式。

第四章采用词汇联想测试，收集"群际冲突"激发词的自由联想反应，借助可视化网络图、K-核解析的复杂网络分析技术，解析了群际冲突的社会表征及其核心要素，结论认为群际冲突的社会表征是一个多层级网络结构，包括3个子网络：一个4-核中心核、一个3-核边缘系统和一个2-核外周系统，构成一个"中心核—边缘系统—外周系统"的层次结构模型。该模式以"战争（矛盾、和谐）"为中心内核来组织整个表征结构，其整体意义产生于"战争、斗争、和平、矛盾、冲突"5个共享关键元素。在社会表征过程中，不同社群的"群际冲突"社会表征模式是不一样的，存在社群差异。

第五章相继应用经典的点探测和"启动（S1）-目标（S2）"实验范式，考察了冲突线索的注意加工及认知监控机制，发现人们倾向于无意识地优先选择注意加工群际冲突信息，这种注意偏向有两个来源，一是无意识或前注意加工，二是策略性控制加工，易使人们把相关的社会环境解释为具有危险性，进而增强行为的奖惩敏感性，激活主动性攻击和反应性攻击行为模式。

群际线索的认知加工包括线索感知和冲突评价两个过程，信息监测可诱发明显的N1、P1、N2和P300 EEG脑电成分，其中P300是冲突监测的标记性神经认知成分。群际信息监测过程包括早期注意定向、刺激冲突评估、行为反应调控和认知资源分配4个连贯一体的信息处理阶段。此外，群际信息监测诱发的一些电生理学指标与行为动力的强化敏感性存在关联性。

在第六章中，创设了族群安全困境和群际事件，采用实验法考察了安全困境下群际事件的行为动力模式。结论认为总体上，人们处理群际事件时，支持行为的选用频次最高，反对行为次之，防御行为使用频次最少。群际熟悉度、决策一致性、理性选择变量是影响安全困境中群际行为动力模式的重要因素，起着促进或抑制作用。另外，在群际偏向情境下，人们处理群际事件时反击行为使用频次明显多于接受行为。收益反馈信息、奖惩敏感人格因素是影响群际偏向情境中群际行为动力模式的重要因素，起着促进群际行为差异化的作用。

第七章运用基于突变理论与模糊集的复杂系统多准则决策技术，建构了基于遴选核心预测指标的群际关系心理预警模型，并检验了实效性。

前　言

主要结论认为群际冲突心理预警模型是由生理应答模式、社会认知、行为动力、攻击行为 4 个准则层组成的复杂系统，涉及生理唤醒反应、注意偏向效应、冲突检测敏感性、冲突检测效应、行为动力模态、群际行为表型等。它们构成群际关系心理预警系统中的核心要素。这些要素以非线性动力学的方式相互作用，形成反应回路，具有突变形态的动力学特征和演化进程。随后对整个研究进行了概括和展望。

目　　录

第一章　冲突的基本内涵 ··· 1
　　第一节　冲突界定与解释 ····································· 2
　　第二节　群际关系论 ·· 12

第二章　群际心理过程 ·· 21
　　第一节　社会认知 ·· 22
　　第二节　群体过程 ·· 26
　　第三节　强化敏感性 ·· 30
　　第四节　群际信息加工机制 ·································· 34
　　第五节　群际行为反应 ······································ 39

第三章　影像刺激生理应答模式 ·································· 57
　　第一节　被试与研究设计 ···································· 63
　　第二节　影像信息生理应答机制 ······························ 72
　　第三节　分析与讨论 ·· 94

第四章　群际冲突认知表征 ····································· 102
　　第一节　被试与方法设计 ··································· 107
　　第二节　族群社会表征模式求解 ····························· 112

第三节　群际冲突社会表征模式求解 ······ 119
　　第四节　分析与讨论 ······ 123

第五章　群际信息加工及脑机制 ······ 131
　　第一节　群际线索注意特性及其行为效应 ······ 137
　　第二节　冲突线索监控神经机制 ······ 175

第六章　群际行为决策 ······ 209
　　第一节　族群安全困境决策 ······ 209
　　第二节　群际偏向决策机制 ······ 225

第七章　群际冲突心理预警模型 ······ 238
　　第一节　研究设计与方法 ······ 242
　　第二节　群际冲突预警模型构建 ······ 244
　　第三节　预警系统非线性动力机制 ······ 252
　　第四节　群际冲突关系预警组分 ······ 253

参考文献 ······ 261

附　录 ······ 293
　　附录1：行为抑制/激活系统量表 ······ 293
　　附录2：反应性–主动性攻击问卷 ······ 294
　　附录3：奖惩敏感性问卷 ······ 295
　　附录4：特质攻击性问卷 ······ 298
　　附录5：特质冲动性问卷 ······ 300
　　附录6：视频材料"类别–情绪"评定表 ······ 301
　　附录7：图–词切换任务答题纸 ······ 303

附录8：群际情境事件决策材料 ·················· 305
附录9：族群知识测试题 ······················ 308
附录10：分钱提议类别判断（样例）··············· 310
附录11：5个特例被试的无量纲化数据（样例）········· 312

后　　记 ································ 315

第一章　冲突的基本内涵

放眼全球，和平与发展既是当今时代的主流，也是全人类的共同愿望。然而，人类也正处在一个挑战层出不穷、风险日益增多的时代①。兵戎相见时有发生，局部社会冲突呈现出此起彼伏、经久不息的态势，致使如何管理和消解冲突成为一个历久弥新的热门话题。从群体性事件看，局部动荡从没休止，在20世纪的最后10年间，世界上就有53个国家和地区发生了族群冲突，112个国家和地区中存在族群问题隐患②。21世纪之始的20年里，涉及全球性问题的局部暴力冲突、社会骚乱事件，如2011年发生在英、美等国的骚乱暴力事件，均有一触即发，迅速蔓延之势。在持续两个月多时间的"占领华尔街"抗议行动中，这种群众性社会运动就席卷了包括美国城市在内的全球800多个城市。在我国境内，西部一些民族地区由于"三股势力"的造谣滋事及预谋策划，几次发动恐怖袭击，制造暴力破坏事件，造成严重的经济损失、人员伤亡和社会焦虑，成为影响民族团结、社会稳定和国家统一的突出问题。

对于此类群体性冲突的本质揭示、心理驱力探究和应对消解，不同学科领域的研究者均表现出了长期的兴趣③。尽管这些负性群际冲突关系

---

① 习近平:《共同构建人类命运共同体》,《求是》2021年第1期。
② Gurr T. R., *Peoples versus states: Ethnopolitical conflict and accommodation at the end of the 20th century*, Washington, D.C.: United States Institute of Peace Press, 2000.
③ Sherif, M., Wilson, M. O., eds., *Group relations at the crossroads*. New York: Harper and Brothers, 1953.

的社会归因和应对举措得到了广泛阐释,但来自社会心理学的证据表明,当事者的冲突经历也会在双方彼此的集体记忆中积累下相关仇恨和负面认知,这些认知、情绪和行为经验往往会转变成为再次触发冲突的心理驱动力量。事实上,尽管大多数群体性或族群冲突事件最终大都能得以有效管控和化解,但国家和人民却为之付出了惨痛代价、巨额处置成本。由此而论,拓展和深化群际关系的研究内容,探寻它的有效检测指标,构建消解负性群际关系的复杂预警系统及其干预管理机制,可能是预防和管控群际冲突的有效途径,也是实现多民族和谐共处的重要保障,同时也是推进我国社会改革与发展的必然要求。

第一节 冲突界定与解释

一 冲突内涵

在人类社会,冲突是人际交往、群体互动、日常生活中的常见现象,无处不在,无法回避,具有持久性和普遍性。正如郑(Jeong)所言,它可以被追溯到人类历史的开端,而且可能永远不会终结[①]。尽管如此,当前人们已经认识到冲突的社会后效取决于它是如何被有效地解决和管控的,只有试图减少和消除冲突的发生与水平,才能真正实现一个社会或组织内部的和谐与合作。在科学研究领域,由于冲突一词适用范围较广,许多的社会科学和行为科学研究者都致力于阐释它的本质内涵、结构要素与动力机制,也正因如此,带来了解释上的分歧与困难。

各类通用词典对于冲突的内涵释义存在差异。《辞海》[②]将冲突释义为:冲撞突击;争执,争斗,引申指矛盾、不一致;几种动机同时存在并相互斗争的心理状态;个体或群体在追求某种目标或价值观念的过程中知觉到来自对方的阻挠,从而产生对立的社会行为,形成个体与个体

---

① Jeong H.-W., *Understanding conflict and conflict analysis*, London: SAGE Publications Ltd, 2008.
② 辞海编辑委员会:《辞海》第六版,上海辞书出版社1999年版,第301页。

或群体与群体之间相互压制、破坏甚至消灭对方的方式与过程;以及文艺作品中所刻画的不同性格、不同情势、对立力量或人物内心各种思想感情的矛盾及其激化。《现代汉语词典》[①]对冲突的解释有二:矛盾表面化,发生激烈争斗;互相矛盾,不协调。《心理学大辞典》定义冲突为"两个或两个以上的事件、动机、目的、需求、冲动、行为同时出现于同一有机体而引发的矛盾状态"。[②]《牛津高阶英汉双解词典》中,"conflict(冲突)"兼具名词和动词双重词性,它具有"冲突,争执,争论;战斗;抵触,矛盾,不一致"等词义[③]。因此,从词典释义看,冲突是有明确的外在行动指向和内在意识倾向的矛盾及其激化状态,既指人们之间、人们与环境之间在行为表现上的不一致、对立、对抗、争斗,也指个体内在的各种心理特质及其功能的不相容、不和谐。虽然词典释义较为规范明确,指意清楚,但仅限于列举冲突的内在特征,以及心理学和文学创作意义上的表征样态,无助于从整体上对它的本质内涵及其范围进行全面的认识和理解。

  冲突是人类发展中的固有社会现象,普遍存在于各种类型的社会互动过程中,它是一个长期存在和普遍的社会问题。为了更深入地揭示冲突的内在结构与发生规律,研究者通常根据他们自己的研究目的,尝试对不同领域中的冲突进行界定,而这些定义却反映着他们各自的理论取向和看待冲突的特定视角。心理学家们往往依据对抗性的内在状态来定义冲突,认为在个体心理水平上,冲突是指感知到的不相容[④],或者当事

[①] 中同社会科学院语言研究所词典编辑室编:《现代汉语词典》第7版,商务印书馆2016年版,第179页。
[②] 林崇德、杨治良、黄希庭:《心理学大辞典》,上海教育出版社2004年版,第140页。
[③] (英)霍恩比:《牛津高阶英汉双解词典》第七版,商务印书馆2009年版,第415页。
[④] Boulding K., *Conflict and defense: A general theory*, New York: University Press of America, 1988, p.5.

者双方对他们彼此差异的观点和人际交往不相容的知觉[①]，以及在实际和关系问题中，双方或多方感知到的或者实际存在的关于价值观、期望、过程、结果的不相容[②]。从人际关系来看，冲突是人们之间或者具个体化特征的群体之间的一种敌对、不一致、或者目标不兼容的情境。在认知水平上，冲突是信息加工的一种认知控制特性，表现在知觉表征、刺激分类、反应选择、任务表征等信息加工过程中，从行为展现看，冲突是行动者为获取社会权利和地位利益，而主动采取的言语的或身体的对抗互斥行为，这些行为并非偶然事件，而是有意谋划的一种对抗性的、不相容的行为。社会学者巴托斯（Bartos）和韦尔（Wehr）认为行动者彼此相互对立的冲突行为是为了达到双方各自互不相容的目标或表达敌意[③]。在群体关系领域，冲突所指的是发生在两个或多个社会群体之间的敌意态度、争斗活动或者暴力行为。如族群冲突就是两个或多个族群成员之间在政治、经济、文化和行为等层面的争执对抗，一般牵涉明确的民族索赔、表达不满、攻击其他民族的成员和破坏财物等公开的社会行动。

冲突是日常生活中不可分离的组成部分，只要人们感受到各自的利益、价值观、目标和需要互不相容或者自身的欲求、愿望受阻时，就会激发冲突。依据冲突发生的相关行动者和社会情境可以区分出不同的冲突类型，如群际冲突、民族冲突、组织冲突、人际冲突、情感冲突、文化冲突、行为冲突等。比如，组织行为学往往依据不同的工作情境将群体内冲突划分为任务冲突和关系冲突两类，其中任务冲突是指群体成员之间对于执行相关任务的内容存在不一致，包括在观点、想法和意见等方面的差异和分歧。关系冲突是指群体成员之间存在的人际交往不相容，

[①] Jehn K. A., "A multimethod examination of the benefits and detriments of intragroup conflict", *Administrative Science Quarterly*, Vol.40, No.2, 1995, pp.256–282.

[②] Ting-Toomey S., "Managing intercultural conflict effectively", In L. Samovar & R. Porter, Eds., *Intercultural communication: a reader (7th ed.)*, Belmont, CA: Wadsworth, 1994.

[③] Bartos O. J., Weh P., *Using conflict theory*, New York: Cambridge University Press, 2002.

尤指一个群体内成员间的人际紧张、敌意和烦扰[①]。而这些不协调或不一致则来自于人们和群体之间在社会地位、利益目标、价值观念、心理认知和共享资源等方面的差异。

综上所述，冲突是一个多维概念，具有多层涵义，对于冲突的界定分歧主要是基于一种理论上的范式意义而言，其实质则是一种矛盾的、不兼容的心理和行为状态。广义上讲，冲突概念可被延展用于描述由各种社交情境所造成的任何不一致和不和谐。具体来说，冲突是指发生在个体或群体之间对立的、互不相容的目标，认识或感情，并由此引起不和谐或不一致的相互作用的任何一个状态。据此，存在差异是冲突产生的必要条件，不一致、对立、不和谐、不相容、争斗是冲突中的核心要素。因此，群际冲突作为"冲突"的一个下位概念，在社会管理实践和群际关系学术研究中，它更多地被用来指称那些发生在不同的社会群体、不同民族（族群）或者不同社会范畴成员个体或群体之间的各种心理、行为和事件等方面的冲突事象。在操作定义水平，它可界定为不同社会群体之间对立的、互不相容或不一致的目标，认识或情感，并由此引起行为表现上的不一致、对抗、争斗，以及行动者内在的各种心理特质及其功能的不相容、不和谐。

二 冲突机制

虽然解析冲突的内涵有助于深入讨论和科学研究冲突问题，但它仅回答了冲突概念的可能内涵与外延问题，尚无助于人们动态地把握各种冲突现象的发生、发展规律。为此，研究者们已积极转向通过考察冲突的促发因素及其作用机制，来探讨有效的冲突化解与管理策略，并建立了相关的理论体系。这些冲突理论是关于解释冲突现象如何发生、保持、调解、终止和管理的知识体系及其一般原理，较具代表性的有以下几种机制模型。

---

① Ting-Toomey S., "Managing intercultural conflict effectively", In L. Samovar & R. Porter, Eds., *Intercultural communication: a reader (7th ed.)*, Belmont, CA: Wadsworth, 1994.

（一）边界冲突模型

最初，普雷沃斯特（Prevost）在他的博士论文《现实的核心要素》（*The Core Elements of Reality*）中提出了边界（boundary）冲突模型[1]。该模型认为冲突起源于特定边界及其规范受到了挑战、威胁和违反，表现为行动者之间边界的不一致、破裂或者对立。它强调边界是一切事物的共同要素，一方面在生理水平上，所有物种都有它们的生理边界和生理限度，另一方面在行为水平上，所有的活动都受限于物种的边界，由其支配和主导。在功能上，边界定义着一个物种或社群的行为标准、权限与合法性、权力与执行力、规范4个核心成分。从边界内容看，人类社会的边界主要有法律、协议、契约、规则、规程、文化期待、惯例、制度、决议、规范等不同形式。一般而言，大多数冲突是由边界及其行为标准不明晰、边界权力和执行权被否定、边界合法性与权限缺乏认可、边界规范被有意扩展4个关键原因引起的。因此，当冲突发生时，必须采取澄清与重建边界、权限、权力以及规范许可等措施对其进行及时干预，防止升级，有效管理。显然，该理论能有效解释那些行为主体间因制度文化、宗教信仰、社会习俗、民族身份等边界差异而引起的冲突现象，但它将"边界"视为客观现实的本质属性和核心要素却有失偏颇，毕竟大多数社会边界是人类文化创造的产物，其自身的内涵和外延将因群体文化差异而不同，具有较大的灵活性、可塑性，能根据不同的社会准则，在多种层次和水平上进行重新界定和拓展。因此，社会边界威胁只是冲突产生的重要的调节变量，而非充分必要条件。

（二）环状冲突模型

克里斯托弗·摩尔（Christopher Moore）最先在其著作《调解过程：解决冲突的实践策略》（*The Mediation Process: Practical Strategies for Resolving Conflict*）中提出环状冲突（The Circle of Conflict）模型[2]，

---

[1] Prevost L., The core elements of reality, Ph.D.dissertation, LaSalle University, 1996.

[2] Moore C. W., *The mediation process: Practical strategies for resolving conflict* (3rd Edition Revised), San Francisco: Jossey-Bass, 2003.

图1-1所示①。该模型把冲突的多元驱动因素作了类型和层次划分，为诊断和理解冲突原因提供了分析框架。这些潜在因素可大致分为人际关系（包括过去消极经验、刻板印象、无效沟通、重复性负面行为）、价值观念（信仰系统、是与非、善与恶、公正与不公正）、外因/情绪（争执的无关因素、生理与心理因素、心烦意乱）、数据/信息（信息资料的缺乏、误传、过多、收集问题）、结构性因素（有限的自然资源、职权问题、地理限制、组织结构）5大类。它们相互连接，组成一个冲突的成因连环，既可以单独引发冲突，也能相互作用，形成合力共同导致特定冲突。因此，根据这些因素来源冲突可划分为价值观冲突、人际关系冲突、外因/情绪冲突、数据/信息冲突、结构性冲突几种类型。

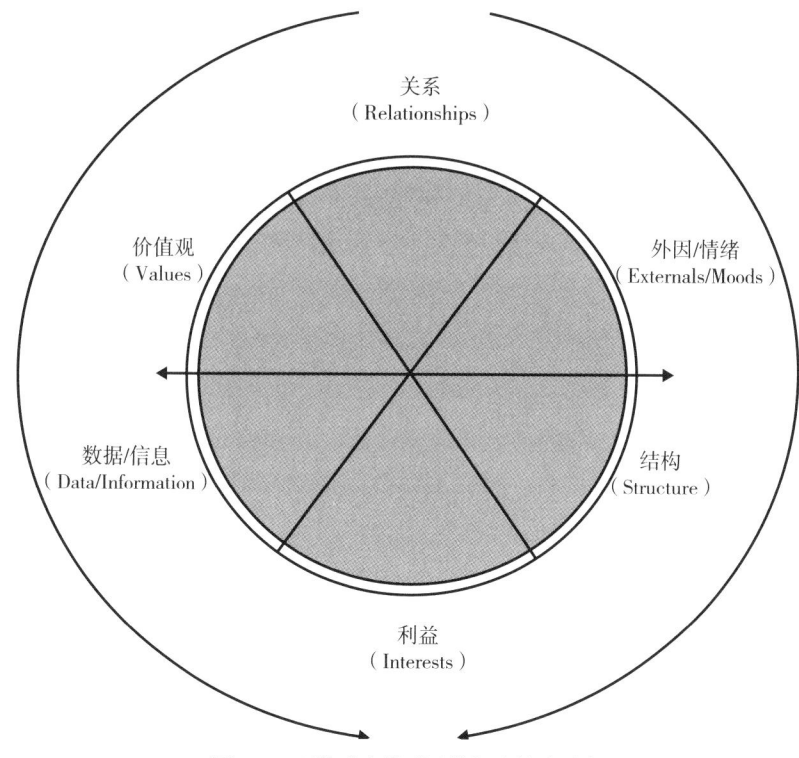

图1-1　环状冲突模型及其解决策略导向

---

① Furlong G. T., *The conflict resolution toolbox: models & maps for analyzing, diagnosing, and resolving conflict*, Canada: John Wiley & Sons Canada, Ltd, 2005.

基于上述冲突成因及其类型的划分，Moore认为在冲突解决实践中，调停者首先需要对各种冲突情境中当事者双方的价值观、人际关系、外因/情绪、数据/信息、结构性特征5个方面的驱动因素，进行创造性的分析、评估和判断，深层次地诊断出引发冲突的具体事由或根源；其次，列出每一冲突当事方的全部利益清单，包括愿望、需求、担忧和希望方面的利益内容；然后优先引导当事双方着力解决好由数据信息、结构性问题、利益因素等可直接操控的表层原因诱发的冲突事项，并以此为基础，逐步解决那些由价值观、人际关系、情感因素等深层原因引发的冲突问题。

在实际应用方面，弗朗（Furlong）对该模型作了细化拓展[①]，认为冲突的有效处置和管理始于两个基本过程：一是如何评估所面临的冲突；二是决定采取什么行动来解决。策略上，为巧妙地解决、处理各种冲突，避免自动便捷的无意识诊断和简单感性的情感反应，冲突解决者要做的首要事情是找出冲突的根本原因，即先直接帮助当事人厘清环状下部的数据、结构和利益3个领域的症结，再着手透析价值观、关系、外因/情绪方面的问题。随后，基于原因分析，构设有针对性的行动路径。例如，在解决数据信息冲突问题时，可以根据冲突各方的信息差异、对方动机的假设及其证实、辩驳等情报分析，来思考解决冲突的具体策略，如采取让双方共同解释、质疑和纠正错误信息资料，联合评估数据信息，或者共同取证各方都能接受和信赖的数据的方法。实际上，该模型主要着眼于分类冲突的内在原因或驱动因素，为科学的诊断和处置冲突提供了一个通用的分析框架、策略方向以及实践思路。

（三）冲突动力学模型

巴托斯和韦尔在其合著《运用冲突理论》[②]中对冲突的动力学机制作了详述和析解。该理论假定冲突起源于目标不相容和敌意两因素，包含

[①] Furlong G. T., *The conflict resolution toolbox: models & maps for analyzing, diagnosing, and resolving conflict*, Canada: John Wiley & Sons Canada, Ltd, 2005.

[②] Bartos O. J., Weh P., *Using conflict theory*, New York: Cambridge University Press, 2002.

一种独特类型的可观察冲突行为。因此，不相容情境下，为实现各自的目标或表达敌意，行动者常常采用冲突行为来相互争斗。在此假定中，行动者专指那些参与冲突并有自己目标的个人和群体；冲突行为则是有助于行动者达到自己与对手不相容的目标或者向对手表达敌意的任何理性的和非理性的行为；目标不相容是指行动者之间的欲达目标存在竞争性或"零和"关系；敌意所指为一种受情绪驱动的非理性行为，意味着在强烈的愤怒、报复情绪状态中，行动者一般无法及时地对所有的冲突行为的可能性作出恰当有效的评估，而是快速冲动地作出行为回应。在上述的假定和界定基础上，他们分别从冲突的起因、爆发和演变3个方面，建构了冲突的动力学模型，分述如下。

1. 冲突的根源机制

冲突起源于行动者之间的目标不兼容，这种原因主要可以归结为争夺资源、不相容的角色、不相容的价值观3个方面。具体而言，资源目标不兼容主要发生在各方行动者相互争夺财富（有形资产，如金钱、土地）、权力（强制他人完成任务的能力）和名誉（不负众望和实现群体理想的能力）3类紧缺资源中，其根本驱动力产生于行动者主观认为这些资源的分配不公平或者感受到不公正、相对剥夺或绝对剥夺，以及行动者的不正当权力、好战文化及其好斗性格等因素。角色不兼容起因于一个机构或组织中权力层级结构的角色分化，正是由于不同职位者承担的角色相异，而产生垂直或水平角色分化的目标冲突，如权力级差间的"整体与部分"冲突、社会团体中角色职责的任务冲突。价值观不相容则产生于个体或群体的社会分离，分化的个体和群体都会形成各自独特的、相互有别的价值观、信念和规范，进而促使行动者以不相容的方式行事。因此，大多数社会冲突的发生就是这些因素合力而引起目标不相容的产物，图1-2描绘了各因素之间的动力作用机制及其路径模式。

2. 冲突的爆发机制

虽然目标不兼容是引发各种社会冲突的根源性驱动因素，但对于一个公开型冲突的爆发而言，尚需要具备两个条件要素——冲突群体以及触发事件。冲突群体产生于一个群体的冲突团结（conflict solidarity）、冲

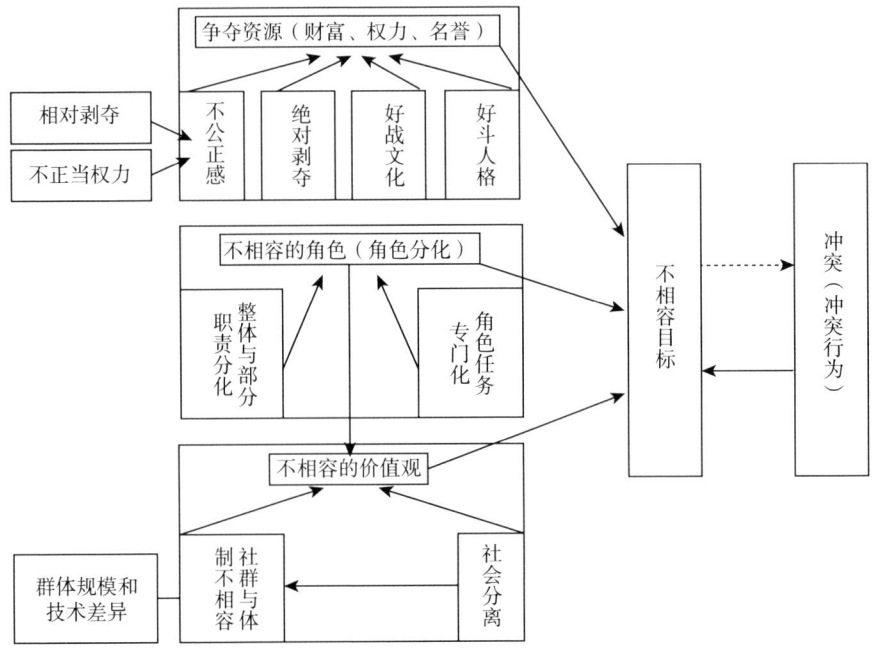

图1-2 目标不相容的动力机制模型

突资源（conflict resources）两个核心变量的直接作用和间接影响，其中冲突团结分别经由目标不兼容、敌意（主要由不满和挫折感引起）、促进冲突的互动（自由沟通）3个因素各自的动力路径及其合力作用实现，它的显著特征表现为群内成员自由沟通、彼此相互喜欢，共享特定的目标和价值观，确信冲突及其斗争是必要的，形成共同的冲突意识。一旦达到这样的群体团结，行动者就可以建立某种特有的冲突群体组织及其角色分化，动员和执行指向对手的冲突行动，以实现群体的共同目标。冲突资源是指行动者发动某种冲突所必需的物质和人力资源，当一个冲突团结较高的群体所掌控的冲突资源充足、可用性高，并能被有效调动时，该群体就有能力组织和实施特定的冲突行动。且在发动冲突行动之前，会出现大量的早期行为征兆，如资源动员、试图合作与说服等行为。此外，尽管冲突群体的形成为潜在公开型冲突提供了必要条件，但现实冲突的爆发往往是由一些不起眼的或者微不足道的原因引起，这些微小而非重要事件是公开型冲突的导火线，充当冲突行动的触发器，起着行为激发作用。因此，冲突的爆发机制可以简化为如图 1-3 所示的双条件因素动力模式。

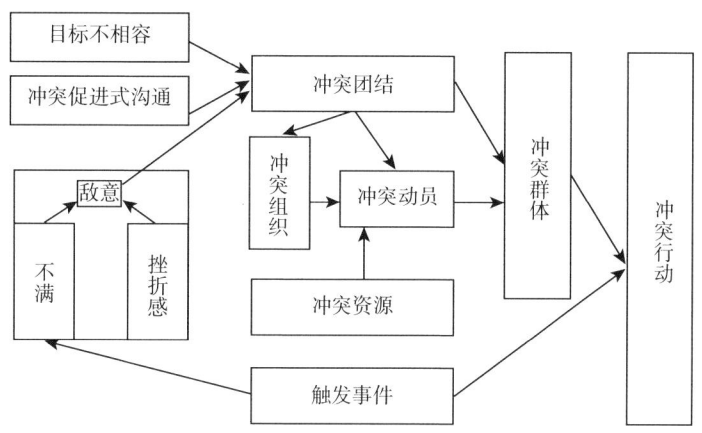

图 1-3　公开型冲突爆发的双因素作用机制

此外，当一个公开型冲突爆发后，其演变过程大致可以分为升级、降级、调停 3 个时期。冲突升级主要受冲突双方的自身因素和敌意所驱动，只要双方有能力维持自身的冲突团结和资源动员，冲突就将持续蔓延，直到这些条件因素发生改变，才可能转入降级期，缩减冲突斗争的强度和范围，直至双方采取有效调停措施而得以和解或终止。总之，该理论强调冲突是一个复杂的多因素多时相的系统动力学过程，每个冲突阶段，都有独特的诱发因素及其动力模式。因此，从冲突的解决和管理实践看，此理论具有较强的实践运用价值，提示在实际工作中，可以从冲突的根源、爆发、发展三方面的因素路径入手，分别采取针对性措施，及时干预和排解相关因素的驱动作用。但由于研究者未能将该理论付诸于实践和实证检验，仅用作分析和解释一些过往冲突个案的理论框架，并以此为论据来确证它的科学性、合理性和有效性。显然，此做法难以从该理论所述及的各层次因素及其相互关系中区分出核心因素和外周因素，使得它们的路径模型存在较大的不确定性和主观性，因而也就无法根据这些因素及其作用路径去预警和管理未来冲突，所以此理论的解释力和科学性还需要进一步的实证研究予以佐证、检验或者修正。

第二节 群际关系论

群际关系（intergroup relations）是群体之间特别是本群体与他群体之间的社会心理关系[①]，产生于心理与社会的功能性互动。但在社会认同论看来，这种关系不能归结为个体心理之故，而是产生于心理和社会的相互作用[②]。它涉及面广，效价上有正性和负性关系之分，功能上存在积极和消极之别。在人类社会发展的历史长河中，群际关系既发挥着人群融合和社会整合的作用，也是造成社会冲突的直接原因或助推因素。作为群际互动的一种特殊方式，社群冲突不能等同于仅仅一个心理过程的结果，而必须从许多相互作用的角度来理解，因为它是由民族、历史、社会、经济和政治结构所塑造的。为了更好地理解和把握群际关系的属性特征，研究者们给予了不同的理论关照，分述如下。

一 民族类属论

民族（ethnos）作为一个基本的社会范畴，以群体归属感为其基本特征，通常用作理解一种特殊形式的文化差异。目前，原生论（primordial）、工具论（instrumental）和建构论（constructive）是用于分析民族类属（ethnicity）的3种主要方法。原生主义理论强调民族的情感属性，主张人们的民族意识根植于自我结构中[③]，其民族或种族身份是固有的，不可改变和独特的，有其深厚的社会历史和生物遗传基础。这种特有的民族属性是人类生物差异的自然结果，来源于血缘、语言与习俗的同一性，因而人类无法主动地选择自己的民族身份。当出生在一个使

[①] 辞海编辑委员会：《辞海》第六版，上海辞书出版社1999年版，第1868页。

[②] Turner, J. C., Reynolds, K., "The social identity perspective in intergroup relations: Theories, themes and controversies", In R. Brown & S. Gaertner, Eds., *Blackwell Handbook of Social Psychology: Intergroup Processes*, Hoboken, NJ: Blackwell, 2001, pp.133–153.

[③] Young C., "Explaining the conflict potential of ethnicity", In J. Darby. & R. MacGinty, Eds., *Contemporary peacemaking: Conflict, violence and peace process*, Basingstoke: Palgrave Macmillan, 2003.

用特定语言、信仰独特宗教、遵循特殊社会习俗的社会群体时,一个人也就自然地继承了这个社群的民族身份①,成为其中的一员。这种民族类属是一种原生的民族承诺和隶属关系,是在长期的历史过程中发展、形成的,表达了人类原始的、与生俱来的、根深蒂固的情感联结②,经由它将把无数社会个体联结为一个族群整体,并为每一个族群成员提供共同的思维模式和行动参照系。

从构成要素看,民族身份或民族性是以人们共享的习俗和实践为基本的情感联结媒介,具体包括共同的血缘意识形态、历史、习俗、传统、语言、宗教、价值观等媒介要素③,以及由语言、宗教、亲属组织、生活方式和服饰等单一或多个文化实践所标记的区别感④。因此,在原生论看来,社会群体之间的差异根源于人们的民族类属心理本质观,这种差别感是产生群际认知、群际情感和群际行为的心理基础,它的性质将决定着社会群体之间的互动模式和社会效果。也即,原生主义理论将社群冲突的初始原因归结为人们所持有的民族范畴心理本质观,正是因民族类属的心理本质差别感造成了不同社群或族群之间在思维方式、情感态度、价值观念、精神信仰、文化认同、社会习俗、行为表型、心智模式诸方面的固有区别和先验差异。这些实际或想象的社群差异构成群际冲突的前提条件,甚至为决定性因素。因此之故,只要存在民族类属划分,社群或族群本质差别感就会驱使社会成员在心理意义上把社会群体区分为内群体和外群体,形成"我们"和"他们"的身份边界。这样一来,在处理群际事务时,个体的心理和行为总趋向与内群体成员一致,并表现出内群体偏好行为,缘于此,不同社会群体之间的心理或行为冲突是不可避免的。

---

① Green D. P., Seher R. L., "What role does prejudice play in ethnic conflict?" *Annual Review of Political Science*, Vol.6, No.1, 2003, pp.509–531.
② 王剑峰:《族群性的陷阱与族群冲突》,《思想战线》2004年第4期,第55-63页。
③ Wolff S., *Ethnic conflict: A global perspective*, New York: Oxford University Press, 2006.
④ James P., Goetze D., *Evolutionary theory and ethnic conflict*, Westport, U.S.A: Greenwood Publishing Group, 2001.

二 群体冲突论

群体冲突论（group conflict）主要使用效用和手段两个关键概念来理解群际关系。依据利益效用，现实群体冲突理论假定社会冲突起因于实际的群体利益矛盾，因为不同社会群体间的经济收益和政治权力分配不均，彼此存在不相容的利益目标，继而为争夺现实的稀缺资源相互竞争，所以通过群体间的有限资源争夺，利益冲突被转化为外显的群际冲突[①]。因此，群体冲突的来源是"现实的"，理性的，是由不同社会群体间的竞争性目标所引起的，体现为非合作性获取和占有尽可能多的稀缺资源，而这种群际资源争夺将进一步强化着内群体和外群体之间的分界线、差别感，促使双方形成敌意、对抗和防备的群际关系。随后在1972年时，莱文（Levine）和坎贝尔（Campbell）在他们合著的《族群中心主义：冲突、族群态度、群体行为的理论》[②]一书中阐述了这种关系的互决性，指出族群间的利益冲突决定着族群态度、认知、情感和群体行为，而族群态度和行为反映着以群体目标的性质和相容性为基础的群体利益。缘于此，同一生态区域内，当不同民族群体的目标性质相异、不兼容时，群际间就可能为争夺目标或紧缺资源而相互敌意、暴力对抗，甚至蓄意策划、实施大规模的暴恐行动。

时至1990年代末，群体冲突工具论模型[③]对这种资源目标争夺观进行了有益拓展和补充。强调资源压力和竞争性外群体的结合才是激发不同群体的资源争夺意识的主要原因，而由此产生的资源递减信念及其伴随的焦虑和恐惧情感，将驱动一个社会群体使用各种手段去消解资源竞备的压力，通常采取对其他外群体的成员表达消极态度、负性归因、外显歧视行为、避免亲近，以及在群体水平上扩增内群体自身的社会地位

---

① Campbell D. T., "Ethnocentric and other altruistic motives", In D. Levine, Ed., *Nebraska symposium on motivation*, Lincoln: University of Nebraska Press, 1965, pp.283–311.

② Levine R. A., Campbell D. T., *Ethnocentrism: Theories of conflict, ethnic attitudes, and group behavior*, New York: Wiley, 1972.

③ Esses V. M., Jackson L. M., Armstrong T. L., "Intergroup competition and attitudes toward immigrants and immigration: An instrumental model of group conflict", *Journal of Social Issues*, Vol.54, No.4, 1998, pp.699–724.

和经济势力等方式,来削弱和应对其他群体的竞争力,从而增强群内成员的优越感和内群体认同感。因此,这种负面对待竞争性外群体的心态和行为才是激发群际冲突的内在主观原因。而获取、争夺和占有更多的稀缺资源(如物质利益、权力、地位),则是不同社会群体用于缓解其资源压力感和消除主观危机感的手段。因此,群际冲突是资源争夺的一种特殊形式和固有结果,它是实现群体资源利益目标的工具。综上而言,群体冲突论把个体或群体间的稀缺资源争夺及其目标的不兼容视作为引起、维系群际冲突的现实原因,而获取特定的社会利益或群体利益则是群际冲突的动力根源。

三 安全困境论

安全困境一词被首次使用在约翰·H·赫兹(John. H. Herz)的专著《政治现实主义与政治理想主义:理论与现实研究》[1]中,强调安全困境直接引发了人类对安全手段的社会竞争,而不同国家之间或者行动者之间的竞争悲剧则起源于当事者双方对彼此的行为意图的不确定性感到恐惧和焦虑。从这种困境的来源看,它内含着一种两级战略困境关系,其中第一级为关于对方的未决不确定性的动机、意图和能力的解释困境,第二级是关于如何做出最合理反应的回应困境,由第一级困境衍生而来[2]。早在1978年,杰维斯(Jervis)在其论文《安全困境中的合作》[3]中就曾指出,安全困境是导致一个在无政府国际体系中,即使基本目标相容的国家间最后仍以竞争和战争为结局的关键因素。同时强调在国家之间的"行动(action)—回应(reaction)"过程中,即使国家不发生变故,其间的合作与竞争方式也是显著不同的。这是因为在无政府

---

[1] Herz J. H., *Political realism and political idealism: A study in theories and realities*, Chicago: University of Chicago Press, 1951.

[2] Booth K., Wheeler N., *The security dilemma: Fear, cooperation and trust in world politics*, New York: Palgrave Macmillan, 2008.

[3] Jervis R., "Cooperation under the security dilemma", *World Politics*, Vol.30, No.2, 1978, pp.67–214.

秩序中，每一个国家都试图尽其所能地采取多种手段来加强本国自身的社会安全，这种单向的一国安全行为常被相关联的其他国家视为一种国家安全威胁，并倾向基于自身安全考虑来对他国的单向行动作出善意回应。正是此类应对举措反过来降低或削弱了每个国家自身的国家安全，使各自都陷入了安全困境旋涡，处于安全与不安全并存的境地。此外，在国家层面的安全困境动力机制分析中，杰维斯还强调国家能力及其意图、跨界管控事件、掌控国界缓冲地带、装备军事设施、保卫国家利益和尊严等因素的作用，用攻守平衡（offense-defense balance）与攻守分化（differentiation）两个变量来解释安全困境的本质和量级。时至今日，在国际政治关系领域，安全困境已被广泛用于理解国际关系紧张、对立、冲突，以及国家间的威慑与安抚、结盟行为、族群冲突等国际事件发生机制。

在族群冲突的解释中，珀森（Posen）的基本命题是一个族群总是试图降低成为另一敌对族群的受害者的风险，并且在群际不对称的权力关系中，进攻方略优越于防守行动，"先发制人"是获取本族群安全的一个有效途径[①]。在此预设基础上，他指出当一个多民族国家缺乏有效的中央政府而处于无政府状态时，国内各种社会群体（族群、宗教）就会被迫寻求安全自救，采取多方措施来确保自身处于有利的社群位置。而迫于自助境遇的民族往往容易将邻接族群视为一个威胁群体，并主要根据过往群际关系史来判断邻接族群的意图，意图的解释困境导致族群彼此之间的恐惧和竞争，从而驱使双方或多方族群陷入防御性"行动—回应"的群际动力学过程。因此，当一个民族感知到不安全且其行为状态处于临界平衡时，一旦遭遇外界因素扰动，临界平衡就可能被破坏，这种生存张力就会促使该族采取冲突行为来确保自身利益最大化。综而言之，从族群安全困境视角看，对于一个多民族国家来说，导致国内族群冲突的原因主要有两个。首要的一个是在国内无政府状态或者民族政策

---

① Posen B. R., "The security dilemma and ethnic conflict", *Survival*, Vol.35, No.1, 1993, pp.27–47.

无效条件下,由群际安全行为的"行动—回应"动力机制造成。具体而言,为寻求民族本体安全,各族群主动采取了多种社会安全自救行动,这种单边族群行动将激发不同族群彼此予以相应的行为回应,使得每一个族群均处于不安全境地,最终减少各族群自身的社会安全[①]。另一个必要原因源自于族群间信息流通中的地理和情感障碍,在此情境下,不同族群间的认知、接触、交往比较表浅,缺乏关系和情感联结的公共纽带,彼此不能充分地认识和理解对方的习俗、礼仪,并对之怀有厌恶和敌意。正是由于这些群际信息沟通渠道受阻,使得各族群在时空和情感上互相疏离、拒斥,无法有效预料彼此的行动。而对于这种外族未来行动的不确定性,因难以辨别其意图的邪恶或善良本质,各族群相互之间会引发对彼此行为意图的恐惧感,以及对各自实际情况的互相误解,进而增加群际恐惧感,并相互采取非善意的行动和不必要的额外防卫。此外,群际恐惧感还会引发群体之间的相互不信任,因而在群际互信危机情况下,一个族群常把来自于其他族群的各种输入信号看作是虚假的、不可信赖的,并且在认知上,弱势族群担忧强势族群利用其相对优势来压制本族群的利益与权利,而强势族群则无力作出不剥夺弱势族群的互信承诺,同时也担忧若缺乏对比优势的有效管控,弱势族群会奋起反抗。为此,每个族群都试图构筑赶超于其它族群的自我防御体系,以此防备其他族群的侵袭,维护族群安全,而正是此举最终使得它们都缺乏安全感,身陷族群纷争和冲突境地。

四 理性选择论

理性选择理论原本是经济学家所构建的关于人类经济行为的重要概念模型,后被学者们拓展引入到其他社会行为科学领域,用于解释人类的目的性行动,即强调人类行为的意向性和适应性。它应用主观和客观合理性(rationality)两个概念来阐释人的理性选择行为,客观合理性观

---

① Roe P., "The intrastate security dilemma: Ethnic conflict as a 'Tragedy'?" *Journal of Peace Research*, Vol.36, No.2, 1999, pp. 183–202.

点聚焦于人类行为的适应性及其相应的问题解决能力，认为行动者拥有做出最优选择所需的全部知识，可以有效地处理他们所面临的问题；主观合理性理论强调人类行为的意向性，声称人类行动者只在主观意义上才是理性的，其拥有的实际知识存在个体差异，即使同一个体获得的知识也是随时间而变化的，因此，行为者的偏好与信念才是其行为决策的内部原因①。在各种理性选择模型中，存在一个共同的基本理性行为模型，包括3个核心成分，即一套可供个体选择的备选行动方案，二为个体可预测选择各方案结果的知识和信息，三是一个决定结果偏好的准则②。这些传统理论均认为"成本—收益"分析是驱动和抑制人类行为决策的内在机制，人的行为总是理性地追求收益最大化，极力避免损失，但只有在获取全部知识或信息的基础上，才能作出最优行为决策。鉴于此，根据理性选择理论，群际冲突就是人们基于理性的"成本—收益"计算，采用暴力手段和攻击性行为来追求特定目标而有意选择的产物，它仅仅是基于利益考量而争夺资源的一种形式。显然，这种理性主义的答案并不完全令人信服，因为任何冲突风险或潜在收益都难以进行预先测算和全面评估，在这种情况下，人们无法选定一个完全理性的行动。事实上，效用最大化并不必然意味着一个人的理性选择。

五 发生阶段论

从个体发生学的角度，莱文（Levine）尝试构建了一个族群冲突的发生模型（*Model Ontogeny of Ethnic Conflict*）③。此理论模型主张在理解群际冲突的实质时，既要关注冲突的早期表现，也要追溯其后续实际可能的发展形态，认为大多数的群际冲突都有其自身的发展阶段和时相。因此，

---

① Vanberg V. J., "Rational choice vs. program-based behavior: Alternative theoretical approaches and their relevance for the study of institutions", *Rationality and Society*, Vol.14, No.1, 2002, pp.7–54.

② Simon H. A., "Mathematical constructions in social science", In D. Braybrooke, Ed., *Philosophical problems of the social sciences*, New York: Macmillan, 1965, pp.83–98.

③ LeVine V. T. , "Conceptualizing 'ethnicity' and 'ethnic conflict': A controversy revisited", *Studies in Comparative International Development*, Vol.32, No.2, 1997, pp.45–75.

依据冲突时相的阶段特征，一个典型的群际冲突可以划分为3个阶段：首先是初发期（incipient stage），在此时段，冲突各方争执政治领域问题并划清界限，明确相互关系中各自的立场和利益；冲突形式包括使用暴力还处于可管控的水平，当事方可以利用各自的制度性机制来化解冲突。其二是开放期（open phase），在此期间，冲突各方在各自管辖区外事态的部分管制领域，以及非管制或非官方区域问题上，存在明显的争执和打斗，暴力手段明显增多，呈敌对冲突的紧张状态，但在管制区内，通过国内或国外理事者的介入，冲突仍是可能解决的。最后是失控期（out of control），此时冲突的强度和规模继续扩大，事态已达不可逆转的局势，开始威胁着近乡远邻的和平、安全以及切身利益，因而，求助于外部调解者、代理和机构的对策干预迫在眉睫，变得日具吸引力，成为当事者的无奈之举。虽然在此时段的冲突事件中一方势力不意味着必然战胜另一方或者另一面，但进一步扩大的威胁会造成和导致广泛的社会瓦解、体制崩溃或者冲突相变的非遏制发展。

除了对群际冲突关系的阶段特征进行划分外，该模型还强调冲突的路径变化时相，认为由初发期到开放期或者由开放期到失控期的转变不是预先设定的，且在一个冲突事件中无需同时必经这3个阶段；作为内在催化和外在变革两方面因素的合力效应，群际冲突在每一时相的任何时间点上都是可以改变其向量的，包括3种可能的路径时相：一是平稳期，此时冲突保持相同的时相，表现为冲突卷入方的休战、僵局、停战或者迫使一方维持现状或暂停争执；二是逐步升级期，冲突局势扩大，泛化到多个社会领域；三是逐步降级或反转期，通过内部和外部因素的介入与干预，冲突的强度和范围得以逐步控制。虽然该理论对冲突的阶段特征和时相变化进行了构建，但它仅关注一个冲突事件的可能演变模式，并未解析其根源问题，缺乏对预警因素的探讨。因此，我们无法将它应用于萌芽状态中的社会冲突情境。

综上而言，研究者积极尝试建构的通用冲突理论，主要旨在回答社会冲突的根本原因及其过程机制问题，详细勾勒了一个群际冲突关系的发生、蔓延、僵持、缓和、消解各阶段的演化轨迹。另外，在归因探索中，以往的研究主要阐释了族群划分、资源争夺、安全困境、理性选择等根源性因素的作用，聚焦于回溯和重构一个冲突历史事件的社会、政治、经济、文化、宗教、国际等多重宏观诱发因素，此举为应对和减少当前的各种社会冲突提供了参考，发挥着"以史为鉴"的作用。然而，尽管每一理论都有其合理性和潜在应用价值，但显然在群际问题探究或社会治理中还应将它们有机整合才更具解释力、实用性。

此外，从当今一些国家内部社群冲突依旧、时有发生并颇具规模的现实情势看，若研究仅局限于梳理和阐释过往群际冲突的宏观社会原因，并依此来思考应对潜在社会冲突的具体管理策略，则是远远不够的。因此，未来研究还需要引入微观的群际心理因素进行深层动力机理分析，并建构一个科学、灵敏的群际关系预警防控系统，方能有效应对各种社群冲突，甚至管控它们的扩大和蔓延。因此，从群体动力学看，当一个群体的物质需要（如食物、住所、人身安全、身体健康）和心理需要（如认同、安全感、认可、自治、自尊、正义感）得不到满足或者受到威胁时，就可能激发群体性冲突。由此而论，群际关系是一个由集体性需要和社会心理因素所驱动的动力学过程。

第二章　群际心理过程

在群体动力机制的探秘中，学术界大致有 3 种视角，即社会结构分析强调人们的行为举止与特定的文化、阶层或群体相关联，外在社会因素，如经济困难期、国家政策和科技进步等对社群的行为模式具有重要影响。个体因素分析主要依凭一个人的独特生活史和心理特征来解释行为，假定人格特质才是个体行为的根本原因，尤其重视童年经验、人格和心理适应等因素对行为的驱动作用，通常将相同情境中不同个体的行为反应差异归因为人格特征效应。社会心理分析是介于宏观社会和微观个体水平的解释，聚焦群体互动因素对群际过程的影响，将群际行为归因为环境中他人的态度、行为及与行动者的关系等即时社会影响[1]。简而言之，群际关系成因探究，主要可以从社会因素和心理因素两个进路展开，必须系统的对心理制约原因及其产生机制进行多层次分析，并将此法作为前提[2]。近年来，在泰弗尔（Tajfel）、杜瓦斯（Doise）和莫斯科维奇（Moscovici）等欧洲社会心理学家的影响下，群际关系在社会心理学

---

[1] Kreidie L., Monroe K., "Psychological boundaries and ethnic conflict: How identity constrained choice and worked to turn ordinary people into perpetrators of ethnic violence during the Lebanese civil war", *International Journal of Politics, Culture, and Society*, Vol.16, No.1, 2002, pp.5–36.

[2] 杰缅季叶夫、张广翔：《论民族冲突心理》，《现代外国哲学社会科学文摘》1991年第 5 期，第 32–35 页。

领域占据了中心舞台[1]。实际上，已有相当一部分研究者对群际关系与群体过程，进行了多方面的实证和实验研究，并形成了较为成熟的理论观点。现将群际过程相关的社会认知、动机因素、攻击性行为等理论，分述于下。

第一节　社会认知

一　社会表征

社会表征概念源自于1898年涂尔干（Durkheim）对"集体表征"的探讨，视其为人类共享语言、知识和信念的源头，也是指引民众行动、决策和信仰的集体心灵（collective soul）。时至1932年，皮亚杰（Piaget）首先使用了"社会表征"一词，在1960年代初期，法国著名社会心理学家塞尔日·莫斯科维奇提出了社会表征理论，并将它引介到社会心理学领域[2]。该理论指出社会表征作为一种组织思维和语言的特有现象，可以被定义为"一个群体所共享的、具有建立秩序和实现沟通双重功能的价值、观念和实践系统，此系统既可为个体在其物质世界和社会世界中的自我定向确立一种秩序，也能为一个社群成员提供一套用于社会交流、以及对现实世界、个体经历与群体历史进行清晰命名和分类的共享规则（code），从而使同一社会群体内的成员彼此间的交流沟通得以顺利进行"[3]。在莫斯科维奇看来，社会表征是一个复杂的心理实体，包括各种抽象的和视像化的成分要素，起源于日常生活中个体间的人际交流和社会互动。因此，一个社会表征即是社会公众所展示出的共有脚本和内隐理论，具有促进社会认同、解释关联社会事件、引导和调整表征客体的社

---

[1] Moreland, R. L., Hogg, M. A., Hairns, S. C., "Back to the future: Social psychological research on groups", *Journal of Experimental Social Psychology*, Vol.30, 1994, pp.527–555.

[2] Orfali B., "Active minorities and social representations: Two theories, one epistemology", *Journal for the Theory of Social Behaviour*, Vol.32, No.4, 2002, pp.395–416.

[3] Moscovici S., Herzlich C., *Health and illness: A social psychological analysis*, London: Academic Press, 1973.

会功能。

作为一种社会共识的知识形式,从结构要素上讲,社会表征借由一个社群的思想观念和价值体系所建构与锚定,包括信息(社会客体的知识)、结构(信息的组织核心)、态度(对社会客体的积极和消极评价)3个主要维度[1],它的要素包括对与表征对象关联事项的解释(归因)、态度、情感、刻板印象、脚本等内容[2]。阿布里克(Abric)进一步将这些内容区分为社会表征的核心要素和外周要素两大类[3],核心要素由一个或几个稳定的表征元素构成,它们共同组成客体表征的中心核,具有意义生成和内容组织两个基本功能,控制着整个社会表征的意义,并负责组织一个社会表征的外周要素。一个核心要素可以是关于被表征客体的看法、信念或者态度,而若干核心要素定义着一个表征的基本结构,此结构起着组织原则和意义生成器的作用,成为所表征对象的共有知识与分享领域。外周要素依赖于核心要素,分布在中心核周围,构成一个社会表征的操作和实践部分,起着促进交往和灵活应对环境的作用,使表征能够适应不同的现实环境和特定语境,具有情境化、可变性的特点。

本质上,作为一个社会认知过程,社会表征不是社会成员对现实的直接想象或反映,而是在日常经验和沟通中对客观世界的主动再造与重构[4],产物即为特定社群的共识知识。因而个体既不能从客观现实中也无法以个体的方式构想出各种社会客体,仅是以集体和社会建构的现实为基础,对所表征客体作出各种认知和行为反应。具体而言,在情境化的

---

[1] Páez D., Echebarria A., Valencia J., Romo I., Juan C. S., Vergara A., "AIDS social representations: contents and processes", *Journal of Community & Applied Social Psychology*, Vol.1, No.2, 1991, pp.89–104.

[2] Echabe A. E., Guede E. F., Castro J., "Social representations and intergroup conflicts: Who's smoking here?" *European Journal of Social Psychology*, Vol.24, No.3, 1994, pp.339–355.

[3] Abric J. C., "A theoretical and experimental approach to the study of social representations in a situation of interaction", In R. Farr & S. Moscovici, Eds., *Social representations*, Cambridge: Cambridge University Press, 1984, pp.169–194.

[4] Quenza C. J. P., "On the structural approach to social representations", *Theory & Psychology*, Vol.15, No.1, 2005, pp.77–100.

个体间交流互动中，经由锚定和具体化两个相互关联的过程将不熟悉的事物转化为熟悉之物，并把这些新的认知要素纳入已有的社会表征，变成人们共知的概念。其中锚定是根据现有的意义名称规则或认知框架，对新异的经历、观点、事物和个体进行命名和分类，产生一个社会共识的符码、语言和参照，并将它们整合到已有知识结构；具体化是将抽象事物转化为非常具体的对象，并赋予它一定意义，最终使其成为思维对象的一个常见和"自然"的部分。因此，根据社会表征理论，不同社会群体通过群际互动和交往沟通，各自会建构起一套认知—规则系统，其功能和性质取决于此表征系统的成分要素及其联结动力机制。由是之故，作为一个社会性构念，群体关系的表征模式将决定着群际间如何决策和行为。

二 社会分类

范畴化（categorization）作为人类机能的一个基本特性，是指将新颖的对象和刺激分派给两个或两个以上的范畴和类别的过程[①]。它是人类理解世界的一种最基本方式[②]，也是人的一种生存需求，几乎影响人类认知和行为的方方面面。在社会认知过程中，社会刺激的范畴化有一个双重的纯认知目的，即提供有用信息和忽略不必要信息，这样可以为人们在加工社会信息时节省时间和心理能量，让人们只使用少量的认知资源就能追踪和区分他人，并有效地存储信息。在社会心理学看来，一旦建立了心理范畴，社会刺激就会被依据相似性进行分类，而同一类属成员间的个体差异被弱化、缩小，不同类别间的区别和边界则被主观夸大[③]。作

[①] Smillie L. D., "What is reinforcement sensitivity? Neuroscience paradigms for approach-avoidance process theories of personality", *European Journal of* Personality, Vol.22, No.5, 2008, pp.359–384.

[②] Bodenhausen, G. V., Kang, S. K., Peery, D., "Social categorization and the perception of social groups", In S. T. Fiske & C. N. Macrae, Eds., *The SAGE handbook of social cognition*, London, UK: SAGE, 2012, pp. 311–329.

[③] Tajfel, H., "Cognitive aspects of prejudice", *Journal of Social Issues*, Vol.25, No.4, 1969, pp.79–97.

为一个基本的群体过程，社会分类是个体将自我或他人知觉为某一个社会范畴或类别。这种范畴化可以在不同时间和情境下，采用不同的方式对个体进行有意义的分类。一旦个体被分为内群体和外群体成员，就会导致两种稳健的心理效应：一是在认知上强调群内相似性和群际差异性，产生内群体偏向；二是基于社会范畴化的印象形成、偏见和歧视，导致外群体贬损[1]。因此，群体身份突显条件下，作为社会范畴化的结果，内群体和外群体成员之间的区分对社会知觉、情感、认知和行为具有深刻影响。

社会分类是个体认识自身、识别他人身份的重要途径。在群体形成（group formation）水平，当个体依据某种特征将自我和他人划分为社会群体时，无论该特征有多么武断，个人就会利用群体成员身份作为判断自我和他人的基础[2]。事实上，人们在不同情境下有截然不同的身份认同，具有情景可变性，人们在表述自己和他人身份时，常依据不同的时空场景和互动人群来优先选择使用某种与交际情境要求相一致的身份概念[3]。这种身份选择有认同和认异两个双重目的，认同是为了获得来自他者的某种情感和社会支持，在行为和态度上与他者保持一致，从而赢得他者的认可和接纳，成为一个正当性内群体成员。认异是在感知到文化、心理和行为存在差异时，为了维护某种身份优越性，提升自尊水平，将自我与他者相区别开来，以表达"我与你（们）不同"，并选择某种特异性身份来指称和标识。单纯的分类可以很容易地诱导人们按照他们的群体

---

[1] Vescio T. K., Judd C. M., Chua P.-P., "The crossed categorization hypothesis: Cognitive mechanisms and patterns of intergroup bias", In R. J. Crisp. & H. Miles, Eds., *Multiple social categorization: Processes, models, and applications*, New York: Psychology Press, 2006, p.139.

[2] Merolla, D. M., "Reflected appraisals and stereotype threat: The relationship between role and social identity feedback", In J. Stets & R. Serpe, Eds., *New directions in identity theory and research*, New York: Oxford University Press, 2016, pp. 417–442.

[3] 韩晓燕、田晓丽：《制度、文化与日常确证——外来移民及其子女的情景性身份认同》，《清华大学学报》（哲学社会科学版）2016年第6期，第175–182, 195页。

成员身份行事[1]，激活与特定社会范畴相匹配的行为反应和知觉判断[2]。综合来看，可以把社会分类作为理解群际态度、情感、行为的认知基础，它建构着不同社会群体间彼此的心理范畴和行为反应模式。

第二节 群体过程

一 社会认同

社会认同理论（Social Identity Theory，SIT）是研究群际关系的重要理论框架之一[3]，也是理解群际冲突和群体差异化的一个重要理论范式。它假定社会环境由各种有意义的类别组织而成，人们依照群体同一性和差异性两个基本标准将各种社会群体分类为内群体和外群体，强调在心理水平上，个体只要把社会群体区分出内群体和外群体两个基本范畴，就会在态度、信念、情感和行为方面产生支持、认同内群体的强烈倾向，并采用更为积极的方式评价内群体成员，表现出明显的内群体偏好（ingroup bias）或对外群体的歧视行为和消极态度，此举可以维持积极的群际区别性，提升内群体成员的自尊感[4]。在该理论中，社会认同被定义为一个人自我概念的一部分，来源于个体有关自身的特定社群成员资格的知识，以及对这种成员资格的价值意义和情感依附的认识。泰弗尔和特纳（Turner）把维护积极的自尊需要视为群际行为和个体行动的基

---

[1] Tajfel H., Billig M. G., Bundy R. P., Flament, C., "Social categorization and intergroup behaviour", *European Journal of Social Psychology*, Vol.1 No.2, 1971, pp.149–178.

[2] Bartholow B. D., Dickter C. L., "A response conflict account of the effects of stereotypes on racial categorization", *Social Cognition*, Vol.26, No.3, 2008, pp.314–332.

[3] Ellemers, N., Kortekaas, P., Ouwerkerk, J. W., "Self-categorisation, commitment to the group and group self-esteem as related but distinct aspects of social identity", *European Journal of Social Psychology*, Vol.29, No.2–3, 1999, pp. 371–389.

[4] Tajfel H., Turner J. C., "The social identity theory of intergroup behavior", In S. Worchel . & W. G. Austin, Eds., *Psychology of intergroup relations*, Chicago: Nelson-Hall, 1986, pp.7–24.

本驱动因素①,与人们的各种群际区分行动有直接关系②,将驱使个体或者群体成员主动地归类自身的群体范畴,并归属和依附于该内群体,而后主观创建群际心理边界,负面评价外群体③。事实上,这种为维护积极自尊所诱发的群际区分过程经常会导致对外群体的消极刻板印象、敌意和群际歧视,它的功能就在于增强一个社群成员的内群体认同感、提升自尊水平④。然而,在群体认同凸显条件下,外群歧视是内群认同的一个基本功能,人们往往依据有关的群体原型而不是个体特征来认知自我和他人⑤。当社会认同遭遇外界威胁时,可以激活三大应对策略,即:一是个体流动(individual mobility),表现为疏远内群体或者离开先前所属的群体;二是社会创造,意为重新界定内群体和外群体的地位级差;三是社会竞争,通过采取改变内群体社会地位现状的行动,来重塑群际区别性,改善内群体的社会比较优势。然而,人的身份威胁可能是多种冲突的根源,因之,这些群际行为必须同时从社会结构变量和主观群体归属关系的角度进行分析。

尽管该理论作为社会心理学者理解各种群际关系和社会变迁的重要工具,但它立意强调的是人们的群体认同动机过程异化了群际间的认知取向、价值观念、情感联结、行为规范和社会地位,人为地在心理层面

---

① Tajfel H., Turner J., "An integrative theory of intergroup conflict", In W G. Austin. & S. Worchel, Eds., *The social psychology of intergroup relations*, Monterey, CA: Brooks/Cole, 1979, pp.33–47.

② Messick D. M., Mackie D. M., "Intergroup relations", *Annual Review of Psychology*, Vol.40, No.1, 1989, pp.45–81.

③ Turner J. C., Hogg M. A., Oakes P. J., Reicher S. D., Wetherell M. S., *Rediscovering the social group: A self-categorization theory*, Cambridge, US: Basil Blackwell, 1987.

④ Kreidie L., Monroe K., "Psychological boundaries and ethnic conflict: How identity constrained choice and worked to turn ordinary people into perpetrators of ethnic violence during the Lebanese civil war", *International Journal of Politics, Culture, and* Society, Vol.16, No.1, 2002, pp.5–36.

⑤ Simon B., Hastedt C., Aufderheide B., "When self-categorization makes sense: The role of meaningful social categorization in minority and majority members' self-perception", *Journal of Personality and Social Psychology*, Vol.73, No.2, 1997, pp.310–320.

上建立起不同群体间的社会边界,并放大群际差异,忽视群体共性,继而采取差别对待或者偏差性认知、态度、行为来处理群际事务。这个过程将驱使人们做出对外群体的偏见与歧视行动,恶化群际关系,甚至引发群际敌意、群体冲突。克瑞斯伯格(Kriesberg)也曾指出存在价值观、文化规范、社会地位和阶层分化差异是社会冲突产生的先决条件[①]。因此,当一个社会成员通过某种社会认同来满足其自身对归属感、安全感、尊重、自尊和自我价值感的基本心理需要时,就会将所认同群体的目标、价值和规范内化为自身的认知决策参照标准、行动指南。这种内化一方面有助于社会成员形塑新的社群身份认同,另一方面可以影响和调控不同社群成员间的社群预期、群际评价,以及群体态度与行为。综合而言,社会认同过程具有引发群际心理与行动的驱力作用,可以将它视为诱发群际互动行为的心理驱动因素,这为认知群际紧张关系的心理成因提供了分析框架。

二 群际偏向

群际偏向(intergroup bias)是群际互动交往中的一种普遍社会心理现象。一般而言,它是一个人在认知、评价或对待自身所属的群体(内群体)及其成员时,比对外群体及其成员更为积极肯定的一种系统倾向[②]。这种群体偏向包含行为(歧视)、态度(偏见)、认知(刻板印象)、情感和物资分配多个方面的内容[③④]。已有的研究表明在内群体和外群体的社会范畴建构中,人们对内、外群体的信息选择、认知加工、评价判断

---

① Kriesberg L., *Constructive conflicts: From escalation to resolution*, Lanham, MD: Rowman and Littlefield, 1998.

② Hewstone M., Rubin M., Willis H., "Intergroup bias", *Annual Review of Psychology*, Vol.53, No.1, 2002, pp.575–604.

③ Mackie D. M., Smith E. R., "Intergroup relations: Insights from a theoretically integrative approach", *Psychological Review*, Vol.105, No.3, 1998, pp.499–529.

④ Wilder D., Simon A. F., "Affect as a cause of intergroup bias", In M. B. Brewer & S. L. Gaertner, Eds., *Blackwell handbook of social psychology: Intergroup processes*. Malden: Blackwell Publishers Ltd, 2008, pp.153–172.

是不对称的。例如，人们在注意加工内、外群体面部信息时，会产生对外群体刺激的优先快速反应，表现出前注意特性或者选择性注意偏向[①]。与内群体相比较，外群体常被知觉为具有更多的消极属性[②]，且内部较为同质、单一[③]。新近的研究进一步显示，这种内—外群体非对称效应还有其关联的神经生物基础，如与辨别外群体成员的面孔相比，个体在加工内群体成员面孔时，外侧梭状回和后扣带回（PCC）两个脑区的激活度更大。达斯古普塔（Dasgupta）指出这些内隐或外显的群际偏向态度、信念，一方面起着维系一个群体的主观社会等级和集体自尊感，合理化社会不平等的效用，另一方面被广泛地扩散到人们的认知、判断、决策和行为领域[④]。因此，在心理学意义上，对外群体的敌意行为可以增强对内群体的归属感[⑤]。

然而，在民族范畴中，作为群体认知偏差的一个内在原因，内—外群体非对称效应却是形成族群态度的重要心理机制。布鲁尔（Brewer）把影响群际态度的因素主要归结为4个方面[⑥]：首先是内群体和外群体的社会分类。这种分类会导致人们过分强调内群体的相似性，而夸大与外群体的差异性，在特定条件下，还会引发不同群体的评价性差异；其二是个人的内群体认同。对一个特定群体的认同意味着激励人们把自身看作为该群体的一个成员，并采取积极的认知、情感和行为方式来维持这

---

① Trawalter S., Todd A. R., Baird A. A., Richeson J. A., "Attending to threat: Race-based patterns of selective attention", *Journal of Experimental Social Psychology*, Vol.44, No.5, 2008, pp.1322–1327.

② Brewer M. B., "In-group bias in the minimal intergroup situation: A cognitive-motivational analysis", *Psychological Bulletin*, Vol.86, No.2, 1979, pp.307–324.

③ Mullen B., Hu L.-T., "Perceptions of ingroup and outgroup variability: A meta-analytic integration", *Basic and Applied Social Psychology*, Vol.10, No.3, 1989, pp.233–252.

④ Dasgupta N., "Implicit ingroup favoritism, outgroup favoritism, and their behavioral manifestations", *Social Justice Research*, Vol.17, No.2, 2004, pp.143–169.

⑤ Allport, G. W., *The nature of prejudice*, Reading, MA: Addison-Wesley, 1954.

⑥ Brewer M. B., "Ingroup identification and intergroup conflict: When does ingroup love become outgroup hate?" In L. Jussim & R. D. Ashmore, Eds., *Social identity, intergroup conflict, and conflict reduction*, London: Oxford University Press, 2001, pp.17–41.

种内群体身份,正是此类自我主动与群体的同化过程激发了对内群体的积极态度,建立起区隔性社群边界;其三是社会比较。在认识到内群体比外群体更好时,通过这种社会比较可以增强对内群体的积极态度,强化内群体认同;最后是道德优越感和外群体威胁。在这些群际交往条件下,内群体与外群体会产生对抗,变得互不相容,双方还可能会为了占有更多的社会资源和团体利益而相互明争暗斗。综上而言,依据群际偏向观点,当民族或族群作为一个重要的社会范畴时,在资源争夺或利益竞争的情况下,它的族属成员往往倾向于奉行群际偏向的行事准则,一旦感知到来自外族群的威胁时,内—外族群非对称效应就会变得更加突出和外显化,成为支配群际行为过程的核心力量。

第三节 强化敏感性

人类行为的发生主要由生理、心理、社会因素及其合力的刺激作用所引发,展现为各种反应动作和活动。然而,在各种行为变化发生机制的理论解释中,英国心理学家格雷(Gray)的强化敏感性理论(reinforcement sensitivity theory,RST)是最具影响力,且被广泛认可、接受的理论之一。早在1970年,格雷在其原创性研究《内向性与外向性的心理生理学基础》一文中正式提出强化敏感性理论[1],多年后时至2000年时,得以再次修正完善[2]。这一理论尝试从神经生理机制视角来揭示人类心理与行为差异的内在生物根源,把强化敏感性操作定义为一个人在呈现强化刺激物条件下被其激发的行为、情绪、态度以及动机的改变趋势和改变程度。并假定人的大脑中存在着两个分别对来自内生性、外源性的奖赏和惩罚刺激信号敏感的神经生物系统,也即奖励敏感性和惩罚

---

[1] Gray J. A., "The psychophysiological basis of introversion–extraversion", *Behaviour Research and Therapy*, Vol.8, No.3, 1970, pp.249–266.

[2] Gray J. A., McNaughton N., *The neuropsychology of anxiety: An enquiry into the functions of the septo-hippocampal system Second edition*, Oxford: Oxford University Press, 2000.

敏感性两个独立的神经子系统[①]。这些奖惩敏感性神经系统以不同的强化反应方式参与了人的行为和情绪的监管，即它们借助于强化效应来调节、控制着人们的环境适应行为和情绪表现。

根据 RST 理论，行为和情绪的奖惩敏感性都有它们的潜在生物系统。具体而言，行为激活系统（behavioral approach system，*BAS*）、行为抑制系统（behavioral inhibition system，*BIS*）和非特异性唤醒系统（fight-flight-freeze system，*NAS* 或 *FFFS*）3 个神经生理系统，共同主导着机体行为表现和情绪情感性质。因此，它们一同成为影响强化事件敏感性（reinforcing events）和控制情感体验的脑结构，故此结构亦被称为行为的神经心理模型[②③]。在该行为生理机制模型中，BAS 也就是奖励敏感性神经子系统，BIS 则是惩罚敏感性神经生物系统，二者以拮抗方式相互影响，它们的激活会分别产生正性和负性的情感，并调节着一个人的环境应对行为。三大行为生物系统有各自的生理性质及其心理功能，分述如下。

一 行为激活系统

行为激活系统（BAS）也被视为欲求动机系统或者行为趋近系统，由奖赏信号激活，主要负责激发对条件和无条件欲求刺激、积极效价刺激、奖赏刺激或惩罚解除信号作出敏感趋近行为反应，构成奖励寻求行为和冲动性的生物学基础[④]。BAS 系统对条件奖赏信号或者非惩罚线索非

---

① Smillie L. D., Pickering A. D., Jackson C. J., "The new reinforcement sensitivity theory: Implications for personality measurement", *Personality and Social Psychology Review*, Vol.10, No.4, 2006, pp.320–335.

② Fowles D. C., "The three arousal model: Implications of Gray's two-factor learning theory for heart rate, electrodermal activity, and psychopathy", *Psychophysiology*, Vol.17, No.2, 1980, pp.87–104.

③ Gray J. A., *Elements of a two-process theory of learning*, New York: Academic Press, 1975.

④ Corr P. J., "Reinforcement sensitivity theory and personality", *Neuroscience & Biobehavioral Reviews*, Vol.28, No.3, 2004, pp.317–332.

常敏感，关联着趋近行为的启动，是触发诸如期望、快乐等正性情绪的驱动力量。在奖赏线索条件下，它的激活（敏感性）倾向于增强一个人的生理唤醒、积极情绪体验和行为冲动性，因而常被视为冲动行为的主要指标。在它的监控作用下，一个人的学习、情绪和行为主要受积极诱因所强化，体现为高奖励敏感性的人常倾向于从事那些他们自身所喜爱的活动，并力争从中获得行为奖赏或积极结果。一般而言，这种奖励寻求行为总是伴随着一些积极的情绪状态，包括希望、期待、喜悦和幸福感，正是这些正性情绪体验促进和增强了一个人在获求潜在奖励目标中的心理能量和持久性①。从它的神经解剖学看，BAS 系统受中脑边缘多巴胺系统调节，主要神经生物成分包括基底神经节、黑质上行多巴胺纤维、腹侧被盖区（VTA）等多巴胺能神经通路脑区，它的敏感性与左额叶脑激活呈正相关。

二 行为抑制系统

行为抑制系统（BIS）也被称为惩罚敏感性系统，与监控和解决趋近目标间的冲突有关，专门监管潜在威胁情境或消极后果下的行动反应，即主要负责扫描、分析来自个体外部和内在的各种威胁性信息，以应对潜在威害情境②。BIS 系统对条件惩罚线索、非奖励信号和新颖刺激极度敏感，它的激活与抑制当前的目标指向活动、增强对环境刺激的唤醒和注意有关，偏向于采取对潜在威胁信息的回避反应，行为谨慎、克制。一般而言，该系统的基本任务是通过抑制优势行为、增强唤醒和注意、评估风险等方式，来解决各种竞争性目标之间的冲突，如趋—避目

---

① Van der Linden D., Beckers D. G. J., Taris T. W., "Reinforcement sensitivity theory at work: Punishment sensitivity as a dispositional source of job-related stress", *European Journal of Personality*, Vol.21, No.7, 2007, pp.889–909.

② Gray J. A., McNaughton N., *The neuropsychology of anxiety: An enquiry into the functions of the septo-hippocampal system Second edition*, Oxford: Oxford University Press, 2000.

标冲突[①]。与此同时，在冲突解决过程中，它还起着引发与之相关的恐惧、焦虑、挫折、悲伤等负性情绪的动力作用。因此，行为抑制占优势的个体常敏于抑制自身的行为活动来避免潜在的负面后果，即一个高BIS反应性的人更倾向于采取预防或避免负性结果的行动，表现为逃避社会现实、退缩，以及对惩罚性刺激的回避倾向或者谨慎趋近，而与此类惩罚规避行为相伴的情绪状态则主要包括高社会焦虑、紧张、担忧、恐惧，甚至抑郁[②]。从其生理性质而言，BIS系统是人的被动回避和先前强化行为消退的生物学基础，它的神经结构网络主要包括中脑导水管周围灰质、内侧下丘脑（medial hypothalamus）、杏仁核、海马隔膜系统（septo-hippocampal system）、后扣带回（posterior cingulate）、前额叶背侧通路（prefrontal dorsal stream）、上行单胺能通路（ascending monoaminergic pathways）、新皮质结构（内嗅皮质）8个神经解剖成分，它的敏感性与右额叶激活呈正相关。

三 威胁防御系统

威胁防御系统也被称为战斗—逃跑—僵化系统（Fight-Flight-Freeze System，FFFS），具有非特异性唤醒性质，负责对条件和无条件厌恶刺激（aversive stimuli）或威胁刺激作出规避、对抗、逃脱或僵化行为反应，也是产生恐惧和愤怒等负性情绪的生物学基础。从本质上来看，它是次级惩罚系统，与BIS系统的功能非常相似，用于解释机体对威胁刺激的应对和防御机制。威胁防御系统的主要神经生物组件是中脑导水管周围灰

---

① Kimbrel N. A., Mitchell J. T., Nelson-Gray R. O., "An examination of the relationship between behavioral approach system BAS sensitivity and social interaction anxiety", *Journal of Anxiety Disorders*, Vol.24, No.3, 2010, pp.372-378.

② Van der Linden D., Beckers D. G. J., Taris T. W., "Reinforcement sensitivity theory at work: Punishment sensitivity as a dispositional source of job-related stress", *European Journal of Personality*, Vol.21, No.7, 2007, pp.889-909.

质、内侧下丘脑、杏仁核、前扣带回和前额叶腹侧通路[①②]。

这3个强化敏感性系统的活性度差异是人的行为反应和情绪表达变异的根本原因。当前的研究一致发现高惩罚反应性个体（高BIS和FFFS反应性者）偏向于对惩罚性线索作出迅速直接的行为回应，更多地展现出负性情绪成分，尤其是高FFFS功能者在遭遇威胁性刺激的条件下更易激发回避和逃离行为，以及恐惧情绪；高BAS敏感性与外向性、乐观主义、奖赏取向、冲动性有关，倾向于对奖励线索作出快速的行为回应，并产生正性情绪体验。因此，依据强化敏感性理论，对于一个群体的个人或成员而言，发动群际冲突行为往往被行动者视为一种获取某种正强化或某些内外在奖励的有效手段，也与缺乏焦虑、害怕等负性情感，或内疚感体验，以及负强化缺失有关。概言之，群际行为响应起因于社群成员的行为生物系统的强化敏感性及其心理功能。

第四节 群际信息加工机制

在社会属性上，人是社交关系的总和。在群体互动水平，虽然我们已经深刻认识到群际行为可以由单一或多重外在社会结构性因素所激发，也可通过个体心理、群际认知和群体动力因素来诱发。但从当今世界范围内一些群体性冲突依旧时有发生，并具规模的实情看，若仅满足于在探寻这些社会和心理因素的行为影响效应基础上，来设计应对潜在社会群体冲突的具体管理策略，则是远远不够的。此举的逻辑预设就是只要找到了群际行为的起因及其作用路径模式，就能对各种群际关系和群体行为进行有效的管控和消解。鉴于这种因果决定论思维的困境，为避免群际关系的结构性分析方法的固有缺陷，我们可以考虑同时纳入社会—

---

① Corr P. J., "Reinforcement sensitivity theory and personality", *Neuroscience & Biobehavioral Reviews*, Vol.28, No.3, 2004, pp.317–332.

② McNaughton N., Corr P. J., "A two-dimensional neuropsychology of defense: Fear/anxiety and defensive distance", *NeuroscienceBiobehavioral Reviews*, Vol.28, No.3, 2004, pp.285–305.

心理—行为3方面的因素进行联合分析，考察群际关系和行为的发生机制问题，以此来尝试建立一种核心的和系统的解释模式。

一 群际信息加工理论模型

事实上，单纯地探讨群际关系的社会结构机制，难以满足群际关系风险预警需求，而单一考察群际关系的群体心理效应则无法廓清群际冲突的社会管控问题。鉴于此，我们提出了"社会—心理"联动模型，聚焦于群际信息的加工机制及其行为动力模式对群际关系的建构作用。在该联结动力学模型中，我们假定一个群际关系的形成有其特异的生理成因，并且这种生理因素是联结群际关系中"社会—心理"因素动力机制的公共纽带。由此可以推断，群际冲突的发生机制是由"生理—社会—心理"三大因素协同效应的结果。具体而言，它们的观测指标及其主要内容构设如下：

生理因素主要是指那些与人的认知过程、攻击性及其行为表型密切相关的神经生物生化因素。这些因素成分包括表征人的自主神经活动模式的心率、心率变异性、血压、皮电、指温等生理指标，以及皮质醇、睾酮、淀粉酶、多巴胺等神经内分泌活性水平。它们可作为理解群际行为的必要生物基础，在群际互动信息的加工机制中起着调节作用。

社会因素主要是指与群际交往、互动有关的情境变量。这些变量包括社会生态环境、群体类属意识、群际利益目标相容性、群体权利性质，以及群际资源争夺方式、群际历史知识及群际情感关系等。它们直接决定着一定社会区域或地缘内不同社会群体的群际关系、群际认知、群际情感、群际态度和群际行为模式，构成诱发群际行为的充分条件。

心理因素主要是指那些在社会分析水平上的认知、情感、态度和行为动力因素。此类变量主要包括社会表征、社会分类、认知偏向、群际偏向、社会认同、强化敏感性、奖惩敏感性等。这些社会心理因素在群际行为中起着缓冲器和触发器的作用。也就是说，在具备了生理因素和社会因素的条件下，群际冲突的发生与否还将受到社会认知因素和行为动力因素的监控与调节。

此外，从群体性暴力本质看，一个群际冲突的社会破坏性主要在于群际暴力和攻击行为。因此，与暴力和攻击行为相关联的各种变量也将是群际冲突的重要成因。鉴于上述的理论假定与观点分解，我们从信息加工与心理传播的视角，提出了一个群际信息加工机制的理论模型。根据此模型，我们的主要观点是，群际冲突的逻辑基点被预设为社群交往互动中的冲突线索或信息得到了有效加工及行为反应；群际冲突有其特殊的认知神经生理特点，它的发生与否或者表现出何种效价的群际行为，往往受群际冲突信息的认知加工和个体行为动力特性的影响，且这3个方面相互作用，构成群际冲突的核心系统要素。这些要素之间的相互关系可以表述为如下图2-1所示的非线性动力模式。

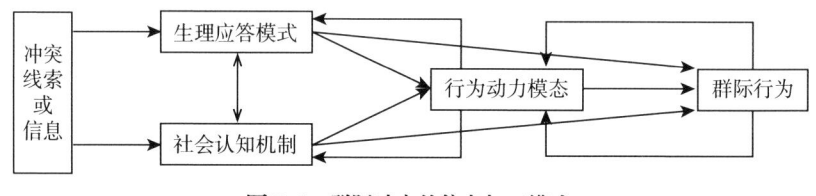

图2-1　群际冲突的信息加工模式

二　群际关系预警路径设计

基于上述群际信息加工理论模型，在"社会—心理"因素联动机制的思维框架下，我们认为群际冲突是由社群互动中的"刺激（stimulus）—反应（response）"和"动作（action）—回应（reaction）"两个过程协同作用的结果，但它们的协同效应既受制于互动情境下社会群体的生理活动模式及其神经生物特性的调节，也与一个群体的人格特质因素有关。具体来说，可以将这个联动机制进一步详解为如下图2-2所示的群际冲突信息加工模式。

在图2-2的群际互动信息加工理论模型中，社群交往互动是产生群际行为的理论源点或逻辑起点，它为各社会群体提供了两类输入刺激变量：静态信号和动态信号。这两种信号在人格特质变量的调节作用下构成群际行为的起始原因，它们的传播及其刺激作用主要通过生理唤醒反应、社会认知加工和行为动力模态3个反应通路来实现。

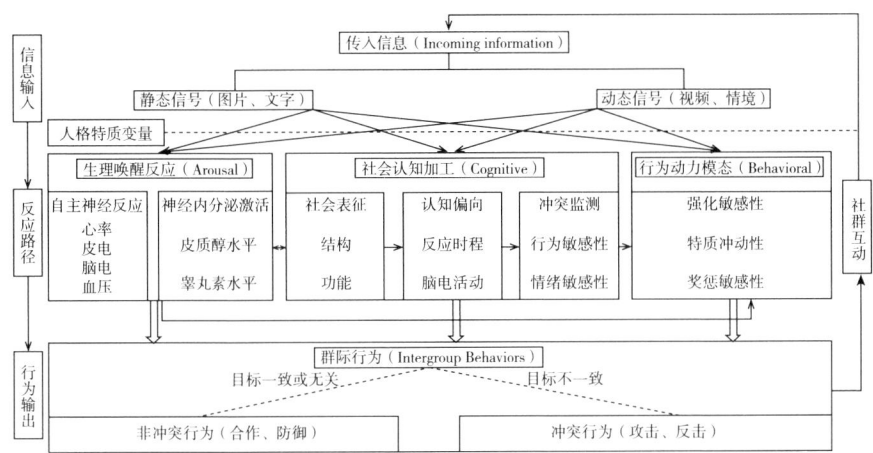

图2-2 群际互动信息加工模式详解

生理唤醒反应通路包括自主神经反应模式和神经内分泌激活两个路径。具体而言，这两个生物学路径的信号处理及效应机制假设如下：即一方面在面对相同的群际互动信息输入时，不同人格特质的社会群体及其成员个体可能产生相异的自主神经活动模式和神经内分泌活性，如导致心率、血压、皮质醇水平的生理改变；另一方面，这两种生理状态的唤醒既直接作用和反作用于一个人的社会信息加工，也为人们的行为动力模态提供着生理内驱力。

社会认知加工通路主要是对群际互动中的各类输入信号进行感知和处理，分为社会表征、认知偏向和冲突监控3种认知路径。它们的认知传播和行为输出效应可作如下界定：

首先，社会表征是指一个社会群体广泛共享的关于群际关系的社会信念、价值观、信息、观点、规范和态度。它拥有符合群际沟通系统及其社群成员需要的结构化内容与功能，是群际双方用于解释和评价群际事件的社会认知系统。它的功能主要体现在表征要素的自动加工和控制加工两个方面，即它的结构要素是以无意识和意识两个水平组织起来的。借助词汇自由联想方法，可以激发出一个社会群体对"群际冲突"的社会表征要素，然后采用社会网络分析法，可以进一步描绘这些要素的整体网络组织结构，析解相应的核心要素。

其次，认知偏向主要是指对群际互动信息的选择性偏差处理，包括注意、知觉、记忆、归因、解释、推理、决策和问题解决等心智过程的加工偏向。这些认知变量使得人们易于对群际威胁信息产生过度敏感反应，表现出信息加工时间短，脑区活性度增强，脑电活动特异的性质。因此之故，社群交往情境中的认知过程偏向可被视作引发群际关系紧张和冲突行为的重要认知动力因素。而在不同的信息加工阶段，这些偏差性认知过程既能单独发挥群际行为动力效应，也可以相互融合形成行为驱动合力，同时激活行为动力模态，转化为群际行为势能。

最后，冲突监控是在群际信息加工过程中，人们对不同社会群体之间或者成员个体之间相容和不一致信息的觉察与认知控制。在电神经生理学方面，冲突诱发刺激（conflict-evoking stimulus）可以驱使一些大脑区域释放某种事件相关电位（event-related potential，ERP）成分，表现出时间进程、电位峰值和平均波幅的差别。在群际互动中，那些冲突性、不一致的认识、观点、情感、态度和行为输入，容易被当事者理解为蓄意冒犯，不尊重，需要警觉地加以应对或者体面回击。一般而言，行为和情绪两方面的冲突信息检测容易触发群际交往互动中目的意图和态度行为的误解，二者的监测评估可以直接激化个体的行为动力模态，引发群际行为反应。实际上，在社会认知通路内部，群际关系的社会表征往往会对群际互动信息产生特异的认知偏向，进而衍化和发展出相应的信息监控能力，这些认知功能特性有驱动和启动群际行为的作用。

在行为回应过程中，行为动力模态作为一种群际传入信息的反应通路，是指行为系统中监控、评价与执行成分在内、外生变量刺激作用下的动力响应特性。它在群际行为发生机制中起着监察、引动的作用，包括强化敏感性、特质冲动性、奖惩敏感性3个主要行为意向指标。一般而言，它被用于测评个体的行为激活和控制能力，其中强化敏感性用于评估一个人在奖惩条件下行为的激活和抑制优势；特质冲动性主要从行动冲动性、认知冲动性和无计划性3个维度来综合衡量，评判的是个体行为的自我控制特性；奖惩敏感性包括奖励敏感性和惩罚敏感性两个维度，分别用于测评一个人的奖励趋近倾向，以及对潜在惩罚、新奇事物、失败威胁的认知和被动回避反应特性。这些指标的动力响应强度与生理唤醒反应强度、群际信息加工特性密切关联。

综上而言，群际行为是一个对社群信息传入的反应加工及其行为输出的动力学过程，其结果输出可经由社群互动途径的扩散、传播转变成新一轮的群际信息输入部分。在行为预警水平，群际互动情境能够诱发一个人的生理、心理和行为的应激反应，这些反应信号经由神经介质通路传至大脑中枢神经系统，得到精细化分析和综合性评价，转化成为一个行动观念，用于指导行为的决策和效用分析，并组织实施某种行为。因此，在操作层面上，可以通过对群际互动信号和事件所激发的"神经生物因素、社会认知因素、行为反应特性"进行评估，找出它们的心理传播效应的检测指标，作为监测和预警群际关系的微观要素。

第五节　群际行为反应

表型（phenotype）是指一个生物体具有的所有显在可见的生理特征和行为特征。人类的表型除了具有各种肤色、面型、头型和性别生理特征等生物遗传标记外，还包括语言、方言、生计、习俗、饮食、行为各种文化遗传标记，起着区辩不同文化群体的作用。由于社群间的表型存在异同，甚至对立，因此在表型展现过程中，群际冲突在所难免。而从群体性暴力本质看，一个群际冲突的实际社会破坏性在于不同群体组织实施的、指向各方彼此的攻击性行为，包括意在伤害外群体成员的任何行为。一般而言，这类群际攻击行为都是社会、经济、文化、历史、宗教、信仰、心理和行为多种因素交互作用的产物，新近的研究主要关注攻击行为的社会认知机制和神经生理基础。

一　认知机制

（一）社会信息加工机制

克瑞克（Crick）和道奇（Dodge）将人的社会信息加工划分为6个

相互关联的认知操作序列[①]：①编码情境和内在线索。②解释内在和外部线索。③选择或澄清目标。④生成或建构可能的反应。⑤选择响应路径。⑥确定反应行为。在这些认知序列中，每一个阶段都有各自的信息处理内容和操作功能。

具体而言，线索编码阶段主要负责从社会情境或社会互动中自动地选择出目标或威胁性信息，并有意识地忽略其他直接信息，同时抑制外延间接线索。解释操作着力负责对编码信息进行效价评估，并赋予它们心理意义；目标澄清旨在激活或构建一个满足情境认知要求，并指向产生特定结果的行为目标；反应建构是个体从记忆中检索可能的应对措施，或者基于可用的社会线索生成一个新的反应；反应选择阶段主要是一个人根据自我效能预期、结果预判和反应合宜性，对各种可能的备选反应进行效用评估，从中选择出最优响应路径；最后，在行为输出阶段，基于前面的5个序列加工结果，行动者调动各种心理和行为资源，组织实施选定的最优应答路径。

根据此阶段模型，社会行为主要受社会互动中行动者的认知加工操作的驱动，是基于社会情境信息的多阶段加工和多重决策，而采取最优行动应对的结果。由此推论，作为社会行为的特例，群际攻击行为就是在群际互动情境下，主要因由不同群体对各种群际社会线索加工与解释的系统偏差和缺失，而导致彼此对这种群际信息加工偏差的敌意归因，落入安全困境，继而驱使各方做出攻击性反应决策并付诸行动。

（二）通用攻击行为机制

安德森（Anderson）和布什曼（Bushman）认为攻击性行为主要是在情境变量和个体变量的双重影响下，经由与攻击性有关的认知、情绪和唤醒的调节作用，并在相应的行为评价和决策过程基础上产生和演进[②]。它的整个衍生过程起始于社会互动或人际互动，然后依序由"信息输入

[①] Crick N. R., Dodge K. A., "Social information-processing mechanisms in reactive and proactive aggression", *Child Development*, Vol.67, No.3, 1996, pp.993–1002.

[②] Anderson C. A., Bushman B. J., "Human aggression", *Annual Review of Psychology*, Vol.53, No.1, 2002, pp.27–51.

→路径选择→结果输出"3个相互关联的情境性认知成分组成。信息输入涉及情境和个体两个信息源变量，是攻击性行为的关键起因，其中个体信源因素特指那些被卷入互动情境中的人格特质、态度、遗传素质，构成攻击的先决准备条件。具体来说，攻击性行为的先决基础条件主要包括一个人的敌意归因、知觉和期望偏差、高自尊、攻击信念、暴力态度、价值观、行为脚本等特定心理因素。情境信源变量主要有攻击性线索在场（如刀具、枪支、暴力视频），人际关系挑衅（如辱骂、歧视、轻蔑、身体攻击），心理挫折（如愿望受阻、目标失败），躯体疼痛与不适，药物唤醒（酒精、咖啡因）、奖赏激发等攻击促进因素。

路径选择涵摄与攻击性有关的认知、情感和唤醒3个内在状态变量。认知状态变量主要由敌意思想、攻击性脚本组成，情感状态变量包括状态敌意、愤怒、表情动作反应等，唤醒主要分为生理唤醒和心理唤醒两类变量。3种路径变量相互连接，互相影响。在结果输出阶段，行动者首先需要对来自于输入和路径中的各种信源与状态信息进行即时评价，重新评估，然后依据评估结果进行决策，并在决策过程的结果和内容基础上，来决定某种社会互动情景中的最终行动输出，即做出熟虑行动或冲动行为两种不同性质的反应。之后，这种最终的行为反应输出经由社会互动途径转变成下一个人际情境的信息输入部分，为新一轮的行为决策提供经验借鉴和效用参考。

综合来看，该模型把攻击性行为的产出描述为经由互动情境输入变量作用于人的认知、情感和唤醒变量所表征的内部状态实现。这个过程可以启动攻击性认知，生成攻击性情感状态，增强生理唤醒水平。在它们的相互作用及合力下，行动者借助于评价和决策过程来决断是否调用攻击性行为[1]。因之，从群际攻击行为过程看，可以将它用于解释群际冲突的发生机制。

---

[1] Anderson C. A., & Bushman B. J., "Effects of violent video games on aggressive behavior, aggressive cognition, aggressive affect, physiological arousal, and prosocial behavior: A meta-analytic review of the scientific literature", *Psychological Science*, Vol.12, No.5, 2001, pp.353-359.

二 行为表型

一般而言，攻击行为是指通过各种方式去有意伤害他人及他物的任何外显的、内隐的行为。外显攻击行为主要是采取物理方法给他人的人身或财物造成伤害、损毁，如推搡、踢打他人，实施身体暴力，武力威胁、打砸等。而内隐攻击行为则是通过散播谣言、活动排挤、沉默冷对等方式，来危害他人的社交友谊和社会地位[①]。目前，尽管学术界使用不同的术语来指称攻击性行为，并依据各种标准对其分类，但研究者普遍认可的做法是将它划分为两个不同的亚类，即一类是有计划的、有具体目的的且冷酷无情的预谋型攻击行为，另一类是自发的、失控的且激情冲动的反应型攻击行为[②]。它们有如下特征和显在表现。

（一）预谋型行为

预谋型攻击行为（proactive aggression）也称主动性攻击或者工具性攻击，是指行动者为获取特定目标而采取的未受挑衅的、有预谋的、目标指向性的行为。这种行为的主观意图显而易见，即行动者企图通过主动地采取冷酷的、预谋的暴力行为来达到特定的目标，满足自身的物质和精神需求，如获取钱财或奖励、支配和控制他人，而非单纯为了损害和伤害被攻击者[③]。在行为组织中，行动者常常表现出对攻击结果的积极期待，缺乏罪责感，而其行为实施过程则受到外在强化或奖励的调节与控制。因此，预谋型攻击行为具有冒犯性、挑衅性、非激惹性特征，通常还伴有快乐、亢奋、满足等积极情绪体验。它易诱发暴力犯罪[④]，与违

---

① Flanagan T., Iarocci G., D'Arrisso A., Mandour T., Tootoosis C., Robinson S., Burack J. A., "Reduced ratings of physical and relational aggression for youths with a strong cultural identity: Evidence from the Naskapi people", *The Journal of adolescent health: official publication of the Society for Adolescent Medicine*, Vol.49, No.2, 2011, pp.155-159.

② Baron R. A., Richardson D. R., *Human aggression*. New York: Plenum Press, 1994.

③ Tyson P. D., "Physiological arousal, reactive aggression, and the induction of an incompatible relaxation response", *Aggression and Violent Behavior*, Vol.3, No.2, 1998, pp.143-158.

④ Pulkkinen L., "Proactive and reactive aggression in early adolescence as precursors to anti- and prosocial behavior in young adults", *Aggressive Behavior*, Vol.22, No.4, 1996, pp.241-257.

法、破坏性行为问题密切关联①②。

（二）反应型行为

反应型攻击行为（reactive aggression）也称反应性攻击，是行动者对直接的或是错误知觉到的挑衅或威胁所作出的自卫性、防御性、报复性的行动回应，且通常伴有负性情绪状态，如悲伤、愤怒、怨恨、挫折等消极情绪体验③。这类行为没有明确的目的指向，具有随机性，它的驱动力主要来自于攻击目标所激发的强烈内部唤醒，如情绪性生理唤醒或应激心理唤醒，而非基于"成本和收益"计算的理性选择作用。具体而言，在激惹条件下，行动者为维护个体尊严、社会地位或人身安全而诉诸于暴力回击来减少、消除和终止厌恶条件，表现为在很少或者没有计划或自我克制的情况下，突然反击威胁源对象、激情式侵害他人④。也即，反应型攻击行为主要由挫折性和威胁性事件引发，而且不考虑任何潜在目的，主要特征是情绪唤醒高、易冲动、无法调控。从社会信息加工论看⑤，反应型行为主要与社会线索的编码和解释两个加工阶段相关联。

三 生理基础

在生物学方面，关于攻击性行为的神经生物机制的探讨，大致形成3种路径。第一进路旨在寻求攻击性行为的神经生化证据。一些研究清楚

---

① Atkins M. S., Stoff D. M., "Instrumental and hostile aggression in childhood disruptive behavior disorders", *Journal of Abnormal Child Psychology*, Vol.21, No.2, 1993, pp.165–178.

② Vitaro F., Gendreau P. L., Tremblay R. E., Oligny P., "Reactive and proactive aggression differentially predict later conduct problems", *Journal of Child Psychology and Psychiatry*, Vol.39, No.3, 1998, pp.377–385.

③ Hubbard J. A., Dodge K. A., Cillessen A. H. N., Coie J. D., Schwartz D., "The dyadic nature of social information processing in boys' reactive and proactive aggression", *Journal of Personality and Social Psychology*, Vol.80, No.2, 2001, pp.268–280.

④ Berkowitz L., *Aggression: Its causes, consequences and control*, New York: McGraw-Hill, 1993.

⑤ Crick N. R., Dodge K. A., "Social information-processing mechanisms in reactive and proactive aggression", *Child Development*, Vol.67, No.3, 1996, pp.993–1002.

地显示人脑的非对称性与攻击性行为存在某些相关关系，而皮质醇（C）、睾酮（T）、淀粉酶（A-A）、胆固醇、血清素、多巴胺等生化活性变量对攻击性行为、外显行为问题具有显著的预测作用[1]，其中雄激素、血清素是引发攻击性行为的主要激素和神经递质因素，尤以5-HT的作用最为显著，去甲肾上素和多巴胺对攻击性行为具有调节效应，内源性氨基酸、类固醇、多肽类在不同的攻击性行为模式及功能中发挥着不同的效应[2]。第二进路试图从神经解剖学的视角，探讨攻击性行为的生物基础。已有研究发现下丘脑—垂体—肾上腺皮质系统（HPA）轴是攻击性行为的重要神经生物基础，杏仁核是人们对威胁性刺激进行社会判断的重要大脑神经组织[3]，杏仁核萎缩或者损伤与人的冲动性、攻击性行为密切相关[4]。第三进路主要着眼于考察攻击性行为的神经生理指标。新近的研究表明静息心率、皮肤电水平、血压等自主神经活动的生理指标在攻击性行为中起着重要作用[5]。

概而言之，攻击行为是由多重认知过程和生物因素合力引发的复杂社会行为，在认知上常被行动者视为解决问题的有效途径。广义而言，作为大多数冲突情境中的一个正常而共同的心理过程，它被界定为一种把有害刺激施加于另外一个有机体的反应，此反应是一种由目标导向的、有意去伤害他人或损毁目标物的动作行为[6]。在此意义上，群际冲突的产

---

[1] Gordis E. B., Granger D. A., Susman E. J., Trickett P. K., "Asymmetry between salivary cortisol and alpha-amylase reactivity to stress: relation to aggressive behavior in adolescents", *Psychoneuroendocrinology*, Vol.31, No.8, 2006, pp.976–987.

[2] Nelson R. J., *Biology of aggression*, New York: Oxford University Press, Inc, 2006.

[3] Adolphs R., Tranel D., Damasio A. R. "The human amygdala in social judgment", *Nature*, Vol.393, No.6684, 1998, pp.470–474.

[4] van Elst L. T., Woermann F. G., Lemieux L., Thompson P. J., Trimble M. R. "Affective aggression in patients with temporal lobe epilepsy", *Brain*, Vol.123, No.2, 2000, pp.234–243.

[5] Mawson A. R., "On the association between low resting heart rate and chronic aggression: retinoid toxicity hypothesis", *Progress in Neuro-Psychopharmacology and Biological Psychiatry*, Vol.33, No.2, 2008, pp.205–213.

[6] Berkowitz L., *Aggression: Its causes, consequences and control*, New York: McGraw-Hill, 1993.

生有其特定的社会信息加工机制和神经生理活动模式，它的内在成因可归结为由个体或社群的社会信息编码偏向与神经生物机能异常所导致的攻击性行为的直接后果。

四 行为动力测量——量具修订

（一）研究被试

被试随机选自于中国边疆少数民族地区的4所普通高校的在校大学生共512名，年龄17-26岁，平均年龄20.69岁，$SD = 1.50$。在这些被试中，男性196名（占38.28%），女性316名（占61.72%），$\chi^2(1) = 28.13$，$p < 0.001$；大一学生124名（占24.22%），大二学生144名（占28.13%），大三学生126名（占24.61%），大四学生118名（占23.04%），$\chi^2(3) = 2.94$，$p = 0.401$。

（二）性能指标

1. 项目效度指标

鉴别度是评判项目适切性的量化指标，可采用极端组比较法和相关系数法来检验。具体而言，在相关系数法即"题目—总分相关法"中，计算受测者在每一题的得分与量表总分的相关系数作为评判题目鉴别度的指标。判断标准是当题目得分与总分之间的相关系数值均 ≥ 0.30 时，说明各题目之间有较高的一致性或同质性，表示项目是有效的，鉴别度好。在极端组比较法检验中，以量表总分为分组效标，把总分排序前、后27%的受测者设定为效标组，然后利用独立样本 t 检验比较这两个效标组在每一个题目上的平均数差异。若高分组与低分组的题目得分差异具有统计显著性，则表示此题目具有良好的鉴别度，其决断标准如下[①]：当设定显著性水平为 $\alpha=0.01$ 时，在 t 值（CR 值）≥ 2.58 的条件下，则可以认为题目具有良好鉴别度；若显著性水平 $\alpha=0.001$，$CR \geq 3.29$ 时，则表示具有良好鉴别度。一般约略标准可设定为 $CR \geq 3$。

---

① 邱皓政：《量化研究与统计分析：SPSS中文视窗版数据分析范例解析》，重庆大学出版社2009年版。

2. 因素负荷量

因素负荷量（factor loading）是用于诊断量表题项性能的有效指标，它反映了个别题项与其所属因子之间的相关程度，它的绝对数值越大表示一个题项与其所属因子之间的关系越密切[①]。塔巴克尼克（Tabachnick）和菲德尔（Fidell）对因素负荷量的大小进行了质的评判，认为当负荷量（λ）大于 0.71 时，即一个因子可解释该观测变量（题项）50%的变异量（λ^2）时，判定题项质量优秀；当 $\lambda \geq 0.63$，$\lambda^2 \geq 40\%$ 时，题项为非常好；当 $\lambda \geq 0.55$，$\lambda^2 \geq 30\%$ 时，题项为好；当 $\lambda \geq 0.45$，$\lambda^2 \geq 20\%$ 时，题项为一般；当 $\lambda \geq 0.32$，$\lambda^2 \geq 10\%$ 时，题项为不好；当 $\lambda<0.32$，$\lambda^2<10\%$ 时，题项贡献非常小，需考虑删除[②]。我们采用这个标准对量表题项进行删减。

3. 模型拟合指数

在量表的结构效度或测量模型的验证性因子分析中，研究者一般采用多种拟合指数来评价、修正和选择模型。常用的拟合指数可以划分为绝对指数（absolute index）和相对指数（relative index 或 comparative index）两类。绝对拟合指数是将理论模型和饱和模型比较得到的一个统计量，主要用于评判一个理论模型与样本数据的拟合程度[③]。广泛使用的绝对指数有：χ^2，它衡量的是再生协方差矩阵（E）与样本协方差矩阵（S）的差异程度，χ^2 越大，表示 E 与 S 的差异越大。当 χ^2 值大于预设的临界值时，表示差异达到显著水平，模型与数据拟合不好；反之，若 χ^2 小于临界值，则认为模型与数据拟合的好。但值得注意的是 χ^2 检验易受样本容量 N 的影响。χ^2/df 统计量可调节模型的复杂程度，当其值在 2～5 之间时，判定为可以接受模型。

[①] 郭志刚：《社会统计分析方法——SPSS 软件应用》，中国人民大学出版社 1999 年版。

[②] Tabachnick B. G., Fidell L. S., *Using multivariate statistics (5th ed.)*, Needham Heights, MA: Allyn and Bacon, 2007.

[③] 侯杰泰、温忠麟、成子娟：《结构方程模型及其应用》，教育科学出版社 2004 年版。

RMSEA（root mean square error of approximation，近似误差均方根）是一种近似误差指数，其值低于 0.10 时表示好的拟合，低于 0.08 时认为模型可接受，低于 0.05 时，表示模型拟合的非常好，低于 0.01 时表示非常出色的拟合，普遍认可的值域为 0.06 ～ 0.07[1][2]。*SRMR*（standardized root mean square residual，标准化残差均方根）具有跨研究可比性，其值 0 ～ 1 之间，小于 0.08 时表示模型可接受；*GFI*（goodness-of-fit index）是一种拟合优度指数，可以作为 χ^2 检验的替代指标，取值为 0 ～ 1，并随着参数个数增加而增大，通常界值为 0.90 时，认为模型可以接受，数值越高表示模型拟合越好。

相对拟合指数是将理论模型和基准模型比较得到的统计量，常用的临界标准有：*CFI*（comparative fit index，比较拟合指数）值在 0 ～ 1 之间，越大表示模型拟合越好，通用的界值标准为 *CFI* ≥ 0.90，表示模型可接受；在 *CFI* ≥ 0.95 时，认为模型拟合非常好；当 *NNFI*（non-normed index，非范拟合指数）的界值为 ≥ 0.95 时，表示模型拟合得好[3]。

（三）修订程序

首先对英文版量表进行翻译和回译，并组织翻译人员共同对每一个题项的内容和语义进行逐句逐词地审读、分析、润色和修改。然后聘请心理学教授审校翻译版量表，并向大学生征求翻译问卷的表面效度。

其次，使用翻译版问卷对随机选取的新疆和云南两地各 2 所普通高校的大学生进行测试。

最后，运用 SPSS 15.0 for windows 统计软件对问卷数据进行了项目分析、探索性因素分析、内部一致性信度检验，以及利用 LISREL 8.71

---

[1] Hu L. t., Bentler P. M., "Cutoff criteria for fit indexes in covariance structure analysis: Conventional criteria versus new alternatives", *Structural Equation Modeling: A Multidisciplinary Journal*, Vol.6, No.1, 1999, pp.1–55.

[2] Steiger J. H., "Understanding the limitations of global fit assessment in structural equation modeling", *Personality and Individual Differences*, Vol.42, No.5, 2007, pp.893–898.

[3] Hooper D., Coughlan J., Mullen M., "Structural equation modelling: Guidelines for determining model fit", *Electronic Journal of Business Research Methods*, Vol.6, No.1, 2008, pp.53–56.

for windows 软件实施结构方程建模分析，并参照原量表因子结构和各种分析中的性能指标，对量表条目进行了删减或调整。

（四）修订结果

1. 行为抑制／激活系统量表

采用卡弗（Carver）和怀特（White）的《行为抑制／激活系统量表》（*BIS/BAS Scales*，见附录 1），测量个体对奖赏和惩罚刺激信号的强化敏感性[①]。共有 20 个题项，包括 1 个行为抑制系统（BIS）分量表，7 个题，观测的是个体对预期惩罚的反应性；3 个行为激活系统（BAS）相关分量表，即内驱力分量表（*BAS-D*，4 个题，测评个体对渴求目标的执着追求）、乐趣寻求分量表（*BAS-F*，4 个题，测评对新奖赏的欲求和在激励时趋近潜在奖励事件的意愿）、奖励反应性分量表（*BAS-R*，5 个题，测量对奖赏事件和预期的积极反应）。采用 Likert 4 点量表进行题项评分，1 表示非常同意，4 表示非常不同意。此量表中文版由李彦章等修订[②]，删除原量表中的题项 1 和 18 后，采用主成分法，进行 Direct Oblimin 法斜交旋转，抽取了 4 个因素，可解释 45.16% 的总变异量，内部一致性信度系数 α 为 0.55～0.72。考虑到研究者指出该量表在中国人群中的适用性仍需进一步检验、修正，我们以综合类和师范类院校大学生为对象，进行中文版修订和信效度分析。

首先，项目分析结果显示，第 9 和 19 题与量表总分的相关系数 r 值为 0.28（$p<0.001$）和 0.11（$p<0.05$），不满足"题目—总分"相关系数大于 0.30 的条件，予删除，其余题项与总分的相关系数为 0.32～0.58（$p<0.001$），具有较好的鉴别度。随后对余下 18 个项目进行探索性因素分析，KMO 值为 0.80，Bartlett 球形检验的近似 χ^2 值为 1713.29，$df=153$，$p<0.001$，表明取样适当，适宜做因素分析。采用主轴因子法抽取公因子，

[①] Carver, C. S., White, T. L., "Behavioral inhibition, behavioral activation, and affective responses to impending reward and punishment: the bis/bas scales", *Journal of Personality and Social Psychology*, Vol.67, No.2, 1994, pp.319–333.

[②] 李彦章、张燕、姜英、李航、米沙、易光杰等：《行为抑制／激活系统量表中文版的信效度分析》，《中国心理卫生杂志》2008 年第 8 期，第 613–616 页。

进行 Direct Oblimin（Delta=0）法斜交旋转，按因子负荷大于 0.40 和特征值大于 1 的标准，并参照原量表的因子结构及其题项归属，删除不符合要求的项目，确定因子数目和命名因子。结果显示，删除题项 3 后，解析得到与原量表因素结构一致的 4 个公因子，除了原归属于 *BAS-R* 因子的题项 16（"当有好事发生在我身上时，我会受到它的强烈影响"），被负载到 *BAS-F* 因子上外，其余题项的因子归属与原量表一致，可解释 49.73% 的项目总方差。

信度和效度分析显示，总量表的 α 值为 0.78，*BIS*、*BAS-R*、*BAS-D*、*BAS-F* 4 个因素的 α 值分别是 0.70，0.69，0.61，0.55。结构效度检验显示，四因素理论模型中（设定 *BIS*、*BAS-R*、*BAS-D*、*BAS-F* 4 个一阶因素模型），χ^2=310.96，*df*=113，χ^2/df=2.75，*RMSEA*=0.06，*NNFI*=0.91，*CFI*=0.93，*GFI*=0.93，*SRMR*=0.06；二因素理论模型中（设定 *BIS* 和 *BAS* 两个一阶因素模型），χ^2=537.15，*df*=118，χ^2/df=4.55，*RMSEA*=0.08，*NNFI*=0.84，*CFI*=0.87，*GFI*=0.89，*SRMR*=0.07。从拟合指数看，修正后的四因素模型与样本实测数据拟合较好，应采用四因素模型来测量人的强化敏感性。

2. 反应性 – 主动性攻击问卷

采用雷恩（Raine）的《反应性 – 主动性攻击问卷》（*Reactive – Proactive Aggression Questionnaire*，见附录 2），测量反应性攻击和主动性攻击[1]。共 23 个题项，即反应性攻击分量表有 11 个题，如"在他人挑衅时，愤怒地作出回应"；主动性攻击分量表含 12 个题，如"威胁和欺负某人"。采用 3 点频次量表评判特定行为发生频率，判定准则为"从不、有时、经常"三级，分别记"0，1 和 2"分，得分越高，表明行为发生次数越多。每个分量表分值为其所含题项得分总和，二者分值的和为总攻击分值，分数越高，表明攻击性越强。原问卷及其分量表的内部一致

---

[1] Raine A., Dodge K., Loeber R., Gatzke-Kopp L., Lynam D., Reynolds C., Liu J., "The reactive–proactive aggression questionnaire: Differential correlates of reactive and proactive aggression in adolescent boys", *Aggressive Behavior*, Vol.32, No.2, 2006, pp.159–171.

性系数 α 值依次是 0.90、0.84、0.86，表明信度较好。跨文化研究表明该问卷的结构效度和信度较好[①②]。考虑到文化和人群差异，需对它修订和信、效度检验，使其适用于中国的大学生人群。

在原量表中，因子结构来自于结构方程模型分析的证据。为考察该量表的跨文化普遍性，实施了探索性因素分析。首先项目分析显示，题项与总分的相关系数为 0.43～0.59，$p<0.001$，表明题项的鉴别度较好。然后，计算 *KMO* 值为 0.89，Bartlett 球形检验的近似 χ^2 值为 2932.98，*df*=253，$p<0.001$，表明取样适当，适宜做因素分析。采用主轴因子法抽取公因子，进行 Direct Oblimin（Delta=0）法斜交旋转，按照因子负荷大于 0.45 和特征值大于 1 的标准，并参照原量表的因子结构及其题项归属，删除不符合要求以及同时在两个及以上因子有较高负荷的项目，确定因子数目和命名因子。结果显示，尽管可提取得到 4 个特征值大于 1 的公因子，但碎石图检验显示恰当的因子数目应该为 2 个。因此，设定因子数目为 2，再次探索性因素分析，逐步删除第 2、4、6、16、18、19、22 题后，得到题项归属及因素结构与原量表一致的 2 个公因子，可解释项目总方差的 40.04%。

总量表的内部一致性 α 系数为 0.81，主动性攻击分量表为 0.81，反应性攻击分量表为 0.73，表明信度较好。结构方程建模分析显示，单因素模型（16 个题项为 1 个一般攻击因子指标）的各拟合指数为：χ^2=760.03，*df*=104，χ^2/df=7.31，*RMSEA*=0.11，*NNFI*=0.86，*CFI*=0.87，*GFI*=0.84，*SRMR*=0.08；双因素模型（原量表因子结构）的拟合指数如下，χ^2=304.64，*df*=103，χ^2/df=2.96，*RMSEA*=0.06，*NNFI*=0.94，*CFI*=0.95，*GFI*=0.93，*SRMR*=0.05。显然，双因素模型与数据的拟合优于

---

① Baş A. U., Yurdabakan İ., "Factor structure of the reactive-proactive aggression questionnaire in Turkish children and gender, grade-Level, and socioeconomic status differences in reactive and proactive aggression", *Journal of Psychoeducational Assessment*, Vol.30, No.3, 2012, pp.284–297.

② Fung A. L.-C., Raine A., Gao Y., "Cross-cultural generalizability of the reactive-proactive aggression questionnaire(RPQ)", *Journal of Personality Assessment*, Vol.91, No.5, 2009, pp.473–479.

单因素模型，$\Delta\chi^2(1)=455.39>\chi^2_{0.001}(1)=10.83$，$p<0.001$，具有跨文化普遍性，适用于测评我国大学生的状态攻击性。

3. 奖惩敏感性问卷

采用托鲁维亚（Torrubia）的《惩罚敏感性和奖励敏感性问卷》（*Sensitivity to Punishment and Sensitivity to Reward Questionnaire*，SPSRQ，见附录3）测量人的奖惩敏感性特征[①]。共有48个自陈式"是非"二分题项，分属于惩罚敏感性（SP）和奖励敏感性（SR）两个分量表，各24个题项，偶数题属 SR 量表，奇数题属 SP 量表，计算"是"反应的总数为量表分值。考虑到原问卷中有17个因素负荷量（0.06～0.39）小于0.40的题项，存在鉴别度不足，可能与"0，1"二值计分有关，即量尺范围狭小，我们将全部题干的一般疑问句式转换为陈述句，修改为5点 Likert 量表自陈评定题型，即调整为"1（完全不符合）—5（完全符合）"的量尺。然后，在项目分析基础上，采用因子分析和结构方程建模技术检验中文版的测量特性。

项目分析按照以下标准确定有效题项，即题目平均数在全问卷平均数的±1.5个标准差内、题目得分与量表总分之间的 Pearson 相关系数值≥0.30、高分组与低分组的题目得分平均数差异检验的 *CR* 值≥3。题目平均数的偏离检验显示，第7、8、23、45题的分值在全问卷平均数的±1.5个标准差外；相关分析显示，第2、4、8、25、32、34、45题的相关系数小于0.30；27%极端组的独立样本 *t* 检验显示，所有题目的 *CR* 值为4.69～15.73。依照有效题项准则，第2、4、7、8、23、25、32、34、45题均为低鉴别度项目，予以删除。

因素分析适宜性检验显示，取样适当性 *KMO* 测量值为0.84，Bartlett 球形检验的近似 χ^2 值为4253.18，*df*=741，$p<0.001$。采用原文中的主成份法提取公因子，方差极大（Varimax）正交旋转，显示有11个特征值

[①] Torrubia R., Ávila C., Moltó J., Caseras X., "The Sensitivity to Punishment and Sensitivity to Reward Questionnaire（SPSRQ）as a measure of Gray's anxiety and impulsivity dimensions", *Personality and Individual Differences*, Vol.31, No.6, 2001, pp.837–862.

大于 1 的公因子，可以解释 54.63% 的总方差，但碎石图检验显示应有 2 个恰当的因子。在设定因子数目为 2，因子负荷量大于 0.40 且只在一个因子上负荷较高，以及特征值大于 1 的标准，并参照原问卷命名因子。经多次探索性因素分析，逐步删除第 1、3、11、24、27、28、36、41、46 共 9 题后，得到 SP 成分的方差解释率为 18.04%，SR 的解释率为 10.19%，各含 15 个题，因素负荷量 0.42～0.66，两成分间相关系数为 –0.58。

信度检验显示，总问卷的 α 系数值为 0.83，SP 和 SR 两成分的 α 值为 0.81，0.79；结构方程建模分析显示，单因素模型（30 个题项为 1 个一般行为动机因子）的拟合指数为：$\chi^2=2475.10$，$df=405$，$\chi^2/df=6.11$，$RMSEA=0.10$，$NNFI=0.80$，$CFI=0.81$，$GFI=0.76$，$SRMR=0.09$；双因素模型（惩罚敏感性和奖励敏感性 2 个一阶因子）的拟合指数为，$\chi^2=1307.82$，$df=404$，$\chi^2/df=3.24$，$RMSEA=0.07$，$NNFI=0.87$，$CFI=0.88$，$GFI=0.85$，$SRMR=0.07$。显然，双因素模型优于单因素模型，$\Delta\chi^2(1)=1167.28>\chi^2_{0.001}(1)=10.83$，$p<0.001$，具有跨文化普遍性，适用于测评大学生的奖惩敏感性。

4. 特质攻击性问卷

采用周颖修订的中文版《Buss-Perry 攻击性问卷》测评攻击性人格特质，包括工具、情感和认知三种行为特质成分，由身体攻击（PA）、言语攻击（VA）、愤怒（A）和敌意（H）4 个因子构成[1][2]。共 29 个题项（第 9、16 题为反向题），采用 5 点 Likert 量表评分，分值为"1（很不符合）—5（非常符合）"，因子分值为每个因子的题项得分平均值，总体攻击性分值为四个因子分值的平均分，分值越高表示攻击性越强。总问卷及各因子的内部一致性系数 α 值为 0.89、0.85、0.72、0.83 和 0.77；间隔 9 周的重测相关系数为身体攻击 0.80，言语攻击 0.76，愤怒 0.72，敌意 0.72，总问卷 0.80，表明内部一致性和时间稳定性好。

---

[1] 周颖：《内隐攻击性研究》，上海社会科学院出版社 2011 年版。

[2] Buss A. H., Perry M., "The aggression questionnaire", *Journal of Personality and Social Psychology*, Vol.63, No.3, 1992, pp.452–459.

考虑到攻击性与文化有密切联系[1]，以及中文版存在一个与原作者理论观点和因子命名不一致且难以解释的混合因子——替代攻击，由几个归属于不同因子的题项组成[2]，我们认为此中文版的因子结构可能并不适用于中国青年大学生，需对它进行测量结构验证，以检验外部效度和文化普适性。

首先，对原问卷三因子模型进行验证性因素分析。结果显示，单因素模型（29个题项为一个总攻击性指标）中，拟合指数为：$\chi^2=1474.51$，$df=377$，$\chi^2/df=3.91$，$RMSEA=0.08$，$NNFI=0.83$，$CFI=0.84$，$GFI=0.83$，$SRMR=0.07$；四因素模型（身体攻击、言语攻击、愤怒和敌意4个一阶因子模型，且题项归属与原英文版一致）的拟合指数依次为，$\chi^2=1109.13$，$df=371$，$\chi^2/df=2.99$，$RMSEA=0.06$，$NNFI=0.87$，$CFI=0.88$，$GFI=0.87$，$SRMR=0.07$；单因素高阶模型（身体攻击、言语攻击、愤怒和敌意4个一阶因子共享一个高阶攻击性因素，题项归属不变）的各拟合指数如下，$\chi^2=1112.08$，$df=373$，$\chi^2/df=2.98$，$RMSEA=0.06$，$NNFI=0.87$，$CFI=0.88$，$GFI=0.87$，$SRMR=0.07$。显然，后两个模型优于单因素模型，$\Delta\chi^2(6)=365.38>\chi^2_{0.001}(6)=22.46$；$\Delta\chi^2(4)=362.43>\chi^2_{0.001}(4)=18.47$，均$p<0.001$。高阶模型优于一阶四因素模型，$\Delta\chi^2(2)=2.95<\chi^2_{0.05}(2)=5.99$，$p>0.05$，但依据模型评价标准[3]，也仅处于可接受水平。

另外，尽管布赖恩特（Bryant）和史密斯（Smith）的简式攻击性量表（含12个题）[4]，能较好的拟合中国大学生样本数据，$\chi^2=133.08$，

---

[1] Ramirez J. M., Andreu J. M., Fujihara T., "Cultural and sex differences in aggression: A comparison between Japanese and Spanish students using two different inventories", *Aggressive Behavior*, Vol.27, No.4, 2001, pp.313–322.

[2] 刘俊升、周颖、顾文瑜：《Buss–Perry攻击性量表在青少年中的初步修订》，《中国临床心理学杂志》2009年第4期，第449–451页。

[3] Browne M. W., Cudeck R., "Single sample cross-validation indices for Covariance structures", *Multivariate Behavioral Research*, Vol.24, No.4, 1989, pp.44–455.

[4] Bryant F. B., Smith B. D., "Refining the architecture of aggression: A measurement model for the Buss–Perry aggression questionnaire", *Journal of Research in Personality*, Vol.35, No.2, 2001, pp.138–167.

df=48，χ^2/df=2.77，$RMSEA$=0.06，$NNFI$=0.90，CFI=0.93，GFI=0.96，$SRMR$=0.05。但沿用他们的方法分析时，并未发现跨样本的一致性。

其次，鉴于上述结果，我们对中文版重新进行了项目分析、因子分析和结构方程建模分析。项目分析的题项入选标准：题目平均数在全问卷平均数的±1.5个标准差内、题目得分与问卷总分的相关系数值≥0.30、高分组与低分组的题目得分平均数差异检验的CR值≥3。分析显示，第4、9、11、12、16、29共6题为低鉴别度项目，予以删除。

因素分析适宜性检验显示，取样适当性KMO测量值为0.86，Bartlett球形检验的近似χ^2值为2000.18，df=253，p<0.001。采用刘俊升等的主成分法抽取公因子，做方差极大（Varimax）正交旋转[①]。结果显示，有6个特征值大于1的公因子，累积方差贡献率为49.59%。然后，多次探索性因素分析，逐步删除那些因子负荷量小于0.40，以及同时在两个及以上因子负荷较高（λ>0.40）的题项，并参照原问卷的因子结构和特征值大于1的标准，确定因子数目和命名因子。删除第3、5、7、8、10、15、21共7题后，得到与原英文版一致的4个因子成分——愤怒、身体攻击、敌意和言语攻击，各因子的方差贡献率为22.89%、10.11%、7.99%、6.82%，因素负荷量0.47～0.73，总问卷内部一致性α系数为0.77。

结构方程建模分析，单因素模型（16个题为一个总攻击性因子）的拟合指数为：χ^2=457.86，df=104，χ^2/df=4.40，$RMSEA$=0.08，$NNFI$=0.85，CFI=0.87，GFI=0.90，$SRMR$=0.07；四因素模型（身体攻击、言语攻击、愤怒和敌意4个一阶因子）的拟合指数为，χ^2=185.42，df=98，χ^2/df=1.89，$RMSEA$=0.04，$NNFI$=0.95，CFI=0.96，GFI=0.96，$SRMR$=0.05；二阶单因素模型（身体攻击、言语攻击、愤怒和敌意4个因素共享一个高阶攻击性因素）拟合指数为，χ^2=189.13，df=100，χ^2/df=1.89，$RMSEA$=0.04，$NNFI$=0.95，CFI=0.96，GFI=0.96，SRMR=0.05。四因素模型和二阶单因素模型均优于单因素模型，$\Delta\chi^2$（6）=272.44>$\chi^2_{0.001}$（6）

[①] 刘俊升、周颖、顾文瑜：《Buss–Perry攻击性量表在青少年中的初步修订》，《中国临床心理学杂志》2009年第4期，第449–451页。

=22.46；$\Delta\chi^2$（4）=268.73> $\chi^2_{0.001}$（4）=18.47，均 $p<0.001$。四因素模型与二阶单因素模型均能较好的拟合实测数据，$\Delta\chi^2$（2）=3.71< $\chi^2_{0.05}$（2）=5.99，$p>0.05$，二者都比较理想，可作为替代模型使用，同时也说明四因素模型具有跨文化普遍性。

5. 特质冲动性问卷

采用李献云等的《Barratt 冲动性量表（BIS-II）中文版》（参见附录5）测评特质冲动性[①]。共 30 个题项，分无计划性、行动冲动性、认知冲动性 3 个分量表，各有 10 个题项，5 级评分，分值"1（不是）—5（总是）"。分量表分值为每个分量表的题项得分算术平均值，量表总分为 3 个分量表分值的算术平均值，分值越高表示冲动性越强。总量表及分量表的内部一致性系数 α 值 0.77～0.89，重测信度 0.68～0.89。但鉴于中文修订版对原英文版量表的测评条目做了较大修改和替换（仅翻译保留了原量表中的 6 个条目），以及一些题项（如第 6、29 题）缺乏鉴别度，或因子归属（如第 13、24 题）与其理论因子构成不相符，我们尝试在因子结构验证和项目分析基础上，采用因子分析和结构方程模型技术再次检验此中文版的测量特性。

首先，对李献云等[②]报告的一阶三因素模型进行验证性因素分析。各拟合指数：χ^2=831.35，df=402，χ^2/df=2.07，$RMSEA$=0.08，$NNFI$=0.84，CFI=0.85，GFI=0.77，$SRMR$=0.09，表明此模型与数据拟合不理想，进一步探索和验证中文修订版的测量模型显得非常必要。

项目分析发现第 24 题与量表总分和分量表总分之间的相关系数 r 值为 –0.16（p=0.03），0.07（p=0.37）；27% 极端效标组独立样本 t 检验显示，第 5 题的 CR 值为 1.89，$p<0.05$，表明缺乏鉴别度，予以删

[①] 李献云、费立鹏、徐东、张亚利、杨少杰、童永胜等：《Barratt 冲动性量表中文修订版在社区和大学人群中应用的信效度》，《中国心理卫生杂志》2011 年第 8 期，第 610–615 页。

[②] 李献云、费立鹏、徐东、张亚利、杨少杰、童永胜等：《Barratt 冲动性量表中文修订版在社区和大学人群中应用的信效度》，《中国心理卫生杂志》2011 年第 8 期，第 610–615 页。

除。然后，对剩余的 28 个题进行因素分析适宜性检验，KMO 值为 0.79，Bartlett 球形检验的近似 χ^2 值为 1491.726，df=378，$p<0.001$。接着采用主成分法提取公因子，做方差极大（Varimax）正交旋转，删除因子负荷小于 0.40，以及同时在两个及以上因子均有较高负荷（$\lambda>0.40$）的题项，并参照中文修订版的因子结构和特征值大于 1 的标准，确定因子数目和命名因子。结果显示，可提取 9 个特征值大于 1 的公因子，累积方差贡献率 63.48%，但碎石图检验显示恰当的因子数为 3 个。当设定因子数目为 3，多次探索性因素分析，逐步删除第 1、3、9、13、22、23 共 6 题后，求解得到与修订版一致的 3 个公因子——行动冲动性、无计划性、认知冲动性，它们的方差贡献率为 20.87%、12.50%、7.35%，因素负荷量为 0.41~0.76。

此外，总量表及 3 个分量表的内部一致性 α 系数为 0.81，0.75，0.80 和 0.63。结构方程建模分析显示，单因素模型（22 个题为单一总体冲动性因子）的拟合指数：χ^2=831.62，df=209，χ^2/df=3.98，$RMSEA$=0.13，$NNFI$=0.71，CFI=0.74，GFI=0.71，$SRMR$=0.11；三因素模型（无计划性、行动冲动性、认知冲动性 3 个一阶因子）拟合指数：χ^2=385.11，df=206，χ^2/df=1.87，$RMSEA$=0.07，$NNFI$=0.88，CFI=0.90，GFI=0.84，$SRMR$=0.08。显然，三因素模型优于单因素模型，$\Delta\chi^2(3)$=446.51>$\chi^2_{0.001}(3)$=16.27，$p<0.001$，具有跨样本普遍性。

第三章　影像刺激生理应答模式

"社会和谐发展，民族团结进步"是大多数民族国家进行社会管理的出发点和归宿，但在这一进程中，如何有效地化解社群冲突和群体矛盾却是一个不可回避的社会现实问题。群体性冲突有其复杂而深层的社会文化环境根源，它的表达方式与当事社群的心理行为因素密切关联。事实上，为有效预警和管理这类冲突，既可从过往冲突事件中逆向寻求社会与心理机制，也可尝试从它的核心要素——群际暴力攻击入手，借助神经解剖、脑刺激技术和药理实验范式，揭示它的神经生物原因及其相应的神经解剖学、神经化学与神经药理学机制。

神经解剖学发现，脑区有攻击性功能。一系列动物和人脑的选择性损伤、电刺激和化学刺激范式研究[1]，均发现前脑区域（forebrain regions）、杏仁岩（amygdaloid）、下丘脑（hypothalamus）、腹侧被盖区（ventral tegmental）、中脑导水管周围灰质区域（PAG）对攻击和愤怒行为的表达有重要的调控作用。当这些脑区的"攻击点（attack sites）"被损伤或摘除、受到电信号或生化反应刺激后，攻击性反应或行为就会被激发或抑制，而后下丘脑（posterior）部位病变则可减少人类的攻击性[2]。此外，攻击性脑区激活还与感觉过程有关，当脑区攻击点神经元受嗅觉

---

[1] Siegel A., *The neurobiology of aggression and rage*, Boca Raton, Florida: CRC Press, 2005.

[2] Sano K., Mayanagi Y., "Posteromedial hypothalamotomy in the treatment of violent, aggressive behaviour", *Acta Neurochirurgica Supplement*, Vol.44, 1988, pp.145–151.

线索、视觉信息、触觉输入的刺激激活后，可触发、调控攻击性反应和行为。

在神经解剖学上，前额皮质是一个执行认知功能、监管情感过程的脑区。它可接受来自于大脑皮层、边缘系统、内侧丘脑等脑区的信息输入[1]，并中继和整合这些区域的各种感觉、情绪信号，将之转译为认知和情感输出。事实上，由于前额皮质可以直接或间接地把译码后的信号输出投射给下丘脑、中脑导水管周围灰质（PAG）、边缘结构和杏仁核，最终激活这些脑区。而这些脑区则是攻击性反应和行为表达的关键神经生物因素。因此，前额皮质的活动特性在调控认知和监管行为方面有重要作用，提示考察前额皮质的 EEG 反应特性是探讨人类社会行为机制的一个可行途径，也是一个有效的生物参考指标。但由于这类研究所用方法具创伤性和伤害性，且主要来自于动物被试的结果，故不能将这些范式引入研究正常人群，更不能直接运用相关结论，来解释和推论人类的社会行为机制。

考虑到这些弊端，研究者转而探寻攻击性反应和行为的神经生物机制，聚焦于神经递质及其受体的神经化学过程对攻击性的促进和抑制作用，以及攻击性反应怎样改变大脑化学物质等方面。西格尔（Siegel）指出在非人类的动物攻击模型中，脑内胆碱能递质系统活动与攻击行为过程密切相关，当下丘脑、前脑、边缘结构（隔区、杏仁核、海马）等区域的胆碱能神经元（cholinergic neurons），受到胆碱能药物（剂）的生化反应刺激后，其胆碱能受体激活或阻断会诱发、改变、抑制愤怒反应和攻击性行为[2]。这表明中枢神经系统中胆碱能（兴奋性）神经递质及其受体激活可有效促进攻击性反应及其行为过程。多巴胺递质系统活动与攻击性反应过程相互影响，多巴胺能药剂（多巴胺激动剂如阿朴吗啡、LY 171555）的化学刺激作用下，多巴胺 D2 受体激活可以提高攻击性响应

---

[1] Fuster J. M., *The prefrontal cortex: Anatomy*, New York: Raven Press, 1980.

[2] Siegel A., *The neurobiology of aggression and rage*, Boca Raton, Florida: CRC Press, 2005.

阈值，能快速地启动攻击性过程。在多巴胺能纤维分布广泛的前脑区域，攻击行为遭遇可显著增加前额叶皮层的多巴胺含量[①]。血清素（serotonin，又称5-羟色胺）是抑制性单胺型神经递质，通过调控大脑血清素含量和5-羟色胺受体（5-HT1）激活可抑制攻击性反应和行为。当血清素系统受到饮食、药理（如氯苯酚丙氨酸，p-chlorophenylalanine）和电解损坏后而使血清素活性功能紊乱，减少血清素水平时，实验动物或者人群就会增强攻击性倾向，更容易产生攻击和暴力行为[②③④]。

在分子遗传水平，社会生物学认为基因可以通过制约某些特性的发展或者增添某些进化的可能性来影响行为。为此，可应用神经化学方法考察内源性神经递质刺激及其受体激活对攻击行为过程的促动效应。等位基因关联法（allelic association）的研究发现，直接参与合成或新陈代谢的多巴胺和血清素两类神经递质是攻击行为关联的候选基因，多巴胺受体基因中儿茶酚氧位甲基转移酶（COMT）的功能多态性与攻击行为密切相关[⑤]。这表明一些基因多态性或等位基因变异与特定人群的某种表型有关。

神经内分泌状态可抑制或促进人类的社会行为。激素水平与攻击性

[①] Van Erp A. M., Miczek K. A., "Aggressive behavior, increased accumbal dopamine, and decreased cortical serotonin in rats", *The Journal of Neuroscience*, Vol.202, No.4, 2000, pp.9320–9325.

[②] Coccaro E. F., Kavoussi R. J., Cooper T. B., Hauger R. L., "Central serotonin activity and aggression: Inverse relationship with prolactin response to d-fenfluramine, but not CSF 5-HIAA concentration, in human subjects", *American Journal of Psychiatry*, Vol.154, No.10, 1997, pp.1430–1435.

[③] Higley J., King Jr S., Hasert M., Champoux M., Suomi S., Linnoila M., "Stability of interindividual differences in serotonin function and its relationship to severe aggression and competent social behavior in rhesus macaque females", *Neuropsychopharmacology*, Vol.14, No.1, 1996, pp.67–76.

[④] Moore T. M., Scarpa A., Raine A., "A meta-analysis of serotonin metabolite 5-HIAA and antisocial behavior", *Aggressive Behavior*, Vol.28, No.4, 2002, pp.299–316.

[⑤] 王美萍、张文新：《COMT基因多态性与攻击行为的关系》，《心理科学进展》2010年第8期，第1256–1262页。

行为表达密切关联，相互影响[1]。皮质醇水平对行为反应有抑制作用，与破坏性行为、攻击性行为呈负相关[2][3]，肾上腺激素皮质醇基线水平与社会逃避、顺从行为有关[4]。即使在激怒条件下，健康成人的基线皮质醇水平也可抑制攻击性行为[5]。但睾丸激素水平与攻击行为、支配行为、反社会行为呈正相关[6][7]，有易化作用。

自主神经系统（autonomic nervous system，ANS）能平衡突触的兴奋和抑制，调控除骨骼肌以外的所有受其支配的组织和器官，作用范围广，时间长。该系统中的多巴胺能和去甲肾上腺素能可触发行为趋近与回避过程[8]，它的功能紊乱或异常会导致情感表达障碍和攻击行为[9]。其中交感神经在机体危机时活动最强，易导致心率加快，产生格斗、逃避、

---

[1] Mazur A., Booth A., "Testosterone and dominance in men", *The Behavioral and Brain Sciences*, Vol.21, No.3, 1998, pp.353–363.

[2] de Vries-Bouw M., Jansen L., Vermeiren R., Doreleijers T., de Ven P. V., Popma A., 2012. "Concurrent attenuated reactivity of alpha-amylase and cortisol is related to disruptive behavior in male adolescents", *Hormones and Behavior*, Vol.62, No.1, 2012, pp.77–85.

[3] Tennes K., Kreye M., Avitable N., Wells R., "Behavioral correlates of excreted catecholamines and cortisol in second-grade children", *Journal of the American Academy of Child Psychiatry*, Vol.25, No.6, 1986, pp.764–770.

[4] Kagan J., Reznick J. S., Snidman N., "Biological bases of childhood shyness", *Science*, Vol.240, No.4849, 1988, pp.167–171.

[5] Böhnke R., Bertsch K., Kruk M., Naumann E., "The relationship between basal and acute HPA axis activity and aggressive behavior in adults", *Journal of Neural Transmission*, Vol.117, No.5, 2010, 629–637.

[6] Dabbs J. M., Frady R. L., Carr T. S., Besch N. F., "Saliva testosterone and criminal violence in young adult prison inmates", *Psychosomatic Medicine*, Vol.49, No.2, 1987, pp.174–182.

[7] Persky H., Smith K. D., Basu G. K., "Relation of psychologic measures of aggression and hostility to testosterone production in man", *Psychosomatic Medicine*, Vol.33, No.3, 1971, pp.265–278.

[8] Tyson P. D., "Physiological arousal, reactive aggression, and the induction of an incompatible relaxation response", *Aggression and Violent Behavior*, Vol.3, No.2, 1998, pp.143–158.

[9] 于晓溪：《愉快刺激对攻击行为学生自主神经系统唤醒恢复的影响》，硕士学位论文，东北师范大学，2008年。

惊恐和性等行为反应①。不同身心疾患者的自主神经活动模式表现失调，在静息状态下，焦虑障碍者心率变异中的高频成分、低频峰值均低于正常人，存在功能性自主神经紊乱②，攻击行为者的心率值显著低于非攻击性个体或对照人群③。这表明某些自主神经活动特性可有效鉴别正常和特殊群体。

外周生理活动模式与人的行为趋近和行为抑制有关。心率（heart rate，HR）、皮肤电导反应（skin conductance response，SCR）的外源和内源性反应不受或者较少受到人的主观意识控制。心率与行为激活系统引发目标导向行动密切相关，在奖赏行为反应条件下，与奖赏数量呈单调递增函数关系④。低静息心率标记为生理低

唤醒，可用于评估人的攻击性行为特质⑤，能有效负向预测个体的攻击性水平⑥。这种社会行为预测效应比较稳定，性别和年龄上有高度一致性，且不受行为者的体型、身体健康、物质使用、认知缺陷等潜在混淆变量的影响⑦。由此而论，静息心率水平（HRLs）可作为个体的攻击行为、反社会行为和破坏性行为的有效预警因素。但鉴于心率是交感神

---

① 贝尔、柯勒斯、帕罗蒂斯：《神经科学：探索脑》第二版，高等教育出版社2004年版。

② 王文菁、池思晓、钟天平：《静息状态下焦虑障碍患者心率变异的特点》，《广东医学》2012年第2期，第215–216页。

③ 王振宏、郭德俊、游旭群、高培霞：2007.《身体攻击行为学生自主神经活动的情绪唤醒特点，《心理学报》2007年第2期，第277–284。

④ Fowles D. C., "Psychophysiology and psychopathology: A motivational approach", *Psychophysiology*, Vol.25, No.4, 1988, pp.373–391.

⑤ Lorber M., "Psychophysiology of aggression, psychopathy, and conduct problems: A meta–analysis", *Psychological Bulletin*, Vol.130, No.4, 2004, pp.531–552.

⑥ Raine A., Venables P. H., Mednick S. A., "Low resting heart rate at age 3 years predisposes to aggression at age 11 years: Evidence from the Mauritius child health project", *Journal of the American Academy of Child & Adolescent Psychiatry*, Vol.36, No.10, 1997, pp.1457–1464.

⑦ Ortiz J., Raine A., "Heart rate level and antisocial behavior in children and adolescents: A meta–analysis", *Journal of the American Academy of Child & Adolescent Psychiatry*, Vol.43, No.2, 2004, pp.154–162.

经系统活动的特性，研究者建议采用心率变异性（Heart rate variability，HRV）作为评估心电反应的心理生理价值及其预测效应的观测指标[①]。

皮肤电导反应也称皮肤电反应（galvanic skin response，GSR）或皮肤电活动（electrodermal activity，EDA），是外分泌汗腺的活动特性，与行为抑制有关，可测评人对社会刺激的追踪反应程度。一些研究指出，低静息皮肤电导水平（SCL）者和负性刺激 SCR 低者易表现出敌意和攻击性，倾向于实施暴力犯罪[②③]。低 SCL 与主动性攻击有关，高 SCL 与反应性攻击正向关联[④⑤]。行为问题儿童在应对压力和挑衅时，皮肤电导反应性较低[⑥]。

此外，社会认知加工可诱发攻击性行为的生化过程。人们加工社会威胁性刺激时，会产生特异的神经内分泌活动。万洪（van Honk）确证在意识和前意识条件下，个体均优先注意加工社会威胁线索，且在前意识下这种注意偏向效应与唾液皮质醇反应、睾酮反应呈正相关，而在意

[①] Teich M. C., Lowen S. B., Jost B. M., Vibe-Rheymer K., Heneghan C., "Heart rate variability: Measures and models", In Metin Akay, ed., *Nonlinear biomedical signal processing, dynamic analysis and modeling*, New York: Wiley-IEEE Press, 2000, pp.159–213.

[②] Huesmann L. R., Kirwil L., "Why observing violence increases the risk of violent behavior in the observer", In D. J. Flannery, A. T.Vazsonyi & I. Waldman, Eds., *The Cambridge handbook of violent behavior and aggression*, Cambridge, England: Cambridge University Press, 2007, pp.545–570.

[③] Scarpa A., Raine A., "Biosocial bases of violence", In D. J. Flannery, A. T. Vazsonyi & I. Waldman, Eds., *The Cambridge handbook of violent behavior and aggression*, New York: Cambridge University Press, 2007, pp.151–169.

[④] Hubbard J. A., Parker E. H., Ramsden S. R., Flanagan K. D., Relyea N., Dearing K. F., Hyde C. T., "The relations among observational, physiological, and self-report measures of children's anger", *Social Development*, Vol.13, No.1, 2004, pp.14–39.

[⑤] Hubbard J. A., Smithmyer C. M., Ramsden S. R., Parker E. H., Flanagan K. D., Dearing K. F., Simons R. F., "Observational, physiological, and self-report measures of children's anger: Relations to reactive versus proactive aggression", *Child Development*, Vol.73, No.4, 2002, pp.1101–1118.

[⑥] Snoek H., van Goozen S. H. M., Matthys W., Buitelaar J. K., van Engeland H., "Stress responsivity in children with externalizing behavior disorders", *Development and Psychopathology*, Vol.16, No.2, 2004, pp.389–406.

识条件下，注意偏向与睾酮增量无关[①]。在强情感状态下，外群体线索（如面孔、名字）很容易激活对外群体的负性评价，脑成像表明在对外群体面孔反应时，杏仁核被激活。一个外群体范畴的自动激活会引发与该外群体相关联的刻板化行为[②]。

综上所述，尽管动物或人类攻击性反应与暴力行为受到生理因素和分子事件的调控，有其相应的神经生物基础及其生化动力机制，但这些生物因素是否适用于解释群际暴力冲突与攻击行为还有待检验。实际上，群际冲突是一种偶发的集群行为现象，具有突发性、情境性和个别性，非社会常态，常被归因于历史、政治、经济、文化、范畴意识等宏观社会因素的合力效应。正是基于这些认识，国家管控措施主要着力完善法规和政策理论，调和社会关系，促进社群和谐繁荣发展。有鉴于实证研究与社会应用相脱节，尚乏将社群及其成员的生物因素纳入群际行为的预警管控模式，我们尝试基于社会信息加工理论，运用多导生理记录仪和脑电波测量仪，考察群际动态信息刺激引发的神经生理应答模式及其行为动力效应，探讨与加工冲突信息相关联的生物指标和脑电参数，揭示群际冲突信息传播的神经生理反馈机制。

第一节 被试与研究设计

一 被试简况

采用目的取样和有偿招募的方式，抽取云南省边疆地区 H 高校的彝、汉族大学生共 68 名被试，分两个子样本。样本 1 用于视频材料的预试，评定不同视频的情感反应性，共 32 名本科生，年龄 18—23 岁，平均年龄

[①] van Honk J., Tuiten A., van den Hout M., Koppeschaar H., Thijssen J., de Haan E., Verbaten R., "Conscious and preconscious selective attention to social threat: Different neuroendocrine response patterns", *Psychoneuroendocrinology*, Vol.25, No.6, 2000, pp.577–591.

[②] Fisk S., Neuberg S., "A continuum of impression formation, from category-based to individuating processes: Influences of information and motivation on attention and interpretation", *Advances in Experimental Social Psychology*, Vol.23, No.23, 1990, pp.1–74.

20.63岁，SD=1.16，汉族16人，彝族16人，各民族的性别比例均为50%。

样本2由36名本科生组成，年龄17—26岁，平均年龄20.42岁，SD=1.89。其中汉族18名，男女各半；彝族18名，男8名，女10名。基于群际冲突经历的自我报告，他们被分为群际冲突者和非群际冲突者两类[①]。群际冲突者是指那些与其他民族成员发生过冲突事件，或者参与故意伤害其他民族成员的群体性活动的大学生；非群际冲突者是那些从未与其他民族成员发生过冲突事件，或者没有参与过故意伤害其他民族成员的群体性活动的大学生。

二 视频刺激材料

实验材料由1个中性视频片段和3个暴力冲突视频片段组成，均搜索于因特网。为保证事件场景的完整性，分别对每个片段进行了剪辑处理，转码成AVI格式，画幅分辨率720×480（AR 1∶1），显示比率1.5，音频码率64 kbps，音频流采样数44100 Hz，保留原始材料的声音信息和图像画面。

采用专家评定法对4个剪辑片段进行内容分析。要求1位心理学教授、1位社会学教授和1位新闻学者，独立地把它们按照中性、境外冲突、族际冲突和拆迁冲突4个信息主题进行类别判断，或者提出其他补充类别（见附录6）。计算得到他们的评定者Krippendorff's alpha（α）信度系数为0.91，表明视频信息分类适当[②]。

在观感效价评定中，根据齐尔曼（Zillmann）和韦弗（Weaver）的方法[③]，即采用"有趣的（amusing）、振奋的（arousing）、无聊的（boring）、厌恶的（disgusting）、痛苦的（distressing）、快乐的（enjoyable）、兴奋的

---

① 注：后续研究中的被试分类均参照此入组标准。

② Krippendorff, K., "Computing Krippendorff's Alpha-Reliability", Annenberg School for Communication Departmental Paper 43, Retrieved from https://repository.upenn.edu/asc_papers/43, 2011.

③ Zillmann D., Weaver J. B., "Aggressive personality traits in the effects of violent imagery on unprovoked impulsive aggression", *Journal of Research in Personality*, Vol.41, No.4, 2007, pp.753–771.

（exciting）、愉快的（entertaining）、好笑的（funny）、激怒的（irritating）、恐怖的（terrifying）、暴力的（violent）、健康的（wholesome）、优质的（well-produced）"14个情绪词汇，测度视频材料的情绪反应性。采用11点量表评分，分值"0（一点也不）—10（非常）"，要求被试根据自身的观后感受，从0～10的11个数字中，选出可代表他们情感体验的一个数字，数字越大表示某种情感体验越强烈。各类视频的内容及效价评定如下：

（一）中性片段

选自《美丽中国》纪录片中的丝绸之路专题。此纪录片由中、英联合摄制小组拍摄，丰富展现了中国自然人文景观和民族生活故事。节选片段时长3分钟，效价分析显示，快乐度（pleasure）得分均值5.03，$SD=2.04$；不悦度（displeasure）得分均值为0.54，$SD=1.30$。

（二）境外冲突

来源于因特网，是关于缅甸某次城市骚乱场景的纪录，涉及沙弥、民众和警务人员之间的暴力对抗。节选片段时长3分42秒，快乐度均值1.60，$SD=1.75$；不悦度均值为6.85，$SD=1.91$。

（三）族际冲突

来源于因特网，是关于我国某两城市涉民族因素的暴力攻击和破坏性行为。节选合成片段时长4分32秒，快乐度值0.86，$SD=1.16$；不悦度值7.01，$SD=1.30$。

（四）拆迁纠纷

来源于因特网，是关于我国某城市因地产权引发的建筑工人与当事村民的集群暴力对抗。节选片段时长3分50秒，快乐度均值1.11，$SD=1.38$；不悦度均值为6.24，$SD=1.95$。

单因素重复测量方差分析显示，快乐度的视频类别主效应显著，$F(3, 87)=53.17$，$p<0.0001$，$\eta^2_{partial}=0.65$，中性视频分值高于其余3类视频，境外冲突视频分值高于族际冲突视频。不悦度的视频类别主效应显著，$F(3, 87)=161.14$，$p<0.0001$，$\eta^2_{partial}=0.85$，中性视频分值低于其余3类视频。

在实验任务中，这四个视频片段串联为一个视频文件，并采取伪随机方式平衡了每个视频的呈现顺序。为降低期待和唤醒累积效应，平复被试的情绪状态，各视频之间设置了 4 秒的蓝屏间隔期，整个视频文件的起始和结尾处也留出了 4 秒的蓝屏等待期。

三　生理数据采集

采用美国 BIOPAC MPl50 系统和 AcqKnowledge 4.1 for windows 软件记录心电、血氧饱和度、皮肤电等生理指标。采集参数为 Record 记录，Save once 式硬盘存储，存储位置为 Disk，采样频率 500 Hz，时间长度 30 分钟。

（一）心电记录

心电信号采集的器材主要包括 ECG100C 放大器，LEAD110S 屏蔽导线 2 根，LEAD100 非屏蔽导线 1 根和一次性贴片电极 3 个。采集参数为增益 2000，NORM 模式，35 Hz LPN ON 低通滤波器（LPN Filter），0.5 Hz 的高通滤波器（HP Filter），采样率 250 Hz；电极连接方法为 VIN+ 连接左下肢，VIN– 连接右上肢，GND 连接右下肢。

（二）皮电信号

皮肤电信号采集的器材主要包括 GSR100C 皮肤电反应放大器，TSD203 皮肤电阻传感器，GEL101 导电膏。采集参数为增益 5 $umho/V$，10 Hz 低通滤波器，DC 高通滤波器，DC 采样模式，采样率 250 Hz，测量单位 microsiemens。Ag/AgCl 电极连接使用 75% 医用酒精擦拭、缠缚在被试左手食指和中指末端指腹上。

（三）血氧饱和度

使用 OXY100C 放大器和 TSD123 系列传感器采集数据。放大器模块设定为 1、5、9、13 共 4 个通道，依次对应记录血氧饱和度数值、脉搏波形、脉率、探头状态 4 个参数。采集参数为血氧饱和度数值定标 0～100，单位为 %；脉搏波形定标为 –10～10，单位 pulse；脉率定标 0～250，单位 BPM；探头状态定标 0～16，单位 status。探头置于右手食指上。

四 EEG 脑电数据采集

采用意念通系列产品中的 NeuroFlight 认知测评训练分析系统记录 EEG 脑电参数，采样率 512 Hz。该系统可以实时监测受测人员的脑功能状态，它的前端脑电测量设备是 NeuroBand 便携式无线脑波测量仪，外形为可伸缩的发带形态，用无线通讯干电极进行脑电信号探测，能够在各类环境和人群中进行快捷的脑电数据采集及实时多项参数分析，并以可视化形式实时显示专注度、放松度、Delta、Theta、Alpha、Beta、Gamma 等心理状态参数和脑波数值及变化趋势。专注度和放松度为心理状态参数，无计量单位，均采用 1～100 的数值表示相对强度，数值越大水平越高，输出频率为 1 Hz；5 个 EEG 脑电参数的单位为 Hz。

五 行为动力测量

（一）攻击性测量

采用前文修正后的中文版《攻击性问卷（AQ）》测量特质攻击性。中文版包括身体攻击、言语攻击、愤怒、敌意 4 个分量表，共 16 个题项。采用 5 点 Likert 量表评分，分值为"1（很不符合）—5（非常符合）"。因子分值是计算其含括题项得分的平均数为指标，因子分值的平均数为总体攻击性分值，分值越高表示特质攻击性越强。问卷内部一致性系数 $α$ 为 0.77，拟合指数为 $χ^2/df$=1.89，$RMSEA$=0.04，$NNFI$=0.95，CFI=0.96，GFI=0.96，$SRMR$=0.05，表明结构效度理想。在本样本中，总问卷内部一致性系数 $α$ 值 0.77，各因子的 $α$ 值：身体攻击 0.85，言语攻击 0.72，愤怒 0.83，敌意 0.77，信度较好，符合测量学要求。

（二）冲动性测量

采用前文修正后的《Barratt 冲动性量表（BIS-II）中文版》测评特质冲动性。中文修订版包含无计划性、行动冲动性、认知冲动性 3 个分量表，共 22 个题项，采用 5 级评分制，分值"1（不是）～5（总是）"分。分量表分值是计算其所含条目得分的平均数为指标，计算分量表分值的平均数为总体冲动性分值，分值越高，表示特质冲动性越强。总量表的 Cronbach's $α$ 值为 0.81，结构效度显示，$χ^2/df$=1.87，$RMSEA$=0.07，

$NNFI=0.88$,$CFI=0.90$,$GFI=0.84$,满足测量学要求。

六 实施程序

采用 KMPlayer 3.7 for Windows 媒体播放器播放视频材料，BIOPAC MPl50 系统和 AcqKnowledge 4.1 软件同步记录各项生理活动参数。行为测量材料采用 E-prime 1 for Windows 软件编程在笔记本电脑呈现，被试需根据指导语逐一完成。整个研究实施，分如下 3 个阶段。

第一阶段：签订被试知情同意书。将被试集中在教室，向他们统一介绍实验的基本目标和研究内容，需要完成的实验任务及其作答方法，说明实验可能引起的不适感或副作用（如皮肤过敏反应），以及退出实验的权利和办法。然后，现场回答被试的疑问，使其尽可能地明白和知情实验任务。一旦征得同意，签署知情同意书后，便根据被试的空余时间安排实验日程和具体时间。

第二阶段：神经生理数据采集。采用个别方式记录神经生理数据，由实验助理主持完成。首先，将各种电极片、数据传感导线和信息发射器，粘贴、绑缚或夹戴在被试身体的相应测量部位。期间主动与被试交流，向他们简单介绍这些器件各自的用途，并说明可能引起的身体不适感，以消除和降低被试对仪器的陌生感或恐惧感。其二，为缓解被试的实验焦虑、紧张情绪，除了告知他们尽可能放松外，还根据脑波测量仪上的放松度指标，确定正式记录神经生理参数的起始时间，其间约用时 2 分钟。其三，正式记录各项生理指标。在记录 3 分钟时长的静息生理参数后，休息 2 分钟，进入视频播放环节，同步实时记录和采集被试的心电、皮肤电、血氧饱和度、EEG 脑电数据。

第三阶段：行为动力测量。生理数据采集后，休息 3 分钟，进入行为自陈问卷作答环节。要求被试在个人电脑上独立完成特质攻击性、特质冲动性的自陈测试，测试程序借助 E-prime 软件编程实现。在测试任务中，被试需根据指导语的作答要求，仔细阅读问卷题项后，选择出符合其自身实际情况的一个答案，并把该答案的数字代号通过按键盘上相对应的数字键进行记录。按键反应后，自动进入下一题的作答界面，每次呈现一个题目。作答用时由被试自主决定，但要求尽可能快地完成。

七 统计处理

（一）心电信号数据测量

为避免心电受认知期间的信息加工及其主观体验的影响，可采用心率和心率变异性作为观测指标，各自的含义及其参数规定如下：

心率是指单位时间内心脏跳动的次数。心率低表明副交感神经活动强于交感神经活动。

心率变异性分析是一种简单、有效的非侵入性测量自主神经系统活动的心电数据处理技术，它在窦房结水平评估交感、副交感神经系统的平衡性[①]。从技术上讲，主要是对心电信号数据进行心率变异性的频域分析，也即根据心率信号的周期性振荡分析频率和振幅，计量它们在心脏窦性心律中的相对强度或者能量，单位 ms^2。具体来说，采用快速傅里叶变换（fast fourier transformation，FFT）非参数法计算心率信号的功率谱密度（power spectral density，PSD），将 R–R 间期变异性转换成不同的功率谱频段，通常由 0～0.5 Hz 频段组成。频域指标参数常用以下频谱成分：

总功率（total power，TP）：频段＜0.4 Hz，表示总体的自主神经活动特性。

超低频功率（ultra low frequency，ULF）：频段＜0.003 Hz，是极低振荡的频谱成分，反映着生理和神经内分泌节律。

极低频功率（very low frequency，VLF）：频段为 0.003～0.04 Hz，属于极低振荡的频谱成分，反映着长周期节律，用作交感神经活动的标记，是身体活动的主要决定因素。

[①] Sztajzel J., "Heart rate variability: a noninvasive electrocardiographic method to measure the autonomic nervous system", *Swiss medical weekly*, Vol.134, No.35–36, 2004, pp.514–522.

低频功率（low frequency power，LF）：频段 0.04～0.15 Hz，表示交感神经系统的活动特性。

高频功率（high frequency power，HF）：频段 0.15～0.40 Hz，表示副交感神经系统的活动强度。

低频高频功率比（ratio of low-high frequency power，LF/HF）：表示交感和副交感神经活动的平衡性，静息条件下，LF/HF 比率通常在 1 到 2 之间。

为了降低伪迹噪音干扰，减少总功率变化对低频和高频成分的影响，应采用以下统计公式对 LF 和 HF 功率进行归一化处理：

$$\text{LF or HF norm(nu)} = \frac{\text{LF or HF}(ms^2)}{\text{Total power}(ms^2) - \text{VLF}(ms^2)} \cdot 100$$

在心电反应数据的测量中，首先预处理心电 R-R 间区数据：采用 FIR 法进行数字滤波，带通 0.5～35 Hz，模板相关函数转换数据，创建 HRV 血流速度图，并辨识和矫正有问题的血流速度图数据。然后，采用时域和频谱分析对滤波后数据测量，计算每个视频时间窗内的 *HR*、*R-R* 间期和 *HRV* 参数的功率值。

（二）皮电反应数据测量

皮肤电反应（*GSR* 或 *EDR*）与心理活动密切相关，是研究认知神经科学的一项客观生理指标[①]。采用微姆欧（μmho 或 μsiemens）作为它的测量单位，数值越大表示皮肤电导率水平越高。为获得最佳皮肤电反应信号，采用 *FIR* 线性相位低通滤波法（low pass filter, LPF）消除高频噪音成分，然后求取每个视频时间窗内的平均皮肤电导水平，单位使用 umho。

（三）血氧饱和度测量

计算每个视频时间窗内血氧饱和度和指脉率的平均值，作为各种刺激信息诱发的生理指标。血氧饱和度（SaO2）的正常参考值是 95%～98%，指脉率的取值为 0～250 *BPM*。

---

① 魏景汉、阎克乐：《认知神经科学基础》，人民教育出版社 2008 年版。

（四）频谱能量分析

利用 NeuroBand 便携式脑波测量仪的数据自适应算法，实时计量分析各频段 EEG 参数的能量值。各参数及其频率范围界定如下：δ：1～3 Hz，θ：4～7 Hz，Low α：8～9 Hz，High α：10～12 Hz，Low β：13～17 Hz，High β：18～30 Hz，Low γ：31～40 Hz，High γ：41～50 Hz。专注度和放松度的值域为 [1，100]，40～60 表示"正常基线水平"；60～80 表示"较高值区"；80～100 表示"高值区"，即处于非常专注或非常放松的心理状态；数值在 20～40 时表示"较低值区"，1～20 表示"低值区"，即被试者存在情绪紊乱和行为反常。所有原始记录数据导出为 Excel 格式文件，然后运用 *SPSS* 统计软件进行数据处理和分析。

（五）数据分析

应用社会统计软件 *SPSS* 15.0 for windows，进行描述统计、平均数差异检验、方差和相关分析，具体分析内容如下：

首先，在生理参数计量中，记录数据经整体滤波矫正后，测量静息和刺激信息诱发下的各种参数的平均值，纳入统计检验分析；在行为测量中，依据每个量表的因子结构及其题项归属，计算题项得分均值为因子分值，计算因子得分均值为量表分值。

其次，为描述不同身心状态下的神经生理活动模式，采用平均数配对样本 t 检验法，比较静息和刺激诱发下的生理参数差异。

其三，采用多因素方差分析技术，探讨各种因素的主效应及其交互作用。在因素效应检验中，凡在某个重复测量因素的水平大于 2 时，均采用"Greenhouse-Geisser"方法对 p 值进行校正；事后多重均值比较和简单效应分析则用于考察主效应因素及其交互效应的显著效果。

最后，为评判不同信息引发的生理应答模式及其行为效应，计算了各种冲突信息诱发的神经生理反应参数值与静息水平的差值，记为神经生理唤醒反应指标，然后将其与特质攻击性、特质冲动性求解 Pearson 相关系数。

第二节 影像信息生理应答机制

一 心电反应模式

（一）心率反应特性

被试在静息和认知加工不同视频刺激时的心率和 R-R 间期，如表3-1所示。分别以这两个心电指标为因变量，采用一般线性模型（GLM），进行2（社群：彝族、汉族）×2（性别：女、男）×2（群际冲突经验：有、无）×5（信息类别：静息、中性、境外、族际、拆迁）的混合因素方差分析，信息类别为重复测量因素。结果显示，心率和 R-R 间期的信息类别主效应均不显著，$F(1.91, 53.40)=0.45$，$p=0.634$，$\eta^2_{partial}=0.02$；$F(2.22, 62.23)=0.28$，$p=0.783$，$\eta^2_{partial}=0.01$，且与其他3个因素的交互作用也不显著，均 $p>0.05$。

表3-1　　　　　影像刺激信息认知中心率反应的描述统计

变量	类别	N	统计量	静息		中性		境外		族际		拆迁	
				HR	R-R	HR	R-R	HR	R-R	HR	R-R	HR	R-R
社群	汉族	18	M	84.73	0.73	84.59	0.73	84.01	0.73	84.52	0.73	84.89	0.73
			SD	13.00	0.11	13.15	0.12	13.42	0.12	12.94	0.11	12.60	0.11
	彝族	18	M	79.36	0.78	79.54	0.78	78.75	0.78	79.23	0.77	79.32	0.77
			SD	9.19	0.08	9.81	0.09	9.01	0.09	8.27	0.08	8.06	0.08
性别	女	19	M	85.55	0.73	86.15	0.72	85.55	0.72	86.09	0.71	86.04	0.72
			SD	12.17	0.10	12.05	0.09	11.57	0.09	11.02	0.09	10.92	0.09
	男	17	M	78.14	0.78	79.50	0.79	76.72	0.80	77.17	0.79	77.71	0.79
			SD	9.39	0.09	9.75	0.10	9.96	0.09	9.23	0.10	9.07	0.09
群际冲突体验	无	23	M	79.14	0.78	79.40	0.78	78.77	0.78	79.54	0.77	80.34	0.76
			SD	11.67	0.10	11.49	0.10	11.82	0.11	11.55	0.10	11.48	0.10
	有	13	M	87.19	0.70	86.78	0.71	86.00	0.71	86.01	0.71	85.23	0.72
			SD	9.28	0.07	10.99	0.10	9.95	0.10	9.04	0.09	9.06	0.09

心率指标的社群主效应不显著，$F(1, 28)=3.15$，$p=0.087$，$\eta^2_{partial}=0.10$；性别主效应显著，$F(1, 28)=6.80$，$p=0.014$，$\eta^2_{partial}=0.20$，事后均值多重比较，Bonferroni法检验显示女性的心率高于男性的心率（$MD=8.64$，$p<0.05$）。群际冲突经验的主效应显著，$F(1, 28)=6.07$，$p=0.020$，$\eta^2_{partial}=0.18$，事后多重均值比较，Bonferroni法检验显示，群际冲突经验者的心率高于非群际冲突者的心率（$MD=8.16$，$p<0.05$）。3个因素间的多重交互效应均不显著，$p>0.05$。

R-R间期指标上，社群主效应不显著，$F(1, 28)=2.77$，$p=0.107$，$\eta^2_{partial}=0.09$；性别的主效应显著，$F(1, 28)=6.01$，$p=0.021$，$\eta^2_{partial}=0.18$，事后均值多重比较Bonferroni法检验显示，女性的R-R间期低于男性的数值（$MD=-0.07$，$p<0.05$）；群际冲突经验主效应显著，$F(1, 28)=6.28$，$p=0.018$，$\eta^2_{partial}=0.18$，事后多重均值比较，Bonferroni检验显示群际冲突经验者的R-R间期低于非群际冲突者的数值（$MD=-0.07$，$p<0.05$）。因素间的多重交互效应不显著，$p>0.05$。

（二）心率变异性

首先，采用配对样本（paired-samples）t检验法，比较被试在各类信息认知期间与静息状态下的心率变异性差异，结果见表3-2所示。

表3-2　不同冲突信息认知的心率变异性与静息状态的配对比较

HRV	信息类别							
	中性		境外		族际		拆迁	
	MD	t	MD	t	MD	t	MD	t
T	87.49	0.62	−79.73	−0.72	−284.83	−2.87**	−32.21	−0.29
VLF	24.87	0.30	−49.82	−0.67	−97.56	−1.19	0.61	0.01
LF	57.01	1.07	4.14	0.11	−83.71	−2.69*	−6.94	−0.17
HF	4.36	0.11	−36.98	−1.00	−106.50	−3.05**	−28.80	−0.54
LF\HF	0.25	2.16*	0.36	1.28	0.29	0.85	0.22	0.56
LFnorm	1.83	0.91	2.86	1.14	2.06	0.78	−0.28	−0.10
HFnorm	−2.19	−1.17	−3.37	−1.41	−2.59	−1.03	−0.24	−0.09

注：MD表示配对指标变量间的平均数差值；* $p<0.05$，** $p<0.01$。

认知处理族际冲突信息时所诱发的心电功率谱的总功率、低频功率、高频功率均显著低于静息基线水平，$p<0.05$ 或 $p<0.01$。中性刺激信息诱发的 LF/HF 比值与静息基线值存在显著性差异，$p<0.05$。境外和拆迁冲突信息传播诱发的各频谱成分功率与基线之间的差异均无统计学意义。

其次，分别以 HRV 的各频域指标为因变量，进行 2（社群：彝族、汉族）×2（性别：女、男）×2（群际冲突经验：群际冲突者、非群际冲突者）×4（信息类别：中性信息、境外冲突、族际冲突、拆迁冲突）的混合设计多因素方差分析，信息类别为重复测量因素，其余为被试间变量，描述统计结果见表3-3所示。

表3-3　不同类别信息诱发的心电功率谱频段的描述统计结果（ms^2）

HRV	信息类别							
	中性		境外		族际		拆迁	
	M	SD	M	SD	M	SD	M	SD
T	874.14	913.35	706.92	609.42	501.82	532.72	754.44	568.92
VLF	367.77	399.03	293.09	339.50	245.34	395.23	343.51	338.31
LF	278.39	349.53	225.52	188.81	137.68	118.02	214.44	181.17
HF	229.65	276.37	188.31	216.34	118.79	122.55	196.49	210.16
LF\HF	1.95	1.52	2.06	2.00	1.99	2.30	1.93	2.77
LFnorm	57.03	20.72	58.06	17.57	57.26	16.46	54.92	17.19
HFnorm	43.13	20.55	41.94	17.57	42.73	16.46	45.08	17.19

统计显示，在心电功率谱总功率（T）上，信息类别的主效应显著，$F(1.73, 48.48)=5.12$，$p=0.013$，$\eta^2_{partial}=0.16$，事后均值多重比较 Sidak 法检验显示，族际冲突信息诱发的总功率低于中性（$p<0.05$）和拆迁冲突信息（$p<0.01$）的数值，与境外冲突信息加工诱发的总功率差异不显著，$p=0.102$。社群、性别和群际冲突经验的主效应均不显著，与信息类别间的多重交互作用也不显著，$p>0.05$。

低频功率（LF）指标上，信息类别的主效应显著，$F(1.84, 51.51)$

=3.91，$p=0.029$，$\eta^2_{partial}=0.12$，事后多重均值比较 Sidak 检验显示，族际冲突信息传播诱发的低频功率均显著低于中性（$p<0.05$）、境外（$p<0.01$）和拆迁（$p<0.05$）3 类刺激信息认知诱发的数值，且后 3 类信息诱发的心电反应差异均无统计学意义，$p>0.05$。其余 3 个变量的主效应及其交互效应，以及与信息类别的交互作用都不显著。

高频功率的信息类别主效应非常显著，$F(1.53, 42.82)=4.74$，$p=0.021$，$\eta^2_{partial}=0.15$，事后多重均值比较 Sidak 检验显示，族际冲突信息认知中的心电高频功率均显著低于中性（$p=0.028$）、境外（$p=0.043$）和拆迁（$p=0.002$）3 类信息加工诱发的数值，后 3 类信息所激发的高频功率差异均无统计学意义，$p>0.05$。信息类别与群际冲突经验的交互效应显著，$F(3, 84)=3.73$，$p=0.014$，$\eta^2_{partial}=0.12$。简单效应分析显示，对于非群际冲突者，不同类别信息诱发的心电功率谱高频变化存在显著差异，$F(3, 66)=4.26$，$p=0.008$，即族际冲突信息认知激发的高频功率（$M=132.90$, $SD=145.37$）均低于中性信息（$M=249.94$, $SD=326.07$, $p=0.015$）和境外冲突信息（$M=215.24$, $SD=250.04$, $p=0.006$）加工诱发的数值，与拆迁冲突信息激发的高频功率差异不显著（$M=167.03$, $SD=144.87$, $p=0.076$），其余信息诱发的高频功率均值差异不显著。对于群际冲突者，族际信息诱发的高频功率（$M=104.44$, $SD=69.49$）低于中性（$M=231.74$, $SD=183.88$, $p=0.008$）、境外（$M=161.99$, $SD=141.83$, $p=0.022$）、拆迁（$M=251.54$, $SD=273.68$, $p=0.036$）3 类信息加工的数值，$F(3, 42)=2.81$，$p=0.05$，其余信息诱发的高频功率差异不显著。

对于极低频功率（VLF）、低频功率与高频功率比值（LF/HF）、标化低频功率（$LFnorm$）、标化高频功率（$HFnorm$）4 个心率变异性指标，社群、性别、群际冲突经验和信息类别的主效应，以及它们之间的多重交互作用均不显著，均 $p>0.05$。

二 皮肤电导反应特性

配对样本 t 检验了静息和不同信息感知下的皮肤电导反应差异。结果表明，与静息皮肤电导水平（$M=6.56$, $SD=4.15$）相比，处理中性（*M*=6.99，*SD*=4.89）、境外（*M*=6.01，*SD*=4.67）、族际（*M*=5.97，*SD*=4.40）和拆迁（*M*=6.55，*SD*=5.29）4类信息时，均没有引起显著的皮肤电活动变化。

采用一般线性模型（*GLM*），进行2（社群：彝族、汉族）×2（性别：女、男）×2（群际冲突体验：有、无）×4（信息类别：中性、境外、族际、拆迁）混合因素方差分析，信息类别为重复测量因素，其余为被试间因素。统计显示，皮肤电导反应信息类别主效应显著，$F(3,84)=4.38$，$p=0.006$，$\eta^2_{partial}=0.14$。事后均值多重比较表明，中性刺激信息（*M*=7.08）和拆迁冲突信息（*M*=6.82）引起的皮肤电导反应显著大于境外冲突信息（*M*=6.09，$p=0.005$和$p=0.044$）与族际冲突信息（*M*=6.08，$p=0.015$和$p=0.019$）认知诱发的数值，前两者（$p=0.454$）和后两者（$p=0.959$）之间的皮肤电导反应差异均无统计学意义。社群、性别、群际冲突经验的主效应及其多重交互作用都不显著，$p=0.182 \sim 0.955$。

信息类别与社群交互效应显著，$F(3,84)=4.01$，$p=0.010$，$\eta^2_{partial}=0.13$。简单效应分析表明，对于汉族被试，不同信息认知所引起的皮肤电活动变化存在显著差异，$F(3,51)=4.82$，$p=0.005$，境外冲突信息引起的皮肤电导反应均值（*M*=5.53）低于中性信息（*M*=6.84，$p=0.0004$）、族际信息（*M*=6.36，$p=0.009$）和拆迁信息（*M*=6.61，$p=0.032$）加工诱发的均值，后3类信息认知引起的皮肤电导反应差异不具有统计学意义，均$p>0.05$。在彝族被试中，皮肤电导反应的信息类别主效应不显著，$F(3,51)=0.70$，$p=0.055$。

三 血氧饱和度特性

采用一般线性模型（*GLM*），以血氧饱和度和脉率均值为因变量，进行2（社群：彝族、汉族）×2（性别：女、男）×2（群际冲突经验：群际冲突者、非群际冲突者）×5（信息类别：静息、中性、境外、族际、拆迁）的混合因素方差分析，信息类别为重复测量因素。结果显示，血氧饱和度和脉率的信息类别主效应及其与社群、性别、群际冲突经验的多重交互作用均不显著。血氧饱和度的社群主效应显著，$F(1, 28)$ =5.80，p=0.023，$\eta^2_{partial}$=0.17）；性别的主效应显著，$F(1, 28)$=6.12，p=0.020，$\eta^2_{partial}$=0.18）。事后多重均值比较显示，汉族的血氧饱和度（M=96.50）低于彝族被试的均值（M=97.07），MD=-0.57；女性的血氧饱和度（M=97.08）高于男性被试的均值（M=96.49），MD=0.59。

脉率上，社群主效应显著，$F(1, 28)$=5.18，p=0.031，$\eta^2_{partial}$=0.16；性别主效应显著，$F(1, 28)$=5.79，p=0.023，$\eta^2_{partial}$=0.17）；群际冲突经验的主效应显著，$F(1, 28)$=6.14，p=0.020，$\eta^2_{partial}$=0.18）；3者间的多重交互作用不显著。事后多重均值比较显示，汉族的脉率（M=85.49）显著高于彝族被试的均值（M=78.15），女性的脉率（M=85.70）显著高于男性被试的数值（M=77.94），群际冲突者的脉率（M=85.81）显著高于非群际冲突者的均值（M=77.83）。

四 脑电反应特性

静息和认知加工条件下不同视频信息诱发的 EEG 参数的相对能量谱，见表3-4所示。首先，配对样本（paired-samples）t 检验显示，境外、族际和拆迁冲突信息引发的专注度均高于静息基线水平（$p<0.05$ 或 $p<0.01$），中性信息与静息基线的专注度差异不显著，MD=-4.22，$t(35)$=-1.67，p=0.103。4类信息与基线期间的放松度差异均无统计学意义，MD=-2.47～1.81，$t(35)$=-1.15～0.91，均 $p>0.257$。

EEG 能量谱上，4类信息诱发脑电反应的 δ 参数平均值显著低于静息水平，MD=107197.24～242248.86，$t(35)$=2.05～4.21，p=0.0002～0.0478。境外、族际和拆迁3类冲突信息激发的脑电 θ 参数平均值均显著低于静息基线水平，MD=67677.54～84035.36，$t(35)$=3.12～4.02，p=0.0003～0.0036；中性信息感知与静息基线间的 θ 参数能量平均值差异不具统计学意义，MD=36831.77，$t(35)$=1.97，p=0.056。静息期间的 $\alpha1$ 参数能量平均值显著高于境外、族际和拆迁冲突信息加工的脑电反应数值，MD=25177.64～31237.21，$t(35)$=3.65～4.41，p=0.0001～0.0008，与中性信息诱发的能量分值差异无统计学意义，MD=12322.29，t（35）=1.72，p=0.094。4类信息传播诱发的脑电反应$α2$参数均值显著低于静息基线水平，MD=9575.02～22043.61，t（35）=2.29～4.45，p=0.0001～0.028。境外、族际和拆迁3类冲突信息诱发的$β1$参数平均值均显著低于静息基线水平，MD=5662.17～7383.88，t（35）=2.16～3.15，p=0.009～0.038；中性信息与静息基线间的$β1$参数能量平均值差异不具统计学意义，MD=2906.22，t（35）=1.34，p=0.188。4类信息传播引发的EEG脑电反应$β2$参数均值均显著低于静息基线水平，MD=4375.23～12232.12，t（35）=1.99～3.78，p=0.0006～0.0544。境外、族际和拆迁3类信息诱发的$γ1$参数平均值低于静息基线水平，MD=2994.85～3933.59，t（35）=3.22～3.38，p=0.0018～0.0028；中性信息与静息基线间的$γ1$参数能量平均值差异不具统计学意义，MD= –668.74，t（35）=1.35，p=0.186。4类信息引发的脑电反应$γ2$参数均值均显著低于静息基线水平，MD=3482.65～7838.85，t（35）=2.86～4.91，p=0.0002～0.0071。

表3-4　　静息与信息诱发下的 EEG 相对能量谱的描述统计结果（ms^2）

EEG 指标	统计量	冲突信息类别				
		静息	中性	境外	族际	拆迁
专注度	M	46.17	50.39	55.22	55.72	51.89
	SD	14.60	12.22	13.51	11.97	8.85
放松度	M	50.22	48.42	51.06	51.33	52.69
	SD	11.88	10.58	8.67	7.36	6.85
$δ$	M	477492.00	370294.76	276106.62	309012.53	235243.14
	SD	341121.69	313951.58	319716.91	426943.14	256219.41
$θ$	M	144455.37	107623.60	76777.84	66201.98	60420.02
	SD	114490.74	111711.71	105220.46	82718.38	78545.75
$α1$	M	50276.86	37954.57	25099.22	19039.65	20229.13
	SD	45991.78	54195.61	38725.81	26464.85	30300.29
$α2$	M	33493.14	23918.12	17302.60	13355.97	11449.53
	SD	30404.74	32254.83	27118.64	18751.18	14904.94

续表

EEG 指标	统计量	冲突信息类别				
		静息	中性	境外	族际	拆迁
$\beta1$	M	16179.84	13273.62	10517.67	9044.44	8795.96
	SD	12108.37	13395.65	13526.89	9818.14	11371.74
$\beta2$	M	19814.11	15438.88	10447.50	8598.06	7581.99
	SD	21078.61	21819.13	13898.15	8334.61	7675.88
$\gamma1$	M	8055.73	6733.50	5060.88	4527.46	4122.13
	SD	7818.50	8002.72	5572.57	3884.74	3457.21
$\gamma2$	M	11620.04	8137.39	5590.38	4686.81	3781.19
	SD	10842.19	7035.59	6080.22	4317.22	3847.46

其次，采用一般线性模型（GLM），以 EEG 反应参数均值为因变量，进行2（社群：彝族、汉族）×2（性别：女、男）×2（群际冲突体验：有、无）×4（信息类别：中性、境外、族际、拆迁）的混合因素方差分析，信息类别为重复测量因素。结果显示，专注度的信息类别主效应显著，$F(3, 84)=2.77$，$p=0.047$，$\eta^2_{partial}=0.09$，事后多重均值比较，LSD 检验显示族际信息引发的专注度高于拆迁冲突信息引发的数值，$MD=3.98$，$p=0.011$，境外冲突信息引发的专注度高于中性信息的专注度，$MD=4.59$，$p=0.042$，其余不同信息感知加工引发的专注度差异均无统计学意义；性别的主效应显著，$F(1, 28)=5.36$，$p=0.028$，$\eta^2_{partial}=0.16$，事后多重均值比较显示，各类信息认知加工中，女性的专注度（$M=50.08$）低于男性的数值（$M=57.42$）。没有发现社群、群际冲突经验的主效应以及4个因素间的多重交互效应。

放松度上，信息类别主效应不显著，$F(3, 84)=2.39$，$p=0.075$，且与其他变量的多重交互作用也不显著，均 $p>0.05$；社群主效应显著，$F(1, 28)=5.34$，$p=0.028$，$\eta^2_{partial}=0.16$，事后多重均值比较 LSD 检验显示，各类信息认知过程中，汉族被试的放松度（$M=48.75$）显著低于彝族被试的分值（$M=53.89$）。社群与性别的交互效应显著，$F(1, 28)=4.64$，$p=0.040$，$\eta^2_{partial}=0.14$，如图3-1所示。简单效应分析显示，女性被试中，彝、汉两族的放松度（M=51.23 和 49.56）差异不显著，$F(1, 17)$=0.25，p=0.624；男性被试，彝族的放松度（M=56.94）高于汉族的分值（M=46.42），$F(1, 15)$=26.39，p=0.0001。其余变量的主效应及它们的多重交互作用均不显著。

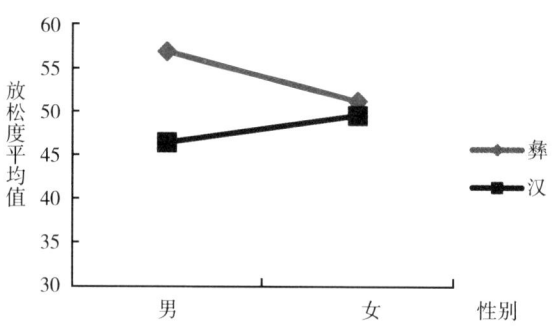

图 3-1　冲突信息认知中放松度的性别与社群交互作用

δ 参数能量值的信息类别主效应显著，$F(3, 26)$=5.04，p=0.007，$\eta^2_{partial}$=0.37。事后多重均值比较，Sidak 检验显示，中性信息 EEG 的 δ 参数能量平均值高于境外冲突（p=0.005）和拆迁冲突（p=0.037）信息加工的分值，其余不同信息类别间的 δ 参数平均值差异无统计学意义。性别主效应显著，$F(1, 28)$=8.74，p=0.006，$\eta^2_{partial}$=0.24，事后多重均值比较显示，女性的 δ 参数能量平均值（M=424602.64）高于男性的分值（M=144947.21），其余变量的主效应和多重交互作用均不显著。

θ 参数能量值的信息类别主效应显著，$F(3, 84)$=7.41，p=0.005，$\eta^2_{partial}$=0.21，事后多重均值比较 Sidak 检验显示，中性信息 EEG 的 θ 参数能量平均值高于境外（MD=28597.44，p=0.002）、族际（MD=39773.06，p=0.009）和拆迁（MD=42608.79，p=0.031）3 类冲突信息激发的分值，其余不同信息类别间的 θ 参数平均值差异无统计学意义，均 p>0.05。在冲突信息刺激作用下，性别的主效应显著，$F(1, 28)$=9.66，p=0.004，$\eta^2_{partial}$=0.26，事后均值比较显示，女性的 θ 参数能量平均值（M=123258.54）高于男性的分值（M=28997.15）。其余变量的主效应和多重交互作用均不显著。

$\alpha1$ 参数能量值的信息类别主效应显著，$F(3, 84)$=4.77，p=0.004，

$\eta^2_{partial}$=0.15。事后多重均值比较Sidak检验显示，中性信息诱发脑电反应的α1参数能量值高于境外（MD=10914.77，p=0.011）和族际信息（MD=17290.42，p=0.037）激发的分值，其余不同信息认知激发的α1参数平均值差异无显著，均p>0.05。女性的α1参数平均值（M=43887.01）显著高于男性的分值（M=8976.44），F（1，28）=8.16，p=0.008，$\eta^2_{partial}$=0.23。其余变量的主效应和多重交互作用均不显著。

α2参数能量上，信息类别主效应显著，F（3，84）=6.46，p=0.001，$\eta^2_{partial}$=0.19。事后多重均值比较Sidak检验显示，中性信息脑电反应的α2参数能量平均值高于境外冲突信息（MD=5834.94，p=0.030）和族际冲突信息（MD=9822.93，p=0.044）激发的分值，其余不同类别信息加工激发的α2参数平均值差异不显著，均p>0.05。信息类别与性别的交互效应显著，F（3，84）=3.75，p=0.014，简单效应分析显示，男性被试中，中性信息诱发的α2参数能量平均值（M=8253.29）高于族际信息（M=5306.03，p=0.044）和拆迁信息（M=5043.14，p=0.032）诱发的分值，F（3，48）=7.64，p<0.001；女性中，中性信息诱发EEG反应的α2参数能量平均值（M=37934.02）均显著高于境外（M=28242.56，p=0.031）、族际（M=20558.55，p=0.030）、拆迁（M=17181.56，p=0.039）3类冲突信息激发的分值，F（3，54）=8.41，p=0.0001。女性的α2参数能量均值（M=28632.32）高于男性的分值（M=5778.11），F（1，28）=8.75，p=0.006，$\eta^2_{partial}$=0.24。其他变量的主效应及多重交互作用均不显著。

β1参数能量上，信息类别主效应显著，F（3，84）=4.06，p=0.010，$\eta^2_{partial}$=0.13。事后多重均值比较显示，族际冲突信息诱发脑电反应的β1参数能量平均值低于中性（MD=-3837.03，p=0.012）和境外（MD=-2021.88，p=0.024）信息激发的分值，其余不同信息认知激发的β1参数能量平均值差异不显著，均p>0.05。女性的β1参数能量平均值（M=17469.47）高于男性的分值（M=4951.65），F（1，28）=11.08，p=0.002，$\eta^2_{partial}$=0.28。其他变量的主效应及所有变量的多重交互作用均不显著。

$\beta2$参数能量上，信息类别主效应显著，$F(3,84)=4.23$，$p=0.008$，$\eta^2_{partial}=0.13$。事后多重均值比较显示，中性信息诱发EEG反应的$\beta2$参数能量平均值显著高于境外（$p=0.014$）、族际（$p=0.042$）和拆迁（$p=0.043$）3类冲突信息激发的分值，其余不同信息加工诱发的$\beta2$参数能量平均值差异不显著，均$p>0.05$。女性的$\beta2$参数能量平均值（$M=16457.57$）高于男性的分值（$M=5259.56$），$F(1,28)=6.52$，$p=0.016$，$\eta^2_{partial}=0.19$。信息类别与性别的交互作用显著，$F(3,84)=3.33$，$p=0.024$，$\eta^2_{partial}=0.11$，见图3-2所示。简单效应分析显示，男性感知不同信息所诱发的$\beta2$参数能量平均值差异不显著，$F(3,48)=0.88$，$p=0.458$；女性中，中性信息激发EEG反应的$\beta2$参数能量平均值（$M=24162.00$）均高于境外（$M=15448.79$，$p=0.003$）、族际（$M=11402.24$，$p=0.011$）、拆迁（$M=10269.30$，$p=0.014$）3类冲突信息激发的分值，$F(3,54)=7.30$，$p=0.0003$。其他变量的主效应及多重交互作用均不显著。

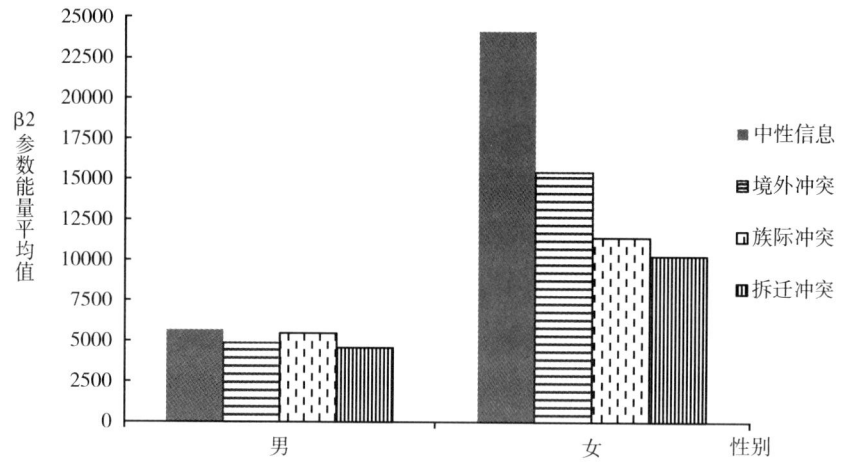

图3-2 不同冲突信息诱发的$\beta2$参数能量平均值的性别差异

$\gamma1$参数能量上，信息类别主效应显著，$F(3,84)=5.61$，$p=0.001$，$\eta^2_{partial}=0.17$。事后多重均值比较Sidak检验显示，中性信息诱发EEG反应的$\gamma1$参数能量平均值高于境外冲突信息激发的分值，$MD=1738.40$，$p=0.032$，其余不同类别信息诱发的$\gamma1$参数能量平均值差异无统计学意义，均 $p>0.05$。冲突信息刺激下，女性的 $\gamma1$ 参数能量平均值（$M=7666.12$）高于男性的分值（$M=3116.64$），$F(1,28)=7.42$，$p=0.011$，$\eta^2_{partial}=0.209$。信息类别与性别的交互作用显著，$F(3,84)=5.11$，$p=0.003$，$\eta^2_{partial}=0.15$，见图3-3所示。简单效应分析显示，男性感知不同冲突信息所诱发的 $\gamma1$ 参数能量平均值差异不显著，$F(3,48)=0.31$，$p=0.774$；女性中，中性信息诱发 EEG 反应的 $\gamma1$ 参数能量平均值（$M=10018.79$）均高于境外（$M=6782.14$，$p=0.002$）、族际（$M=5715.40$，$p=0.012$）、拆迁（$M=5360.74$，$p=0.011$）3类冲突信息激发的分值，$F(3,54)=6.68$，$p=0.001$。其他变量的主效应及多重交互作用均不显著。

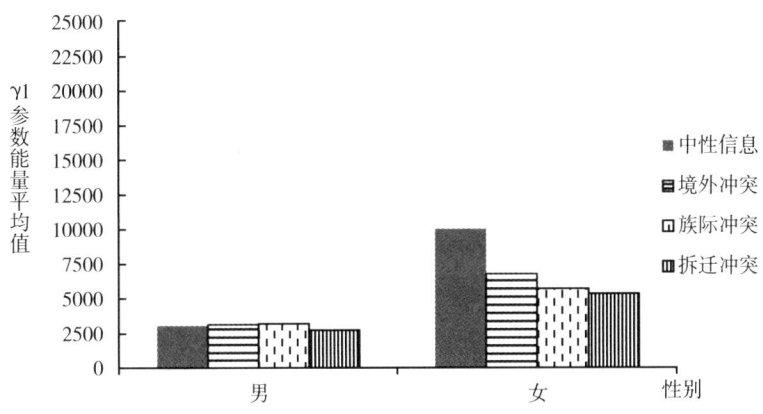

图3-3　$\gamma1$ 参数能量平均值的性别与信息类别的交互作用

$\gamma2$ 参数能量上，信息类别主效应显著，$F(3,84)=9.98$，$p<0.001$，$\eta^2_{partial}=0.26$，事后多重均值比较 LSD 检验显示，中性信息诱发 EEG 反应的 $\gamma2$ 参数能量平均值高于境外（$MD=2386.05$，$p=0.016$）、族际（$MD=3182.78$，$p=0.003$）和拆迁（$MD=4023.10$，$p=0.0003$）3类冲突信息诱发的分值；境外冲突信息诱发的 $\gamma2$ 参数能量均值高于拆迁冲突信息诱发的分值，$MD=1637.06$，$p=0.011$；族际冲突信息诱发的 $\gamma2$ 参数能量高于拆迁冲突信息激发的分值，$MD=840.32$，$p=0.037$。其余不同类别信息诱发的 $\gamma2$ 参数能量平均值差异无统计学意义，均 $p>0.05$。

五 神经生理应答的行为效应

（一）静息神经生理活动模式与行为动力特质的关系

采用 Pearson 相关分析法,计算和检验了静息状态下的心电活动水平、皮肤电导水平、血氧饱和度、自发 EEG 相对能量 4 个主要神经生理活动指标与行为动力特质之间的相关系数,结果如表 3-5 所示。静息状态下的心率（HR）、R-R 间期、心率变异性、皮肤电导水平（GSR）、脉率（OXY-R）与特质攻击性、特质冲动性均无关联；血氧饱和度（OXY-S）与认知冲动性呈正相关,但与其他特质攻击性和冲动性行为指标无关联；自发 EEG 参数能量均与特质攻击性呈负相关,体现在身体攻击和愤怒维度上,而与特质冲动性及其 3 个维度均无关联。

表 3-5　静息状态下神经生理活动与行为动力特性的相关分析（r）

因素	生理指标	行为特质								
		愤怒	身体攻击	敌意	言语攻击	特质攻击	无计划性	动作冲动	认知冲动	特质冲动
统计量	M	2.21	2.54	2.80	2.97	2.63	2.66	2.19	2.56	2.47
	SD	0.58	0.63	0.71	0.74	0.43	0.61	0.62	0.49	0.46
心电活动参数	HR	0.00	−0.27	−0.30	0.06	−0.20	−0.15	−0.15	0.01	−0.11
	R-R	−0.05	0.26	0.29	−0.09	0.16	0.17	0.17	0.02	0.14
	T	−0.26	0.03	0.13	−0.02	−0.03	0.05	−0.14	−0.16	−0.11
	VLF	−0.11	−0.12	−0.11	−0.04	−0.14	0.01	−0.18	−0.30	−0.19
	LF	−0.31	0.12	0.23	−0.08	−0.00	0.07	−0.05	0.02	0.00
	HF	−0.18	0.15	0.28	0.07	0.14	0.02	−0.02	0.04	0.00
	LH	−0.12	0.07	−0.23	−0.07	−0.14	0.25	−0.03	−0.11	0.06
	LFnorm	−0.19	−0.06	−0.22	−0.15	−0.24	0.18	−0.04	−0.12	0.02
	HFnorm	0.17	0.10	0.26	0.14	0.27	−0.20	0.03	0.13	−0.04
皮电	GSR	0.15	0.18	0.19	0.09	0.23	0.05	−0.01	−0.01	0.02
血氧饱和度	OXY-S	−0.11	−0.28	0.14	−0.13	−0.14	0.07	0.30	0.37*	0.27
	OXY-R	−0.08	−0.21	−0.27	−0.07	−0.25	−0.21	−0.12	0.06	−0.10

续表

因素	生理指标	行为特质								
		愤怒	身体攻击	敌意	言语攻击	特质攻击	无计划性	动作冲动	认知冲动	特质冲动
自发EEG参数	专注度	0.50**	0.05	0.02	0.31	0.33*	0.14	0.20	0.06	0.13
	放松度	0.05	0.23	0.09	0.32	0.28	0.11	0.01	0.07	0.06
	δ	−0.58***	−0.52***	0.02	−0.27	−0.50**	−0.14	−0.11	0.16	−0.06
	θ	−0.62***	−0.55***	−0.04	−0.28	−0.55***	−0.12	−0.15	0.10	−0.10
	$\alpha1$	−0.53***	−0.50**	−0.02	−0.26	−0.49**	−0.09	−0.15	0.23	−0.04
	$\alpha2$	−0.44**	−0.48**	−0.05	−0.13	−0.40*	−0.11	−0.18	0.21	−0.05
	$\beta1$	−0.56***	−0.52***	0.02	−0.31	−0.51***	−0.14	−0.19	0.13	−0.11
	$\beta2$	−0.42*	−0.46**	−0.11	−0.19	−0.44**	−0.16	−0.17	0.18	−0.09
	$\gamma1$	−0.28	−0.47**	−0.06	−0.17	−0.37*	−0.21	−0.11	0.19	−0.08
	$\gamma2$	−0.36*	−0.34*	−0.08	−0.16	−0.35*	0.05	−0.02	0.19	0.07

注：* $p<0.05$，** $p<0.01$，*** $p<0.001$，下同。

鉴于冲突信息诱发神经生理参数存在性别、群际冲突体验的差异，分别计算了这两个变量上的静息神经生理参数与行为动力特性的Pearson相关系数，结果如表3-6和表3-7所示。

表3-6　静息状态下两性神经生理活动与行为动力特性的相关分析（r）

生理参数	攻击性									
	愤怒		身体攻击		敌意		言语攻击		特质攻击性	
	女	男	女	男	女	男	女	男	女	男
HR	−0.33	0.31	−0.05	−0.26	−0.35	−0.41	0.19	−0.02	−0.23	−0.13
R-R	0.30	−0.31	0.04	0.24	0.31	0.40	−0.25	0.00	0.17	0.12
T	−0.29	−0.23	−0.11	0.00	0.21	0.10	−0.14	0.05	−0.09	−0.02
VLF	−0.15	−0.10	−0.38	−0.26	−0.03	−0.11	−0.01	−0.06	−0.20	−0.18
LF	−0.37	−0.28	−0.04	0.28	0.18	0.32	−0.12	−0.06	−0.10	0.08

续表

生理参数	攻击性									
	愤怒		身体攻击		敌意		言语攻击		特质攻击性	
	女	男	女	男	女	男	女	男	女	男
HF	−0.20	−0.18	0.03	0.34	0.28	0.27	−0.18	0.27	0.01	0.26
L/H	−0.09	−0.13	0.10	−0.08	−0.20	−0.23	0.29	−0.27	0.02	−0.27
LFnorm	−0.21	−0.18	0.01	−0.24	−0.28	−0.14	0.20	−0.37	−0.13	−0.35
HFnorm	0.21	0.14	−0.01	0.29	0.28	0.23	−0.20	0.35	0.13	0.38
GSR	0.38	0.01	0.16	0.22	0.14	0.23	−0.21	0.25	0.17	0.27
OXY-S	−0.15	−0.12	−0.54*	0.29	0.14	0.04	0.03	−0.31	−0.15	−0.07
OXY-R	−0.21	0.03	−0.01	−0.24	−0.42	−0.18	0.14	−0.27	−0.23	−0.25
专注度	0.32	0.60*	0.07	0.03	−0.13	0.14	−0.21	0.57*	−0.02	0.51*
放松度	0.12	0.00	0.06	0.44	0.01	0.18	0.36	0.31	0.22	0.34
δ	−0.61**	−0.72***	−0.43	−0.38	−0.03	−0.06	0.09	−0.58*	−0.34	−0.65**
θ	−0.63**	−0.72***	−0.50*	−0.46	−0.02	−0.16	0.10	−0.55*	−0.36	−0.69**
$\alpha1$	−0.60**	−0.71**	−0.47*	−0.33	−0.14	−0.01	0.00	−0.63**	−0.44	−0.63**
$\alpha2$	−0.43	−0.73***	−0.40	−0.36	−0.15	−0.07	0.16	−0.54*	−0.30	−0.63**
$\beta1$	−0.52*	−0.69**	−0.37	−0.48	0.03	−0.10	0.02	−0.55*	−0.29	−0.67**
$\beta2$	−0.51*	−0.66**	−0.41	−0.38	−0.24	−0.06	0.02	−0.69**	−0.44	−0.67**
$\gamma1$	−0.30	−0.57*	−0.41	−0.37	−0.20	−0.03	0.02	−0.65**	−0.34	−0.61**
$\gamma2$	−0.35	−0.45	−0.50*	−0.03	−0.20	0.00	0.11	−0.44	−0.35	−0.36

由表3-6可知，静息时，两性的心电活动参数、皮肤电导水平（GSR）与行为的攻击性无相关关系。女性的血氧饱和度（OXY-S）与身体攻击呈负相关，与其他特质攻击性指标均无关。男性的自发EEG参数能量（除$\gamma2$外）均与特质攻击性呈显著负相关，主要体现在言语攻击和愤怒两个维度上，同时这两个维度还与专注度呈正相关。女性的δ、θ、$\alpha1$、$\beta1$、$\beta2$这5个EEG反应参数均与愤怒呈负相关，其身体攻击则与θ、$\alpha1$、$\gamma2$这3个参数呈负相关。

表 3-7 静息状态下不同冲突经验者的神经生理活动与行为动力特性的相关分析（r）

生理参数	攻击性									
	愤怒		身体攻击		敌意		言语攻击		特质攻击性	
	有	无	有	无	有	无	有	无	有	无
HR	−0.21	−0.01	−0.35	−0.25	−0.68*	−0.08	−0.39	0.31	−0.62*	−0.01
$R\text{-}R$	0.16	−0.03	0.33	0.25	0.61*	0.11	0.28	−0.28	0.52	0.02
T	−0.02	−0.47*	−0.14	0.12	0.17	0.13	−0.04	0.00	0.00	−0.05
VLF	−0.19	−0.28	−0.24	0.04	−0.05	−0.12	−0.09	0.05	−0.20	−0.11
LF	0.18	−0.52*	0.48	−0.01	0.20	0.23	0.18	−0.21	0.37	−0.17
HF	0.44	−0.32	−0.20	0.23	0.73**	0.17	−0.04	0.11	0.35	0.11
L/H	−0.32	0.01	0.35	−0.15	−0.32	−0.12	−0.20	0.07	−0.20	−0.08
$LFnorm$	−0.40	−0.05	0.20	−0.22	−0.43	−0.07	−0.14	−0.15	−0.30	−0.20
$HFnorm$	0.40	0.02	−0.21	0.28	0.42	0.14	0.14	0.15	0.29	0.25
GSR	0.39	0.06	−0.04	0.29	0.15	0.18	−0.27	0.32	0.06	0.36
$OXY\text{-}S$	−0.18	−0.02	−0.36	−0.25	0.21	0.08	0.18	−0.32	−0.02	−0.22
$OXY\text{-}R$	−0.20	−0.15	−0.32	−0.16	−0.67*	0.02	−0.42	0.15	−0.61*	−0.04
专注度	0.26	0.59**	0.14	0.03	−0.32	0.21	−0.08	0.51*	−0.03	0.53**
放松度	−0.72**	0.33	−0.49	0.47*	−0.22	0.23	−0.13	0.53*	−0.53	0.63***
δ	−0.50	−0.60**	−0.61*	−0.53**	0.14	−0.11	0.02	−0.47*	−0.29	−0.68***
θ	−0.54	−0.65***	−0.60*	−0.58**	0.10	−0.18	0.09	−0.52*	−0.29	−0.76***
$\alpha1$	−0.50	−0.51*	−0.60*	−0.50*	−0.17	0.01	0.12	−0.53**	−0.38	−0.60**
$\alpha2$	−0.46	−0.36	−0.59*	−0.49*	−0.22	0.00	0.12	−0.31	−0.38	−0.45*
$\beta1$	−0.45	−0.59**	−0.61*	−0.57**	0.08	−0.07	−0.03	−0.48*	−0.32	−0.67***
$\beta2$	−0.42	−0.39	−0.58*	−0.40	−0.28	−0.01	0.09	−0.43*	−0.39	−0.49*
$\gamma1$	−0.25	−0.28	−0.60*	−0.40	−0.18	−0.01	−0.01	−0.28	−0.35	−0.39
$\gamma2$	−0.43	−0.33	−0.52	−0.20	−0.11	−0.03	0.23	−0.65***	−0.26	−0.49*

由表 3-7 可知，群际冲突经验者的静息心率（HR）水平与特质攻击性呈负相关，体现在敌意上，同时该因子还与静息 $R\text{-}R$ 间期、高频功率（HF）呈正相关；无群际冲突经验者的静息 HRV 总功率（T）、低频功率（LF）均与愤怒呈负相关。群际冲突经验者的静息脉率（$OXY\text{-}R$）与特质

攻击性呈负相关，体现在敌意上。自发 *EEG* 反应参数上，群际冲突经验者的放松度与愤怒呈负相关，δ、θ、$\alpha1$、$\alpha2$、$\beta1$、$\beta2$、γ 17 个 EEG 参数均与身体攻击呈负相关。无群际冲突经验者的专注度、放松度与特质攻击性呈正相关，体现在愤怒、身体攻击、言语攻击 3 方面；δ、θ、$\alpha1$、$\alpha2$、$\beta1$、$\beta2$、$\gamma2$ 7 个 EEG 参数与特质攻击性呈负相关，体现在愤怒、身体攻击、言语攻击 3 个维度上。

男性的静息 *HRV* 中低频与高频功率比值（*LF/HF*）与特质冲动性呈正相关，$r=0.53$，$p<0.05$，体现在无计划性（$r=0.56$，$p<0.05$）上。男性的血氧饱和度（*OXY-S*）与认知冲动性呈正相关，$r=0.51$，$p<0.05$。女性的各种静息心电参数、皮肤电导水平（*GSR*）、血氧饱和度、*EEG* 参数均与行为的特质冲动性无显著关联。从冲突经验看，群际冲突经验者的静息 *HRV* 低频功率（*LF*）与特质冲动性呈正相关，$r=0.64$，$p<0.05$，体现在无计划性（$r=0.70$，$p<0.01$）方面，此维度还与静息 *HRV* 低频与高频功率比值（*LF/HF*，$r=0.66$，$p<0.05$）、标化低频功率（*LFnorm*，$r=0.60$，$p<0.05$）两个生理指标呈正相关，与标化高频功率（*Hfnorm*，$r=-0.60$，$p<0.05$）呈负相关。无群际冲突经验者的血氧饱和度（*OXY-S*）与认知冲动性呈正相关。静息皮肤电导水平（*GSR*）与行为的攻击性、冲动性均无显著关联。

（二）诱发神经生理应答模式与行为动力特质的关系

1. 心电反应模式的行为效应

信息传播作用下，心电反应指标与行为动力特性的 Pearson 相关分析结果如表 3-8 和表 3-9 所示。

表 3-8　　信息诱发下心率反应模式与行为动力特性的相关分析（*r*）

心率反应			攻击性				冲动性			
诱发量	M	SD	愤怒	身体攻击	敌意	言语攻击	特质攻击	无计划性	动作冲动	认知冲动	特质冲动
DHR1	0.02	2.99	0.08	0.02	0.27	0.09	0.19	−0.05	0.41*	0.12	0.18
DHR2	−0.67	3.56	0.26	0.00	0.32	0.10	0.27	0.09	0.32	0.13	0.22

诱发量	心率反应		攻击性					冲动性			
	M	SD	愤怒	身体攻击	敌意	言语攻击	特质攻击	无计划性	动作冲动	认知冲动	特质冲动
DHR3	−0.17	4.29	0.19	0.11	0.47**	0.05	0.32	0.19	0.45**	0.30	0.39*
DHR4	0.06	5.35	0.13	0.16	0.47**	0.01	0.31	0.19	0.41*	0.15	0.32
DR-R1	0.002	0.03	−0.16	−0.02	−0.18	−0.05	−0.16	0.02	−0.37*	−0.18	−0.21
DR-R2	0.004	0.04	−0.23	0.10	−0.22	−0.07	−0.16	−0.13	−0.32	−0.17	−0.25
DR-R3	−0.001	0.04	−0.16	−0.05	−0.41*	−0.02	−0.25	−0.26	−0.49**	−0.37*	−0.47**
DR-R4	−0.002	0.05	−0.14	−0.14	−0.36*	−0.03	−0.27	−0.26	−0.43**	−0.16	−0.36*

注："D"表示心电参数指标的差值;"1"表示中性信息,"2"表示境外冲突信息,"3"表示族际冲突信息,"4"表示拆迁冲突信息;*p<0.05,**p<0.01,***p<0.001。

表3-9 冲突信息诱发下心率变异性与行为动力特性的相关分析(r)

诱发量	心电反应		攻击性					冲动性			
	M	SD	愤怒	身体攻击	敌意	言语攻击	特质攻击	无计划性	动作冲动	认知冲动	特质冲动
DT1	87.49	853.48	0.03	0.23	−0.08	0.04	0.08	0.32	0.57***	0.35*	0.52***
DT2	−79.73	663.29	0.23	0.20	−0.05	0.13	0.19	0.09	0.38*	0.20	0.28
DT3	−284.83	595.23	−0.01	0.15	0.03	−0.11	0.02	−0.07	0.28	0.20	0.17
DT4	−32.21	659.99	0.10	−0.05	−0.06	−0.26	−0.12	−0.02	0.22	0.37*	0.22
DVLF1	24.87	500.53	−0.05	0.29	−0.01	0.07	0.12	0.19	0.38*	0.32	0.36*
DVLF2	−49.82	449.19	0.09	0.23	0.03	0.15	0.19	0.00	0.22	0.11	0.14
DVLF3	−97.56	492.55	−0.19	0.19	0.23	−0.16	0.04	−0.14	0.17	0.27	0.11
DVLF4	0.61	402.34	−0.07	0.05	0.31	−0.25	−0.02	−0.01	0.24	0.51**	0.28
DLF1	57.01	318.86	0.06	0.12	−0.15	0.02	0.01	0.36*	0.51**	0.26	0.47**
DLF2	4.14	217.38	0.29	0.05	−0.03	0.12	0.16	0.07	0.30	0.17	0.22
DLF3	−83.71	187.03	0.30	−0.01	−0.22	0.16	0.08	0.08	0.26	−0.10	0.13
DLF4	−6.94	240.37	0.24	−0.09	−0.32	0.02	−0.08	0.02	0.15	0.06	0.10
DHF1	4.36	248.18	0.12	0.05	−0.09	−0.02	0.01	0.27	0.54***	0.21	0.44**
DHF2	−36.98	222.32	0.22	0.07	−0.20	−0.05	0.00	0.20	0.40*	0.22	0.35*
DHF3	−106.50	209.55	0.15	−0.03	−0.29	−0.09	−0.12	0.07	0.16	0.02	0.11

续表

诱发量	心电反应		攻击性					冲动性			
	M	SD	愤怒	身体攻击	敌意	言语攻击	特质攻击	无计划性	动作冲动	认知冲动	特质冲动
DHF4	−28.80	318.78	0.12	−0.13	−0.30	−0.23	−0.23	−0.04	0.05	0.08	0.03
DL/H1	0.25	0.69	−0.07	−0.13	−0.20	−0.13	−0.21	0.10	−0.09	0.24	0.10
DL/H2	0.36	1.66	0.30	−0.02	0.20	0.38*	0.35*	0.08	0.00	0.14	0.12
DL/H3	0.29	2.04	0.16	−0.05	0.09	0.47**	0.28	0.06	0.08	−0.003	0.10
DL/H4	0.22	2.38	0.09	−0.09	0.02	0.35*	0.15	0.08	0.06	0.11	0.12
DLFnorm1	1.83	12.04	0.11	−0.02	−0.22	−0.05	−0.09	0.15	−0.01	0.36*	0.20
DLFnorm2	2.86	15.10	0.37*	0.10	0.24	0.33	0.41*	−0.04	0.002	0.07	0.03
DLFnorm3	2.06	15.99	0.31	0.02	0.17	0.44**	0.37*	−0.01	0.18	−0.10	0.06
DLFnorm4	−0.28	17.28	0.24	0.02	0.11	0.28	0.26	0.08	0.06	0.18	0.14
DHFnorm1	−2.19	11.22	−0.12	−0.03	0.19	0.03	0.04	−0.14	0.03	−0.39*	−0.20
DHFnorm2	−3.37	14.32	−0.37*	−0.16	−0.31	−0.34*	−0.46**	0.07	0.02	−0.08	−0.02
DHFnorm3	−2.59	15.13	−0.30	−0.08	−0.23	−0.46**	−0.42*	0.03	−0.17	0.09	−0.05
DHFnorm4	−0.24	16.55	−0.23	−0.07	−0.17	−0.29	−0.30	−0.05	−0.05	−0.20	−0.13

注:"D"表示心电参数指标的差值;"1"表示中性信息,"2"表示境外冲突信息,"3"表示群际冲突信息,"4"表示拆迁冲突信息; * $p<0.05$, ** $p<0.01$, *** $p<0.001$。

由表3-8可知,心率反应模式上,中性信息诱发的正向心率变化与动作冲动性呈正相关;族际冲突信息诱发的负向心率变化与敌意、动作冲动性和特质冲动性均呈正相关;拆迁冲突信息诱发的正向心率变化与敌意、动作冲动性均呈正相关。R-R间期变化模式上,中性信息引起的正向变化与动作冲动性呈负相关,族际冲突信息传播引起的R-R间期负向变化与敌意、动作冲动性、认知冲动性、特质冲动性均呈负相关;拆迁冲突信息引起的R-R间期负向变化与敌意、动作冲动性和特质冲动性均呈负相关。

由表3-9可知,心率变异性的总功率(T)上,中性信息诱发的正向变化与动作冲动性、认知冲动性、特质冲动性呈正相关。境外冲突信息诱发的负向变化与动作冲动性呈正相关;拆迁冲突信息诱发的负向变化与认知冲动性呈正相关。

心电功率谱的极低频功率（VLF）上，中性信息诱发的正向反应与特质冲动性呈正相关，体现在动作冲动性上；拆迁冲突信息诱发的正向反应与认知冲动性呈正相关。中性信息诱发的低频功率（LF）正向变化与特质冲动性呈正相关，体现在行为的无计划性和动作冲动性两个维度上。

心电功率谱的高频功率（HF）上，中性信息诱发的正向变化和境外冲突信息诱发的负向变化，均与特质冲动性呈正相关，体现在动作冲动性方面。低频功率与高频功率比值（LF/HF）上，境外冲突信息诱发的正向变化与特质攻击性呈正相关，体现在言语攻击上。族际和拆迁两类冲突信息诱发的正向变化与言语攻击均呈正相关。标化低频功率（LFnorm）上，中性信息引起的正向变化与认知冲动性呈正相关；境外冲突信息引起的正向变化与特质攻击性呈正相关，体现在愤怒维度上；族际冲突信息诱发的正向变化与特质攻击性呈正相关，体现在言语攻击维度上；标化高频功率（HFnorm）上，中性信息诱发的负向反应与认知冲动性呈负相关；境外冲突信息诱发的负向变化与特质攻击性呈负相关，体现在愤怒、言语攻击两个方面；族际冲突信息诱发的负向反应与特质攻击性呈负相关，体现在言语攻击上。

2. 皮肤电反应模式的行为效应

简单相关分析显示，认知加工中性信息，以及境外、族际、拆迁3类冲突信息时，均可诱发皮肤电活动的正向变化，但这种变化与特质攻击性、特质冲动性均无显著关联，$r=-0.01 \sim 0.32$，$p>0.05$。

3. 血氧饱和度反应模式的行为效应

信息加工诱发的血氧饱和度反应与行为动力特性的Pearson相关分析结果如表3-10所示。血氧饱和度（saturation）上，境外冲突信息引起的负向变化与特质攻击性呈正相关，体现在言语攻击方面；族际冲突信息引起的负向变化与身体攻击呈正相关，但与认知冲动性呈负相关。脉率（rate）上，境外冲突信息诱发的负向变化与敌意呈正相关，族际冲突信息诱发的负向变化与愤怒呈正相关，拆迁冲突信息诱发的负向变化与特质攻击性呈正相关。

表 3-10 不同信息诱发下血氧饱和度反应与行为特性的相关分析（r）

诱发量	血氧饱和度		攻击性					冲动性			
	M	SD	愤怒	身体攻击	敌意	言语攻击	特质攻击性	无计划性	动作冲动性	认知冲动性	特质冲动性
$Doxys1$	0.05	0.28	0.02	0.11	0.10	0.32	0.23	0.09	0.02	−0.17	0.01
$Doxys2$	−0.07	0.46	0.23	0.23	0.07	0.38*	0.36*	0.06	−0.22	−0.31	−0.16
$Doxys3$	−0.20	0.76	−0.07	0.34*	0.01	0.12	0.16	−0.03	−0.14	−0.38*	−0.19
$Doxys4$	−0.16	0.63	0.24	0.21	0.02	0.32	0.30	0.18	−0.08	−0.23	−0.02
$Doxyr1$	−0.36	2.87	0.17	0.05	0.28	0.21	0.28	−0.06	0.25	0.09	0.10
$Doxyr2$	−0.38	3.61	0.14	0.01	0.48**	0.09	0.29	0.03	0.26	0.17	0.17
$Doxyr3$	−0.75	6.25	0.38*	−0.06	0.19	0.30	0.31	0.27	0.24	0.13	0.27
$Doxyr4$	−0.47	6.48	0.31	0.04	0.30	0.24	0.35*	0.26	0.24	0.07	0.24

注："D"表示血氧饱和度指标的差值；"1"表示中性信息，"2"表示境外冲突信息，"3"表示群际冲突信息，"4"表示拆迁冲突信息；* $p<0.05$，** $p<0.01$。

4. EEG 相对能量谱的行为效应

诱发 EEG 相对能量谱与攻击性、冲动性的 Pearson 相关分析结果见表 3-11 所示。中性信息、境外冲突、族际冲突和拆迁冲突 4 类信息传播诱发的 EEG 反应参数能量变化与特质冲动性无显著关联。

统计显示，中性（$r=-0.38$）、境外冲突（$r=-0.42$）、族际冲突（$r=-0.36$）和拆迁冲突（$r=-0.35$）4 类信息诱发的专注度正向变化与愤怒呈负相关，均 $p<0.05$。族际突信息引起的放松度正向变化与言语攻击呈负相关，$r=-0.41$，$p<0.05$。

EEG 反应参数的相对能量谱上，境外冲突信息诱发的 δ 参数能量负向变化与愤怒呈正相关；拆迁冲突信息诱发的 δ 参数能量负向变化与愤怒、身体攻击呈正相关。θ 参数能量上，境外冲突信息认引起的负向变化与愤怒呈正相关；族际冲突信息诱发的负向变化与特质攻击性呈正相关，体现在愤怒和身体攻击两方面；拆迁冲突信息诱发的负向变化与愤怒、身体攻击呈显著正相关。

表3-11 不同信息诱发下EEG反应参数与行为特性的相关分析（r）

EEG诱发量	M	SD	愤怒	身体攻击	敌意	言语攻击	特质攻击
$D\delta1$	−107197.24	273516.76	0.28	0.16	−0.04	−0.07	0.11
$D\delta2$	−201385.38	357644.52	0.40*	0.22	−0.06	0.06	0.22
$D\delta3$	−168479.46	492900.59	0.26	0.33	−0.19	0.22	0.22
$D\delta4$	−242248.86	345066.73	0.41*	0.39*	−0.13	0.10	0.28
$D\theta1$	−36831.77	111996.39	0.31	0.16	−0.02	−0.02	0.15
$D\theta2$	−67677.54	130223.85	0.42**	0.25	−0.05	0.08	0.25
$D\theta3$	−78253.39	119801.50	0.44**	0.39*	−0.08	0.16	0.33*
$D\theta4$	−84035.36	125317.95	0.44**	0.41*	−0.11	0.13	0.31
$D\alpha11$	−12322.29	42917.63	0.28	0.12	−0.19	0.03	0.08
$D\alpha12$	−25177.64	41391.60	0.44**	0.29	−0.19	0.13	0.23
$D\alpha13$	−31237.21	42513.87	0.44**	0.43**	−0.14	0.18	0.33*
$D\alpha14$	−30047.73	46350.91	0.30	0.46**	−0.08	0.0004	0.24
$D\alpha21$	−9575.02	25062.80	0.23	0.14	−0.17	−0.09	0.03
$D\alpha22$	−16190.54	27076.31	0.34*	0.27	−0.22	0.01	0.13
$D\alpha23$	−20137.18	28436.08	0.33*	0.42*	−0.15	0.04	0.22
$D\alpha24$	−22043.61	29754.17	0.35*	0.42*	−0.12	0.01	0.23
$D\beta11$	−2906.22	12997.61	0.28	0.12	−0.11	−0.03	0.08
$D\beta12$	−5662.17	15752.36	0.30	0.18	−0.23	0.01	0.08
$D\beta13$	−7135.40	13599.38	0.34*	0.33	−0.22	0.13	0.20
$D\beta14$	−7383.88	15902.77	0.30	0.29	−0.24	0.01	0.11
$D\beta21$	−4375.23	13186.68	0.36*	0.20	−0.17	0.10	0.17
$D\beta22$	−9366.61	14855.99	0.46**	0.39*	−0.10	0.14	0.32
$D\beta23$	−11216.06	18114.84	0.38*	0.46**	0.01	0.17	0.38*
$D\beta24$	−12232.12	19856.54	0.39*	0.41*	0.03	0.08	0.33*
$D\gamma11$	−1322.22	5884.30	0.10	0.19	−0.23	−0.08	−0.02
$D\gamma12$	−2994.85	5586.47	0.33*	0.32	−0.07	0.07	0.24
$D\gamma13$	−3528.27	6511.81	0.16	0.48**	0.01	0.15	0.30
$D\gamma14$	−3933.59	6976.22	0.20	0.43**	0.03	0.03	0.25
$D\gamma21$	−3482.65	7313.68	−0.03	0.22	0.04	−0.12	0.04
$D\gamma22$	−6029.66	8206.89	0.24	0.31	0.03	−0.04	0.20

续表

EEG 诱发量	M	SD	愤怒	身体攻击	敌意	言语攻击	特质攻击
Dγ23	−6933.23	9492.68	0.23	0.32	0.06	0.06	0.25
Dγ24	−7838.85	9574.09	0.27	0.32	0.05	0.05	0.25

注："D"表示 EEG 参数能量指标的差值;"1"表示中性信息,"2"表示境外冲突信息,"3"表示群际冲突信息,"4"表示拆迁冲突信息; $^*p<0.05$, $^{**}p<0.01$。

$α1$ 参数能量上,境外冲突信息诱发的负向变化与愤怒呈正相关,拆迁冲突信息诱发的负向变化与身体攻击呈正相关;族际冲突信息诱发的负向变化与特质攻击性呈正相关,体现在愤怒和身体攻击两个方面。$α2$ 参数能量上,境外、族际、拆迁 3 类冲突信息诱发的负向反应均与愤怒呈正相关,且后二者引起的反应变化与身体攻击呈正相关。

$β1$ 参数能量上,族际冲突信息诱发的负向反应与愤怒行为呈正相关。$β2$ 参数能量上,中性信息引起的负向变化与愤怒呈正相关;境外冲突信息引起的负向变化与愤怒、身体攻击呈正相关;族际和拆迁两类冲突信息诱发的负向反应均与特质攻击性呈正相关,体现在愤怒、身体攻击两个方面。

$γ1$ 参数能量上,境外冲突信息引起的负向变化与愤怒行为呈正相关,族际和拆迁两类冲突信息诱发的负向反应均与身体攻击呈正相关。$γ2$ 参数能量的变化与特质攻击性、特质冲动性均无关联。

第三节 分析与讨论

进化心理学理论认为人类的社会行为是环境刺激与专化心理机制相互作用的结果。心理结构中的许多专化心理机制具有过滤外界环境刺激的作用,一般只对特定的环境刺激或者滤选后需要加工的刺激,做出恰当的行为反应。不同的环境刺激引发不同的心理机制,当人们处于某种环境刺激时,就会激活与这种环境相一致的心理机制[1]。显然,由此观点

---

[1] James P., Goetze D., *Evolutionary theory and ethnic conflict*, Westport, U.S.A: Greenwood Publishing Group, 2001.

第三章 影像刺激生理应答模式

可以推知,任何一个群际行为的发生总是包含着它特有的刺激模式和心理机制。因此,在构建群际冲突心理预警机制及其社会管控模式时,我们需要掌握冲突行为的心理机制及其相应的环境诱发因素。基于这样的认识,我们从社会信息加工的角度,将群际冲突的心理机制解释为一个系统的信息加工与传播过程,由信息输入、反应路径、行为输出3个连贯一体的环节组成,其中反应路径是核心部件,决定着输出行为的性质和特征。基于此理论模型构设,先行考察了正常人群加工冲突信息诱发的神经生理反应模式及其行为动力效应,主要聚焦于自主神经系统反应模式和 EEG 脑电反应模式两方面,以及它们与冲动性和攻击性行为之间的关联模式。

在生理机能上,自主神经系统动态地调控着我们的身体对一系列内在和外在刺激作出反应[1]。本研究发现,冲突信息传播过程中,人们感知加工视频冲突行为信息可引发相应的自主反应模式。具体而言,诱发的心率反应和 R-R 间期,与静息水平相比均无显著差异,它们的唤醒反应差异主要受性别和群际冲突经验两个因素的影响,表现为女性的心率显著高于男性的均值, R-R 间期则小于男性的时间;同样地,群际冲突经验者的心率显著高于非群际冲突者的分值,相应的 R-R 间期则显著低于非群际冲突者的时间。这些结果表明在冲突信息的刺激作用下,女性和群际冲突经验者更倾向于激活自主神经系统,提高心跳频率,做好"逃跑或战斗"准备。就这两指标的行为效应来说,尽管有研究认为低静息心率是负性社会行为的一个稳健的神经生物关联物[2],但我们未发现静息心率水平和 R-R 间期与行为的攻击性、冲动性存在相关关系,此结果也

---

[1] Pumprla J., Howorka K., Groves D., Chester M., Nolan J., "Functional assessment of heart rate variability: physiological basis and practical applications", *International Journal of Cardiology*, Vol.84, No.1, 2002, pp.1–14.

[2] Ortiz J., Raine A., "Heart rate level and antisocial behavior in children and adolescents: A meta-analysis", *Journal of the American Academy of Child & Adolescent Psychiatry*, Vol.43, No.2, 2004, pp.154–162.

与大弗里斯 - 布沃（de Vries-Bouw）等的研究结论一致[①]，即心率反应或心率变异性与破坏性行为无关联。这种无关性可能是混淆了性别、群际冲突经验等因素的调节或干扰效应，而难以检测出它们之间的关联性。实际上，本研究也表明性别和群际冲突经验两个变量，显著调节着静息神经生理参数与行为动力特性的关系，统计分析发现群际冲突经验者的静息心率（HR）水平与特质攻击性存在负相关关系，主要体现在敌意行为方面。

静息生理指标测量评估的是在没有任何明显外部刺激作用下自主神经活动的特性。正如前述，这些特性及其行为动力效应常常与受测者的性别、行为经验有关，表现出一定的人群特异性。为深入探究环境刺激与自主神经系统激活的关系，本研究区分了中性和冲突两大类环境刺激信息，分析发现这些信息可激发不同的生理响应模式。在心率和 R–R 间期反应模式上，中性信息刺激作用可增加心率，其增量与动作冲动性呈正相关，而引起的 R–R 间期正向变化则与动作冲动性呈显著负相关，表明中性信息加工能够提高心跳频率，延长 R–R 间期，它们的增量可以正向预测个体的动作冲动性。族际冲突信息认知诱发的心率降低与敌意、动作冲动性和特质冲动性呈正相关，诱发的 R–R 间期减小量则与敌意、动作冲动性、认知冲动性、特质冲动性呈显著负相关，这表明族际冲突信息传播的刺激作用会降低心跳频率，缩短 R–R 间期，它们的减量能够有效预测个体的敌意行为和冲动性行为。拆迁冲突信息感知引起的心率增量与敌意、动作冲动性呈显著正相关，引起的 R–R 间期减小与敌意、动作冲动性和特质冲动性均呈负相关，表明拆迁冲突信息的刺激作用能够提高心跳频率，缩短 R–R 间期，它们的变化对个体的敌意和冲动性行为具有预测作用。综合来看，从这两个心电活动的时域指标看，外部刺激信息的认知加工可以促进和抑制交感神经系统的生理唤醒反应，这种

[①] de Vries-Bouw M., Jansen L., Vermeiren R., Doreleijers T., de Ven P. V., Popma A., "Concurrent attenuated reactivity of alpha-amylase and cortisol is related to disruptive behavior in male adolescents", *Hormones and Behavior*, Vol.62, No.1, 2012, pp.77–85.

自主反应的行为效应与刺激信息的类型有关，其中族际冲突信息传播刺激作用下的生理唤醒反应降低容易引发群际间的敌意和冲动性行为。

考虑到心率是一个非平稳信号，容易受测量前的休息期、受测者的姿势、环境条件（室温、视听刺激）、记录方法、数据分析等条件的影响[1]，我们进一步考察了心率变异性（HRV）在冲突信息认知中的反应模式及其行为效应。心率变异性主要依赖于心率的外源性调控，反映着人们检测并快速应对异常刺激和情境变化的适应能力，它可以对自主神经系统调节心脏活动的状态作出有效评估。统计发现，在静息基线水平，群际冲突经验者的静息HRV高频功率（HF）与敌意呈正相关，低频功率（LF）与特质冲动性呈正相关，表明群际冲突者的静息心率变异性可以正向预测其敌意和特质冲动性行为，主要观测静息高频功率和低频功率两个指标来评估。与之相比，无群际冲突经验者的静息HRV总功率（T）和低频功率（LF）对其愤怒行为具有负向预测作用，提示通常情况下，无群际冲突经验者的静息心率变异性主要与其情绪行为表达有关。此外，对男性而言，统计发现低频与高频功率比值（LF/HF）与特质冲动性呈显著正相关，也即男性的交感和副交感神经活动的平衡性可以正向预测其特质冲动性行为。简言之，在静息条件下，心率变异性在一定程度上对个体的敌意、愤怒和冲动性行为具有预测作用，但这种静息HRV活动模式与行为动力特性的关系显著受到群际冲突经验、性别两个因素的调节。这提示在群际关系和冲突行为的心理预警模型构建中，应有分化思维，差别对待。

除了静息心率变异性对个体行为有预测效应外，在环境刺激信息诱发条件下，冲突信息感知可显著引起HRV模式的改变，导致HRV反应性降低，表现为族际冲突信息诱发的HRV总功率（T）、低频功率（LF）、高频功率（HF）均显著低于静息水平，也低于中性信息和拆迁冲突信息加工的反应值，同时在低频功率（LF）和高频功率（HF）上，均显著

---

[1] Vogel C. U., Wolpert C., Wehling M., "How to measure heart rate?" *European Journal of Clinical Pharmacology*, Vol.60. No.7, 2004, pp.461–466.

低于境外冲突信息的刺激效应。这种低 HRV 反应性（HFnorm）与行为动力的特质攻击性呈显著负相关，而族际冲突信息刺激诱发的 LF/HF 和 LFnorm 成分能量增强则与特质攻击性呈正相关，体现在言语攻击方面。据此，我们可以认为低 HRV 反应模式是预测攻击性行为的灵敏指标。对于此发现，可以采用低唤醒病理攻击性理论进行解释，该理论认为暴力攻击行为与低生理唤醒水平密切相关，这是由于低生理唤醒者往往有着较低水平的恐惧感，对惩罚性社会线索不敏感，不考虑自身行动的负面后果，不惧怕厌恶结果，因而更容易实施各种暴力和破坏性行为，并且通常将这些行为反应视为一种正常的刺激寻求行为[1][2]。与此理论相一致，我们也发现 HRV 反应性降低与行为的攻击性、冲动性有关。因此，可以推论，对于正常人群而言，在冲突信息传播启动下，生理唤醒水平减弱者更可能参与或从事社会破坏性行为、违法行为或暴力攻击行为。

从皮肤电导反应看，尽管族际冲突信息引起的皮肤电导反应显著低于中性和拆迁冲突信息的刺激效应，但分析发现静息和诱发条件下的皮肤电活动差异均不显著，并且两种条件下的皮肤电导水平（GSR）与行为的攻击性、冲动性也无显著关联。这种无关性与克拉厄（Krahé）等的结果相一致[3]，即皮肤电导水平（SCL）与攻击性认知和行为均没有关联性。皮肤电导反应是交感神经系统活动的标记，但它的优势主要对在数毫秒到数秒内呈现刺激的反应相位测定，但对持续几分钟或几小时的刺激反

---

[1] Raine A., *The psychopathology of crime: Criminal behavior as a clinical disorder*, San Diego, CA, USA: Academic Press, Inc, 1993.

[2] Raine A., "Annotation: The role of prefrontal deficits, low autonomic arousal, and early health factors in the development of antisocial and aggressive behavior in children", *Journal of Child Psychology and Psychiatry*, Vol.43, No.4, 2002, pp.417–434.

[3] Krahé B., Möller I., Huesmann L., Kirwil L., Felber J., Berger A., "Desensitization to media violence: Links with habitual media violence exposure, aggressive cognitions, and aggressive behavior", *Journal of Personality and Social Psychology*, Vol.100, No.4, 2011, pp.630–646.

第三章 影像刺激生理应答模式

应不敏感①。因此，这种无关联性可能由每种视频信息采集时间过长引起，本研究的总采集时间为 30 分钟，单个视频信息的采集时间也在 3 分钟及以上，后续研究应考虑采集时长因素的效应。

血氧饱和度（*OXY-S*）和指脉率（*OXY-R*）反应指上，静息状态下，二者的自主活动模式及其行为效应主要受社群、性别和群际冲突经验 3 个类别因素的影响，呈现如下特点。汉族被试的血氧饱和度显著低于彝族被试的记录值，而指脉率则高于彝族的分值；女性的血氧饱和度高于男性的均值，且与身体攻击呈负相关，而男性的血氧饱和度与认知冲动性呈正相关，且指脉率低于女性的分值；群际冲突经验者的静息指脉率显著高于非群际冲突者的分值，且与特质攻击性呈负向关联，体现在敌意方面，而无群际冲突经验者的血氧饱和度与认知冲动性呈显著正相关。另外，在诱发条件下，二者的应答反应模式表现出不同的行为效应，即族际冲突信息传播引起的低血氧饱和度与身体攻击呈正相关，与认知冲动性呈负相关，而低指脉率反应则与愤怒呈正相关。境外冲突信息加工引起的低血氧饱和度与特质攻击性呈正相关，低诱发指脉率与敌意呈正相关。拆迁冲突信息诱发的低指脉率与特质攻击性呈显著正相关。综合而言，静息血氧饱和度对攻击性行为具有负向预测作用，主要可以预测女性的身体攻击行为，以及群际冲突经验者的敌意行为。与之相反，在行为的冲动性方面，静息血氧饱和度具有正向预测作用，可以正向预测男性和无群际冲突经验者的认知冲动性。但这些预测模式在外界环境信息的刺激作用下，发生了反转，即诱发的血氧饱和度和脉率减量可以正向预测攻击性行为，如身体攻击、敌意和愤怒行为，而负向预测认知冲动性。因此，从群际冲突行为预警来看，可以着力观测静息和诱发条件下指脉率与敌意、愤怒的相关关系，辅以评估诱发血氧饱和度与身体攻击、认知冲动性的关系。

---

① van Goozen S. H., Matthys W., Cohen-Kettenis P. T., Buitelaar J. K., van Engeland H., 2000. "Hypothalamic-pituitary-adrenal axis and autonomic nervous system activity in disruptive children and matched controls", *Journal of the American Academy of Child & Adolescent Psychiatry*, Vol.39, No.11, 2000, pp.1438–1445.

从前额 *EEG* 脑电活动看，静息状态下，自发 *EEG* 参数能量可负向预测个体行为的特质攻击性，主要体现在对身体攻击和愤怒行为的预测方面，这种预测关系还受到性别、群际冲突经验的调节。具体而言，在群际冲突经验者中，他们的放松度负向预测其愤怒行为，δ、θ、$\alpha1$、$\alpha2$、$\beta1$、$\beta2$、$\gamma1$ 7 个 *EEG* 参数能量均可负向预测其身体攻击行为。在无群际冲突经验者中，专注度、放松度对其特质攻击性行为具有正向预测作用，δ、θ、$\alpha1$、$\alpha2$、$\beta1$、$\beta2$、$\gamma2$ 七个 *EEG* 参数能量均可负向预测其特质攻击性，主要体现在愤怒、身体攻击、言语攻击 3 个方面。从性别因素的调节作用看，男性的专注度与特质攻击性呈正相关，δ、θ、$\alpha1$、$\alpha2$、$\beta1$、$\beta2$、$\gamma1$ 7 个 *EEG* 参数能量与特质攻击性呈负相关，这种关联性主要体现在愤怒和言语攻击两个方面；女性的 δ、θ、$\alpha1$、$\beta1$、$\beta2$ 5 个 *EEG* 反应参数均与愤怒呈负相关，θ、$\alpha1$、$\gamma2$ 3 个参数能量还与身体攻击呈负相关。这种性别调节效应可能与两性的自发 *EEG* 活动差异有关，前文的统计也发现女性的 δ、θ、$\alpha1$、$\alpha2$、$\beta1$、$\beta2$、$\gamma1$ 参数平均值显著高于男性。另外，我们未发现自发 *EEG* 反应参数与特质冲动性有关，这可归因为冲动性意在测评未经事先考虑、快速认知决策，无法鉴别超越眼前环境的行为特征和行动倾向[①②]，而前额 *EEG* 参数能量主要受情绪反应和额部肌电活动的影响。

然而，冲突信息的刺激作用下，境外、族际和拆迁 3 类冲突信息引发的专注度均显著高于静息水平，δ、θ、$\alpha1$、$\alpha2$、$\beta1$、$\beta2$、$\gamma1$、$\gamma2$ 8 个脑电参数能量值均显著低于静息基线水平。方差分析表明，族际冲突信息传播激发的专注度、$\gamma2$ 参数能量显著高于拆迁冲突信息激发的数值，诱发的 θ、$\alpha1$、$\alpha2$、$\beta1$、$\beta2$、$\gamma2$ 6 个参数能量值均低于中性信息激发的数

---

① Barratt E. S., "Impulsiveness subtraits: Arousal and information processing", In J. T. Spence, C. E. Izard, Eds., *Motivation, emotion, and personality*, New York: Elsevier Science Publishers, 1985, pp.137–146.

② Mathias C. W., Stanford M. S., "Impulsiveness and arousal: Heart rate under conditions of rest and challenge in healthy males", *Personality and Individual Differences*, Vol.35, No.2, 2003, pp.355–371.

值，且 $β1$ 参数能量值低于境外冲突信息激发的数值。这些表明在族际冲突信息的刺激下，个体的专注度高于静息基线和拆迁冲突信息的刺激效应，EEG 的 $β1$、$γ2$ 参数能量都低于中性信息诱发的数值，二者还分别与境外和拆迁冲突信息诱发的数值存在差异。相关分析发现，族际冲突信息诱发的放松度增强与言语攻击呈负相关，即在族际冲突信息刺激作用下，心理状态越放松，表现出的言语攻击就越少；诱发的 $θ$、$α1$、$α2$、$β1$、$β2$ 参数能量减少与特质攻击性呈正相关，$γ1$ 参数能量减少则与身体攻击呈正相关。这些关联性表明族际冲突信息的刺激作用可以导致个体前额 EEG 脑电活动减弱，而减量则可正向预测其特质攻击性，主要体现为对愤怒行为和身体攻击的预测作用。

在境外冲突信息传播的刺激下，诱发的 $δ$、$θ$、$α1$、$α2$、$γ1$ 参数能量减少与愤怒呈正相关，诱发 $β2$ 参数能量减少与愤怒、身体攻击呈正相关。拆迁冲突信息的刺激下，诱发的 $β2$ 与特质攻击性呈正相关，诱发 $δ$、$θ$、$α2$、$β2$ 参数能量减少与愤怒、身体攻击呈正相关；诱发 $α1$、$γ1$ 参数能量减少与身体攻击呈正相关。从性别因素看，男性中，中性信息加工诱发的 $α2$ 参数能量显著高于族际和拆迁冲突信息激发的数值；女性中，中性信息加工诱发的 $α2$、$β2$、$γ1$ 参数能量均显著高于境外、族际、拆迁 3 类冲突信息刺激作用的数值。诱发 EEG 反应参数能量变化与特质冲动性无相关关系，诱发专注度正向变化与愤怒呈负相关，$γ2$ 参数能量的变化与特质攻击性无关联。综合而言，静息和诱发条件下，前额 EEG 脑电活动对个体的身体攻击和愤怒行为均具有预测作用，其中静息 EEG 参数能量具有负向预测效应，且存在性别和群际冲突经验的差异。与之相反，在冲突信息传播的刺激作用下，减弱的大脑前额 EEG 活动参数能量可以正向预测个体的攻击性行为，表现出 EEG 参数诱发减量具有正向预测作用。

第四章　群际冲突认知表征

社会表征是一个社会群体共享的关于某个客体类别的社会信念，狭义上专指该群体一致共识的价值观、规范和态度①。作为一种联结社会客体、认知主体和实践活动的媒介，它体现在社群沟通和个体心智中，通过这种集体和个人活动，一方面可以生成某种客观化实体，另一方面可以形成关于社会客体的常识，成为社群交流沟通的共享话语体系，因而它具有精致化、流通性和接受性3个基本特征。从产生方式看，一个客体的社会表征是在社群传播系统中，依附于不同的模式和媒介，通过主体间的信息流通和转化活动来建构生成的，具有符合传播系统及其参与者需要的结构化内容与功能②。一般而言，社会表征的产物是一套被特定社群认可而广泛共享的、具有普遍关联意义的信念系统，由有关某种客体的概念、思想、信念、观点、态度和意向等要素融合而成的认知网络，发挥着解释和评价客体或事件的框架作用，藉由这个系统使得没有直接经验的此社会客体的主体之间可以进行社会交往和个人行动③。

为了更好地揭示一个客体的社会表征及其功能，阿布里克主张应

---

① Roland–Lévy C., Berjot S., "Social representations of retirement in France: A descriptive study", *Applied Psychology*, Vol.58, No.3, 2009, pp.418–434.

② Bauer M. W., Gaskell G., "Towards a paradigm for research on social representations", *Journal for the Theory of Social Behaviour*, Vol.29, No.2, 1999, pp.163–186.

③ [法]塞尔日·莫斯科维奇：《社会表征（第1版）》，管健、高文珺、俞容龄译，中国人民大学出版社2011年版。

第四章 群际冲突认知表征

采用结构分析方法对它的构成要素进行深入研究,并提出了中心核理论(CNT)[①]。该理论将社会表征的内部结构划分为中心核(central core)和外周要素(peripheral)两个系统。中心核系统是一个表征的核心部件,由一个或少量的认知要素组成,发挥着表征组织和区分功能,决定着表征对象的本质意义。它作为一个社会群体对表征对象的共识和分享内容,来自于该社群的集体经验和记忆,其构成要素在意义上可以无需相关和相似,甚至是相互矛盾的,但至少应凝聚在所讨论对象、主题和事件的周围,并形成强化社会如何理解这些问题和对象的意向和象征核。外周系统依据各要素指派得到的权重、价值和功能有梯度和层次地组织在中心核周围,构成中心核与社会现实间的连接纽带,由那些反映表征流动性、灵活性和个体间差异性的认知要素构成,在功能上与适应和应变当前环境、区分不同表征内容有关,是一个表征中较少共享的特异成分,对维持核心系统的不变性具有防护作用。因此,从时空特征上看,一个社会表征同时具有稳定性、稳健性(robustness)、灵活性和多样性等特征,其稳定性和稳健性是通过具有本质意义的中心核来维系的,起着抗拒社会环境干扰和组织外周要素的作用,而灵活性、多样性则是借助外周系统实现的[②]。此理论对于解析一个社会表征的内部组织和结构而言,具有重要的方法论意义。

在社会表征内容及结构的描述中,研究者主要采用词汇联想任务和特性描述任务来进行测量分析。词汇联想任务旨在探索和识别一个社会表征的内容及其不同要素,要求被试表达出由一个特定社会对象(刺激词)激发而即刻想到的 N 个联想词或短语,然后采用典型分析法(prototypical analysis)按照重要性或者联想顺序对这些反应词进行等级排

[①] Abric, J.-C., "Central system, peripheral system: their functions and roles in the dynamics of social representation", *Papers on Social Representations*, Vol.2, No.2, 1993, pp.75-78.

[②] Guimelli C., "Differentiation between the central core elements of social representations: Normative vs. functional elements", *Swiss Journal of Psychology*, Vol.57, No.4, 1998, pp.209-224.

序，滤选出那些排序在前、频次高的联想词作为中心核要素[①]。具体的做法就是根据每个词汇被提及的频次和平均重要性或平均等序，分辨出一个社会表征的中心核（高频、低等序）、近外周要素（高频、高等序，或者低频、低等序）或远外周要素（低频、高等序）及其基本特征，并依此解读它的意义。特性描述任务主要检测与社会客体相关的最重要联想要素的中心性，要求被试从词汇联想任务诱发的核心反应词中，分别选择出一定数目的最典型特征词，并赋予某个数值的正分，以及相等数目的最不典型特性词，赋予等值负分，继而在剩余词汇里重复这种选词过程，而将未被选择的那些等量词汇记为 0 分，直至所有联想词被分为几个特性词组。然后，通过计算比较每个联想词的分值，来确认一个社会表征的中心核要素。另外，在这些任务中，还可以同时采取评定联想词效价的方式，来考察人们对社会表征对象所持有的态度。利用上述计量方法，研究发现人们表征不同的社会对象和主题时，不同社会群体对同一社会客体持有不同的社会表征要素和态度，且存在内容和结构方面的特异成分[②③]。此外，一些研究者在焦点团体访谈基础上，根据心理测量原理设计了特定社会客体的自陈调查问卷，借助因子分析技术和统计检验方法，来解析这些客体的表征要素及其结构，考察它们的稳定性和发展特征[④]。尽管这些主流方法可依据中心性假设，任意地揭示出一个社会表征内容的层序归属，但还不能有效地勾勒这些要素之间的结构模式。

[①] Wachelke J., "Relationship between response evocation rank in social representation associative tasks and personal symbolic value", *International Review of Social Psychology*, Vol.21, No.3, 2008, pp.113-126.

[②] Roland-Lévy C., Berjot S., "Social representations of retirement in France: A descriptive study", *Applied Psychology*, Vol.58, No.3, 2009, pp.418-434.

[③] Wachelke J., Contarello A., "Social representations on aging: Structural differences concerning age group and cultural context", *Revista Latinoamericana de Psicología*, Vol.42, No.3, 2010, pp.367-380.

[④] Huotilainen A., Tuorila H., "Social representation of new foods has a stable structure based on suspicion and trust", *Food Quality and Preference*, Vol.16, No.7, 2005, pp.565-572.

但依照阿布里克的结构法观点①，一个社会表征的结构不是各种认知要素的简单集合，而是由这些要素相互嵌连、融合并围绕中心核组织起来的层次网络，其整体意义由中心核要素所决定。正因为如此，我们在探讨一个社会表征的结构时，既要抽取它的各种核心要素和外周要素，也要绘制出这些要素之间的连接途径或联结关系。这样一来，为克服上述研究方法和量化技术上的缺陷，更好地阐明表征要素之间的联结路径，研究者尝试和探索了一些新的方法。基于要素间的连通性或共现性准则，弗莱蒙特（Flament）采用相似性分析（similarity analysis）技术②，依据语料库中两个要素间的共现关系和距离指数，来测量表征要素间的共现联结（co-occurrence ties），并用阶层树形（hierarchical tree）来表示各要素对之间的连接关系。这种分析技术虽然可以找出一个意义网络中最核心位置上的要素，但无法证明所析出的中心核结构是否稳健。对此不足，一些研究者创造性地将社会网络分析技术引入社会表征的结构要素析解中③，借助网络分析法，研究者可以有效地对一个社会表征的统计规律和结构性能作出计量与定性研究。如林（Lin）等人就将网络分析与自由激发任务相结合，成功地揭示了疼痛社会表征的中心结构核及构成要素④。几种方法相比较而言，在揭示客体社会表征结构及其要素中，社会网络分析方法是一个高效而便捷的工具，既符合社会表征理论的结构观要求，也是建构和验证社会表征理论的科学技术，有助于拓展社会表征的理论和应用研究。

---

① Abric, J.-C., "Central system, peripheral system: their functions and roles in the dynamics of social representation", *Papers on Social Representations*, Vol.2, No.2, 1993, pp.75-78.

② Flament C., "L'analyse de similitude: une technique pour les recherches sur les représentations sociales" [Similarity analysis: A technique for researches in social representations]", *Cahiers de Psychologie Cognitive/Current Psychology of Cognition*, Vol.1, No.4, 1981, pp.375-395.

③ Coronges K. A., Stacy A. W., Valente T. W., "Structural comparison of cognitive associative networks in two populations", *Journal of Applied Social Psychology*, Vol.37, No.9, 2007, pp.2097-2129.

④ Lin F., He D., Jin Y., Tao Y., Jiang Z., "Mapping the central structure core in social representation of pain", *Journal of Applied Social Psychology*, Vol.43, No.9, 2013, pp.1931-1945.

群际关系心理预警机制研究

正如前述，社会表征是一个由认知要素构成的意义网络系统，而从复杂系统理论看，任何复杂系统都可以从它的基本组分间的实际交互关系出发，抽象为点（组分）和线（关系）的网络。正是基于这种观点，中心核理论采用结构分析法，将社会表征模式区分为核心系统和外周系统两大部件，构成一个围绕中心核而组织起来的分层耦合系统。因此，根据这些网络思维观点，我们可以将任何一个客体的社会表征结构视为一个由"点"（客体表征要素）和"线"（要素间的联系）组成的"复杂网络"，继而可以采用网络分析技术认识它的结构、功能和演变[①]。然而，从社会表征的功能看，一方面它可为一个社会群体提供关于客体的知识，维系群体认同，另一方面，主体可应用共享的表征知识来指导、调整那些指向客体的行动和实践[②]。对于它的实践指导作用，一些研究者主要围绕特定社会行为的原因和影响因素进行探讨，例如，艾切薄（Echabe）、盖德（Guede）和卡斯特罗（Castro）发现行为范畴的社会表征包括心理性表征和防御性表征两个方面[③]。索恩伯格（Thornberg）指出欺凌被表征为一种偏差行为，可归因于社会定位、心理失常效应、报复行动、逗乐游戏、社会玷污、欠考虑事件，这些表征要素还与更一般的社会分类过程相关联[④]。实际上，此类研究往往着力于建构行为事件的社会表征模式，用于预防和解决这些行为问题。

综上所述，社会表征理论可为人们认识和理解社会对象提供新的视野，有助于揭示它的共享成分及其关联结构。前文也指出，一个冲突情境常被定义为行动者的目标不相容、控制对方的选择、相互敌对的情感和行为。新近研究还发现在内群体对暴力犯罪负责时，与冲突事件的规

---

① 林枫、江钟立：《网络思维：基于点线符号的认知图式和复杂性范式》，《自然辩证法通讯》2011年第1期，第29-35，126页。

② Wachelke J., 2011. "Social representations: A review of theory and research from the structural approach", *Universitas Psychologica*, Vol.11, No.3, 2011, pp.729-741.

③ Echabe A. E., Guede E. F., Castro J., "Social representations and intergroup conflicts: Who's smoking here?" *European Journal of Social Psychology*, Vol.24, No.3, 1994, pp.339-355.

④ Thornberg R., "School children's social representations on bullying causes", *Psychology in the Schools*, Vol.47, No.4, 2010, pp.311-327.

避叙事相比，详实而公正的叙事方式更易引发新生代的情绪不安以及帮扶受害方的行为①。这提示信息沟通方式可重构人们对过往事件的社会表征，而这种表征则有激发事件关联的情绪和行为反应的功能。因此，社会表征可为理解群际冲突本质的一个分析性概念，根据它的内涵界定，群际冲突的社会表征即为一个群体建构而共享的，由一套由与群际冲突相关联的概念、思想、信念、价值观、规范、态度、观点、归因、意向、主张、解释、信息、行为和情感多个成分所构成的认知网络系统，且在功能上，能够影响不同社群成员的决策和行为。鉴于此，本研究试图基于社会表征理论，采用网络分析技术，来考察群际冲突的社会表征内容及其结构模式。具体步骤如下，本研究首先执行词汇由联想任务，以"族际冲突"为刺激词，收集它的联想词汇。然后应用词汇网络分析技术，进一步探测群际冲突社会表征的语义内容、结构组织和中心核，并绘制出核心要素和外周要素之间的联结网络关系。

第一节 被试与方法设计

一 调查被试

采用招募和随机取样办法，选取云南省边疆民族地区 H 高校的彝族和汉族在校大学生共 220 名。汉族大学生 110 名，男 51 名、女 59 名，年龄 18—26 岁，平均年龄 21.02 岁，$SD=1.64$；彝族大学生 110 名，男、女各 55 名，年龄 17—26 岁，平均年龄 21.26 岁，$SD=1.77$。所有被试均自愿参与测试，并得到一个软抄笔记本或毛巾作为回报。

二 刺激材料

刺激材料有演示材料和任务材料两类。演示材料来自网络搜索，含 1 张医用注射针筒和药瓶的实物图片和 1 张"教师"词语图片（字体为

---

① Leone G, Sarrica M., "Challenging the myth of Italians as 'good fellows': Is clarity about in-group crimes the best choice when narrating a war to its perpetrators' descendants?", *Papers on Social Representations*, Vol.21, No.2, 2012, pp.11.1–11.28.

华文楷体、黑色、字号158，背景色为沙褐色），尺寸为580×366像素，"bmp"格式。任务材料由2张图片和3个词语构成。图片内容为1张老年女性正面头部图像和1张青面獠牙、目光凶恶的老虎正面头像，它们均为580×366像素的彩色图片。3个刺激词分别是"彝族""汉族""族际冲突"，字体为华文楷体，字号138，颜色均为暗桔黄色，放置在960×720像素的黑色背景中央，制作成"bmp"格式的词语图片。所有的刺激材料均使用E-prime 1 for windows实验软件进行编程，采用完全随机方式呈现在电脑屏幕中央。

三　研究程序

任务由词汇联想测试和网络构建组成。在被试签订知情同意书后，接着向他们口头讲述词汇联想任务要求和事项，告知被试如实把联想到的词语按顺序写在答题纸上（见附录7），作答只要符合他们的实际情况或真实想法即可，不必掩饰。同时强调不评判答案的对错或好坏，数据信息将会严格遵照学术伦理道德规范和保密原则仅供研究使用。

（一）自由联想测试

在测试中，需要被试完成图-词自由联想任务。要求他们依据一个特定社会客体的标签或图片，进行快速的开放式联想反应，用词语记录下最先出现在头脑中的3个联想内容，不用考虑它们的好坏对错。这些词汇内容即为这个社会客体的认知表征要素。整个任务的流程如下图4-1所示。

具体而言，自由联想任务由示例讲解和激发测试两个环节组成。示例讲解旨在让被试正确掌握激发测试任务的作答方法，此环节由研究主试负责向被试进行讲解和作答示范。首先，告知被试测试的目的是探查人们对图片和词语信息联想切换的能力。然后，逐一呈现演示材料，并提供联想反应和作答示范，即要求被试在看到一个图片或者词语后，立即把最先浮现在大脑中的3个词语，按照它们出现的先后顺序记录在答题纸上。

经询问反馈，当被试明白和掌握了任务反应和作答方法后，随即进

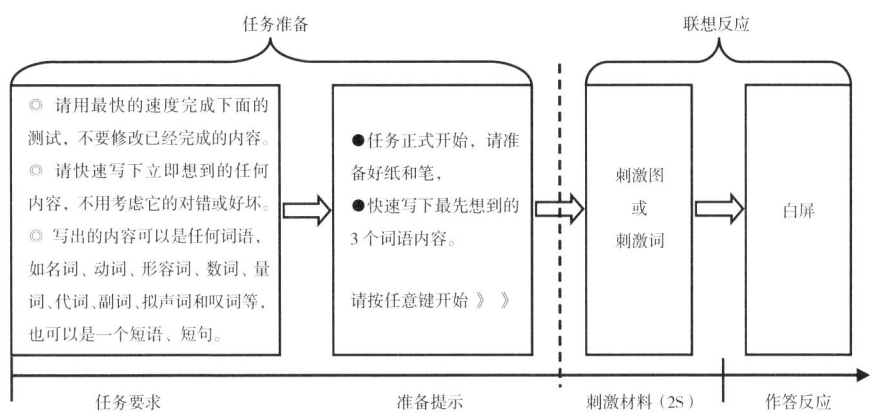

图 4-1　图—词自由联想任务的测试流程

入到激发测试环节。在自由激发任务中,要求被试用最快的速度完成测试,快速写下立即想到的任何内容,可以是任何词语,如名词、动词、形容词、数词、量词、代词、副词、拟声词和叹词等,也可以是一个短句或短语,而不用考虑它的对错或好坏,也不要修改已经完成的答案。任务开始时,再次屏幕提示被试准备好答题纸和笔,快速写下最先想到的 3 个词语内容。

被试在激发任务中需分别对"老人""老虎"2 张图例和"汉族""彝族""族际冲突"3 个刺激词进行开放式自由联想反应。采用完全随机（random）方式呈现,每个刺激的呈现时间为 2 s,随后被一块白板屏幕完全掩蔽,白屏掩蔽时长为被试作答时间,均设定为事件（event）时间模式,由被试自主控制。当完成对一个刺激的联想反应后,被试点击鼠标左键便进入下一个刺激的激发测试,直至完成全部刺激的自由联想反应。

（二）词汇网络建构

根据网络思维观,自由联想任务中所得的反应词及其共现关系可定义为一个社会表征网络中的结点和连线[①],因此,参照林等的研究程

---

① Ferreira A. A. A., Corso, G., Piuvezam, G., Alves, M. S. C. F., "A scale-free network of evoked words", *Brazilian Journal of Physics*, Vol.36, No.3, 2006, pp.755–758.

序[①]，建构"群际冲突"社会表征网络。首先，构建一个反映被试与其反应之间单向连接的"被试→反应"2模网络，如图4-2所示。在此网络中，反应词与群际冲突存在强认知联结关系，每一个被试产生的3个反应词在刺激词"族际冲突"语义背景中具有共现关系（co-occurence），存在认知关联性。其次，根据反应词的共现性特征，把同一被试所联想的3个反应词视为一个词汇3方组（triplet），并用它们来构建"群际冲突"的激发词网络，见图4-3所示。在这个反应词网络中，每一个词对联结均来自于被试的个体表征，这些经由个体表征联合而成的"反应—反应"网络即为"群际冲突"的社会表征模式。根据研究目的，采用此法构建了"汉族""彝族""群际冲突"3个词汇网络。

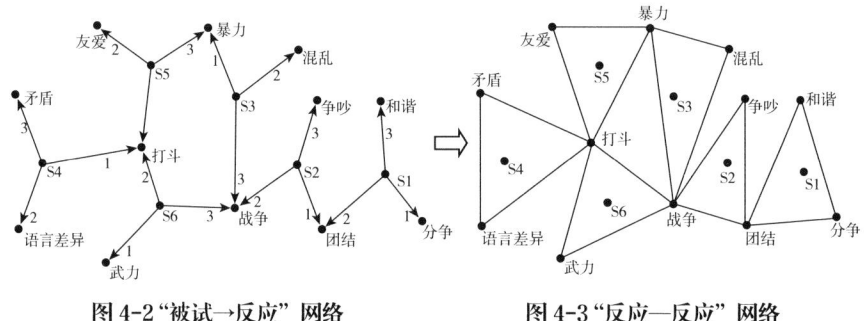

图4-2 "被试→反应"网络　　　图4-3 "反应—反应"网络

四　数据分析

网络分析是一种研究关系结构的方法，它聚焦于事物内部组成要素之间的相互作用关系[②]。我们应用 Pajek 5.03 for Windows 社会网络分析软件[③]，利用以下测度指标来揭示群际冲突社会表征的联结特征及其可视化网络图。

---

① Lin F., He D., Jin Y., Tao Y., Jiang Z., "Mapping the central structure core in social representation of pain", *Journal of Applied Social Psychology*, Vol.43, No.9, 2013, pp.1931-1945.

② 林枫、王媛媛、江钟立：《网络思维和网络分析在经络研究中的应用前景》，《中国针灸》2011年第3期，第281-284页。

③ de Nooy W., Mrvar A., Batagelj V., *Exploratory social network analysis with Pajek*, New York: Cambridge University Press, 2005.

（一）整体网络分析

整体网络（whole network）是一个由所有反应词之间的关系构成的网络。在描绘一个社会表征网络的整体结构特征时，可采用网络规模、密度、平均点度、组元作为测量指标[①②]。它们的含义及算法如下表4-1所示：

表4-1　　　　　　　社会表征的整体结构测度指标及其含义

指标	含义	计算办法
规模（Size）	网络中包含的全部结点的数目。规模越大表示结构越复杂。	计算网络中实际的结点总数，即计数无重复的反应词的数目。
密度（Density）	网络中实际存在的线条占所有可能线条的比例。用于测量一个网络中各个结点之间连接的紧密程度，受网络规模的影响较大。	在 N 个结点的无向网络中，最多可能的连线为 N（N-1）/2，当实际的连线数为 M 时，此网络的密度计算公式为：2M/N（N-1），它的取值范围在 0 到 1 之间。
平均点度（Average degree）	网络中所有结点拥有的连线数量与总结点数的比值。它用于衡量和比较不同规模的网络的凝聚性程度。	计算网络中所有结点拥有的连线数的平均值。公式可表达为：2L/N，L 为线条数，N 为结点数。
组元（Component）	网络中的连通部分，即最大的（弱）连通子网络。	计算网络中局部连通的子网络（凝聚子群）数量。

（二）局部特征分析

从点度和凝聚子群两个角度，采用点度、K- 核、核参与度 3 个指标，计量分析群际冲突社会表征的局部结构特征。各指标的含义及其量化办法见表4-2所示：

---

① 林聚任：《社会网络分析：理论、方法与应用》，北京师范大学出版社 2009 年版。
② 林枫：《蜘蛛：社会网络分析技术》，世界图书出版公司北京公司 2012 年版。

表 4-2　　　　　　　　社会表征的局部结构测度指标及其含义

指标	含义	计算办法
点度（Degree）	网络中与某结点直接相连的结点数或线条数。用于测量它在整个网络中的核心性和影响力，点度最大者即为中心。	算与该结点相邻结点的数量，或者计数该结点所拥有的连线数量。
K-核（K-core）	核团中每个结点的点度不小于k的最大子网络。每个结点归属于最高级别的K-核。	按照点度K值从低到高的顺序，逐级解析网络中的最大子网络。
核参与度	词在核内的点度除以它在整个网络中的总点度。核参与度越大，词的影响范围就越局限于中心核，对核外的影响就越小。	词的核内点度与它在整个网络中的总点度之比。核参与度值60%为强内部参与。

第二节　族群社会表征模式求解

一　族群表征特征

汉族和彝族范畴社会表征网络的整体指标如表4-3所示。

表 4-3　　　　　　　汉族、彝族社会表征网络整体参数比较

整体参数	汉族社会表征		彝族社会表征	
	内群体（汉族→汉族）	外群体（彝族→汉族）	内群体（彝族→彝族）	外群体（汉族→彝族）
规模	192	195	188	175
密度（no loops allowed）	0.0174	0.0166	0.0179	0.0194
平均点度	3.32	3.22	3.34	3.38
主组元含词数	150	154	144	136
其他组元数	14	13	14	11
其他组元含词数	42	41	44	39
主组元含词比例（%）	78.13	78.97	76.6	77.71
其他组元含词比例（%）	21.87	21.03	23.4	22.29

χ^2 检验显示,族群范畴社会表征网络的各个整体参数统计量均无显著性差异,$p>0.05$。网络的密度较小,提示结构不紧密,平均点度相近说明有相似的凝聚性。

二 "汉族"可视化图

采用 k-核解析(decomposition)法,探寻"汉族和彝族"社会表征网络的层次结构,提取中心核要素[①②]。当执行"Network→Create Partitions →k-Core→All"指令后,每一个表征认知词就被指派到所属最高级别的 k-核。图 4-4 可视化地显示了内群体对"汉族"社会表征的整体网络结构及其中心核要素。在此网络中,圆点的特征性 k-核值为 2,即 2-核,含 165 个认知词汇,占总词数的 85.94%,其中点度最大的词语是"人多",拥有 22 条连线;方圆点为 3-核,含 27 个词汇,占总词数的 14.06%,其中点度最大的词语是"民族",拥有 23 条连线。

外群体对"汉族"的社会表征整体网络可视化图如图 4-5 所示。在此网络中,圆点为 2-核,含 175 个认知词汇,占总词数的 89.74%,"人多"是点度最大的词汇,拥有 14 条连线;方圆点为 3-核,含 20 个词汇,占总词数的 10.26%,表明可解析出一个由 20 个认知词构成的 3-核,点度最大的词是位于 3 核中的"汉语",拥有 24 条连线。

下面的表 4-4 显示了内、外群体对"汉族"社会表征网络中的核心词,即每个网络中 k 值最高的词汇,按照核内点度从高到低排列。该表中的"民族、团结、和谐、人口多、文化、分布广、语言、热情、汉语、少数民族、家庭"11 个词语为内、外群体共有核心词。内群体的 3-核所含词汇中,强参与度词为"汉朝、众多、普遍、语言、友好、文明、汉语、性别、家庭、节日、朴实、互助、平等"共 13 个,占该群体 3-核总词数的

---

① Hagmann P., Cammoun L., Gigandet X., Meuli R., Honey C. J., Wedeen V. J., Sporns O., "Mapping the structural core of human cerebral cortex", *PLoS Biology*, Vol.6, No.7, 2008, pp.159.

② Nooy W., Mrvar A., Batagelj V., *Exploratory Social NetworkAnalysis with Pajek*, New York: Cambridge University Press, 2005.

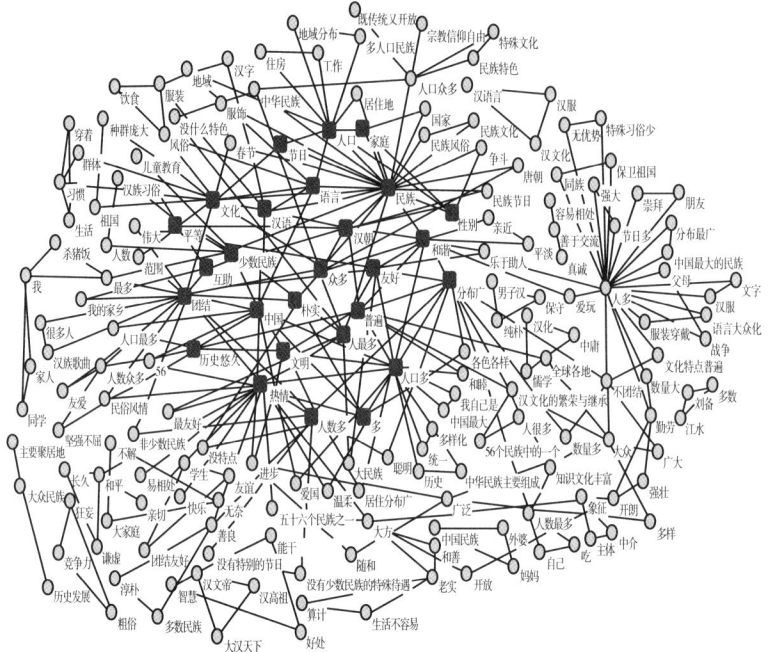

图 4-4 内群体（汉族→汉族）的汉族社会表征网络可视化图

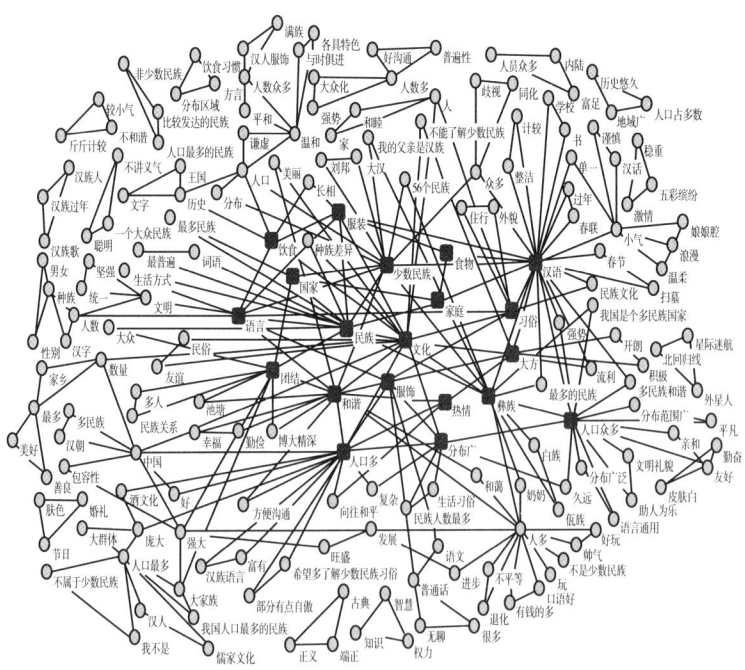

图 4-5 外群体（彝族→汉族）的汉族社会表征网络图

48.15%。外群体的 3- 核词汇中，强参与度词有 7 个：语言、服装、服饰、家庭、国家、热情、食物，占 3- 核词数的 35.00%。从内、外群体共有核心认知词看，二者均拥有 3 个核参与度值大于 60% 的词语，即内群体的 3 个强参与度词为语言、汉语和家庭，而外群体的是语言、家庭、热情。

表 4-4　　　　　　内、外群体"汉族"社会表征的核心要素

内群体（汉族→汉族）3- 核词汇				外群体（彝族→汉族）3- 核词汇			
核心词	核内点度	总点度	核参与度 %	核心词	核内点度	总点度	核参与度 %
民族	12	23	52.17	文化	9	17	52.94
汉朝	8	9	88.89	汉语	8	24	33.33
团结	7	16	43.75	民族	8	14	57.14
和谐	7	12	58.33	和谐	7	15	46.67
人口多	7	17	41.18	语言	7	10	70.00
中国	7	12	58.33	少数民族	6	13	46.15
文化	6	13	46.15	服装	6	7	85.71
众多	6	7	85.71	人口多	5	16	31.25
普遍	6	9	66.67	彝族	5	13	38.46
分布广	6	12	50.00	大方	4	8	50.00
人口	5	11	45.45	习俗	4	8	50.00
语言	5	8	62.50	服饰	4	6	66.67
友好	5	8	62.50	家庭	4	4	100.00
热情	4	14	28.57	国家	4	5	80.00
文明	4	6	66.67	分布广	4	8	50.00
汉语	4	6	66.67	热情	3	4	75.00
人最多	4	8	50.00	团结	3	10	30.00
少数民族	4	8	50.00	饮食	3	6	50.00
人数多	3	8	37.50	食物	3	3	100.00
历史悠久	3	6	50.00	人口众多	3	15	20.00
多	3	6	50.00				
性别	3	4	75.00				
家庭	3	4	75.00				

续表

内群体（汉族→汉族）3-核词汇				外群体（彝族→汉族）3-核词汇			
核心词	核内点度	总点度	核参与度%	核心词	核内点度	总点度	核参与度%
节日	3	3	100.00				
朴实	3	4	75.00				
互助	3	4	75.00				
平等	3	4	75.00				

三 "彝族"可视化图

下面的图 4-6 显示了内群体对"彝族"社会表征的内容与结构。在此网络中，圆点为 2-核，含 162 个认知词汇，占总词数的 86.16%，典型词（representative）为"是少数民族"，点度最大的是"大方"，拥有 14 条连线。方圆点为 3-核，含 13 个词汇，占总词数的 6.92%，典型词是

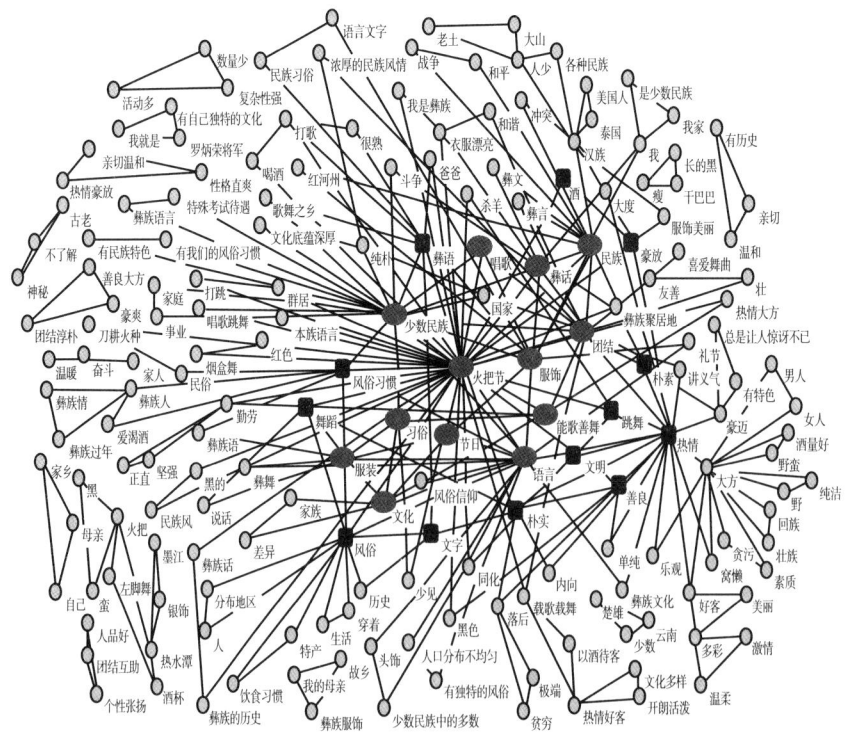

图 4-6 内群体（彝族→彝族）的"彝族"社会表征网络图

"善良","热情"的点度最大，拥有 18 条连线。椭圆点为 4- 核，含 13 个词汇，占总词数的 6.92%，典型词和点度最大的均是"火把节"，拥有 42 条连线。

外群体对"彝族"的社会表征整体网络可视化图如下图 4-7 所示。在此网络中，圆点为 2- 核，方圆点为 3- 核，椭圆点为 4- 核，3 个子网络所含核心词数分别为 156、10、9，分别占总词数的 89.14%、5.71%、5.15%，典型词依次是"服装""汉族""酒"。其中 2- 核要素中点度最大的词语是"黑"，拥有 10 条连线；3- 核要素中点度最大的词语是"团结"，拥有 12 条连线，4- 核要素中点度最大的词语是"少数民族"，拥有 53 条连线。

表 4-5 显示了内、外群体"彝族"社会表征网络中 k 值最高的核心词汇，依据核内点度从高到低排列。此表中的"火把节、少数民族、语言、服饰、团结、文化、习俗、热情、豪放、舞蹈、跳舞、风俗、

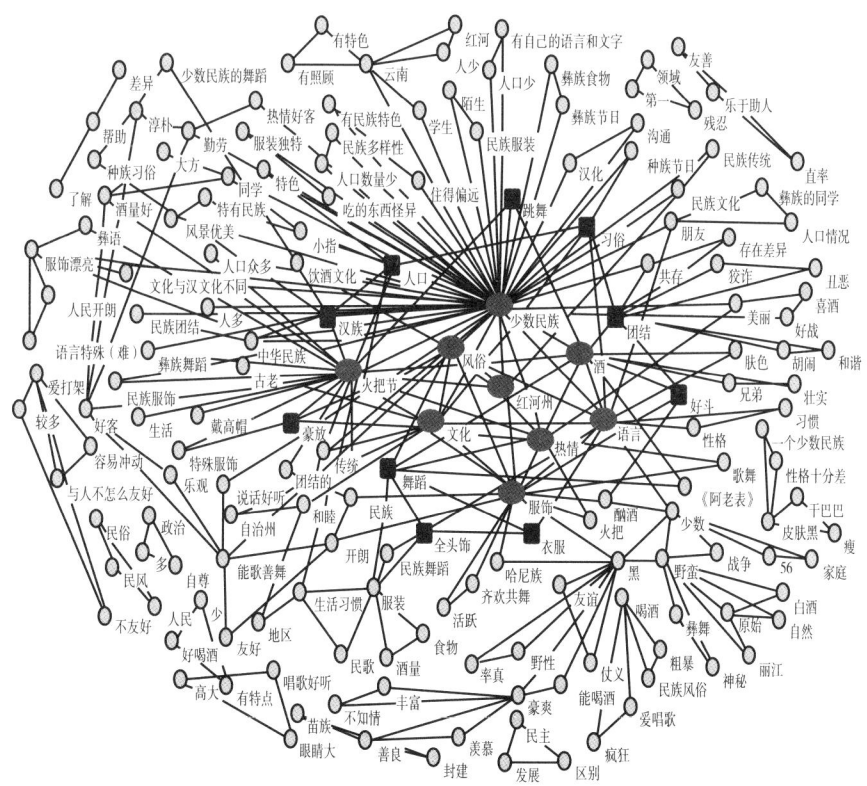

图 4-7　外群体（汉族→彝族）的"彝族"社会表征网络图

酒"13个词语是内、外群体对"彝族"社会表征的共有核心要素。在内群体的4-核和3-核所含词汇中,强参与度词有"文化、节日、习俗、唱歌、能歌善舞、朴实、文字"共7个,分别占该群体3-核和4-核总词数的38.46%、15.38%。在外群体的中心核要素中,强参与度词包括风俗、红河州、衣服3个词,分别占3-核和4-核词数的10.00%与22.22%。

从内、外群体共有核心认知词看,在同一k-核内,二者没有共享核参与度值大于60%的词语。此外,通过对4-核要素的点度分析,发现外群体的典型认知词汇是少数民族、风俗、火把节和酒,而内群体的典型词是火把节、少数民族、语言、团结和民族。

表4-5　　　　　　　　内、外群体"彝族"社会表征的核心要素

内群体（彝族→彝族）表征核心要素				外群体（汉族→彝族）表征核心要素			
核心词	核内点度	总点度	核参与度%	核心词	核内点度	总点度	核参与度%
4-核词汇				4-核词汇			
火把节	9	42	21.43	少数民族	7	53	13.21
少数民族	7	22	31.82	服饰	7	18	38.89
语言	6	17	35.29	风俗	6	10	60.00
服饰	6	11	58.33	火把节	5	22	22.73
团结	5	19	54.33	语言	7	14	50.00
文化	5	8	62.50	酒	4	12	33.33
民族	4	13	30.77	文化	4	9	44.44
节日	4	4	100.00	热情	4	8	50.00
习俗	4	5	80.00	红河州	4	5	80.00
彝话	4	8	50.00	3-核词汇			
唱歌	4	4	100.00	舞蹈	2	7	28.57
能歌善舞	4	6	66.67	习俗	2	6	33.33
服装	4	10	40.00	衣服	2	3	66.67
3-核词汇				全头饰	2	5	40.00
热情	6	18	33.33	人口	2	7	28.57
朴实	5	8	62.50	团结	2	12	16.67
文字	3	4	75.00	汉族	1	7	14.29

续表

内群体（彝族→彝族）表征核心要素				外群体（汉族→彝族）表征核心要素			
核心词	核内点度	总点度	核参与度%	核心词	核内点度	总点度	核参与度%
善良	2	6	33.33	好斗	1	4	25.00
豪放	2	6	33.33	跳舞	0	3	0.00
舞蹈	2	5	40.00	豪放	0	4	0.00
跳舞	2	4	50.00				
风俗	2	12	16.67				
文明	2	4	50.00				
彝语	2	8	25.00				
朴素	1	4	25.00				
酒	1	3	33.33				
风俗习惯	0	6	0.00				

第三节 群际冲突社会表征模式求解

一 结构特征

彝、汉两族对"群际冲突"社会表征的整体网络参数如表4-6所示。χ^2检验显示，彝、汉两族的表征网络规模差异无统计学意义，$\chi^2(1)=1.37$，$p>0.05$。两个民族的"群际冲突"社会表征网络的密度均较小，仅为0.02，提示它们的结构不紧密。从组元构成上看，汉族和彝族对"群际冲突"的社会表征网络均存在一个主组元，汉族的表征网络中有33个词组成11个小型组元，彝族有62个词组成19个组元，χ^2检验显示两族的表征网络组元构成存在显著差异，$\chi^2(1)=7.00$，$p=0.008<0.05$。

表4-6　　　　"族际冲突"社会表征网络整体参数的民族比较

整体参数	汉族	彝族
规模	182	205
密度（no loops allowed）	0.018	0.015
平均点度	3.33	3.11

续表

整体参数	汉族	彝族
主组元含词数	149	143
其他组元数	11	19
其他组元含词数	33	62
主组元含词比例（%）	81.87	69.76
其他组元含词比例（%）	28.13	30.24

二 可视化图

下图 4-8 显示了彝族对"群际冲突"社会表征的网络可视化图，圆点为 2-核，含 184 个认知词汇，占总词数的 89.76%，典型词为"纠纷"；方圆点为 3-核，含 8 个词汇，占总词数的 3.90%，典型词是"内乱"；椭圆点为 4-核，包含 13 个词汇，占总词数的 6.34%，典型词是"矛盾"，表

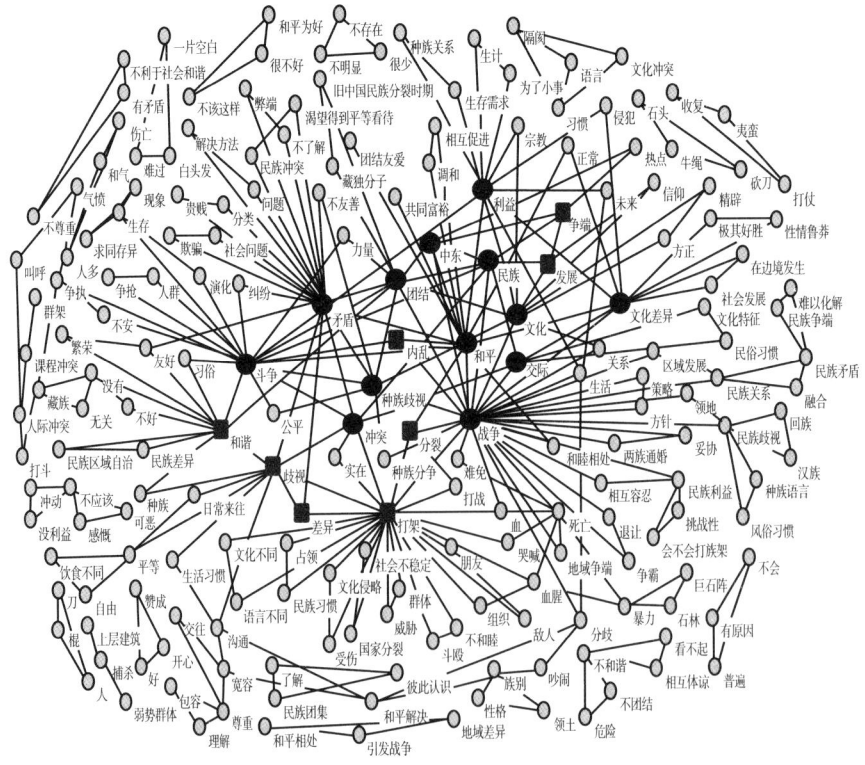

图 4-8 彝族的"群际冲突"社会表征网络图

明彝族的"群际冲突"社会表征网络不仅可解析出一个由 8 个认知词构成的 3-核,而且还可解析得到一个由 13 个词构成的 4-核。3-核和 4-核的词汇总数占全部词量的 10.24%,其中 2-核要素中点度最大的词语是"死亡",拥有 7 条连线;3-核要素中点度最大的词语是"打架",拥有 26 条连线;4-核要素中点度最大的词语是"战争",拥有 32 条连线。

图 4-9 显示了汉族对"群际冲突"社会表征的中心核及外周要素。在该表征网络中,圆点为 2-核,含 161 个认知词汇,占总词数的 88.46%,典型词"分争";方圆点为 3-核,含 10 个词汇,占总词数的 5.49%,典型词是"打斗";椭圆点为 4-核,由 11 个词汇构成,占总词数的 6.05%,典型词是"和谐",表明汉族的"群际冲突"社会表征网络可解析出一个由 10 个词构成的 3-核,还可得到一个由 11 个认知词构成的 4-核。3-核和 4-核的词汇总数占全部词量的 11.54%,其中 2-核要素中点度最大的词语是"语言",拥有 8 条连线;3-核要素中点度最大

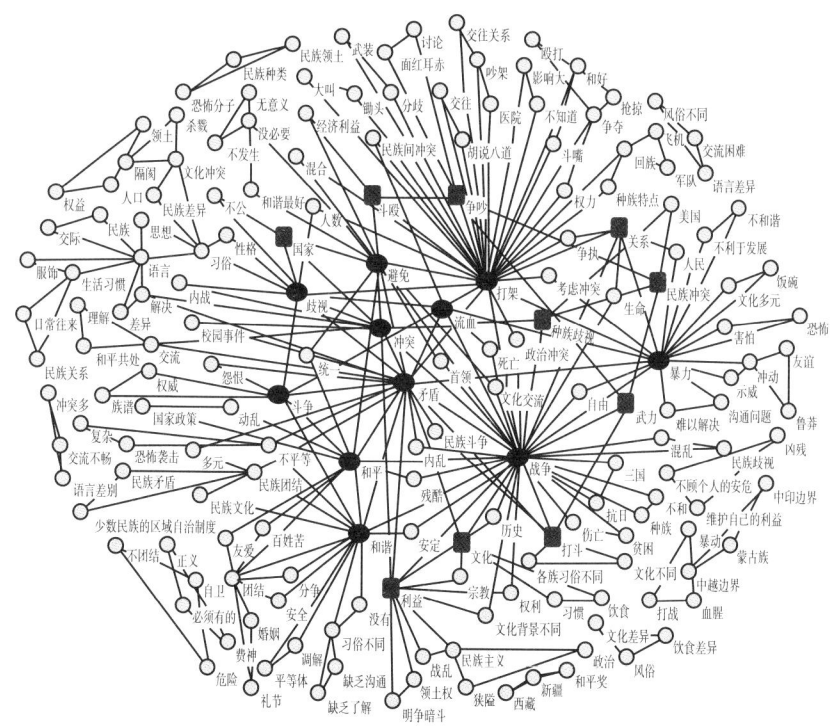

图 4-9 汉族的"群际冲突"社会表征网络图

的词语是"利益",拥有 11 条连线;4-核要素中点度最大的词语是"战争",拥有 34 条连线。

三 K-核解析

下表 4-7 显示了彝、汉两族的"群际冲突"社会表征网络中 k 值最高的词汇要素,根据核内点度从高到低排列。此表中的"战争、斗争、和平、矛盾、种族歧视、冲突、利益、文化、歧视、打架、和谐"11 个词语是彝、汉族对"群际冲突"社会表征的共有核心要素,其中两个民族共享 4-核要素包括"战争、斗争、和平、矛盾、冲突"共 5 个词语。彝族的 4-核和 3-核所含词汇中,强参与度词共有 5 个:民族、种族歧视、交际、中东、差异,分别占该民族 3-核和 4-核总词数的 30.77%、12.50%。在汉族的中心核要素中,强参与度词有"流血、斗争、武力、民族冲突"4 个,分别占 3-核和 4-核词数的 18.18% 与 20.00%。从两个民族共有核心认知词来看,在同一 k-核内,二者均没共享核参与度值大于 60% 的词语。此外,通过对 4-核要素的点度分析,发现彝族的典型认知词汇是"战争、斗争、矛盾和交际",而汉族的典型词是"矛盾、战争、打架、斗争、和谐"。

表 4-7　　　　两个民族"群际冲突"社会表征的核心要素

彝族表征核心要素				汉族表征核心要素			
核心词	核内点度	总点度	核参与度 %	核心词	核内点度	总点度	核参与度 %
4-核词汇				4-核词汇			
战争	8	32	25.00	矛盾	10	22	45.45
斗争	6	18	33.33	战争	8	34	23.53
和平	6	14	42.86	打架	6	32	18.75
民族	6	8	75.00	流血	6	8	75.00
团结	6	11	54.55	斗争	5	8	62.50
矛盾	5	19	26.32	和平	5	12	41.67
种族歧视	5	8	62.50	避免	5	14	35.71
交际	4	6	66.67	歧视	5	11	45.45

续表

彝族表征核心要素				汉族表征核心要素			
核心词	核内点度	总点度	核参与度%	核心词	核内点度	总点度	核参与度%
冲突	4	7	57.14	和谐	4	15	26.67
文化差异	4	10	40.00	暴力	4	18	22.22
利益	4	12	33.33	冲突	4	11	36.36
中东	4	6	66.67	3-核词汇			
文化	4	10	40.00	武力	3	4	75.00
3-核词汇				争吵	3	6	50.00
歧视	3	10	30.00	民族冲突	3	4	75.00
打架	3	26	11.54	打斗	1	6	16.67
差异	2	3	66.67	斗殴	1	4	25.00
和谐	1	11	9.09	文化	1	7	14.29
分裂	1	4	25.00	利益	1	11	9.09
争端	1	4	25.00	种族歧视	2	4	25.00
发展	1	4	25.00	国家	0	4	0.00
内乱	0	3	0.00	关系	0	6	0.00

第四节　分析与讨论

在原因揭示时，社群成员对不同群体社会表征的结构性质常被认为是地域相邻社群间冲突发生的一个重要社会心理变量。在社会认知的认识论看来，社会表征是一个具有象征功能的社会心理结构，它是一个结构化的指向客体的认知元素集合，包括信念、观点、想法、归因、态度、物件或行为等基本单元[①]。这些单元是经社群成员间互动而集体建构的共识性知识，借助大众传媒它们得以流通、普及，并融入一个社群的日常交流和社会生活，转变为社群成员的共同思维内容，发挥话语约

---

① Wachelke J., "Social representations: A review of theory and research from the structural approach", *Universitas Psychologica*, Vol.11, No.3, 2011, pp.729–741.

束、行动指南的功能。因此，任一社会客体只有变成一个社会表征时才能被人们所感知、理解和传达，而且在利益和需求驱使下，同一社会客体在不同的公共领域有着不同的表征[①]。鉴于这些论断，我们基于社会表征结构论，采用自由激发任务来探测群际冲突社会表征的认知成分，并应用网络分析技术建构和测度了群际冲突社会表征的联想网络及其结构特征。

一 族群认知表征及核心要素

首先，我们以"汉族"和"彝族"两个范畴词为例，用作刺激词，要求被试对它们进行快速联想反应，记录下立即想到的那些词汇。这些反应词汇被认为是与"汉族"和"彝族"呈强心理联结关系的认知要素，它们的社会表征模式可使用网络建构技术来考察。分析表明，整体网络的规模参数上，"汉族"和"彝族"的社会表征网络词汇数量无显著差异，密度值为 0.02 说明两个社会表征网络中各反应词之间连接不紧密。组元参数显示，内、外群体对汉族和彝族的社会表征网络的组元构成无显著差异，均包含一个主组元和多个小型组元。平均点度差值较小表明它们有相同的凝聚性。这些整体特征说明，内、外群体共享着一个相似的关于汉族和彝族的基本认知模式。

为考察两族群范畴社会表征模式的内在局部特征，根据中心核理论，采用 K-核解析技术逐核分解它们的结构组织，寻求中心核及其关键要素。中心核理论认为社会表征结构由中心核和外周系统要素构成，并围绕中心核组织成层次凝聚性系统。中心核是一个表征中最不易变化的部分，具有较强的稳定性，起着组织表征要素的作用，若它变化了，则意味着整个表征结构的改变。此外，中心核要素有其深厚的历史、社会和思想根源，经社会传播凝练为一个社群的特有认识论和沟通方式，因而

---

① Holtz P., "How popper's 'three worlds theory' resembles Moscovici's 'social representations theory' but why Moscovici's social psychology of science still differs from popper's critical approach", *Papers on Social Representations*, Vol.25, No.1, 2016, pp.13.1–13.24.

第四章 群际冲突认知表征

它决定着一个社会表征的整体意义,具有定义和区辩不同社会表征的效用[①]。K-核分析发现,"汉族"社会表征模式中,内、外群体在表征"汉族"时,均产生了一个由中心核和外周系统相互作用而成的认知词汇网络。具体而言,内群体的汉族社会表征结构可以解析为两大要素:一个2-核特征性的外周系统和一个3-核特征性的中心核。3-核中心核由"民族、汉朝、团结、和谐、人口多、中国、文化、众多、普遍、分布广、人口、语言、友好、热情、文明、汉语、人最多、少数民族、人数多、历史悠久、多、性别、家庭、节日、朴实、互助、平等"27个认知词构成,点度最大的词语是"民族"。从这些词的语义和词性看,除使用"民族、汉朝、中国、少数民族、性别"范畴词来分类"汉族"外,汉族更多地被表征为"人口多、分布广"的数量特性,具有"文化、语言、历史悠久、家庭、节日"的社会特征,其群体特征则通过"团结、和谐、友好、热情、文明、汉语、朴实、互助、平等"9个要素及其语义来界定和传达。

外群体的汉族社会表征结构也由2-核外周系统和3-核中心核两个要素构成,其中3-核中心核由"文化、汉语、民族、和谐、语言、少数民族、服装、人口多、彝族、大方、习俗、服饰、家庭、国家、分布广、热情、团结、饮食、食物、人口众多"20个核心元素构成,点度最大的反应词是"汉语"。经核查,上述47个核心词语,发现"民族、团结、和谐、人口多、文化、分布广、语言、热情、汉语、少数民族、家庭"11个核心词汇,为两个群体共享的汉族社会表征关键元素。在形式上,外群体对汉族特有表征要素有"服装、彝族、大方、习俗、服饰、国家、饮食、食物、人口众多"9个,主要涉及生活方式(服装、习俗、服饰、饮食、食物)、范畴分类(彝族、国家)和群体与数量特征(大方、人口众多)3个方面。尽管从中心核理论观点看,这些共享核心词汇

---

① Abric J. C., "A theoretical and experimental approach to the study of social representations in a situation of interaction", In R. Farr & S. Moscovici, Eds., *Social representation*, Cambridge: Cambridge University Press, 1984, pp.169–194.

将产出汉族社会表征的整体意义，并以"民族""汉语"为中心核的内核来组织整个表征结构，但从中心核对表征的质的规定性和区别性看，由于两个群体表征的中心核中存在至少一个及以上的非共享核心元素，故二者的汉族社会表征模式是不一样的。依据核参与度评判标准，可认为内群体强调"汉语"内核、外群体强调"热情"内核。

"彝族"社会表征模式中，内、外群体的表征结构均可分解为三个层级要素：一个4-核中心核、一个3-核边缘系统和一个2-核外周系统。内群体的彝族社会表征网络中，2-核外周系统的典型元素是"是少数民族"；3-核边缘系统的典型元素是"善良"，中心内核为"热情"；4-核的典型元素和中心内核均是"火把节"。整个表征的中心核处于4-核中，其核心要素由"火把节、少数民族、语言、服饰、团结、文化、民族、节日、习俗、彝话、唱歌、能歌善舞、服装"13个认知词构成，点度最大的词语是"火把节"。这些4-核元素决定着内群体对"彝族"社会表征的意义，主要强调生活方式（火把节、服饰、节日、习俗、唱歌、能歌善舞、服装）、范畴定位（少数民族、民族）、语言文化（语言、文化、彝话）和群体特征（团结）4个方面。外群体的彝族社会表征结构中，2-核外周系统的典型元素是"服装"；3-核边缘系统的典型元素是"汉族"，中心内核为"团结"；4-核的典型元素是"酒"，中心内核是"少数民族"。其中4-核为表征的中心核，由"少数民族、服饰、风俗、火把节、语言、酒、文化、热情、红河州"9个认知词构成，点度最大的词语是"少数民族"，主要涉及生活方式（服饰、风俗、火把节、酒）、范畴定位（少数民族、红河州）、语言文化（语言、文化）和群体特征（热情）4个方面，这些4-核元素决定着整个外群体彝族社会表征的意义。经核查上述22个核心词语，发现"火把节、少数民族、语言、服饰、文化"5个核心词汇，为内、外两个群体共享的彝族社会表征关键元素。内群体对"彝族"的特有表征要素有"团结、民族、节日、习俗、彝话、唱歌、能歌善舞、服装"8个，主要涉及群体特征和生活方式两个方面。外群体的特有表征要素有"风俗、酒、热情、红河州"4个。但从4-核中心核对表征的质的规定性看，由于两个群体所表征的核心元素存在较大差别，故二者的彝族社会表征模式不一样。内群体主要以"火把节→热情→是少数民族"为核心轴来分层级表征"彝族",并使用"火把节"中心内核来组织整个表征结构;外群体主要以"少数民族→团结→服装"为核心轴来分层级表征"彝族",用"少数民族"中心内核来组织整个表征网络。依据核参与度评判标准,内群体强调"文化""朴实"两元素,外群体强调"风俗""衣服"两元素。综合来看,彝、汉两族对彼此的表征内容较为积极肯定,共享要素相对较多,表明双方对彼此以及自身的认识较为正面一致。

二 群际冲突认知表征及核心要素

"群际冲突"社会表征中,彝、汉两族的表征结构均可分解为3个子网络:一个4-核中心核、一个3-核边缘系统和一个2-核外周系统。彝族的"群际冲突"表征网络中,2-核外周系统的典型元素是"纠纷","死亡"是中心内核;3-核边缘系统的典型元素是"内乱",中心内核为"打架";4-核的典型元素是"矛盾",中心内核为"战争"。4-核中心核由"战争、斗争、和平、民族、团结、矛盾、种族歧视、交际、冲突、文化差异、利益、中东、文化"13个认知词构成,点度最大的是"战争",这些4-核元素形成彝族表征"群际冲突"的全部意义。汉族的"群际冲突"表征结构中,2-核外周系统的典型元素是"分争";3-核边缘系统的典型元素是"打斗",中心内核为"利益";4-核的典型元素是"和谐",中心内核是"战争"。4-核中心核由"矛盾、战争、打架、流血、斗争、和平、避免、歧视、和谐、暴力、冲突"11个认知词构成,点度最大的是"战争",这些4-核元素产生汉族表征"群际冲突"的社会意义。经核查上述24个核心词语,发现"战争、斗争、和平、矛盾、冲突"5个核心词汇,为彝、汉两群体共享的关键元素。但从4-核中心核对表征的质的规定性看,由于两个群体所表征的核心元素存在较大差别,故二者的"群际冲突"社会表征模式不一样,典型的差别在于:彝、汉两族共享着"种族歧视、利益、文化、打架、歧视、和谐"6个元素,但却归属不同的K-核系统,见表4-7。

可根据阿布里克的社会表征结构观[①]，即每一表征皆由3个基本要素组成：一个中心核，一组凝聚在中心核周围的信息、态度和信念的集合，以及一个分类系统的网络组织，绘制两族对"群际冲突"社会表征的基本心智模式，见图4-10和图4-11，并对4-核元素进行语义特征分析。

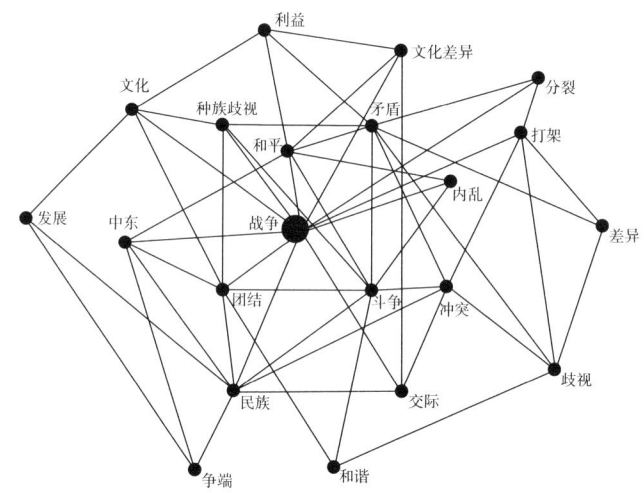

图4-10 彝族对"群际冲突"社会表征的3-核与4-核中心核的关联性

彝族的"群际冲突"表征模式中，被试以"战争"中心内核为锚定点，应用"战争（矛盾）→打架（内乱）→纠纷（死亡）"主轴分类系统进行社会表征。如图4-10所示，可将"种族歧视、矛盾、团结、斗争"视为与群际冲突密切关联的核心态度，"和平"为核心信念，"利益、文化、文化差异、冲突、交际、民族、中东、内乱"视为核心诱发或启动信息。依据核参与度评判标准，彝族的"群际冲突"社会表征主要强调"民族"和"差异"两个元素。

汉族的"群际冲突"表征模式中，被试以"战争"中心内核为锚定点，应用"战争（和谐）→利益（打斗）→分争（语言）"主轴分类系统进行社会表征。如图4-11所示，可将"歧视""矛盾""斗争""避免"

[①] Abric J. C., "L'organisation interne des representations sociales: système central et système périphérique", In C. Guimelli, Ed., *Structures ettransformations des représentations sociales*, Lausanne: Delachaux et Niestlé, 1994.

第四章 群际冲突认知表征

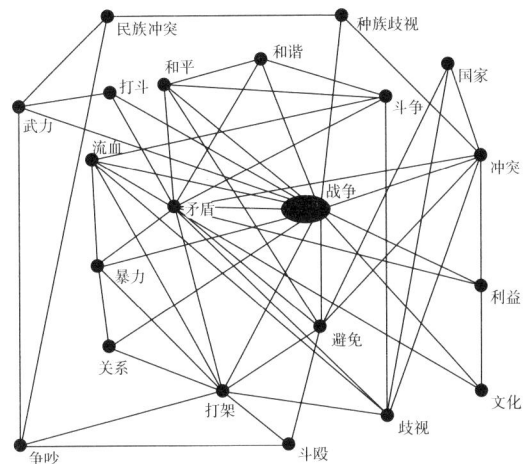

图4-11 汉族对"群际冲突"社会表征的3-核与4-核中心核的关联性

视为与群际冲突密切关联的核心态度，"和平""和谐"为核心信念，"打架""暴力""冲突""流血"视为核心诱发或启动信息。依据核参与度评判标准，汉族的"群际冲突"社会表征主要强调"流血""武力"两个元素。

综上而言，词汇网络分析技术比较契合社会表征结构观，我们运用此术有效揭示了"彝族""汉族""群际冲突"的社会表征现象及其内容成分，发现每一个表征都有其结构，并由多个基本单元通过功能规则相互作用，形成认知联结网络[①]。尽管这些社会表征是在彝族、汉族两个群体内形成，并由这两族各自的价值观和社会地位所决定，但作为日常生活中族群成员间互动与沟通的产物，在心理组织水平，这些社会表征由各种与"彝族、汉族、群际冲突"有关的认知元素及其关系构成，并按照元素与三者的心理联结强度呈级差而有序地整合起来，联结强度最高的要素构成表征的中心核，处于核心地位。因此，这些核心要素是表征中较为典型的成分，比较容易进入人的意识领域，表现出快速易达的特

---

① Wachelke J. "Representations and social knowledge: An integrative effort through a normative structural perspective", *New Ideas in Psychology*, Vol.30, No.2, 2012, pp.259–269.

点,显著地影响着人们的决策和行为取向[①],甚至会影响人们的记忆内容。而这三个社会表征既源于彝、汉两族内部及其群际间的沟通实践,又决定着两族关于彼此和"群际冲突"事件的认知与行为过程。由此而言,在群际冲突的社会管理和预警模式构建中,至少可以按照"社群歧视→群际争吵→语言暴力→矛盾积压"的层级顺序,建立一个由弱到强的四级群际关系风险预警体系,对群际关系风险状况进行动态监测和早期预警。同时,可在群际关系的风险隐患预警信号基础上,着力构建以消解"纠纷→争执→内乱→战争"为主轴的多级行为监管措施。

---

① Wachelke J., "Relationship between response evocation rank in social representation associative tasks and personal symbolic value", *International Review of Social Psychology*, Vol.21, No.3, 2008, pp.113–126.

第五章　群际信息加工及脑机制

认知偏差（cognitive biases）是各种信息处理中的系统性偏向[1]，即在信息加工过程中，个体选择性地倾向于注意、知觉、记忆、解释和判断特定社会刺激信息，并对这些社会性线索或事件进行快速和自动化的加工。大量行为研究显示，这些认知偏差主要表现在人群差异和信息效价两方面。与健康人群或对照组相比，临床人群优先选择加工与他们的心理或行为障碍相关联的刺激，表现出"相关优势效应"[2]。另外，认知偏差有信息效价特异性，在实验条件下，当人们同时处理正性、中性或负性信息时，常优先加工负性信息，表现出威胁信息加工优先效应，简称"负性优先效应"[3][4][5]。据贝克（Beck）和克拉克（Clark）的"定向—评

---

[1] Hsieh Y.-H., Ko H.-C., "Cognitive biases for emotional faces in high- and low-trait depressive participants", *The Kaohsiung Journal of Medical Sciences*, Vol.20, No.10, 2004, pp.478–483.

[2] Mathews A., Mackintosh B., "A cognitive model of selective processing in anxiety", *Cognitive Therapy & Research*, Vol.22, No.6, 1998, pp.539–560.

[3] Asmundson G. J., Stein M. B., "Selective processing of social threat in patients with generalized social phobia: Evaluation using a dot-probe paradigm", *Journal of Anxiety Disorders*, Vol.8, No.2, 1994, pp.107–117.

[4] Bar-Haim Y., Lamy D., Pergamin L., Bakermans-Kranenburg M. J., van Ijzendoorn M. H., "Threat-related attentional bias in anxious and nonanxious individuals: A meta-analytic study", *Psychological Bulletin*, Vol.133, No.1, 2007, pp.1–24.

[5] White L. K., Suway J. G., Pine D. S., Bar-Haim Y., Fox N. A. "Cascading effects: The influence of attention bias to threat on the interpretation of ambiguous information", *Behaviour Research and Therapy*, Vol.49, No.4, 2011, pp.244–251.

估—应对"3阶段信息加工模型[①],相关优势效应主要发生于早期的自动化定向反应阶段,涉及快速识别刺激的总体效价或个人关联性。当检测到关联负性刺激或信息时,预警检测系统就会为这些传入信息优先分派一个处理或注意资源,进而激活威胁评估关联的精细加工。负性优先效应源自于初级威胁评估和次级精细加工阶段,是信息加工系统基于对传入刺激的语义分析或威胁意义赋值,而采取选择性注意资源分配和策略性应对的结果。

在"相关优势效应"中,研究者通常关注心理和行为障碍者的征候关联信息的认知加工特征,把"内容特异性(content-specificity)"认知偏差视为形成和维持症状的关键心理因素。也即,征候关联信息的认知偏差是一个重要的身心病理学因素,其中注意偏向和记忆偏差是大多数精神症和心理障碍患者的症候得以保持的重要认知心理机制[②③④]。如焦虑障碍者的信息加工偏向对其临床焦虑症的病因和维系发挥着关键作用,起因于他们对某些情境和心理事件的危险性的扭曲信念,其中对威胁信息的注意偏向或高度警觉是焦虑症病因及其症候维系的一个重要易感性因素[⑤]。基奥(Keogh)等发现与低疼痛恐惧组相比,高疼痛恐惧者显示出对疼痛相关信息的选择性注意偏向,但二者加工社会威胁和积极信息时

[①] Beck A. T., Clark D. A., "An information processing model of anxiety: Automatic and strategic processes", *Behaviour Research and Therapy*, Vol.35, No.1, 1997, pp.49–58.

[②] Koster E. H. W., De Raedt R., Leyman L., De Lissnyder E., "Mood-congruent attention and memory bias in dysphoria: Exploring the coherence among information-processing biases", *Behaviour Research and Therapy*, Vol.48, No.3, 2010, pp.219–225.

[③] MacMahon K. M., Broomfield N. M., Espie C. A., "Attention bias for sleep-related stimuli in primary insomnia and delayed sleep phase syndrome using the dot-probe task", *Sleep*, Vol.29, No.11, 2006, pp.1420–1427.

[④] Mogg K., Philippot P., Bradley B. P., "Selective attention to angry faces in clinical social phobia", *Journal of Abnormal Psychology*, Vol.113, No.1, 2004, pp.160–165.

[⑤] Clark D. M., "Anxiety disorders: why they persist and how to treat them", *Behaviour Research and Therapy*, Vol.37, 1999, pp.S5–S27.

差异不显著①。在情绪 Stroop 实验范式中，相对于对照组，障碍人群或事件经验者加工障碍关联刺激（disorder-associated stimuli）和事故相关线索（accident-related cue）时，均表现出反应时长、注意分离困难的注意干扰效应②③。视觉探测任务范式（如 dot-probe detection task）则一致发现，相对于非障碍关联信息的加工，人在处理负性或威胁性的个人相关刺激时，速度快、用时短，存在注意偏向效应，甚至有内容特异性④⑤⑥。综上而言，社会刺激的关联性分类条件下，不同人群选择加工的认知内容存在差异，体现出个人关联的内容特异性。

在"负性优先效应"中，研究者通常推测刺激威胁值的初级评估是后续注意资源二次分配的基础，个体倾向于将注意分配给威胁性的刺激材料，优先加工环境中的负性信息或威胁相关线索，体现为对威胁性刺激的异常敏感、警觉，并采用消极负面方式来解释模糊事件。而图式论则认为图式在很大程度上决定着人们关注、解释和记忆信息的认知取向，当威胁性图式被刺激激活时，就会促进与图式一致的信息加工，且这种影响效应可以贯穿整个加工阶段，涉及早期的注意、刺激编码，以及后

---

① Keogh E., Ellery D., Hunt C., Hannent I., "Selective attentional bias for pain-related stimuli amongst pain fearful individuals", *Pain*, Vol.91, No.1-2, 2001, pp.91-100.

② Foa E. B., Feske U., Murdock T. B., Kozak M. J., McCarthy P. R., "Processing of threat-related information in rape victims", *Journal of Abnormal Psychology*, Vol.100, No.2, 1991, pp.156-162.

③ Martin M., Williams R. M., Clark D. M., "Does anxiety lead to selective processing of threat-related information?" *Behaviour Research and Therapy*, Vol.29, No.2, 1991, pp.147-160.

④ Asmundson G. J., Stein M. B., "Selective processing of social threat in patients with generalized social phobia: Evaluation using a dot-probe paradigm", *Journal of Anxiety Disorders*, Vol.8, No.2, 1994, pp.107-117.

⑤ Taghavi M., Neshat-Doost H., Moradi A., Yule W., Dalgleish T., 1999. "Biases in visual attention in children and adolescents with clinical anxiety and mixed anxiety-depression", *Journal of Abnormal Child Psychology*, Vol.27, No.3, 1999, pp.215-223.

⑥ Waters A. M., Lipp O. V., Spence S. H., "Attentional bias toward fear-related stimuli: An investigation with nonselected children and adults and children with anxiety disorders", *Journal of Experimental Child Psychology*, Vol.89, No.4, 2004, pp.320-337.

期的记忆、解释多个环节①。在实证领域，研究发现，注意偏向有早期检测危险环境信息的作用，人们倾向于把认知资源投注给社会威胁线索，优先选择注意加工威胁性环境信息，体现为效价特异性偏向（valence-specific bias）②。例如，个体加工愤怒表情的速度和有效性均高于处理快乐和中性表情③④⑤。心理应激情境下，威胁性刺激的注意偏向与皮质醇水平（cortisol）呈负关联，高皮质醇水平者倾向回避威胁性刺激⑥。另外，杏仁核可快速检测和自动加工威胁相关刺激，是产生"负性优先效应"的重要神经生物基础⑦。

除关注阈上信息加工的人群特征和类别效应外，阈下刺激作用也得到了检验。在感知觉心理学中，阈下刺激是那些低于个体感知阈限而呈列的刺激，此类刺激信息能在一定程度上调节人们的决策和行为过程⑧。莫格（Mogg）发现阈下刺激条件下，焦虑症者倾向于自动地把加工资源分配给威胁性信息，而不依赖于意识觉察，表现为负性信息前注意偏向

---

① Beck A. T., Clark D. A., "Anxiety and depression: An information processing perspective", *Anxiety Research*, Vol.1, No.1, 1988, pp.23–36.

② Clak D. A., Beck A. T., *Scientific foundations of cognitive theory and therapy of depression*, New York: John Wiley & Sons, 1999.

③ Cooper R. M., Langton S. R. H., "Attentional bias to angry faces using the dot-probe task? It depends when you look for it", *Behaviour Research and Therapy*, Vol.44, No.9, 2006, pp.1321–1329.

④ Waters A. M., Henry J., Mogg K., Bradley B. P., Pine D. S., "Attentional bias towards angry faces in childhood anxiety disorders", *Journal of Behavior Therapy and Experimental Psychiatry*, Vol.41, No.2, 2010, pp.158–164.

⑤ Waters A. M., Mogg K., Bradley B. P., Pine D. S., "Attentional bias for emotional faces in children with generalized anxiety disorder", *Journal of the American Academy of Child & Adolescent Psychiatry*, Vol.47, No.4, 2008, pp.435–442.

⑥ McHugh R. K., Behar E., Gutner C. A., Geem D., Otto M. W., "Cortisol, stress, and attentional bias toward threat", *Anxiety, Stress & Coping*, Vol.23, No.5, 2010, pp.529–545.

⑦ Davis M., Whalen P. J., "The amygdala: vigilance and emotion", *Molecular Psychiatry*, Vol.6, No.1, 2001, pp.13–34.

⑧ de Gardelle V., Charles L., Kouider S., "Perceptual awareness and categorical representation of faces: Evidence from masked priming", *Consciousness and Cognition*, Vol.20, No.4, 2011, pp.1272–1281.

特性①。严（Yan）等发现在无意识条件下可观测到吸烟者的香烟注意偏向，这种偏向与烟草依赖呈负相关②。简言之，这类研究提示信息加工偏差是普遍的认知现象，即使在无意识条件下，人们也能很快地识别和评估刺激的特征信息，并选择出目标对象进行精细加工。

认知偏差普遍存在于特定的或整个信息加工阶段，但争议焦点主要围绕自动化与控制加工展开。谢夫林（Shiffrin）和施耐德（Schneider）的"自动-控制"双过程信息加工理论指出③，自动化加工是一类发生在意识之外的、无需意志努力的自动化、快速的加工模式，具有无意向性，且难于自主调停或随意控制；控制加工则是一种受意识觉察的、需要意志努力的策略性的慢速加工模式，有语义分析与合成、意义赋值功能。为澄清认知偏差的加工方式争论，早期研究采用"线索-目标"范式考察视觉空间信息的注意加工偏差机制④，发现有效空间线索提示可促进同一空间位置上目标信息的优先认知，表现为注意加工的选择性偏向。这是因为线索呈现（星号）提高了人们对此位置上目标信息的注意警觉性，而抑制了其他位置的注意转移⑤。这种线索启动效应导致的认知偏差具有跨线索效价的一致性，斯托马克（Stormark）、诺德比（Nordby）和休达尔（Hugdahl）发现情绪性线索能显著调节人的注意加工，即与无效情绪

---

① Mogg K., Bradley B. P., Williams R., Mathews A., "Subliminal processing of emotional information in anxiety and depression", *Journal of Abnormal Psychology*, Vol.102, No.2, 1993, pp.304–311.

② Yan X., Jiang Y., Wang J., Deng Y., He S., Weng X., "Preconscious attentional bias in cigarette smokers: A probe into awareness modulation on attentional bias", *Addiction Biology*, Vol.14, No.4, 2009, pp.478–488.

③ Shiffrin R. M., Schneider W., "Controlled and automatic human information processing: II. perceptual learning, automatic attending and a general theory", *Psychological Review*, Vol.84, No.2, 1977, pp.127–190.

④ Posner M. I., Cohen Y., Rafal R. D., "Neural systems control of spatial orienting", *Philosophical Transactions of the Royal Society of London. B, Biological Sciences,* Vol.298, No.1089, 1982, pp.187–198.

⑤ Posner M. I., "Structures and function of selective attention", In T. Boll & B. Bryant, Eds., *Clinical neuropsychology and brain function*, Washington, DC: American Psychological Association, 1988, pp.173–202.

线索提示相比，个体更快检测有效线索位置上的目标[①]。菲尔德（Field）和科克斯（Cox）依据注意转移认知机制，把刺激呈现时间间隔 SOA（stimulus onset asynchrony）在 200 ms 及以下的加工偏向解释为"自动化注意定向"偏差，500 ms 及以上的称为"注意延迟脱离"偏向[②]。事实上，认知偏差可发生在刺激加工的感知、评价多个时段，是自动化和控制加工混合作用的产物[③]。

然而，行为实验反应时指标至少包括心理加工和反应输出的时间，故难以有效回答认知偏差产生的确切阶段。鉴于此，为揭示认知偏差的时间进程，事件相关脑电位（ERPs）技术受到欢迎，ERP 成分及其波幅是刺激加工神经活动强度的指标。巴海姆（Bar-Haim）、拉米（Lamy）和格里克曼（Glickman）发现，焦虑者和非焦虑者加工愤怒面孔信息时，诱发的头皮后部 P2 成分的波幅存在差异[④]。黄（Huang）和罗（Luo）指出负性情绪偏向可产生于注意、评价和反应准备几个信息处理时段，P2、LPC（晚期正成分）两个 ERP 成分与负性情绪刺激加工密切关联，它们表明负性情绪注意偏向存在于早期的情绪感知活动和后期信息加工的效价评估阶段[⑤]。显然，ERP 技术可以准确地描绘信息加工的时程特点，而相应的 ERP 成分能有效地揭示认知偏差的神经生理机制。

综上而言，认知偏差是人类信息加工的一个基本特性，行为研究表明人们倾向于优先选择加工与其自我身心需求关联的、负性的或构成心

[①] Stormark K. M., Nordby H., Hugdahl K., "Attentional shifts to emotionally charged cues: Behavioural and ERP data", *Cognition & Emotion*, Vol.9, No.5, 1995, pp.507–523.

[②] Field M., Cox W. M., "Attentional bias in addictive behaviors: A review of its development, causes, and consequences", *Drug and Alcohol Dependence*, Vol.97, No.1–2, 2008, pp.1–20.

[③] van Hooff J. C., Crawford H., van Vugt M., "The wandering mind of men: ERP evidence for gender differences in attention bias towards attractive opposite sex faces", *Social Cognitive and Affective Neuroscience*, Vol.6, No.4, 2011, pp.477–485.

[④] Bar-Haim Y., Lamy D., Glickman S., "Attentional bias in anxiety: A behavioral and ERP study", *Brain and Cognition*, Vol.59, No.1, 2005, pp.11–22.

[⑤] Huang Y.-X., Luo Y.-J., "Temporal course of emotional negativity bias: An ERP study", *Neuroscience Letters*, Vol.398, No.1–2, 2006, pp.91–96.

理和身体威胁的信息,并且这种偏向与信息的刺激作用方式和水平有关,呈自动化和控制加工双重特性。电生理学证据表明信息加工诱发的神经活动强度存在人群差异和内容特异性,可根据时程特点区分为不同效用的加工阶段。尽管这些研究增进了人们对认知偏差机制的理解,但关于这种偏差的行为效应却很少关注,仅将其预设为情绪障碍或行为障碍的发病因素,没有实质性地建立偏差效应与行为模式的关联性。另外,群际信息是一类综合性较强的信息单元组合体,它的认知活动可以改变人的生理唤醒状态,且这种变化量易激活人类行为的攻击性和冲动性。据此而言,作为一种社会性复合信息,群际冲突信息在个人关联度、效价感知、威胁评估和认知资源分配上都将异于其他信息类别,它的认知加工将体现出特有的反应模式,且这种认知特性与行为动力模式密切关联。因此,本章拟集中探讨认知因素在群际冲突信息处理中的作用,聚焦于它的认知加工及其神经机制的考察,主要着力于注意加工和冲突监测两种认知活动及其行为效应。

第一节 群际线索注意特性及其行为效应

注意是个体将有限的心智资源分配给特定刺激的认知加工过程,指向性和集中性是它的基本特征。在注意过程中,常因优先注意特定类别刺激而产生注意偏向。这种系统偏向作为一个认知资源分配过程,包括注意警觉和注意回避两种形式[①]。在操作定义上,有两种不同的偏向,一即被试内偏向(within-subject bias),指的是同一被试对不同效价刺激的注意分配差异,体现为"负性优先效应";二为被试间偏向(between-subjects bias),是指不同人群对相同刺激的注意分配差异,体现为"相关

---

① Harvey A. G., Watkins E. R., Mansell W., Shafran R., *Cognitive behavioural processes across psychological disorders: A transdiagnostic approach to research and treatment*, New York: Oxford University Press, 2004.

优势效应"[1]。这些注意偏向常被视为引发、维系某些心理和行为障碍的重要认知因素。事实上，人们主要采用视觉探测任务（visual probe task）来考察早期注意定向和注意偏向。该任务使用反应时作为刺激注意分配指标，当一类刺激的反应时少于另一类刺激的时间，则说明产生了对这类刺激的注意定向，然后比较各类刺激原位置上的视觉点探测的辨别反应时差异，确定它们的注意偏向[2]。程序如下，在电脑屏幕上同时呈现两类图片或者词语刺激，一类为目标图片或词语，一类为对照图片或词语，持续一定时间消失后，一个探测刺激即探测点，如"●"或者字母、数字，被随机等频率地呈现在这两类图片或词语中的一个位置上，并对它的空间位置作出判断。若统计检验发现，探测点在目标位置上的反应时显著短于对照位置上的时间，则产生了关于目标图片或词语刺激信息的注意偏向或者选择性注意偏向。

在此范式中，威胁性信息的注意偏向是一种普遍现象，具有跨刺激类型的稳健性[3]。这种威胁关联信息的注意偏向是对现实危险情境的自适应，它增加了人们及时应对处置危险的机会。史道格（Staugaard）发现威胁性信息注意偏向发生在刺激呈现的前 $100 \sim 500\ ms$ 内，这类信息的注意警觉和定向反应可增强杏仁核激活度，脑电（EEG）差异主要表现在早期知觉加工阶段，即 P1 和 N170 ERP 成分存在差异，但自主生理活动模式无被试间偏向效应[4]。另外，信息的注意加工存在人群变量差异，高特质焦虑者对威胁性刺激有注意警觉，低特质焦虑者倾向于对同类刺

---

[1] Bar-Haim Y., Lamy D., Pergamin L., Bakermans-Kranenburg M. J., van Ijzendoorn M. H., "Threat-related attentional bias in anxious and nonanxious individuals: A meta-analytic study", *Psychological Bulletin*, Vol.133, No.1, 2007, pp.1–24.

[2] MacLeod C., Mathews A., Tata P., "Attentional bias in emotional disorders", *Journal of Abnormal Psychology*, Vol.95, No.1, 1986, pp.15–20.

[3] Bar-Haim Y., Lamy D., Pergamin L., Bakermans-Kranenburg M. J., van Ijzendoorn M. H., "Threat-related attentional bias in anxious and nonanxious individuals: A meta-analytic study", *Psychological Bulletin*, Vol.133, No.1, 2007, pp.1–24.

[4] Staugaard S. R., "Threatening faces and social anxiety: A literature review", *Clinical Psychology Review*, Vol.30, No.6, 2010, pp.669–690.

激的注意回避，且这种威胁性注意偏向主要发生在早期加工阶段[1][2]，具体发生在早期注意阶段，具有自动化特点，加工威胁性信息时诱发的 P1 成分波幅显著大于正性刺激的幅值[3]。然而，注意训练可以有效减少或诱导对威胁相关刺激的加工偏向[4][5][6]，这提示注意偏向能通过认知训练程序得到纠正。

实际上，早期选择性注意可易化物质成瘾者对渴求线索或物质相关刺激的觉察，倾向于优先高效地加工成瘾关联线索，此举强化了他们后续适应不良的认知和行为[7]。成瘾 Stroop 任务（addiction-stroop test）发现，成瘾关联线索的颜色命名时间存在组间差异[8][9]，控制年龄和教育影

---

[1] Bar-Haim Y., Lamy D., Pergamin L., Bakermans-Kranenburg M. J., van Ijzendoorn M. H., "Threat-related attentional bias in anxious and nonanxious individuals: A meta-analytic study", *Psychological Bulletin*, Vol.133, No.1, 2007, pp.1–24.

[2] Frewen P. A., Dozois D. J. A., Joanisse M. F., Neufeld R. W. J., "Selective attention to threat versus reward: Meta-analysis and neural-network modeling of the dot-probe task", *Clinical Psychology Review*, Vol.28, No.2, 2008, pp.307–337.

[3] Mueller E. M., Hofmann S. G., Santesso D. L., Meuret A. E., Bitran S., Pizzagalli D. A., "Electrophysiological evidence of attentional biases in social anxiety disorder", *Psychological Medicine*, Vol.39, No.7, 2009, pp.1141–1152.

[4] Amir N., Beard C., Burns M., Bomyea J., "Attention modification program in individuals with generalized anxiety disorder", *Journal of Abnormal Psychology*, Vol.118, No.1, 2009, pp.28–33.

[5] Hallion L. S., Ruscio A. M., "A meta-analysis of the effect of cognitive bias modification on anxiety and depression", *Psychological Bulletin*, Vol.137, No.6, 2011, pp.940–958.

[6] O'Toole L., Dennis T. A., "Attention training and the threat bias: An ERP study", *Brain and Cognition*, Vol.78, No.1, 2012, pp.63–73.

[7] Field M., Cox W. M., "Attentional bias in addictive behaviors: A review of its development, causes, and consequences", *Drug and Alcohol Dependence*, Vol.97, No.1–2, 2008, pp.1–20.

[8] Cox W. M., Fadardi J. S., Pothos E. M., "The addiction-stroop test: Theoretical considerations and procedural recommendations", *Psychological Bulletin*, Vol.132, No.3, 2006, pp.443–476.

[9] Munafò M., Mogg K., Roberts S., Bradley B. P., Murphy M., "Selective processing of smoking-related cues in current smokers, ex-Smokers and never-Smokers on the modified stroop task", *Journal of Psychopharmacology*, Vol.17, No.3, 2003, pp.310–316.

响后，物质成瘾者的成瘾相关刺激注意偏向仍大于非成瘾者或对照组[1]。布瑞维斯（Brevers）发现赌博相关线索的注意偏向存在于赌博信息的注意定向和集中两个时段，与正常对照组相比，问题赌博行为者加工赌博线索的反应时显著快于中性线索，但该赌博相关优势效应与赌博渴求无关联[2]。

在方法上，点探测范式中的注意偏差效应或偏差指数会受刺激呈现时间影响[3]。例如莫格（Mogg）、菲利珀特（Philippot）和布兰德利（Bradley）发现在500 ms的呈现时间下，与正常对照组相比，相对于快乐和中性面孔的注意反应，社交恐惧症组更倾向于选择性注意愤怒情绪面孔，产生对威胁性线索的注意警觉，而呈现时长1250 ms时，未检测到威胁性信息注意偏向效应[4]。菲尔德（Field）等发现在呈现时长500 ms和2000 ms条件下，酗酒者均产生了酒精相关线索的注意偏向，呈现时长200 ms时未观测到此类信息加工偏向[5]。与之相反，呈现时长200 ms时，可观测到蜘蛛恐惧者的恐惧性线索加工偏向，而时长500 ms和2000 ms的刺激作用下，此类效应不显著[6]。威尔瑞琪（Weierich）、特瑞特（Treat）和霍林沃斯（Hollingworth）推测注意偏向不稳定的主因是人们在约500

---

[1] Fadardi J. S., Ziaee S. S., "A comparative study of drug-related attentional bias: Evidence from Iran", *Experimental and Clinical Psychopharmacology*, Vol.18, No.6, 2010, pp.539–545.

[2] Brevers D., Cleeremans A., Bechara A., Laloyaux C., Kornreich C., Verbanck P., Noël X., "Time course of attentional bias for gambling information in problem gambling", *Psychology of Addictive Behaviors*, Vol.25, No.4, 2011, pp.675–682.

[3] Stevens S., Rist F., Gerlach A. L., "Influence of alcohol on the processing of emotional facial expressions in individuals with social phobia", *British Journal of Clinical Psychology*, Vol.48, No.2, 2009, pp.125–140.

[4] Mogg K., Philippot P., Bradley B. P., "Selective attention to angry faces in clinical social phobia", *Journal of Abnormal Psychology*, Vol.113, No.1, 2004, pp.160–165.

[5] Field M., Mogg K., Zetteler J., Bradley B., "Attentional biases for alcohol cues in heavy and light social drinkers: Tthe roles of initial orienting and maintained attention", *Psychopharmacology*, Vol.176, No.1, 2004, pp.88–93.

[6] Mogg K., Bradley B. P., "Time course of attentional bias for fear-relevant pictures in spider-fearful individuals", *Behaviour Research and Therapy*, Vol.44, No.9, 2006, pp.1241–1250.

ms 及以上的刺激呈现时间内发生了注意焦点转移[1]。加纳（Garner）、莫格（Mogg）和布兰德利（Bradley）采用眼动追踪技术对此推论进行了验证，发现在刺激发生后平均350 *ms* 时，人们启动了首次外显的注意转移[2]。综合来看，尽管视觉探测任务可依据反应时来推断刺激信息注意偏向是否发生，但它不能提供时间进程或脑机制方面的明确信息。

此外，不同信息注意偏向的心理和行为效应也受到关注。戈特利布（Gotlib）等检验了悲伤、社会威胁、身体威胁和正性刺激信息的注意偏向与记忆偏差的关系，表明二者无显著关联[3]，但考斯特（Koster）等发现二者存在负性效价一致性关系，且这种注意偏向可影响负性材料的进一步加工[4]，具有因果效应[5]。查（Cha）等指出自杀特异性注意偏向可有效预测自杀未遂者未来的自杀相关行为，是自杀风险的行为标记[6]。基奥（Keogh）等发现疼痛相关注意偏向指数与疼痛恐惧呈正向关联[7]。巴塞罗（Bartholow）、布什曼（Bushman）和瑟斯迪尔（Sestir）采用 ERP 技术，发现暴力图片诱发的 P300 成分波幅变异可预测后续的攻击性行为，二者

---

[1] Weierich M. R., Treat T. A., Hollingworth A. "Theories and measurement of visual attentional processing in anxiety", *Cognition & Emotion*, Vol.22, No.6, 2008, pp.985–1018.

[2] Garner M., Mogg K., Bradley B. P., "Orienting and maintenance of gaze to facial expressions in social anxiety", *Journal of Abnormal Psychology*, Vol.115, No.4, 2006, pp.760–770.

[3] Gotlib I. H., Kasch K. L., Traill S., Joormann J., Arnow B. A., Johnson S. L. "Coherence and specificity of information-processing biases in depression and social phobia", *Journal of Abnormal Psychology*, Vol113, No.3, 2004, pp.386–398.

[4] Koster E. H. W., De Raedt R., Leyman L., De Lissnyder E., "Mood-congruent attention and memory bias in dysphoria: Exploring the coherence among information-processing biases", *Behaviour Research and Therapy*, Vol.48, No.3, 2010, pp.219–225.

[5] Blaut A., Paulewicz B., Szastok M., Prochwicz K., Koster E., "Are attentional bias and memory bias for negative words causally related?" *Journal of Behavior Therapy and Experimental Psychiatry*, Vol.44, No.3, 2013, pp.293–299.

[6] Cha C. B., Najmi S., Park J. M., Finn C. T., Nock M. K., "Attentional bias toward suicide-related stimuli predicts suicidal behavior", *Journal of Abnormal Psychology*, Vol.119, No.3, 2010, pp.616–622.

[7] Keogh E., Ellery D., Hunt C., Hannent I." Selective attentional bias for pain-related stimuli amongst pain fearful individuals", *Pain*, Vol.91, No.1–2, 2001, pp.91–100.

存在负向预测效应[①]。提示暴力信息有加工特异性，人们易对负性情感刺激或威胁性刺激产生认知神经偏向和过敏反应[②]。

综上而言，注意因素在引发和维持偏差心理与问题行为中具有重要作用，不同心理和行为障碍者优先注意加工障碍一致性相关信息。由此而论，群际冲突作为一类严重偏离社会和谐的问题行为，它的爆发机制是否也与社群成员对群际冲突信息的偏差性注意加工有关，目前我们尚未见到相关的实证报道。若此问题的回答是肯定的，那么注意活动作为加工信息的起始阶段，这种冲突信息加工是自动化的，还是源于控制过程？我们还不得而知，因此，鉴于这两方面的质问，我们尝试采用视觉点探测任务和 ERPs 技术，在意识和前意识（掩蔽）水平，系统地考证正常人群对群际冲突信息的注意过程及其认知神经机制。

一 研究设计与方法

（一）设计

采用 3（线索配对：中性图片—群际冲突、中性图片—人际冲突、人际冲突—群际冲突）× 2（目标位置：左边、右边）× 2（探测点：左边、右边）的被试内设计，因变量为反应时和相关脑电 ERP 成分。

（二）被试

有偿招募了云南省属 H 学院的彝族和汉族大学生，共计 38 名，年龄 17-26 岁，平均年龄 20.32（$SD=1.85$）岁，男性 17 名，女性 21 名，彝族 19 人（8 男、11 女），汉族 19 人（9 男、10 女）。所有被试无身心疾患，身体健康，视力或矫正视力正常，均为右利手，自愿参加实验，获得一定数额的现金作为回报。

[①] Bartholow B. D., Bushman B. J., Sestir M. A., "Chronic violent video game exposure and desensitization to violence: Behavioral and event-related brain potential data", *Journal of Experimental Social Psychology*, Vol.42, No.4, 2006, pp.532–539.

[②] Chan S. C., Raine A., Lee, T., "Attentional bias towards negative affect stimuli and reactive aggression in male batterers", *Psychiatry Research*, Vol.176, No.2–3, 2010, pp.246–249.

（三）材料

1. 刺激材料

通过全景网、Yahoo、Baidu、Google等搜索引擎进行图片搜集。依次输入"民族冲突""种族冲突""民族争执""打架""冲突""对抗""群架""群际冲突""中性人物"等关键词，从网页图片库中，筛选出矛盾冲突和日常社交场景的人物图片。在初选的图片中，矛盾冲突图片由世界各地有关群际冲突、民族冲突、社交冲突和体育对抗四类照片组成，内容涉及国内外群际冲突、人际冲突、人身攻击、体育搏击、破坏打砸等暴力行为和打斗场景；中性人物图片是那些没有明显的面部表情和肢体动作的双人图片，包括汉族图片、彝族图片、汉族和彝族混合图片3类。

首先，图片制作。使用Adobe Fireworks CS4软件将图片处理成3类：中性人物图片35张；人际冲突图片33张，即没有外显社群范畴的人物争斗、对抗图片；群际冲突图片31张，即有显在社群范畴的人物矛盾冲突图片。每类单张图片保留2个人物，制作成蓝色背景，宽度380像素×高度400像素的Bitmap彩色图片，共计99张。

其次，分类和评定图片。先将99张图片编号，利用Excel电子表单的RAND随机函数对图片编号进行随机赋值处理。根据图片的随机值分别进行2次升序和降序排序，然后按图片随机后序号将其导入Adobe Designer 7.0中，处理成4.84cm×8.02cm的彩色图片，制作成PDF格式表单——"图片分类与感受评判表"。在该表单中，要求将图片分成"人际和谐""人际冲突""群际冲突"3类，并根据主观感受评判这些图片的愉悦度（即令人愉快的还是令人不愉快的）和唤醒度（即令人紧张的还是令人放松的），均用Likert 5点量表评分，0分表示"非常令人愉快的"或"非常令人紧张的"，1分表示"令人愉快的"或"令人紧张的"，2分表示"中性的"或"令人平静的"，3分表示"令人不愉快的"或"令人放松的"，4分表示"非常令人不愉快的"或"非常令人放松的"。愉悦度得分越高表示图片效价越低，唤醒度得分越高表示图片的唤醒度越低。

最后，确定实验图片。为克服性别因素的干扰，采用《图片分类与感受评判表》收集了16名女大学生（7名汉族被试，9名彝族被试，年龄20-25岁，平均年龄21.87岁，$SD=1.41$）的分类和评定数据。分别以愉悦度和唤醒度评分均值为因变量，进行2（社群：汉族、彝族）×3（类别：人际和谐、人际冲突、群际冲突）的混合设计因素方差分析，类别为被试内因素。结果显示：①愉悦度评分上，社群因素的主效应不显著，$F（1，14）=0.04$，$p=0.85$，类别的主效应显著，$F（2，13）=50.47$，$p<0.001$，社群与类别的交互效应不显著，$F（2，13）=3.62$，$p>0.05$；事后均值多重比较显示，人际和谐图片愉悦度得分（$M=1.36$，$SD=0.43$）低于人际冲突（$M=2.86$，$SD=0.31$）和群际冲突（$M=2.93$，$SD=0.36$）两类图片的分值，均$p<0.001$，而后两类图片的愉悦度得分差异不显著，$p=0.148$。②唤醒度评分上，社群因素主效应不显著，$F（1，14）=0.09$，$p=0.769$；类别主效应显著，$F（2，13）=70.93$，$p<0.001$；社群与类别的交互效应显著，$F（2，13）=5.41$，$p=0.020$，简单效应分析显示，在人际和谐图片的唤醒度评分上，汉族（$M=2.16$，$SD=0.31$）和彝族（$M=2.71$，$SD=0.42$）被试存在显著性差异，$F（1，14）=8.57$，$p=0.011$，人际和群际两类冲突图片的唤醒度评分的社群差异不显著，$F（1，14）=3.54$，$p=0.081$；$F（1，14）=4.18$，$p=0.060$）。均值差异多重比较显示，人际和谐图片的唤醒度得分（$M=2.47$，$SD=0.46$）高于人际冲突（$M=0.81$，$SD=0.36$）和群际冲突（$M=0.81$，$SD=0.37$）两类图片的分值，均$p<0.001$，而人际和群际两类冲突图片的唤醒度得分差异不显著，$p=0.836$。因此，综观①和②的结果，图片分类恰当、有效。

为选取正式实验的刺激图片，我们采用非参数（nonparametric）卡方检验法检验了每张图片分类的一致性。根据卡方检验结果，将那些分类具有显著差异的图片确定为正式实验刺激材料，共72张，每类包括24张有效图片。此外，为让被试熟悉实验任务，掌握相应的按键规则和方法，选择制作了6张自然风景图片和6张非饱和单色图板。它们的尺寸与正式实验图片相同，只用作实验练习任务的刺激材料，不在正式实验中出现。

2. 奖惩敏感性问卷

采用修订中文版《惩罚敏感性和奖励敏感性问卷》[1]测量奖惩敏感性。含惩罚敏感性（SP）和奖励敏感性（SR）两个分量表，各有15个题项，采用"1（完全不符合）—5（完全符合）"5点Likert量表评分，偶数项归SR量表，奇数项归SP量表，分数越高奖惩敏感性越强。SP和SR间的相关系数为–0.58，总问卷内部一致性系数α值为0.83，SP、SR的α值是0.81和0.79，结构效度显示，双因素模型拟合指数：χ^2=1307.82，df=404，χ^2/df=3.24，$RMSEA$=0.07，$NNFI$=0.87，CFI=0.88，GFI=0.85，$SRMR$=0.07，表明信度和效度均符合心理测量要求。

3. 攻击性行为测量

采用修订中文版《反应性–主动性攻击问卷》[2]测量反应性攻击和主动性攻击。含反应性攻击和主动性攻击两个分量表，共16个项目，使用3点量表评判特定行为的发生频率，即"从不、有时、经常"3级，记为"0""1"和"2"分，得分越高，表明行为次数越多。计算两个分量表题项得分的均值为各自分值，二者分值的均值为总分值，分数越高，表明攻击性行为水平越高。总问卷及两个分量表的内部信度系数α值为0.81，0.81和0.73；结构效度显示，双因素模型拟合指数为，χ^2=304.64，df=103，χ^2/df=2.96，$RMSEA$=0.06，$NNFI$=0.94，CFI=0.95，GFI=0.93，$SRMR$=0.05，表明信度和效度较好。

（四）程序

所有任务材料均采用E-prime 1.0软件编程在电脑屏幕中央呈现，分视觉探测任务和行为动力测量两部分。

视觉探测任务的实验主程序由"练习任务 → 阈上标准点探测任务

---

[1] 英文版参见：Torrubia R., Ávila C., Moltó J., Caseras X., "The Sensitivity to Punishment and Sensitivity to Reward Questionnaire (SPSRQ) as a measure of Gray's anxiety and impulsivity dimensions", *Personality and Individual Differences*, Vol.31, No.6, 2001, pp.837–862.

[2] 英文版参见：Raine A., Dodge K., Loeber R., Gatzke-Kopp L., Lynam D., Reynolds C., Liu J., "The reactive–proactive aggression questionnaire: Differential correlates of reactive and proactive aggression in adolescent boys", *Aggressive Behavior*, Vol.32, No.2, 2006, pp.159–171.

→行为问卷测量→阈下掩蔽点探测任务"4个单元组成,任务和按键顺序在实验单元和被试间进行平衡,每个实验任务之间有3分钟的静息休息间隔。刺激呈现的通用背景属性为黑色非透明风格,外框尺寸长(height)和宽(width)均为100%,纵轴(Y)和横轴(X)位置居中。图片位置的背景为灰色(gray)不透明样式,外框尺寸为长72%×宽48%,其中左边图片定位于通用背景画幅的X轴258值和Y轴385值处,右边图片定位于X值760和Y值385的位置,左、右两个图片位置被一个处于X值509和Y值385的、外框尺寸为长72%×宽1%的绿色不透明文本框分隔开来,其余位置属性均为居中。视觉点探测实验单元的任务流程与刺激呈现方式的设计,如图5-1和图5-2所示。

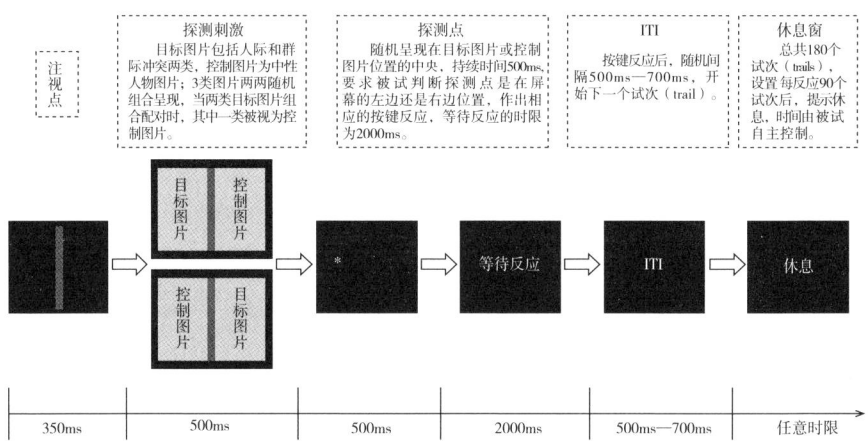

图5-1 阈上视觉探测任务的核心实验流程

图5-1显示了阈上视觉点探测任务的核心实验流程。在实验中,被试端坐于屏幕前60 *cm*处,首先会看到一条8像素(宽)×408像素(高)的绿色棒呈现在电脑显示器中央,起着分隔电脑屏幕空间位置和注视点的作用,持续时间350 *ms*;随后在它的左右两边各有一副图片出现,并被完全随机化组合成"目标—控制"图片对,包括"中性图片—群际冲突、中性图片—人际冲突、人际冲突—群际冲突"3类刺激线索对。为平衡空间位置效应,每一类图片刺激对有"目标(左边)—控制(右边)"和"控制(左边)—目标(右边)"2种呈现方式,持续时间500 *ms*。等

图片消失后,被试将看到在原图片对位置之一的中央部位会随机出现一个红色的星号(*)探测点,呈现时间为500 ms,被试的任务就是辨别这个星号出现的位置是在电脑屏幕的左边还是右边,并尽快且准确地按键进行判断。按键设置在被试间平衡,要求一半被试用左手的食指和中指完成按键反应,若星号位置在屏幕左边,则用左手中指按左"Shift"键记录,若星号位置在屏幕右边,则用左手食指按"Z"键记录;另一半被试用右手的食指和中指作按键反应,当星号位置在左边时,就用右手食指按"左方向(←)"键反应,当星号位置在右边时,便用右手中指按"右方向(→)"键反应。等待反应的时间限定为2000 ms,在此时限内未做出按键反应的试次(trail)被视为无效记录,不纳入有效数据的统计分析。按键后,随机间隔500 ms ~ 700 ms,平均600 ms,开始下一个试次(trail)。一共设置180个试次(trails),每完成90个试次(trails)时,提示暂停休息,时间由被试自主决定。

图 5-2 显示了阈下视觉点探测任务的核心实验流程。除了探测刺激的呈现为视觉掩蔽方式外,所用的刺激材料及其呈现方式、参数设置和任务操作规则均与阈上视觉探测实验完全相同。探测刺激的掩蔽采用王沛、霍鹏飞和王灵慧的办法设定[①],即掩蔽刺激为20张随机黑白点阵图片,前掩蔽和后掩蔽均由20张掩蔽图片中随机抽取的5张组成,每张图片依次呈现17 ms,每种掩蔽持续时间为85 ms,探测刺激对呈现17 ms。

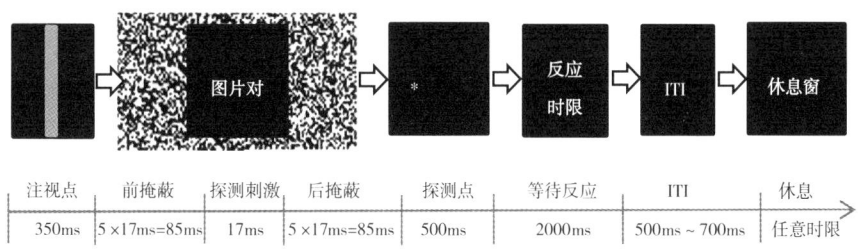

图 5-2 阈下视觉探测任务的核心实验流程

① 王沛、霍鹏飞、王灵慧:《阈下知觉的加工水平及其发生条件——基于视觉掩蔽启动范式的视角》,《心理学报》2012年第9期,第1138-1148页。

在正式实验前需进行18个试次（trails）的练习。练习刺激材料为"自然风景—单色图板"的随机组合配对，每一个练习试次（trial）的呈现顺序均与阈上视觉点探测任务结构完全相同，不同之处是对每次练习的结果给予反馈，而正式实验中被试作答不反馈，且设置了按键正确率90%以上的标准，否则便要求被试重新阅读指导语，继续练习，直到达到预设正确率为止。另外，为让被试熟练掌握实验任务按键方法，变更了呈现时间，即注视点为500 ms，等待反应时限为1000 ms，反馈持续1000 ms，每一试次的随机间隔为800 ms ～ 1000 ms，平均900 ms，其余参数设置不变。

为克服阈上视觉探测任务对完成阈下视觉探测任务的干扰，屏蔽相关图片信息的记忆效应，在阈上任务后，被试需完成编入E-prime实验主程序中的攻击行为自陈问卷测试，之后才提示被试按要求完成阈下视觉点探测任务。所有行为反应数据和脑电数据由电脑自动记录。

最后，奖惩敏感性问卷测试中，被试独立在个人电脑上完成，测试程序借助E-prime软件编程实现。在任务中，被试根据指导语的作答要求，仔细阅读问卷条目后，选择出符合其实际情况的一个答案，并把该答案的数字代号按键盘上对应的数字键进行记录。按键反应后，便自动进入下一题的作答界面，每次只呈现一个题目。测试用时由被试自主决定，但要求其尽可能快的完成。

（五）EEG/ERP记录

阈上和阈下两个视觉点探测任务均使用NeuroScan Nuamps EEG系统采集诱发脑电数据。电极排列采用国际10-20电极导联定位标准，使用32导Ag/AgCl电极帽记录头皮30个电极位置的EEG以及水平眼电（HEOG）和垂直眼电（VEOG），AC采样，采样率500 Hz，滤波带通0.05 Hz ～ 100 Hz，所有电极阻抗均低于5 $k\Omega$，高通HPF为0.15 Hz，低通LPF为30 Hz。两个水平眼电记录电极分别置于左、右眼外眦外侧1.5 cm处，两个垂直眼电记录电极分别置于左眼眶上、下1 cm处。以左侧乳突为参考电极，右侧乳突为记录电极，前额接地。

（六）数据统计处理

1.行为数据处理

首先，筛查行为实验数据。采用E-prime软件中的数据合并功能

（E-Merge）合并被试的行为数据，导出至 Excel 电子表单；设置被试编号与姓名（name）、呈现方式（代码）、反应时（RT）、正确率（ACC）、正确反应（CRESP）6 种数据过滤条件，筛选出每个被试的行为反应数据；删除无效作答和漏答的数据。

其次，计算行为数据分值。利用 Excel 电子表单中的平均值函数功能，计算每种水平单元内所有试次的平均反应时作为该水平单元的分值；根据《奖惩敏感性问卷》因子结构，计算每个因子所含题项得分的平均数为因子分值。

2. 脑电数据处理

（1）EEG 数据离线分析

首先，对记录到的原始脑电数据转换为双侧乳突参考，剔除眼电伪迹。然后设定分析 Epoch 为 1000 ms，靶刺激前 200 ms 为基线，自动去除超过 ±100 μV 的 EEG 伪迹。最后，叠加平均得到每个被试在每一种实验条件下正确反应的 EEG，并对 ERPs 数据进行 30 Hz（24dB/oct）无相移数字滤波。

（2）ERPs 成分测量

使用波形的极性和峰值潜伏期定义被测波，命名 ERP 成分。根据波形总平均图，分别采用 F3、Fz、F4、FC3、FCz、FC4、C3、Cz、C4、CP3、CPz、CP4、P3、Pz、P4、O1、Oz、O2 18 个电极的平均潜伏期确定出每个成分的波峰潜伏期；对于 ERP 成分，采取"峰值潜伏期 ±10 或 ±20 ms"与个别测量相结合的方法，确定成分的波峰值和峰值潜伏期的测量时间窗口，即阈上条件下，ERP 测量窗口有 107 ms ~ 147 ms（N1），160 ms ~ 214 ms（P1），280 ms ~ 380 ms（N300）；在阈下条件，各 ERP 成分测量窗口为 -12 ms ~ 42 ms（P20），18 ms ~ 80 ms（P50），90 ms ~ 145 ms（N1），165 ms ~ 230 ms（P1），190 ms ~ 298 ms（P200），270 ms ~ 390 ms（N300），518 ms ~ 618 ms（P500），除少数的个别测量外，大多数被试的 ERPs 数据均按这些时间窗进行峰值和峰值潜伏期的测量。

3. 数据统计分析

首先，根据基奥（Keogh）等的做法计算偏差指数（bias index），即使用下列标准公式计算不同条件下的注意偏差指数①：

偏差指数 BI = [（TRDL-TLDL）+（TLDR-TRDR）]/2

其中，T 表示目标图标，D 表示探测点，R 为右边位置，L 为左边位置。根据该公式，对于"目标图片—中性图片"配对而言，一个"TRDL"试次表示的是目标图片（T）呈现在右边位置，探测点（D）则出现在左边位置。当 BI 值 >0 时，表示产生了趋近目标图片的选择性注意偏差；当 BI 值 <0 时，表示产生了选择性回避目标图片的注意偏差。

其次，分别计算了不同条件下，目标图片与探测点位置一致时的平均反应时。

最后，使用 SPSS V 22 for windows 软件，对各种行为和 ERP 观测数据进行重复测量方差分析。当自由度大于 1 时，使用 Greenhouse-Geisser 法校正方差分析的 p 值。

二 群际信息注意加工的行为机制

（一）阈上群际信息注意加工偏向

首先，以反应时（RT）为因变量，进行 3（信息配对：人际冲突—中性图片、群际冲突—中性图片、人际冲突—群际冲突）× 2（目标位置：左边、右边）× 2（探测点：左边、右边）的重复测量方差分析，并采用事后多重均值 Sidak 检验法比较主效应。各因素不同水平的描述统计结果如表 5-1 所示。

被试内效应检验显示，信息配对的主效应显著，$F(2, 70)=5.10$，$p=0.009$，$\eta^2_{partial}=0.13$，"人际冲突—中性图片"配对的反应时（$M=407.30$ ms）长于"人际冲突—群际冲突"图片对的反应时（$M=400.21$ ms，$MD=7.10$，$p=0.009$），其余不同信息配对间的反应时差异不显著，均 $p>0.05$。探测点主效应显著，$F(1, 35)=7.14$，$p=0.011$，$\eta^2_{partial}=0.17$，

---

① Keogh E., Dillon C., Georgiou G., Hunt C., "Selective attentional biases for physical threat in physical anxiety sensitivity", *Journal of Anxiety Disorders*, Vol15, No.4, 2001, pp.299–315.

左边探测点的反应时（M=399.62 ms）显著快于右边探测点的反应时（M=407.79 ms），MD=-8.17，p=0.011。

表5-1　　阈上不同实验条件下反应时的描述性统计（ms）

信息配对	目标位置	探测点	M	SD
中性－人际	左边	左边	405.07	46.92
		右边	413.54	51.43
	右边	左边	402.72	46.70
		右边	407.87	53.48
中性－群际	左边	左边	390.52	40.84
		右边	417.84	56.74
	右边	左边	404.29	51.60
		右边	401.80	49.44
人际－群际	左边	左边	397.48	47.09
		右边	405.23	48.32
	右边	左边	397.64	46.33
		右边	400.48	42.68

目标位置与探测点的交互作用显著，F（1，35）=4.46，p=0.042，$\eta^2_{partial}$=0.11，简单效应检验发现，右边探测点的目标位置主效应显著，F（1，35）=5.42，p=0.026，$\eta^2_{partial}$=0.13，目标图片与探测点位置一致时的反应时（M=403.38 ms）显著短于二者不一致时的反应时（M=412.20 ms）；左边探测点的目标位置主效应不显著，F（1，35）=1.21，p=0.280，说明目标图片与探测点位置一致和不一致的反应时差异均不具统计学意义。

信息配对、目标位置和探测点的三次交互作用显著，F（2，70）=3.59，p=0.033，$\eta^2_{partial}$=0.09。简单效应检验表明，目标图片与探测点左边位置一致条件下的信息配对主效应显著，F（2，70）=4.39，p=0.016。"人际冲突—中性图片"对的反应时（M=405.07 ms，SD=7.82）显著长于"群际冲突—中性图片"对的反应时（M=390.52

ms,SD=6.81),MD=14.56,p=0.022。其余信息配对间的反应时差异不显著,均p>0.05。目标图片与探测点右边位置一致条件下的信息配对主效应不显著,$F(2,70)$=1.09,p=0.343,说明3种信息配对的反应时无显著差异。此外,目标图片与探测点位置不一致时,即当目标图片位于左边、探测点在右边时,$F(2,70)$=2.96,p=0.058,以及在目标图片位于右边和探测点在左边时,$F(2,70)$=0.85,p=0.430,信息配对主效应不显著,说明被试在目标信息与探测点位置不一致时的反应时差异无统计学意义。

其次,为检验群际冲突信息的敏感性,基于点探测实验范式原理,计算了"人际冲突—中性图片"信息对条件下,人际冲突图片与探测点位置一致时的平均反应时(M=406.47 ms,SD=47.53),以及"群际冲突—中性图片"信息配对中的群际冲突图片与探测点位置一致的平均反应时(M=396.16 ms,SD=42.81),并将它们视为冲突信息类别因素的两个水平,即人际冲突信息和群际冲突信息。然后,进行单因素重复测量方差分析,结果表明,冲突信息类别主效应显著,$F(1,35)$=10.66,p=0.002,$\eta^2_{partial}$=0.23,群际冲突图片信息的反应时显著短于人际冲突图片信息的反应时,MD= −10.32,p<0.01。

最后,以偏差指数为因变量,进行单因素(信息类别:人际、群际、人际—群际)重复测量方差分析。结果显示,偏差指数信息类别主效应显著,$F(2,70)$=3.59,p=0.033,$\eta^2_{partial}$=0.09,均值配对比较检验(LSD)显示,群际冲突信息偏差指数(M=14.91,SD=29.93)均显著大于人际冲突信息(M=1.66,SD=24.71,p=0.022)和人际—群际配对信息(M=2.45,SD=23.99,p=0.031)的数值。

(二)阈下群际信息注意加工偏向

对反应时数据,进行3(信息配对:人际冲突—中性图片、群际冲突—中性图片、人际冲突—群际冲突)×2(目标位置:左边、右边)×2(探测点:左边、右边)的重复测量方差分析,采用事后多重均值Sidak检验法比较主效应。阈下各因素不同水平的反应时描述统计结果如表5-2所示。

表5—2　　　　　　　阈下不同实验条件下反应时的描述统计（ms）

信息配对	目标位置	探测点	M	SD
中性–人际	左边	左边	376.12	41.17
		右边	380.34	49.39
	右边	左边	384.86	39.59
		右边	386.39	45.97
中性–群际	左边	左边	381.53	44.85
		右边	384.72	44.85
	右边	左边	376.87	44.46
		右边	389.15	43.04
人际–群际	左边	左边	388.94	47.95
		右边	384.80	44.22
	右边	左边	375.57	37.28
		右边	386.72	46.98

统计表明，信息配对、目标位置和探测点3个因素的主效应不显著，信息配对与探测点的交互作用，目标位置与探测点的交互作用，以及信息配对×目标位置×探测点的3次交互作用均不显著，均$p>0.05$。信息配对与目标位置的交互作用显著，$F(2,70)=6.86$，$p=0.002$，$\eta^2_{partial}=0.16$，图5-3显示了3种信息配对条件下的目标位置效应。

简单效应分析表明，"人际冲突—中性图片"配对条件下目标位置效应显著，$F(1,35)=8.78$，$p=0.005$，$\eta^2_{partial}=0.20$，左边人际冲突图片反应时（$M=378.23$ ms）显著短于右边图片（$M=385.62$ ms）；"群际冲突—中性图片"信息配对下，目标位置效应不显著，$F(1,35)=0.002$，$p=0.968$；"人际冲突—群际冲突"配对时，目标位置主效应显著，$F(1,35)=5.35$，$p=0.027$，$\eta^2_{partial}=0.13$，左边目标图片的反应时（$M=386.87$ ms）显著长于右边的反应时（$M=381.15$ ms）。

为了考查"人际冲突—群际冲突"信息配对条件下，被试优先选择性注意何种目标图片信息，将这两类图片视为一个冲突信息因素的两个水平，执行单因素重复测量方差分析，检验同一探测点位置上冲突信息

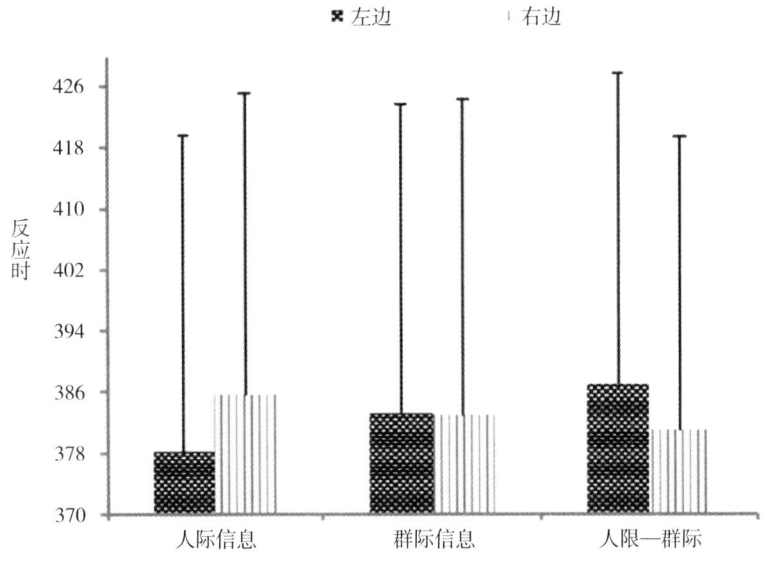

图 5-3 不同信息配对条件下的目标位置效应

的主效应。结果显示，左边探测点的冲突信息主效应显著，$F(1, 35)=5.17$，$p=0.029$，$\eta^2_{partial}=0.13$，均值多重比较 Sidak 法检验表明，"群际冲突图片"信息的反应时（$M=375.54\ ms$，$SD=37.28$）显著短于"人际冲突图片"的反应时（$M=388.95\ ms$，$SD=47.95$），$MD=-13.37$，$p<0.05$；右边探测点的冲突信息主效应不显著，$F(1, 35)=0.18$，$p=0.674$。偏差指数上 3 类信息的均值差异不显著，$F(2, 70)=1.37$，$p=0.260$。

三 群际信息注意加工的神经机制

（一）阈上冲突信息注意加工神经机制

阈上人际和群际冲突信息条件下不同脑区的 ERP 波形图如图 5-4 所示。比较图 5-4 中人际和群际冲突信息的 ERPs 总平均图后发现，在脑中线及其邻接左右两侧均诱发了明显的 N1、P1、N300 ERP 成分，主要在F3、Fz、F4、FC3、FCz、FC4、C3、Cz、C4 等电极上较为突出。

下面以峰值潜伏期和波峰幅值为指标，进行多因素重复测量方差分析。

首先，不同脑区诱发 N1 成分的测量分析。以平均峰值潜伏期和

第五章 群际信息加工及脑机制

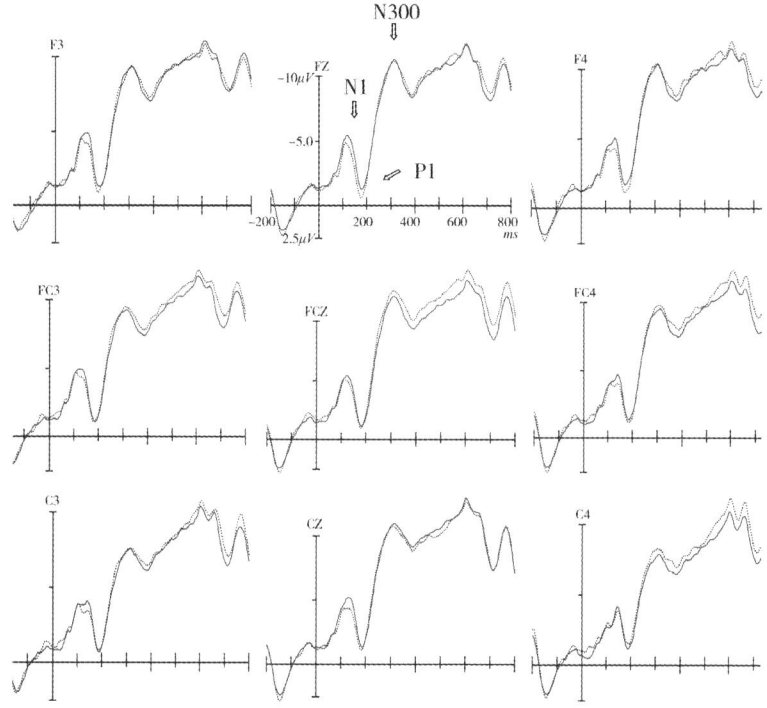

图5-4 阈上人际和群际冲突信息条件下不同脑区的ERP波形图

波幅值为因变量，进行2（信息类型：人际冲突、群际冲突）×3（脑区：额区、额中区、中央）×3（部位：左、中线、右）重复测量方差分析，采用事后Sidak检验法比较主效应。结果表明，N1潜伏期上，信息类型主效应不显著，$F(1, 33)=1.49$，$p>0.05$；脑区主效应不显著，$F(2, 66)=1.75$，$p=0.194$；部位主效应显著，$F(2, 66)=7.55$，$p=0.001$，$\eta^2_{partial}=0.19$，右脑部位的潜伏期（$M=131.60\ ms$）显著长于左脑（$M=125.14\ ms$，$MD=6.46$，$p=0.008$）和中线（$M=125.97\ ms$，$MD=5.63$，$p=0.012$）部位的时间，左部和中线的潜伏期差异不显著，$p=0.938$。三因素间的多重交互作用不显著，$p>0.05$。

N1平均波幅值上，信息类型的主效应显著，$F(1, 33)=5.87$，$p=0.021$，$\eta^2_{partial}=0.15$，群际信息诱发的波幅（$M=-6.40\ \mu V$）大于人际信息（$M=-5.60\ \mu V$）的波幅；脑区主效应不显著，$p<0.05$；部位主效应显

著，F（1.67，55.12）=3.41，p=0.048，$\eta^2_{partial}$=0.094，中线脑部的波峰幅值（M=-6.46μV）显著高于右脑部位（M=-5.70 μV）的数值，MD=-0.76，p=0.015，左部波幅（M=-5.83 μV）与中线、右部的差异不显著，p>0.05。信息类型与脑区交互作用显著，F（2，66）= 3.16，p=0.049，$\eta^2_{partial}$=0.09，简单效应检验显示，群际信息脑区效应显著，F（2，66）=3.26，p=0.045，额中区（FC3\FCz\FC4）波幅值（M=-6.52 μV）显著高于中央区（C3\Cz\C4，M=-6.01 μV）的波幅，MD=-0.51，p=0.018；人际信息的脑区主效应不显著，p>0.05。脑区与部位的交互效应显著，F（3.01，99.43）=2.74，p=0.047，$\eta^2_{partial}$=0.08，简单效应分析显示，左部平均波幅脑区主效应显著，F（1.48，8.97）=8.30，p<0.01，左额区（F3）的波幅值（M=-6.56 μV）显著大于左额中区（FC3，M=-5.53 μV，MD=-1.03，p=0.005）、左中央区（C3，M=-5.39 μV，MD=-1.18，p<0.05）；中线波幅值的脑区主效应不显著，p>0.05；脑右部平均波幅的脑区主效应显著，F（1.55，51.17）= 5.58，p=0.011，F4电极的波幅值（M=-6.27 μV）显著大于FC4电极（M=-5.53 μV，MD=-.74，p=0.029）和C4电极（M=-5.31 μV，MD=-.96，p=0.043）的波幅值。

其次，不同脑区诱发P1成分的测量分析。以P1的平均峰值潜伏期和波幅值为因变量，进行2（信息类型：人际冲突、群际冲突）×3（脑区：额区、额中区、中央）×3（部位：左、中线、右）重复测量方差分析，采用事后Sidak检验法比较主效应。结果表明，P1潜伏期上，信息类型、脑区和部位的主效应皆不显著，p>0.05；信息类型与脑区的交互效应显著，F（1.62，53.33）=6.39，p=0.006，$\eta^2_{partial}$=0.16，简单效应分析显示，群际信息的潜伏期的脑区效应不显著，p>0.05；人际冲突信息的脑区效应显著，F（1.41，46.44）=3.73，p=0.046，$\eta^2_{partial}$=0.10，多重比较显示，额中区（FC3/FCz/FC4）的潜伏期（M=165.26 ms）显著长于中央区（C3/Cz/C4，M=156.88 ms），MD=8.37，p=0.024；其余因素间的多重交互效应不显著，p>0.05。P1平均波幅值上，信息类型、脑区、部位的主效应及其多重交互作用均不显著，p>0.05。

其三，不同脑区诱发N300成分的测量分析。以平均峰值潜伏期和波幅值为因变量，进行2（信息类型：人际冲突、群际冲突）×3（脑区：额区、额中区、中央）×3（部位：左、中线、右）重复测量方差分析，并采用事后Sidak检验法比较主效应。结果表明，在N300潜伏期上，信息类型、脑区、部位的主效应及其多重交互作用均不显著，$p>0.05$。N300平均波幅值上，信息类型主效应及其多重交互作用不显著，$p>0.05$；脑区主效应显著，$F(1.32, 43.50)=9.43$，$p=0.002$，$\eta^2_{partial}=0.22$，中央区（C3/Cz/C4）波幅值（$-9.59\ \mu V$）显著小于额区（$-10.75\ \mu V$，$p=0.036$）和额中区（$-10.93\ \mu V$，$p=0.0002$），其余脑区波幅值差异不显著；部位主效应显著，$F(1.77, 58.38)=16.75$，$p<0.0001$，$\eta^2_{partial}=0.34$，中线（Fz/FCz/Cz）的波幅值（$-11.99\ \mu V$）大于左部（$-9.33\ \mu V$）和右脑区（$-9.95\ \mu V$），$p<0.0001$；脑区与部位交互效应显著，$F(3.21, 106.01)=4.57$，$p=0.004$，$\eta^2_{partial}=0.12$，简单效应分析显示，脑右部平均波幅的脑区效应显著，$F(1.70, 56.16)=10.19$，$p=0.0003$，$\eta^2_{partial}=0.24$，C4电极波幅值（$M=-8.89\ \mu V$）均显著小于FC4电极（$M=-10.24\ \mu V$，$MD=1.34$，$p=0.017$）和F4电极（$M=-10.71\ \mu V$，$MD=1.82$，$p=0.001$）的波幅值。脑中线波幅值的脑区主效应显著，$F(1.63, 53.63)=4.02$，$p=0.031$，$\eta^2_{partial}=0.11$，FCz电极的波幅值（$M=-12.67\ \mu V$）均大于Fz电极（$M=-11.62\ \mu V$，$MD=-1.06$，$p=0.017$）和Cz电极（$M=-11.69\ \mu V$，$MD=-.98$，$p=0.036$）的波幅值。脑左部波幅值脑区主效应显著，$F(1.48, 48.98)=7.33$，$p=0.004$，$\eta^2_{partial}=0.18$，C3电极的波幅值（$M=-8.18\ \mu V$）均显著小于FC3电极（$M=-9.87\ \mu V$，$MD=1.69$，$p=0.005$）和F3电极（$M=-9.93\ \mu V$，$MD=1.75$，$p=0.032$）的波幅值。

（二）阈下冲突信息注意加工神经机制

图5-5显示了人际和群际冲突信息的ERPs总平均图。脑中线及邻接左右两侧均诱发了明显的P20、N1、P1、N300、P500 ERP成分，主要在F3、Fz、F4、FC3、FCz、FC4、C3、Cz、C4电极上较为突出。以这些成分的峰值潜伏期和波峰幅值为因变量，进行多因素重复测量方差分析。

首先，不同脑区诱发P20成分的测量分析。2（信息类型：人际冲突、群际冲突）×3（脑区：额区、额中区、中央）×3（部位：左、中线、右)的重复测量方差分析,采用事后 Sidak 检验法比较主效应。结果表明,P20 潜伏期上,信息类型的主效应不显著,$p>0.05$;脑区主效应显著,$F(1.66, 53.12)=11.73$,$\eta^2_{partial}=0.27$,$p=0.0002$,中央区(C3/Cz/C4)的潜伏期($M=26.10\ ms$)长于额中区($M=20.49\ ms$,$MD=5.62$,$p=0.015$)和额区($M=17.58\ ms$,$MD=8.53$,$p=0.001$)的潜伏期,后二者的潜伏期差异不显著;部位的主效应显著,$F(1.89, 60.58)=9.04$,$p=0.0005$,$\eta^2_{partial}=0.22$,右脑部位的潜伏期($M=24.71\ ms$)均长于左脑($M=20.25\ ms$,$MD=4.46$,$p=0.010$)和中线($M=19.20\ ms$,$MD=5.51$,$p=0.002$)的潜伏期;左部和中线的潜伏期差异不显著,3 因素间的多重交互作用不显著。

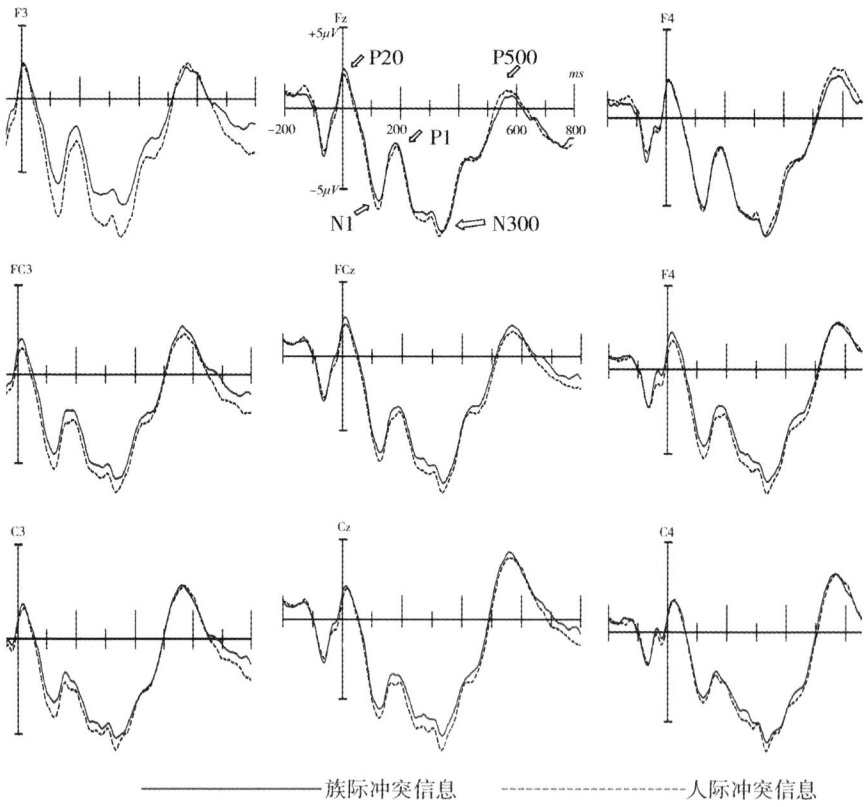

图 5-5 阈下人际和群际冲突信息条件下不同脑区的 ERP 波形图

第五章 群际信息加工及脑机制

P20平均波幅值上,信息类型的主效应显著,$F(1,32)=4.46$,$p=0.043$,$\eta^2_{partial}=0.12$,群际信息诱发的波幅值($M=3.96\ \mu V$)大于人际信息($M=3.39\ \mu V$)的波幅值;脑区主效应不显著;部位的主效应显著,$F(1.88,60.30)=3.597$,$p=0.036$,$\eta^2_{partial}=0.10$,中线脑部的波峰幅值($M=4.00\ \mu V$)显著高于左脑部位($M=3.36\ \mu V$)的波幅值,$MD=0.64$,$p=0.025$,右部($M=3.68\ \mu V$)与中线、左部的波幅差异均不显著,3因素间的多重交互作用皆不显著。

其次,不同脑区诱发N1成分的测量分析。进行2(信息类型:人际冲突、群际冲突)×3(脑区:额区、额中区、中央)×3(部位:左、中线、右)的重复测量方差分析,采用事后Sidak检验法比较主效应。分析显示,N1潜伏期上,3因素的主效应及其多重交互作用均不显著,均$p>0.05$。

N1平均波幅值上,信息类型的主效应显著,$F(1,32)=10.39$,$p=0.003$,$\eta^2_{partial}=0.25$,群际冲突信息的波幅值($M=-5.46\ \mu V$)小于人际冲突信息的波幅值($M=-6.56\ \mu V$);脑区的主效应显著,$F(1.53,48.87)=13.29$,$p=0.0001$,$\eta^2_{partial}=0.29$,中央区(C3/Cz/C4)的波幅值($M=-5.27\ \mu V$)小于额区($M=-6.41\ \mu V$,$MD=1.14$,$p=0.003$)和额中区($M=-6.36\ \mu V$,$MD=1.10$,$p=0.0001$)的波幅值;部位的主效应显著,$F(1.93,61.61)=26.30$,$p<0.0001$,$\eta^2_{partial}=0.45$,中线脑部的波峰幅值($M=-7.25\ \mu V$)均高于左部($M=-5.36\ \mu V$,$MD=-1.89$)和右部($M=-5.42\ \mu V$,$MD=-1.83$)的波幅值,均$p<0.0001$。信息类型与脑区交互效应显著,$F(1.82,58.13)=3.50$,$p=0.041$,$\eta^2_{partial}=0.10$,如图5-6所示。

简单效应分析显示,额区(F3/Fz/F4)波幅信息类型主效应显著,$F(1,32)=11.29$,$p=0.002$,群际信息诱发的波幅值($M=-5.70\ \mu V$)小于人际信息的波幅值($M=-7.12\ \mu V$);额中区(FC3/FCz/FC4)波幅值的信息类型效应显著,$F(1,32)=9.80$,$p=0.004$,群际信息的波幅值($M=-5.86\ \mu V$)显著小于人际信息的波幅($M=-6.86\ \mu V$);中央区(C3/Cz/C4)波幅值的信息类型效应显著,$F(1,32)=6.52$,$p=0.016$,群际信息的波幅($M=-4.84\ \mu V$)小于人际信息的波幅($M=-5.69\ \mu V$)。脑区与部位的

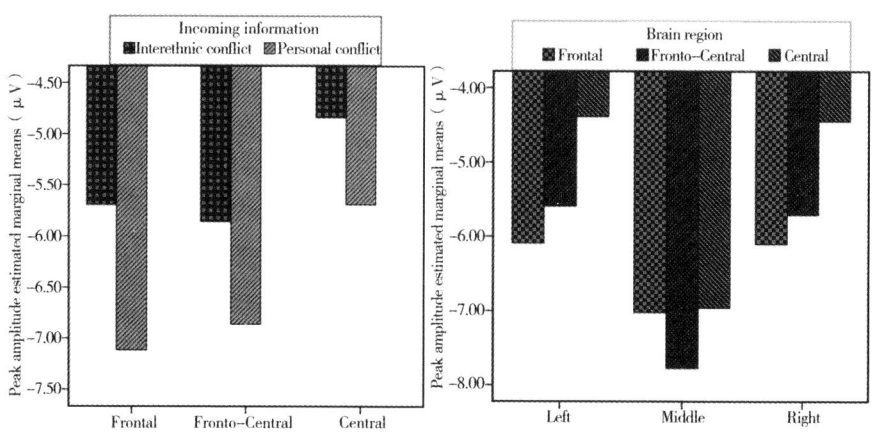

图 5-6　N1 平均波幅的信息类别　　图 5-7　N1 平均波幅的脑区
　　　与脑区交互作用　　　　　　　　　与部位交互作用

注：图中"Incoming information"即输入信息（信息类型），"Interethnic conflict"即群际冲突，"Personal conflict"即人际冲突，"Brain region"即脑区，"Frontal"即额区，"Fronto-Central"即额中区，"Central"中央区，"Left"即脑左部，"Middle"即脑中线部，"Right"即脑右部；"Peak amplitude estimated marginal means"即波峰幅值估计的边际平均值（μV）。

交互效应显著，$F(2.93, 93.60)=5.49$，$p=0.002$，$\eta^2_{partial}=0.15$，如图 5-7 所示。简单效应分析显示，C3 中央区的波幅值（$M=-4.39\ \mu V$）均小于左额 F3（$M=-6.09\ \mu V$，$p=0.002$）和 FC3 额中区（$M=-5.60\ \mu V$，$p=0.001$）的波幅值，$F(1.56, 49.79)=11.40$，$p<0.001$；Cz 中央区的波幅值（$M=-7.78\ \mu V$）高于 Fz 额区的波幅值（$M=-7.02\ \mu V$，$p=0.033$），$F(1.82, 58.07)=3.65$，$p=0.036$；C4 中央区的波幅值（$M=-4.45\ \mu V$）均小于右额 F4（$M=-6.10\ \mu V$，$p=0.0001$）和 FC4 额中区（$M=-5.71\ \mu V$，$p=0.006$）的波幅值，$F(1.89, 60.37)=13.37$，$p<0.001$。其余因素间的多重交互作用均不显著。

其三，不同脑区诱发 P1 成分的测量分析。进行 2（信息类型：人际冲突、群际冲突）×3（脑区：额区、额中区、中央）×3（部位：左、中线、右）的重复测量方差分析，采用事后 Sidak 检验法比较主效应。结果表明，P1 潜伏期上，信息类型和部位的主效应均不显著；脑区主效应显著，$F(1.90, 60.78)=9.09$，$p=0.0004$，$\eta^2_{partial}=0.22$，中央区（C3/Cz/C4）

的潜伏期（M=180.97 ms）显著长于额中区（M=186.80 ms，MD=1.60，p=0.003）和额区（M=186.07 ms，MD=1.55，p=0.007）的时间，后二者的潜伏期差异不显著，p=0.927。3因素的多重交互作用不显著。P1平均波幅值上，信息类型和脑区的主效应不显著；部位主效应显著，F(1.88，60.26)=12.49，p<0.0001，$\eta^2_{partial}$=0.28，中线脑部的波幅值（M=-1.81 μV）大于左脑（M=-0.77 μV）和右脑（M=-0.51 μV）的波幅值，均 p=0.001；3因素间的多重交互作用均不显著。

其四，不同脑区诱发N300成分的测量分析。进行2（信息类型：人际冲突、群际冲突）×3（脑区：额区、额中区、中央）×3（部位：左、中线、右）的重复测量方差分析，事后Sidak检验法比较主效应。结果表明，N300潜伏期上，信息类型与部位交互效应显著，F(1.86，59.37)=4.21，p=0.022，$\eta^2_{partial}$=0.12，如图5-8所示。简单效应分析显示，脑左部潜伏期的信息类型主效应显著，F(1，32)=7.00，p=0.013，$\eta^2_{partial}$=0.18，群际信息的潜伏期（M=324.14 ms）长于人际信息（M=310.71 ms）；中线和右部潜伏期的信息类别主效应均不显著。3个因素的主效应及其余多重交互作用均不显著。

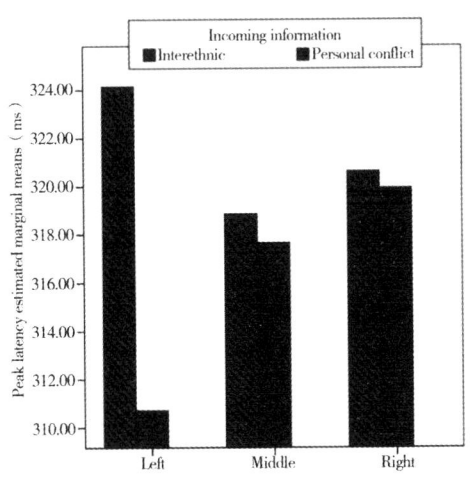

图5-8 N300潜伏期上信息类别与脑部的交互作用

注：图中"Incoming information"即输入信息（信息类型），"Interethnic conflict"即群际冲突，"Personal conflict"即人际冲突，"Left"即脑左部，"Middle"即脑中线部，"Right"即脑右部；"Peak latency estimated marginal means"即峰值潜伏期估计的边际平均值（ms）。

N300平均波幅值上,脑区主效应显著,$F(1.61, 51.37)=3.42$,$p=0.050$,额中区波幅($M=-8.06\ \mu V$)大于中央区($M=-7.20\ \mu V$),$MD=-0.86$,$p=0.040$;部位主效应显著,$F(1.91, 61.24)=18.75$,$p<0.0001$,中线脑部波峰幅值($M=-8.94\ \mu V$)显著高于左脑($M=-6.65\ \mu V$,$p<0.0001$)和右脑($M=-7.34\ \mu V$,$p=0.002$)的波幅值。信息类型的主效应及3因素间的多重交互效应均不显著。

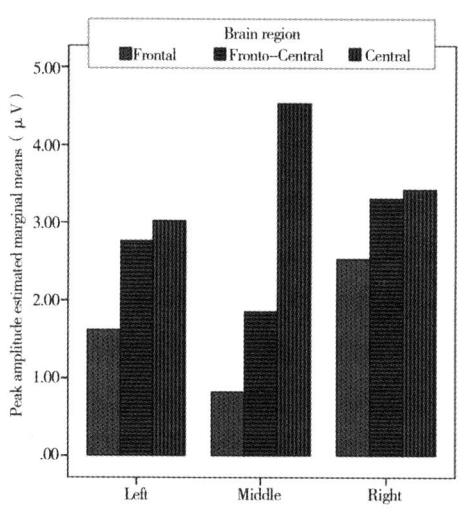

图5-9 P500平均波幅上脑区与部位的交互作用

注:图中"Brain region"即脑区,"Frontal"即额区,"Fronto-Central"即额中区,"Central"中央区,"Left"即脑左部,"Middle"即脑中线部,"Right"即脑右部;"Peak amplitude estimated marginal means"即波峰幅值估计的边际平均值(μV)。

其五,不同脑区诱发P500成分的测量分析。进行2(信息类型:人际冲突、群际冲突)×3(脑区:额区、额中区、中央)×3(部位:左、中线、右)的重复测量方差分析,事后Sidak检验法比较主效应。结果表明,P500潜伏期上,脑区主效应显著,$F(1.29, 41.39)=7.32$,$p=0.006$,$\eta^2_{partial}=0.19$,额区潜伏期($M=575.70\ ms$)长于中央区($M=566.06\ ms$,$MD=9.64$,$p=0.017$)的时间;其余因素及多重交互作用均不显著。P500平均波幅上,脑区主效应显著,$F(1.77, 56.78)=9.37$,$p=0.001$,中央区波幅($M=3.66\ \mu V$)大于额区($M=1.66\ \mu V$),$MD=2.00$,$p=0.002$的波幅值;脑区和部位交互效应显著,$F(2.47, 78.89)=4.96$,

p=0.006，如图 5-9 所示。简单效应分析显示，左部波幅值脑区效应显著，F（1.79，57.42）=3.48，p=0.042，C3 电极波幅值（M=3.02 μV）显著高于 F3 电极（M=1.62 μV），MD=1.40，p=0.037；中线脑部波幅值脑区主效应显著，F（1.17，37.39）=43.94，p<0.0001，即 Cz 电极波幅值（M=4.53 μV）大于 Fz 电极波幅值（M=1.59 μV）大于 FCz 电极波幅值（M=1.10 μV）；右部波幅值的脑区主效应不显著。

图 5-10 显示了人际和群际冲突信息的 ERPs 总平均图，脑中线及邻接左右两侧均诱发了明显的 P50、P200 ERP 成分，主要在 P3、Pz、P4、O1、Oz、O2 电极上较为突出。以这些成分的峰值潜伏期和波峰幅值为因变量，进行多因素重复测量方差分析。

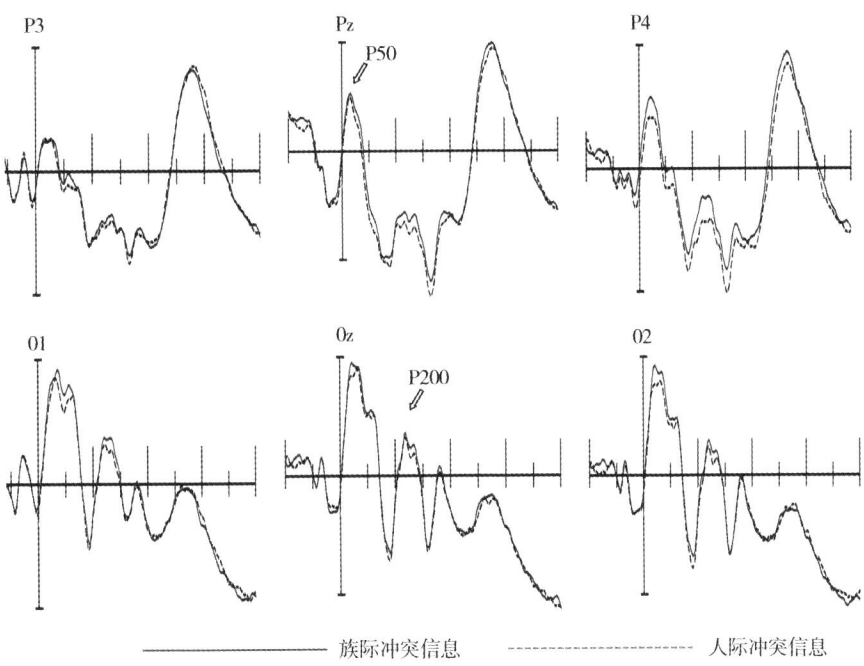

―――― 族际冲突信息　--------- 人际冲突信息

图 5-10　阈下不同冲突信息刺激作用下顶区和枕区的 ERP 波形图

不同脑区诱发 P50 成分的测量分析。进行 2（信息类型：人际冲突、群际冲突）×2（脑区：顶区、枕区）×3（部位：左、中线、右）的重复测量方差分析，采用事后 Sidak 检验法比较主效应。结果表明，P50 潜伏期上，信息类型主效应不显著。脑区主效应显著，F（1，32）=22.89，

$p<0.0001$，$\eta^2_{partial}=0.42$，枕区（O1/Oz/O2）的潜伏期（$M=56.10\ ms$）长于顶区（P3/Pz/P4，$M=41.66\ ms$）的潜伏期；部位主效应显著，$F(1.70, 54.43)=6.14$，$p=0.006$，$\eta^2_{partial}=0.16$，脑左部潜伏期（$M=52.32\ ms$）长于中线（$M=45.33\ ms$）的时间，$MD=6.99$，$p=0.01$。

脑区与部位的交互作用显著，$F(1.92, 61.35)=8.32$，$p=0.001$，$\eta^2_{partial}=0.21$，简单效应分析表明，枕区的左、中线、右3个脑部位的潜伏期均显著长于顶区的潜伏期。3因素间的多重交互作用显著，$F(1.82, 58.23)=4.01$，$\eta^2_{partial}=0.11$，$p=0.027$，简单简单效应分析显示，顶区和枕区的左、中线、右3个脑部位上，人际和群际冲突信息的潜伏期差异均不显著。

P50平均波幅值上，信息类型的主效应显著，$F(1, 32)=6.45$，$p=0.016$，$\eta^2_{partial}=0.17$，群际信息诱发的波幅（$M=6.20\ \mu V$）大于人际信息（$M=5.35\ \mu V$）的数值；脑区的主效应显著，$F(1, 32)=19.01$，$p=0.0001$，$\eta^2_{partial}=0.37$，枕区波幅（$M=7.14\ \mu V$）大于顶区波幅值（$M=4.41\ \mu V$）；部位主效应显著，$F(1.61, 51.49)=13.88$，$p<0.0001$，$\eta^2_{partial}=0.30$，左部波幅值（$M=5.04\ \mu V$）低于中线（$M=6.18\ \mu V$，$p=0.0001$）和右脑（$M=6.12\ \mu V$，$p=0.003$）部位的波幅值。脑区与部位交互作用显著，$F(1.97, 63.04)=3.74$，$p=0.030$，$\eta^2_{partial}=0.105$，简单效应分析显示，枕区的左、中线、右部位的波幅值显著高于顶区数值。其余因素间的多重交互作用不显著。

不同脑区诱发P200成分的测量分析。进行2（信息类型：人际冲突、群际冲突）×2（脑区：顶区、枕区）×3（部位：左、中线、右）的重复测量方差分析，采用事后Sidak检验法比较主效应。结果表明，P200潜伏期上，部位主效应显著，$F(1.49, 47.79)=4.38$，$p=0.027$，$\eta^2_{partial}=0.12$，中线的潜伏期（$M=244.77\ ms$）短于左部（$M=251.88\ ms$，$p=0.026$）、右部（$M=249.56\ ms$，$p=0.021$）的潜伏期。其余因素的主效应及三者多重交互作用均不显著。P200平均波幅上，信息类型主效应显著，$F(1, 32)=4.98$，$p=0.033$，$\eta^2_{partial}=0.14$，群际信息的波幅（$M=1.44\ \mu V$）大于人际信息（$M=0.85\ \mu V$）的数值；脑区的主效应显著，$F(1,$

32）=55.36，$p<0.0001$，$\eta^2_{partial}$=0.63，枕区波幅（M=3.49 μV）大于顶区波幅（M=−1.20 μV）。脑区与部位交互作用显著，F（1.89，60.46）=7.04，p=0.002，$\eta^2_{partial}$=0.18，简单效应分析显示，枕区的左、中线、右3个部位的波幅值均显著高于顶区的数值。信息类型、脑区和部位的多重交互作用显著，F（1.99，63.63）=7.32，p=0.001，$\eta^2_{partial}$=0.19，如图5-11所示。简单简单效应分析显示，顶区右部位上，人际和群际冲突信息诱发的波幅值差异显著，F（1，32）=4.10，p=0.051；枕区左部位上，群际信息诱发的波幅值大于人际信息的波幅值，F（1，32）=8.10，p=0.008。

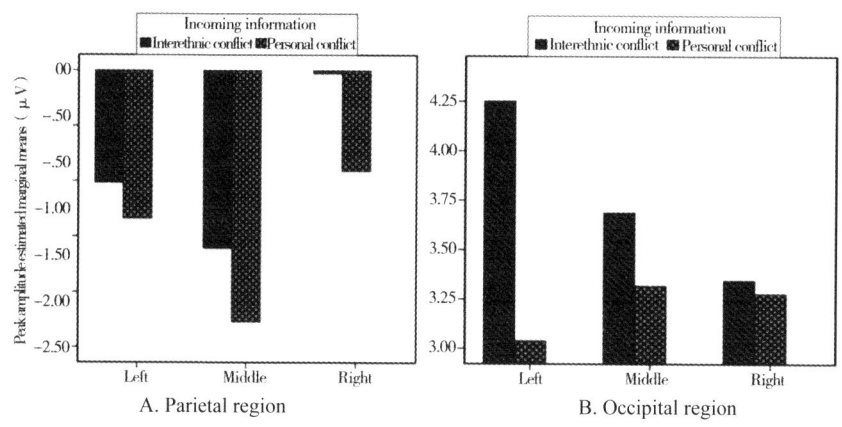

图5-11 P200平均波幅上信息类型、脑区与部位的三重交互作用

注：图中"Incoming information"即输入信息（信息类型），"Interethnic conflict"即群际冲突，"Personal conflict"即人际冲突，"Parietal region"即顶区，"Occipital region"即枕区，"Left"即脑左部，"Middle"即脑中线部，"Right"即脑右部；"Peak amplitude estimated marginal means"即波峰幅值估计的边际平均值（μV）。

四 群际信息注意加工的行为动力效应

采用Pearson相关分析法，检验冲突信息注意加工下的偏差指数、潜伏期和平均波幅3个认知活动指标与行为动力特性之间的相互关系。

（一）人际冲突信息注意加工的行为效应

阈上人际冲突信息注意加工模式与奖惩敏感性、攻击性行为动力的相关分析结果如表5-3所示。

在人际冲突信息刺激作用下，注意偏差指数与奖励敏感性、敏感性偏好呈显著正相关，中央区的N1成分潜伏期与奖励敏感性呈正相关，与敏感性偏好呈负相关；额中区的 P1 成分潜伏期与奖励敏感性呈负相关；N300 成分中，F3 和 FC4 两个电极的潜伏期均与奖励敏感性呈正相关，C3 电极潜伏期与惩罚敏感性呈正相关，FC4 电极潜伏期与反应性攻击呈正相关。额区、额中区和中央区 3 个脑区的 P1 成分平均波幅均与反应性攻击呈显著正相关。

表 5-3 阈上人际冲突信息注意加工活动指标与行为动力特性的相关分析（r）

输入信息	认知加工指标	奖惩敏感性			攻击性	
		惩罚敏感性	奖励敏感性	敏感性偏好	主动性攻击	反应性攻击
人际冲突阈上刺激	偏差指数	0.19	0.35*	0.40*	0.06	−0.21
	L–N1–C3	−0.22	0.46**	−0.43*	−0.09	−0.03
	L–N1–Cz	−0.05	0.52**	−0.38*	0.03	0.14
	L–N1–C4	−0.05	0.37*	−0.30	0.04	0.12
	L–P1–FC3	−0.19	−0.37*	0.10	0.02	−0.07
	L–P1–FCz	−0.17	−0.39*	0.13	0.02	−0.05
	L–N300–F3	0.13	0.53**	−0.21	−0.01	0.02
	L–N300–FC4	0.12	0.41*	−0.13	0.31	0.48**
	L–N300–C3	0.36*	0.07	0.27	0.09	0.14
	A–P1–F3	−0.03	0.10	−0.16	0.26	0.42*
	A–P1–Fz	0.01	0.03	−0.06	0.23	0.47**
	A–P1–F4	0.07	0.06	−0.03	0.16	0.42*
	A–P1–FC3	0.04	0.04	−0.08	0.19	0.44*
	A–P1–FCz	0.05	−0.14	0.06	0.16	0.36*
	A–P1–FC4	0.03	−0.08	0.02	0.11	0.39*
	A–P1–Cz	0.16	−0.15	0.12	0.20	0.42*
	A–P1–C4	0.13	−0.14	0.09	0.18	0.46**

注："L"表示潜伏期，"A"表示平均波幅，*$p<0.05$，**$p<0.01$。

阈下人际冲突信息注意加工模式与奖惩敏感性、攻击性行为动力的相关分析结果如表 5-4 所示。

图 5-4 显示，人际冲突信息阈下刺激作用下，注意偏差指数与主动

性攻击呈正相关；Cz 电极 P20 成分潜伏期与主动性和反应性攻击均呈负相关，C3 电极 N300 成分潜伏期与惩罚敏感性呈正相关，额-中区的 N500 成分潜伏期与反应性攻击呈负相关，P3 电极 P50 成分潜伏期与主动

表 5-4　阈下人际冲突信息注意加工活动指标与行为动力特性的相关分析（r）

输入信息	认知加工指标	奖惩敏感性			攻击性	
		惩罚敏感性	奖励敏感性	敏感性偏好	主动性攻击	反应性攻击
人际冲突阈下刺激	偏差指数	0.03	0.21	−0.17	0.36*	0.01
	L−P20−Cz	−0.02	0.14	−0.17	−0.37*	−0.39*
	L−N300−C3	0.35*	0.23	0.14	−0.02	0.20
	L−P500−F3	−0.02	−0.08	0.11	0.04	−0.36*
	L−P500−Fz	0.03	−0.14	0.17	−0.17	−0.43*
	L−P500−FCz	0.15	−0.10	0.25	0.03	−0.38*
	L−P50−P3	−0.01	0.23	−0.25	−0.35*	−0.08
	L−P50−PZ	0.06	0.49**	−0.32	−0.20	−0.09
	L−P50−Oz	−0.07	0.38*	−0.19	0.24	0.09
	L−P200−P3	−0.04	0.05	0.03	−0.26	−0.47**
	A−P20−FC3	0.06	−0.17	0.11	0.08	0.37*
	A−N100−Cz	0.14	−0.01	0.03	−0.35*	0.00
	A−N300−Fz	−0.02	−0.27	0.06	−0.45**	−0.10
	A−N300−F4	−0.07	−0.28	0.05	−0.46**	−0.02
	A−N300−FC3	−0.01	−0.20	0.02	−0.42*	−0.01
	A−N300−FCz	−0.04	−0.20	0.00	−0.45**	−0.13
	A−N300−FC4	−0.02	−0.11	−0.09	−0.49**	0.05
	A−N300−C3	−0.04	−0.15	−0.01	−0.44*	0.05
	A−N300−Cz	−0.03	−0.19	−0.02	−0.49**	−0.08
	A−N300−C4	−0.16	−0.35*	0.05	−0.43*	0.04
	A−P500−C3	0.11	−0.21	0.14	−0.41*	−0.14
	A−P500−C4	0.06	−0.13	0.06	−0.43*	0.06
	A−P50−O2	−0.17	−0.41*	0.15	0.08	0.00
	A−P200−O2	−0.36*	−0.08	−0.10	0.03	−0.09

注："L"表示潜伏期，"A"表示平均波幅，*$p<0.05$，**$p<0.01$。

性攻击呈负相关，Pz 和 Oz 两个电极的 P50 成分潜伏期与奖励敏感性呈显著正相关，P3 电极 P200 成分潜伏期与反应性攻击呈负相关；FC3 电极 P20 成分平均波幅与反应性攻击呈正相关，Cz 电极的 N100 成分平均波幅与主动性攻击呈负相关，额区、额中区和中央区的 N300 成分平均波幅均与主动性攻击呈负相关，中央区（C3/C4）的 P500 成分平均波幅与主动性攻击呈负相关；O2 电极 P50 成分平均波幅与奖励敏感性呈负相关，其 P200 成分波幅与惩罚敏感性呈负相关。

（二）群际冲突信息注意加工的行为效应

群际冲突信息注意加工模式与奖惩敏感性、攻击性行为动力的相关分析结果如表 5-5 和表 5-6 所示。阈上群际冲突信息刺激作用下，注意偏差指数与奖励敏感性、攻击性均无关联性，额 - 中区右侧的 N1 成分潜伏期与奖励敏感性呈正相关，F3 和 FC3 电极的 P1 成分潜伏期与奖励敏感性呈负相关，F4 电极的 N300 成分潜伏期与奖励敏感性呈正相关。

表 5-5　阈上群际冲突信息注意加工活动指标与行为动力特性的相关分析（r）

输入信息	认知加工指标	奖惩敏感性			攻击性	
		惩罚敏感性	奖励敏感性	敏感性偏好	主动性攻击	反应性攻击
群际冲突阈上刺激	偏差指数	−0.21	0.13	−0.25	0.19	−0.09
	L−N1−F4	0.06	0.39*	−0.27	−0.05	0.06
	L−N1−FCz	0.05	0.43*	−0.27	−0.03	0.00
	L−N1−FC4	0.05	0.40*	−0.26	0.04	0.01
	L−N1−C4	0.06	0.40*	−0.26	0.09	0.05
	L−P1−F3	−0.10	−0.47**	0.24	−0.02	−0.11
	L−P1−FC3	−0.17	−0.40*	0.12	−0.05	−0.16
	L−N300−F4	0.30	0.44*	−0.07	0.07	0.26

注："L"表示潜伏期，"A"表示平均波幅，*$p<0.05$，**$p<0.01$。

据表 5-6 显示，群际冲突信息阈下刺激作用下，额中区（FC4/C4）右侧的 N100 成分潜伏期与反应性攻击呈正相关；P100 成分中，FC3 电极的潜伏期与奖励敏感性呈负相关，与敏感性偏好呈正相关，C4 电极潜伏期与主动性攻击呈负相关；C4 电极 N300 成分潜伏期与奖励敏感性呈正相关；额 – 中区右侧的 P500 成分潜伏期与反应性攻击呈负相关；顶区和 Oz 潜伏的 P50 成分潜伏期与奖励敏感性均呈正相关，与敏感性偏好呈负相关，O2 电极潜伏期与反应性攻击呈负相关；P4 电极 P200 成分潜伏期与主动性攻击呈正相关。P20 成分中，FC3 电极的平均波幅与反应性攻击呈正相关，Cz 电极波幅与奖励敏感性呈负相关，与敏感性偏好呈正相关；额中区的 N300 成分平均波幅与主动性攻击呈显著负相关。

表 5-6　阈下群际冲突信息注意加工活动指标与行为动力特性的相关分析（r）

输入信息	认知加工指标	奖惩敏感性			攻击性	
		惩罚敏感性	奖励敏感性	敏感性偏好	主动性攻击	反应性攻击
群际冲突阈下刺激	偏差指数	−0.02	0.08	−0.07	0.16	0.12
	L−N100−FC4	0.18	0.05	0.05	0.28	0.36*
	L−N100−C4	0.09	0.00	0.02	0.25	0.39*
	L−P100−FC3	0.27	−0.45**	0.56**	0.14	−0.04
	L−P100−C4	−0.21	−0.14	−0.06	−0.35*	−0.03
	L−N300−C4	0.33	0.47**	−0.02	−0.08	0.00
	L−P500−Fz	−0.01	−0.08	0.01	0.12	−0.38*
	L−P500−F4	0.12	−0.12	0.09	−0.01	−0.49**
	L−P500−FCz	0.32	−0.06	0.21	0.17	−0.37*
	L−P500−FC4	0.28	−0.08	0.21	−0.06	−0.50**
	L−P500−C4	−0.06	−0.05	0.00	−0.09	−0.38*
	L−P50−P3	−0.29	0.44*	−0.42*	0.14	0.09
	L−P50−PZ	0.07	0.53**	−0.41*	−0.11	0.04
	L−P50−P4	−0.12	0.58**	−0.44**	−0.09	−0.11
	L−P50−Oz	−0.02	0.38*	−0.19	−0.06	−0.31
	L−P50−O2	−0.09	0.28	−0.19	−0.09	−0.38*
	L−P200−P4	−0.01	0.17	−0.13	0.48**	0.03
	A−P20−FC3	0.11	−0.04	0.03	0.01	0.38*
	A−P20−Cz	0.26	−0.37*	0.37*	−0.07	0.22
	A−N300−Fz	−0.11	−0.15	−0.07	−0.41*	−0.01
	A−N300−FC3	−0.17	−0.13	−0.11	−0.42*	0.01
	A−N300−FCz	−0.25	−0.18	−0.14	−0.36*	−0.06

注："L"表示潜伏期，"A"表示平均波幅，*$p<0.05$，**$p<0.01$。

五 群际线索注意偏向及其行为效应

注意是人的一种内部心理状态,在早期的信息选择及其认知加工中发挥着重要作用,它决定着什么刺激可以成为意识的内容,并借助于意识主导作用来调控行为。我们采用视觉点探测认知加工范式考察了群际信息加工的注意活动特性,聚焦于选择性注意和注意偏向的行为效应。该范式的原理是个体加工共现的且情绪效价或唤醒度等心理属性存在差异的刺激对时,若对其中的某类刺激产生了注意警觉,则在执行后续的认知作业时,就会易化该刺激空间位置上的信息加工。

(一)冲突信息注意选择偏差

行为数据分析显示,目标信息源与探测点位置相一致条件下,群际冲突信息源上的刺激加工时间显著短于人际冲突信息源上的处理时间,表明对群际冲突信息产生了注意警觉。具体而言,在左边信息源位置上,与人际冲突线索启动相比,群际冲突线索启动下的探测点位置判断用时更少,反应更快。这种注意效应还表现为群际冲突信息偏差指数显著大于人际冲突信息的数值。在阈下刺激呈现条件下,群际冲突信息同样被优先选择性注意加工,即左边探测点上的群际冲突信息的反应时显著短于人际冲突信息的时间。这些发现说明人们对群际冲突信息产生了显著的注意偏向。据"评估—分配"双机制注意偏向模型[1],人际或群际冲突信息加工均由情感决策机制(ADM)和资源分配机制(RAM)两个不同的前注意阶段组成,情感决策机制主要负责计算一个冲突刺激事件的威胁值(threat value),资源分配机制根据传入刺激威胁值的初级评估结果进行二次注意资源分配,将认知资源优先配置给高威胁性刺激事件,使其得到精细化加工。据此观点,群际冲突信息的注意偏向效应反映着在心理表征水平,正常人群评估得到的群际冲突信息威胁值显著大于人际冲突信息的威胁值。此外,由于本研究中阈上刺激呈现时间为 500 *ms*,

---

[1] Williams, J. M., Watts, F. N., MacLeod, C., Mathews, A., *Cognitive psychology and emotional disorders*, Chichester, U.K.: John Wiley & Sons, 1988.

被试有机会进行一次注意转移,且可以觉察到刺激的内容[1]。因此,我们也可认为群际冲突信息注意偏向是人们基于对两种冲突刺激的语义分析,而采取策略性应对操作的结果,具有控制加工的特性。

(二)冲突信息注意神经机制

诚如前述行为数据表明,人们对群际冲突信息的认知反应较为敏感。为了进一步揭示这种负性威胁信息注意偏向的时间进程和神经机制,我们采用ERP技术记录分析了阈上和阈下冲突信息注意加工的电生理活动特点。统计结果显示,阈上刺激呈现条件下,人际和群际冲突信息加工均诱发了额区-中央区分布的N1、P1、N300 ERP成分(见图5-4)。方差分析表明两类冲突信息在3个成分的潜伏期及P1和N300波幅上的差异均无统计学意义;群际冲突信息诱发的N1波幅显著大于人际冲突信息的波幅,且此成分在额中区的波幅值显著高于中央区的波幅。希利亚德(Hillyard)指出P1和N1两个早期ERP成分波幅增强与视觉空间注意定向活动有关[2],P1波幅增强体现的是刺激的注意分配加工,N1波幅增强与注意刺激的辨别有关[3]。据此观点,两种冲突信息的注意分配不存在显著性差异,群际冲突信息注意偏向主要发生在早期的刺激辨别阶段。从阈下刺激呈现条件下的ERP成分看,群际冲突信息的加工偏向主要发生在早期的刺激识别、效价感知和威胁评估阶段。

早期的刺激识别阶段,我们在头皮中前部的额中区电极记录位置,以及头皮后部的顶枕区电极位置,均发现分布着明显的P20、P50、N1、P1视觉ERP早期成分,这些成分均受注意的显著影响,表现为波幅值

---

[1] Schrooten M. G., Smulders F. T., "Temporal dynamics of selective attention in non-clinical anxiety", *Personality and Individual Differences*, Vol.48, No.2, 2010, pp.213–217.

[2] Hillyard S. A., Anllo-Vento L., Clark V. P., Heinze H.-J., Luck S. J., Mangun G. R., "Neuroimaging approaches to the study of visual attention: A tutorial", In A. F. Kramer, M. G. H. Coles, G. D. Logan, Eds., *Converging operations in the study of visual selective attention*, Washington, DC, US: American Psychological Association, 1996, pp.107–138.

[3] Mangun G. R., Buck L. A., "Sustained visual-spatial attention produces costs and benefits in response time and evoked neural activity", *Neuropsychologia*, Vol.36, No.3, 1998, pp.189–200.

的增强①。数据分析表明，群际冲突信息诱发的额中区分布的 P20 成分和顶枕区分布的 P50 成分波幅均显著大于人际冲突信息诱发的波幅，但群际冲突信息诱发的额中区分布的 N1 波幅则显著小于人际冲突信息诱发的幅值。这些结果说明人际和群际冲突信息视觉传播诱发的 ERP 早期成分幅值差异主要发生在刺激开始后 200 ms 以内的加工早期阶段，即二者的早期 ERP 注意效应存在显著差异。菲尔德和科科斯指出视觉探测任务中 200 ms 以内的刺激呈现时间里，人们通常只能快速地选择注意指向一个刺激，不可能发生指向于其他刺激的第二个注意转移②。因此，这些注意效应差异反映的是一种快速的初始注意定向偏差，不受意识自主控制，注意资源消耗小，具有自动化加工特征，它的功能是负责检测和识别那些威胁有机体生存的刺激物和情境，并通过相应的注意资源分配来确定一个初始加工优先次序③。群际冲突信息诱发的注意相关 P200 ERP 成分波幅显著大于人际冲突信息的数值，此成分神经活动强度差异主要发生在头皮后部顶区右偏侧和枕区左偏侧两个脑区上。这种早期注意差异与 Carretié et al.（2001）的结果有相同之处，即与注意加工正性刺激相比，负性刺激诱发的 P200 波幅更大，潜伏期更小④。赵（Zhao）和李（Li）认为该 ERP 正成分可能与视觉信息的早期语义加工有关，反映的是一种后期部分受控的精细加工活动，涉及对刺激效价的初级评估过程⑤。此外，群际和人际两种冲突信息均诱发了明显的 N300 和 P500 效应。根据贝克和克拉克的 3 阶段信息加工理论，这两个成分可能分别涉及语义分析、

---

① 赵仑：《ERPs 实验教程》修订版，东南大学出版社 2010 年版。

② Field M., Cox W. M., "Attentional bias in addictive behaviors: A review of its development, causes, and consequences", *Drug and Alcohol Dependence*, Vol.97, No.1–2, 2008, pp.1–20.

③ Beck A. T., Clark D. A., "An information processing model of anxiety: Automatic and strategic processes", *Behaviour Research and Therapy*, Vol.35, No.1, 1997, pp.49–58.

④ Carretié L., Mercado F., Tapia M., Hinojosa J. A., "Emotion, attention, and the 'negativity bias', studied through event-related potentials", *International Journal of Psychophysiology*, Vol.41, No.1, 2001, pp.75–85.

⑤ Zhao L., Li J., "Visual mismatch negativity elicited by facial expressions under non-attentional condition", *Neuroscience Letters*, Vol.410, No.2, 2006, pp.126–131.

策略应对加工阶段[①]。N300 成分反映的是视觉刺激输入与存储语义知识快速匹配的分类活动[②]，说明两种冲突信息的效价分类不存在显著性差异，刺激材料的前测结果也表明不同社群对它们的愉悦度评分无显著差异。综合来看，群际冲突信息注意偏向是一系列认知活动的结果，主要发生在识别、检测、注意、评估等多个加工阶段。

（三）冲突信息注意认知效应

注意偏向是早期威胁加工的一个认知指标，它通过优先对威胁性刺激的空间注意分配来适应危险和有害环境，继而激活其他的认知和行为过程。基于此观点，本研究探讨了冲突信息注意认知活动与行为动力过程的关联性，发现在视觉感知水平，人际和群际冲突信息的注意效应与行为动力的奖惩敏感性和攻击性均存在相关关系。在刺激识别阶段，冲突信息刺激作用下，诱发在头皮额区、中央区分布的 N1 成分潜伏期，顶区、枕区分布的 P50 潜伏期，以及评估阶段中的额区、中区 N300 成分潜伏期均与奖励敏感性呈正向关联。由于奖励敏感性评估的是个体在奖励情境中的反应性，是行为激活与驱动的核心指标[③]。因此，这些关系说明在冲突刺激注意偏向的感知和评估阶段，额-中央区和顶-枕区的电生理活动时间性易引发人们对奖赏信号或正性强化物的寻求，启动潜在的奖励欲求行为。额-中区的 P1 成分潜伏期、中央区的 N300 和 P20 的平均波幅、右枕区的 P50 波幅均与奖励敏感性呈负相关，表明在负性冲突刺激传播作用下，这些脑区诱发的电生理活动早期正成分可以抑制奖励性刺激或动机在行为反应中的强化作用，它们的激活度越高越有利于调控奖励欲求行为。与行为动力的惩罚敏感性相关联的电生理指标主要

[①] Beck A. T., Clark D. A., "An information processing model of anxiety: Automatic and strategic processes", *Behaviour Research and Therapy*, Vol.35, No.1, 1997, pp.49–58.

[②] Schendan H. E., Kutas M., "Neurophysiological evidence for the time course of activation of global shape, part, and local contour representations during visual object categorization and memory", *Journal of Cognitive Neuroscience*, Vol.19, No.5, 2007, pp.734–749.

[③] O'Connor R. M., Colder C. R., Hawk Jr L. W., "Confirmatory factor analysis of the Sensitivity to Punishment and Sensitivity to Reward Questionnaire", *Personality and Individual Differences*, Vol.37, No.5, 2004, pp.985–1002.

是左中央区的 N300 潜伏期和右枕区的 P200 波幅值，分别具有正向、负向相关关系。这种关系可能与两个成分的极性及其指标含义不同有关，P200 是与刺激的初始意识觉察及其早期注意分配有关的认知神经成分[①]，它们之间的关联性表明惩罚敏感性低的人在冲突刺激情境下，可诱发右枕区较强的电生理活动早期正成分，中央脑区只需花费较少时间即可进行语义匹配，分类出刺激效价。但这些与冲突信息加工相关的电生理活动的强度和时程特点是否对人的惩罚敏感性行为具有预测效应尚需进一步的实证检验。

从冲突信息注意偏向的电生理活动的行为效应看，额－中央区 N300 和 P500 的波幅值，以及 Cz 电极 P20、P3 电极 P50 和 C4 电极的 P100 3 个成分潜伏期均与主动性攻击呈负相关，表明冲突信息注意加工激发的分布在额区－中央区的晚期 ERP 成分强度和一些电极的早期正成分时间性对主动性攻击具有抑制作用；额区、中央区分布的 P20、P1 两个早期成分平均波幅，以及 N100 和 N300 成分潜伏期均与反应性攻击呈显著正相关。这种关系表明冲突信息注意加工诱发的额、中央两区的电生理活动特性，对人们的反应性攻击具有助推作用。与反应性攻击呈负向关联的脑区成分主要是额区、中央区的晚期成分 P500 潜伏期、O2 电极的 P50 潜伏期、P3 电极的 P200 成分潜伏期，表明在这些脑区，冲突信息注意加工诱发的电生理活动的时间特性有助于抑制人们的反应性攻击。这种抑制作用说明在冲突情境下，只要多预留一些信息处理和评估时间，就有可能通过降低人们的敌意归因倾向[②]，来避免当事者彼此间的反应性攻击。

综述所述，我们采用视觉点探测认知实验任务，考察了人际和群际

[①] Lijffijt, M., Lane, S. D., Meier, S. L., Boutros, N. N., Burroughs, S., Steinberg, J. L., ⋯ Swann, A. C., "P50, N100, and P200 sensory gating: Relationships with behavioral inhibition, attention, and working memory", *Psychophysiology*, Vol.46, No.5, 2009, pp.1059–1068.

[②] Schwartz D., Dodge K., Coie J., Hubbard J., Cillessen A. N., Lemerise E., Bateman H., "Social-cognitive and behavioral correlates of aggression and victimization in boys' play groups", *Journal of Abnormal Child Psychology*, Vol.26, No.6, 1998, pp.431–440.

两类冲突信息的注意加工机制，发现人际冲突和群际冲突两种信息刺激作用引发的神经激活模式具有相似性，但二者的认知时间进程和注意资源分配存在差异。这些差异主要可归因于人们无意识地优先选择注意加工群际冲突信息，并且这种注意资源分配偏差易使人们把相关的社会环境解释为危险的，需要采取行为加以应对。相关分析也表明冲突信息注意偏向的电生理指标与行为的奖惩敏感性、主动性攻击、反应性攻击存在关联性。综合 ERP 电生理指标来看，群际冲突信息注意偏向有两个来源，一是无意识或前注意，二是策略性控制加工。

第二节 冲突线索监控神经机制

人的大脑内存在一个探测和加工冲突信息的系统，位于前额叶皮层、前扣带回（ACC）脑区，专事监测和处理信息加工中的冲突事件。这种冲突监测机制包括冲突信息的认知控制（感知）和行为调控（决策）两阶段，均可诱发特定的神经电活动[①]。认知控制是一种组织思想和行动以实现目标导向行为的能力[②]。当监测到任务执行偏离目标要求和期望时，认知控制系统就会被激活[③]，即充当冲突探测器的 ACC 脑区被反应冲突所激活，并参与早期刺激冲突评估过程[④]。拉格（Rugg）和科尔斯（Coles）指出利用 ERPs 技术，可以直接精确地测量与冲突信息加工有关的脑电活动，相应的特定或某些 ERP 成分的波幅变异表征着大脑加工操作这些信息的参与水平，而它们的潜伏期变化表示的是执行这些操作或刺激评

---

① 董艳娟、王玉平、王荫华、毛薇：《大脑对早期、晚期冲突信息处理的事件相关电位研究》，《临床神经电生理学杂志》2006 年第 3 期，第 136—141 页。

② Clayson P. E., Larson M. J., "Conflict adaptation and sequential trial effects: Support for the conflict monitoring theory", *Neuropsychologia*, Vol.49, No.7, 2011, pp.1953–1961.

③ Donkers F. C. L., van Boxtel G. J. M., "The N2 in go/no-go tasks reflects conflict monitoring not response inhibition", *Brain and Cognition*, Vol.56, No.2, 2004, pp.165–176.

④ Botvinick M., Nystrom L. E., Fissell K., Carter C. S., Cohen J. D., "Conflict monitoring versus selection-for-action in anterior cingulate cortex", *Nature*, Vol.402, No.6758, 1999, pp.179–181.

估所需的时间①。基于这种认知电生理活动的可测性，维恩（Veen）和卡特（Carter）总结指出冲突信息加工诱发的神经生理变化主要来自于刺激相关效应、反应相关效应，以及两者的联合效应②。反应相关效应指的是在信息加工中，两种或多重竞争性反应倾向同时被激活而引起的反应冲突所导致的 ACC 激活增强，包括发生在正确反应前和错误反应后的两种冲突监测效应，即 ACC 激活与任务执行中优势反应重叠、不确定性反应和错误处理 3 种冲突检测活动有关③；刺激相关效应主要是由刺激失匹配引起的，即当检测到以系列或共现方式呈现的两类或多种刺激间存在语义或属性不相容时，就会激活脑内的冲突监测系统，对有限的认知资源进行补偿性分配，更多地聚焦于任务无关信息上，从而干扰正确反应执行。如在埃里克森侧抑制（Eriksen flanker）任务中④，目标与边侧刺激的共现关系可构成相容和对立（失匹配）两种刺激模式，在它们的作用下，任务相关和任务无关信息加工构成两条竞争性反应通路，但刺激失匹配（刺激冲突）的反应时长于相容刺激的时间，而短于反应冲突的时间，且反应冲突下 ACC 脑区激活程度大于刺激冲突的强度⑤。

除探讨冲突监测的 ACC 脑区激活效应外，ERP 研究发现，N2 和 P300 两个成分是 ACC 脑区执行冲突检测功能时产生的事件相关神经生理指标。N2 成分主要是在额区和额中区（fronto-central）头皮分布的一个与检测冲突事件相关的负向波，通常在呈现刺激后约 200 ms ～ 350 ms

---

① Rugg M. D., Coles M. G. H., *Electrophysiology of mind: Event-related brain potentials and cognition*, New York: Oxford University Press, 1995.

② Veen V., Carter C. S., "The timing of action-monitoring processes in the anterior cingulate cortex", *Journal of Cognitive Neuroscience*, Vol.14, No.4, 2002, pp.593–602.

③ Botvinick M. M., Cohen J. D., Carter C. S., "Conflict monitoring and anterior cingulate cortex: an update", *Trends in Cognitive Sciences*, Vol.8, No.12, 2004, pp.539–546.

④ Eriksen B., Eriksen C., "Effects of noise letters upon the identification of a target letter in a nonsearch task", *Perception & Psychophysics*, Vol.16, No.1, 1974, pp.143–149.

⑤ van Veen V., Cohen J. D., Botvinick M. M., Stenger V. A., Carter C. S., "Anterior cingulate cortex, conflict monitoring,and levels of processing", *NeuroImage*, Vol.14, No.6, 2001, pp.1302–1308.

内产生峰值[1]。N2 波幅反映的是认知控制资源被用于解决冲突、抑制不正确反应的程度，方法学上，N2 成分产生于两个或多个不相容反应倾向被同时激活的任务中，如那些需要抑制优势反应（Go-No Go 任务）或包含不一致刺激（视觉 Flankers 任务）的认知加工任务。它是 ACC 脑区发挥冲突监测功能的有效电生理指标[2]。当一个特定刺激同时激活了多重的、相互矛盾的反应时，ACC 脑区便负责检测和处理这样的冲突，呈现出加工不一致信息诱发的 N2 波幅显著大于一致信息条件下的数值[3]。张（Zhang）等指出这种冲突检测过程还与刺激呈现模式有关，涉及对冲突信息的检测、评价和处理多个加工阶段[4]。一方面冲突性刺激配对的连续呈现模式可以诱发出在额中区和双侧后部头皮分布的负向波 N270 事件相关成分，此成分与工作记忆信息冲突的处理有关。另一方面在同时呈现模式下，一致性和冲突性刺激均可激发出在额中区显著分布的 N220 成分，此成分反映着对视觉信息注意的检测和评价。另一些研究发现 P300 ERP 成分是一个由刺激相关效应引发的主要分布在中央区-顶区（central-parietal）头皮的正向波，通常在呈现刺激后 350 ms ~ 500 ms 内产生峰值，刺激冲突诱发的幅值大于相容刺激的波幅[5]。综上而言，信息加工的冲突监测机制涉及对反应冲突和刺激冲突的检测过程，所诱发的 ERP 成分具有一定的特异性。考虑到这些证据主要来自于非社会性冲

---

[1] Folstein J. R., Van Petten C., "Influence of cognitive control and mismatch on the N2 component of the ERP: A review", *Psychophysiology*, Vol.45, No.1, 2008, pp.152–170.

[2] Botvinick M. M., Braver T. S., Barch D. M., Carter C. S., Cohen J. D., "Conflict monitoring and cognitive control", *Psychological review*, Vol.108, No.3, 2001, pp.624–652.

[3] Forster S. E., Carter C. S., Cohen J. D., Cho R. Y., "Parametric manipulation of the conflict signal and control-state adaptation", *Journal of Cognitive Neuroscience*, Vol.23, No.4, 2010, pp.923–935.

[4] Zhang X., Wang Y., Li S., Wang L., Tian S., "Distinctive conflict processes associated with different stimulus presentation patterns: An event-related potential study", *Experimental Brain Research*, Vol.162, No.4, 2005, pp.503–508.

[5] Frühholz S., Godde B., Finke M., Herrmann M., "Spatio-temporal brain dynamics in a combined stimulus-stimulus and stimulus-response conflict task", *NeuroImage*, Vol.54, No.1, 2011, pp.622–634.

突线索的探讨[①]，这种认知神经模式在社会性冲突线索监测中的外部效度和普适性受到了人们的质疑。因此，为了探讨群际冲突信息处理的脑机制，我们尝试采用ERP技术，参照张等的"视觉S1-S2匹配任务（visual S1-S2 matching task）"范式，设计了"启动（S1）—目标（S2）"图片边框颜色判断任务，考察冲突监测认知神经模式是否适用于理解群际冲突线索的检测过程。

此外，根据强化敏感性理论[②]，行为层面上的冲突监测功能分别由人的行为抑制系统（BIS）和行为激活系统（BAS）各负其责。BIS系统负责处理环境刺激中的惩罚和负性情绪信号，当觉察到行为目的与行为收益存在消极对立或不一致时，这种惩罚线索或负性情绪信号就会调控、甚至抑制相应行为的发生。BAS系统主要负责监测环境刺激中的奖励和正性情绪信号，当感知到行为目的与行为收益呈正向关联时，这些奖励线索和情绪信号就会激活人的目标趋近行为模式，驱动人们组织实施行动，达成预定的目标。尽管行为动力的强化敏感性有它对应的脑区生物活动基础，即左额叶与行为激活增强有关，而右额叶则与行为抑制增强有关[③④⑤]，但我们尚不清楚冲突监测的诱发电位与时程特性在行为抑制或行为激活中的作用。有鉴于此，为揭示群际冲突线索认知加工的传播机

[①] Wacker J., Chavanon M.-L., Leue A., Stemmler G., "Trait BIS predicts alpha asymmetry and P300 in a Go/No-Go task", *European Journal of Personality*, Vol.24, No.2, 2010, pp.85–105.

[②] Gray J. A., "The neuropsychology of emotion and personality", In S. M. Stahl, S. D. Iversen, E. C. Goodman, Eds., *Cognitive neurochemistry*, Oxford: Oxford University Press, 1987.

[③] Coan J. A., Allen J. J. B., "Frontal EEG asymmetry and the behavioral activation and inhibition systems", *Psychophysiology*, Vol.40, No.1, 2003, pp.106–114.

[④] Demaree H. A., Robinson J. L., Everhart D. E., Youngstrom E. A., "Behavioral inhibition system BIS strength and trait dominance are associated with affective response and perspective taking when viewing dyadic interactions", *International Journal of Neuroscience*, Vol.115, No.11, 2005, pp.1579–1593.

[⑤] DiegoM. A., Field T., Hernandez-Reif M., "BIS/BAS scores are correlated with frontal EEG asymmetry in intrusive and withdrawn depressed mothers", *Infant mental health journal*, Vol.22, No.6, 2001, pp.665–675.

制和行为效应。我们第二个目的是考察冲突检测中的神经机制和行为过程的关联性。

一 研究设计与方法

（一）实验设计

采用3（启动类别：中性、正性、动作）×3（靶子类别：中性、正性、攻击）的被试内设计。启动类别和靶子类别在"启动（S1）-目标（S2）"图片边框颜色判断任务中构成群际冲突（类别不一致）和非群际冲突（类别一致）两种群际关系，共组合成9种群际线索刺激对：①中性启动—中性靶。②中性启动—正性靶。③中性启动—攻击靶。④正性启动—中性靶。⑤正性启动—正性靶。⑥正性启动—攻击靶。⑦动作启动—中性靶。⑧动作启动—正性靶。⑨动作启动—攻击靶。在这些刺激对中，①和⑤构成非群际冲突信息，②和④为群际唤醒冲突信息，③⑥和⑨为群际攻击冲突信息，⑦和⑧为群际动作冲突信息。实验任务要求被试既快又准确地辨别和分类靶刺激图片的边框颜色是红色还是绿色，记录反应时、错误率和ERP脑电作为因变量。

（二）研究被试

有偿招募的地处云南边疆民族地区的H学院彝族和汉族大学生，共计47名，年龄17~26岁，平均年龄20.62（$SD=1.85$）岁，男性23名，女性24名，彝族24人（男12、女12），汉族23人（男11、女12）。所有被试无身心疾患，身体健康，视力或矫正视力正常，均为右利手。

（三）刺激材料与量具

1. 图片材料

实验材料包括启动图片和目标图片两类，借助于Yahoo、Baidu、Google和全景网等网络搜索引擎获得。搜集了彝、汉两族人物的中性、正性、动作3类图片共360张，各类120张，每族每类图片各取60张，以及100张攻击性图片。中性和正性图片均由不同性别、年龄和场景中的两族人物的中性、正性表情图片组成。动作图片由不同性别和年龄的两族人物的各种一般动作图片组成，内容涉及人物在各种生活生产、体育竞技、健身、吹拉弹唱等场景中的各种动作，人物表情为中性。攻击性图片由体育搏击、人际冲突、暴力攻击、破坏打砸等打斗场景图片组成。这些图片经专家内容效度分析与评定后，筛选出具有显著的民族范畴代表性和典型性的各类图片各32张，然后按照下列方法处理和评定图片。

首先，图片制作。使用Adobe Fireworks CS 4软件对图片进行背景和画幅处理。每类单张图片上保留1个人物，蓝色背景，宽400像素×高500像素的bmp格式彩色图片，共256张。

其次，分类和评定图片。先将256张图片编号，利用Excel电子表格的随机函数（RAND）功能对图片编号进行随机赋值处理，然后根据随机值分别进行4次升序和降序排序，再按图片随机后序号将其导入Adobe Designer 7.0中，处理成4cm×5cm的彩色图片，制成pdf格式表单——"图片分类与评定表"。在该表单中，要求将图片分成"中性表情、正性表情、一般动作、攻击动作"4个类别。并根据主观感受评判它们的愉悦度（令人愉快的还是令人不愉快的）和唤醒度（令人紧张的还是令人放松的），采用Likert 5点量表评分，0分表示"非常令人不愉快的"或"非常令人紧张的"，1分表示"令人不愉快的"或"令人紧张的"，2分表示"中性的"或"令人平静的"，3分表示"令人愉快的"或"令人放松的"，4分表示"非常令人愉快的"或"非常令人放松的"。愉悦度得分越高表示图片正性效价越高，唤醒度得分越高表示图片的唤醒度越低。

最后，确定实验图片。采用图片分类与评定表对16名大学生被试（8名汉族，8名彝族，年龄19～21岁，平均年龄20.13岁，标准差0.50，男女各半）进行测试。首先，应用AgreeStat 2013.2 for Windows软件，检验图片分类的评分者信度。分析显示Krippendorff'α系数为0.87，说明评分者一致性较高，分类适当。其次，计算3类启动和靶子图片的愉悦度和唤醒度评分的均值，进行2（社群：汉族、彝族）×2（性别：男、女）×3（启动类别：中性、正性、动作）的混合设计方差分析。结果表明：①启动图片愉悦度评分上，社群因素的主效应不显著，$F(1, 12)=0.32$，$p=0.58$，$\eta^2_{partial}=0.03$；性别主效应不显著，$F(1, 12)=2.28$，

$p=0.16$，$\eta^2_{partial}=0.16$；启动类别的主效应极其显著，$F(2, 24)=22.87$，$p<0.001$，$\eta^2_{partial}=0.66$，正性启动图片的愉悦度得分（$M=2.75$，$SD=0.45$）高于动作启动图片（$M=1.85$，$SD=0.23$）和中性表情图片（$M=1.88$，$SD=0.22$）的分值，均$p<0.001$，后两类图片的愉悦度得分差异不显著，$p>0.05$；三因素间的交互作用不显著。在启动图片唤醒度评分上，社群因素的主效应不显著，$F(1, 12)=0.18$，$p=0.68$，$\eta^2_{partial}=0.02$；性别主效应不显著，$F(1, 12)=1.12$，$p=0.311$，$\eta^2_{partial}=0.09$；启动类别主效应显著，$F(2, 24)=42.43$，$p<0.0001$，$\eta^2_{partial}=0.78$，正性图片的唤醒度得分（$M=2.94$，$SD=0.42$）显著高于动作图片（$M=1.77$，$SD=0.35$）和中性表情图片（$M=1.93$，$SD=0.35$）的分值，均$p<0.0001$，后两类图片的唤醒度得分无显著性差异，$p>0.05$；三因素间的交互作用不显著。②靶子图片上，愉悦度的社群和性别主效应均不显著，$p>0.05$；靶子类别效应显著，$F(2, 24)=57.27$，$p<0.0001$，$\eta^2_{partial}=0.83$，正性目标图片的愉悦度得分（$M=2.76$，$SD=0.36$）显著高于中性目标图片（$M=2.09$，$SD=0.20$）高于攻击动作图片（$M=1.37$，$SD=0.44$），均$p<0.0001$；唤醒度的社群和性别主效应不显著，$p>0.05$；靶子类别主效应显著，$F(2, 24)=93.38$，$p<0.0001$，$\eta^2_{partial}=0.89$，攻击动作图片唤醒度（$M=1.20$，$SD=0.54$）显著高于中性目标图片（$M=1.86$，$SD=0.26$）高于正性目标图片（$M=2.93$，$SD=0.38$），均$p<0.0001$。由此可见，启动图片和目标图片的分类是恰当的、有效的。

此外，为让被试熟悉实验任务，掌握按键规则和方法，制作了18张非人物图片，它们的尺寸与正式实验图片相同，用作实验练习任务的刺激材料，不在正式实验中出现。6张无边框的自然风景图片用作启动刺激（S1），其余6张图片：2张建筑物图片、2张水果图片、2张鲜花图片，制成红、绿两种边框颜色，用作目标刺激（S2）。

2. 行为抑制/激活系统量表

采用修订的中文版《行为抑制/激活系统量表》测评强化敏感性。分行为抑制系统（BIS）和行为激活系统（BAS）两分量表，含行为抑制（BIS）、奖励反应性（BAS-R）、内驱力（BAS-D）、乐趣寻求（BAS-F）

4个因素，共17个题项，Likert 4点量表评分，1表示非常同意，4表示非常不同意。总量表内部一致性系数α值为0.78，BIS、BAS-R、BAS-D、BAS-F的α值是0.70，0.69，0.61，0.55。结构效度检验显示，χ^2=310.96，df=113，χ^2/df=2.75，RMSEA=0.06，NNFI=0.91，CFI=0.93，GFI=0.93，SRMR=0.06，表明结构效度良好。因3个BAS因子的题项得分之和常被用于观测总体BAS敏感性[①]，因此，计算BIS和BAS（α值0.72）两分量表得分，来评估强化敏感性。

（四）实施程序

主程序由"练习任务→图片边框颜色判断任务→行为问卷测量"3个单元组成。正式任务包括"启动（S1）—目标（S2）"图片边框颜色判断任务和强化敏感性行为测量两部分，核心实验流程如图5-12所示。采用E-prime 1.0软件编程在电脑屏幕中央呈现，任务和按键顺序在实验单元和被试间进行平衡，实验任务之间有3分钟的静息休息间隔。

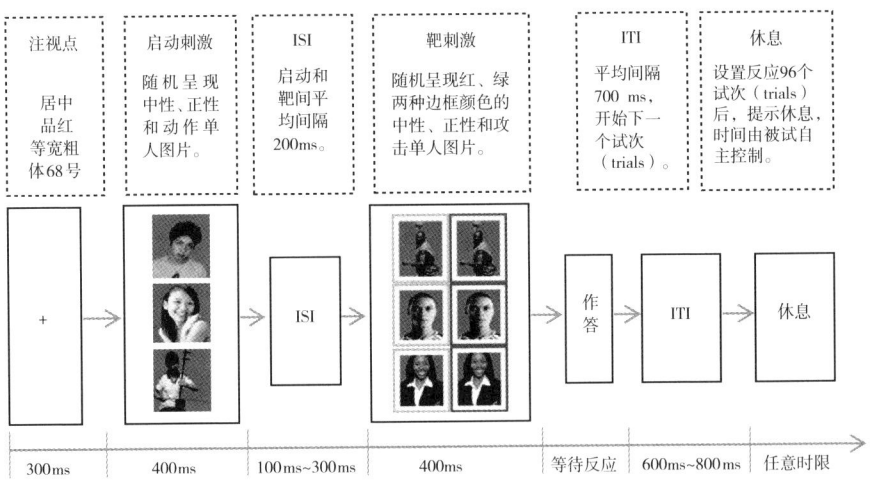

图5-12 "启动（S1）-目标（S2）"图片框颜色辨别任务的实验流程

首先，练习。意在让被试熟悉实验环境，掌握实验操作方法。辨别

[①] McFarland B. R., Shankman S. A., Tenke C. E., Bruder G. E., Klein D. N., "Behavioral activation system deficits predict the six-month course of depression", *Journal of Affective Disorders*, Vol.91, No.2-3, 2006, pp.229-234.

每个试次中第二张图片边框的颜色,尽快且准确地按键进行判断。若边框颜色为"红色",则用左手食指按"D"键记录;若边框颜色为"绿色",则用右手食指按"K"键记录。任务之前,要求被试先将左、右手的食指分别轻放置在这两键钮上,理解要求后,按任意键开启练习。正确反应率在 0.90 以下时,提示正确率不达标,重新看实验指导语后,继续练习,直到满足需要为止。

其次,图片色框判断。按键方法与练习一致。在任务中,刺激呈现的通用背景属性为青色(teal)不透明风格,外框尺寸长(Height)和宽(Width)为 100%,纵轴(Y)和横轴(X)位置属性为居中。一个试次中启动(S1)和目标(S2)为一个刺激对,根据 S1、S2 图片间的语义关系,随机组合成 9 种群际线索刺激对。实验时被试端坐于屏幕前 70 cm 处,两眼始终注视屏幕中心的"+"注视点位置,300 ms 后,将会看到出现在同一位置且持续时间为 400 ms 的启动图片 S1,然后随机间隔 100 $ms \sim 300\ ms$,平均 200 ms 后,呈现目标图片 S2,持续时间 400 ms。被试的任务就是快速而准确地识别并按键记录下每个刺激对中目标图片 S2 的边框颜色。等待反应的时限为 1000 ms,未做出按键反应的试次(trail)为无效数据。按键后,随机间隔 600 $ms \sim 800\ ms$,平均 700 ms,开始下一个试次(trail),共有 576 个试次(trails),每完成 96 个试次(trails)时,提示暂停休息,时间由被试自主决定。

最后,强化敏感性的行为测量。完成电脑版《行为抑制/激活系统量表》的测试。题项呈现在电脑屏幕的上端居中位置,背景色为灰色,不设时间限制。作答时,指导语提示仔细阅读每一题项,并判断它们是否适合用来描述被试自身的实际情况;然后从题后的 4 个答案中选出最适合的一个答案,将其前面的数字代号按键盘上对应的数字键记录;一旦选定答案便进入下一题的作答界面,直到完成全部题目。为了让被试掌握正确按键方法,在指导语界面,设置了作答例题及其操作方法说明。任务结束后,提示全部实验结束,并呈现感谢和祝福语。

(五)EEG/ERP 记录

应用 NeuroScan Nuamps EEG 系统采集脑电数据,头皮的电极安放采用国际10-20电极导联定位标准，32导Ag/AgCl电极帽记录头皮30个电极位置的EEG以及水平眼电（HEOG）和垂直眼电（VEOG），AC采样，采样率500 Hz，滤波带通0.05 $Hz \sim$ 100 Hz，电极阻抗均低于5 $k\Omega$，高通HPF 0.15 Hz，低通LPF为30 Hz。两个水平眼电记录电极分置于左、右眼外眦外侧1.5 cm处，垂直眼电记录电极分置于左眼眶上、下1 cm处。以左侧乳突为参考电极，右侧乳突为记录电极，前额接地。

（六）数据统计处理

1. 行为数据处理

首先，筛查行为数据。采用E-prime软件中的数据合并功能模块（E-Merge）合并数据，导出至Excel电子表单。删除无效作答和漏答数据，筛选出有效行为反应数据。

其次，计算行为数据分值。利用Excel电子表单中的平均值函数功能，计算每种水平单元内所有试次的平均反应时作为该水平单元的分值；根据《行为抑制/激活系统量表》的因子结构，计算每个因子的题项得分平均数为因子分值。

2. 脑电数据处理

（1）EEG数据离线分析

首先，把原始EEG脑电数据转换为双侧乳突参考，剔除眼电伪迹。其二，设置1000 ms的分析Epoch，含靶刺激前200 ms作基线。其三，把去除超过±100 μV的EEG伪迹后的数据进行叠加平均，得到每种实验条件下正确反应的EEG。最后，对ERPs数据进行30 Hz（24 dB/oct）无相移数字滤波器滤波。

（2）ERPs成分测量

使用波形的极性和峰值潜伏期定义被测波，命名ERP成分。根据波形总平均图，采用F3、Fz、F4、FC3、FCz、FC4、C3、Cz、C4、CP3、CPz、CP4、P3、Pz、P4、O1、Oz、O2 18个电极的平均潜伏期确定出每个成分的波峰潜伏期；各ERP成分波峰值和峰值潜伏期的测量时间窗口：80 $ms \sim$ 160 ms（N1），180 $ms \sim$ 220 ms（P1），240 $ms \sim$ 320 ms（N2），340 $ms \sim$ 410 ms（P300）。除少数个别测量外，大多数被试的ERPs数据

均按照这些时间窗进行峰值和峰值潜伏期测量。

3. 数据统计分析

首先，计算不同启动和冲突条件下的平均反应时，测量各ERP成分的潜伏期和平均波幅。

然后，使用SPSS version 22 for windows统计软件，对行为和ERP观测数据进行多因素重复测量方差分析。自由度大于1时，使用Greenhouse-Geisser法校正方差分析的P值。

二 信息监控的行为和神经特性

（一）行为反应特性

表5-7显示了9种实验条件下的反应时。以反应时为因变量，进行3（启动类别：中性、正性、动作）×3（靶子类别：中性、正性、攻击）的重复测量方差分析。结果显示，启动类别和靶子类别的主效应及其交互作用均不显著，$p>0.05$。

表5-7　　　　不同实验条件下反应时的描述统计（ms）

启动类别	靶子类别	M	SD
动作	攻击	539.58	97.61
	正性	546.80	99.06
	中性	541.33	92.73
正性	攻击	545.79	99.46
	正性	542.62	94.93
	中性	546.14	106.05
中性	攻击	544.89	99.62
	正性	548.98	105.47
	中性	546.43	104.56

为检验不同群际冲突信息监测的敏感性，将非群际冲突（$M=544.52$ ms，$SD=98.08$）、群际唤醒冲突（$M=547.56$ ms，$SD=104.64$）、群际攻击（$M=543.42$ ms，$SD=96.66$）和群际动作冲突（$M=544.06$ ms，$SD=94.35$）

四种冲突线索的平均反应时作为因变量,进行单因素重复测量方差分析。结果表明,群际冲突线索的主效应不显著,$F(3, 138) = 0.59$,$p=0.62$,说明四种群际冲突信息的监测效应无显著差异。

(二)神经生理特性

1.冲突信息认知的电生理特性

图 5-13 显示了非群际冲突、群际唤醒冲突、群际攻击线索、群际动作冲突四类群际信息的 ERPs 总平均图。脑中线及其邻接左右两侧诱发了明显的 N1、P1、N2、P300,以及后颞、顶区和枕区分布的 P1、N1、P300 ERP 成分,主要在 F3、Fz、F4、FC3、FCz、FC4、C3、Cz、C4、CP3、

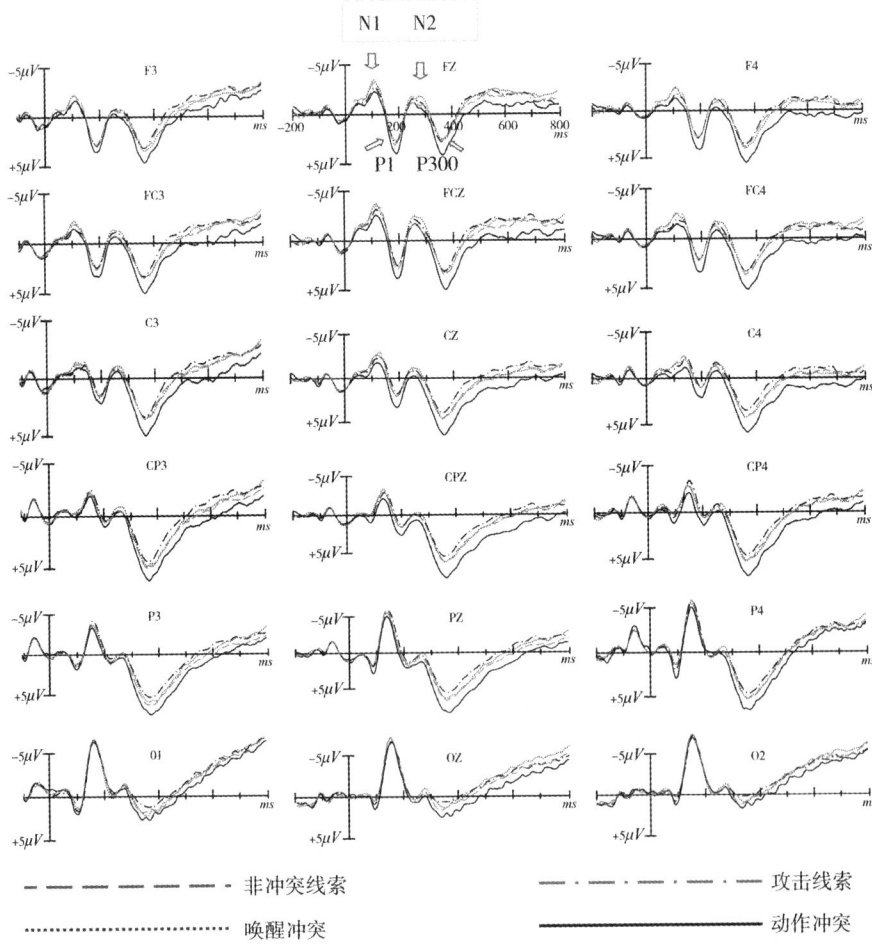

图 5-13 四种冲突信息条件下不同脑区的 ERP 波形图

CPz、CP4、P3、Pz、P4、T5、T6、O1、Oz、O2等电极上较为突出。

为考察群际冲突信息的检测特性，以这些成分的峰值潜伏期和波峰幅值为因变量，进行多因素重复测量方差分析。

首先，不同脑区诱发N1成分的测量分析。进行4（群际冲突信息：非冲突线索、唤醒冲突、攻击线索、动作冲突）×6（脑区：额区、额中区、中央、中央顶区、顶区、枕区）×3（部位：左、中线、右）的重复测量方差分析，事后Sidak检验法比较主效应。结果表明，N1潜伏期上，群际冲突信息的主效应不显著；脑区主效应显著，$F(5, 220)=51.62$，$p=0.00001$，$\eta^2_{partial}=0.54$，额区（F3\Fz\F4）的潜伏期（$M=117.29\ ms$）短于额中区（$M=121.40\ ms$）、中央（$M=129.60\ ms$）、中央顶区（$M=139.33\ ms$）、顶区（$M=145.90\ ms$）、枕区（$M=151.83\ ms$）五个脑区的数值，$p<0.01$或$p<0.0001$；顶区（P3\Pz\P4）和枕区（O1\Oz\O2）的潜伏期均显著长于其他四个脑区的数值，二者之间的潜伏期差异不显著（$p>0.05$）；额中区（FC3\FCz\FC4）的潜伏期短于中央（C3\Cz\C4）和中央顶区（CP3\CPz\CP4）的数值，后二区潜伏期存在显著性差异，均$p<0.0001$。部位主效应显著，$F(2, 88)=12.35$，$p<0.001$，$\eta^2_{partial}=0.22$，中线部位的潜伏期（$M=130.51\ ms$）显著短于左脑（$M=136.26\ ms$）和右脑（$M=135.92\ ms$）的潜伏期，$p<0.0001$。左、右脑的潜伏期差异不显著，群际冲突信息与脑区、部位的交互作用，以及三者间交互作用皆不显著。

脑区与部位交互作用显著，$F(10, 440)=4.30$，$p=0.0004$，$\eta^2_{partial}=0.09$，简单效应检验显示，额区、额中区、中央区的潜伏期部位主效应不显著；中央顶区的潜伏期部位主效应显著，$F(2, 88)=7.96$，$p=0.001$，$\eta^2_{partial}=0.15$，右中央顶区CP4的潜伏期（$M=145.07\ ms$）长于中线中央顶区CPz（$M=133.23\ ms$）的时间，$p=0.0001$，左中央顶区CP3的潜伏期（$M=139.69\ ms$）与右、中线中央顶区的潜伏期差异均不显著。顶区潜伏期的部位主效应显著，$F(2, 88)=7.46$，$p=0.001$，$\eta^2_{partial}=0.15$，中线顶区Pz的潜伏期（$M=139.97\ ms$）短于左顶区P3（$M=148.36\ ms$，$p=0.009$）和右顶区P4（$M=149.39\ ms$，$p=0.001$）的潜伏期，左顶区P3与右顶区P4的潜伏期差异不显著$p>0.05$。枕区潜伏期的部位主效应显著，$F(2, 88)=19.19$，$p<0.0001$，$\eta^2_{partial}=0.30$，左枕区O1的潜伏期（$M=158.93\ ms$）长于中线枕区（$M=146.90\ ms$，$p<0.0001$）和右枕区（$M=149.66\ ms$，$p=0.001$）的时间，后两区的潜伏期差异不显著。

N1波幅值上，群际冲突信息的主效应及其与脑区的交互作用，以及它与脑区、部位的三重交互作用不显著。脑区主效应显著，$F(5, 220)=28.76$，$p<0.00001$，$\eta^2_{partial}=0.40$，顶区（$M=-6.45\ \mu V$）和枕区（$M=-8.73\ \mu V$）的波幅值均显著高于额区（$M=-3.84\ \mu V$）、额中区（$M=-4.17\ \mu V$）、中央（$M=-4.01\ \mu V$）、中央顶区（$M=-4.38\ \mu V$）的波幅，$p<0.001$，且前二者脑区的波幅差异显著，$p=0.004$；其余脑区波幅差异不显著。部位主效应显著，$F(2, 88)=18.51$，$p<0.0001$，$\eta^2_{partial}=0.30$，三个脑部位之间的波峰幅值差异均具有统计学意义，即中线（$M=-5.92\ \mu V$）＞右部（$M=-5.38\ \mu V$）＞左部（$M=-4.49\ \mu V$），$p<0.001$或$p<0.05$。群际冲突信息与部位交互作用显著，$F(6, 264)=3.02$，$p=0.012$，$\eta^2_{partial}=0.06$，简单效应显示，非群际冲突信息诱发波幅的部位效应显著，$F(2, 88)=22.83$，$p<0.0001$，$\eta^2_{partial}=0.34$，脑左部波幅值（$M=-4.54\ \mu V$）低于脑中线（$M=-6.09\ \mu V$）和右部（$M=-5.67\ \mu V$）的波幅值，$p<0.0001$，后二者的波幅差异不显著；群际唤醒冲突波幅值的部位效应显著，$F(2, 88)=16.60$，$p<0.0001$，$\eta^2_{partial}=0.27$，即脑中线（$M=-6.13\ \mu V$）＞右部（$M=-5.49\ \mu V$）＞左部（$M=-4.68\ \mu V$），$p<0.001$或$p<0.05$；群际攻击线索诱发波幅的部位效应显著，$F(2, 88)=17.89$，$p<0.0001$，$\eta^2_{partial}=0.29$，即脑中线（$M=-5.91\ \mu V$）＞右部（$M=-5.33\ \mu V$）＞左部（$M=-4.35\ \mu V$），$p<0.001$或$p<0.01$）；动作冲突波幅值的部位主效应显著，$F(2, 88)=10.74$，$p<0.0001$，$\eta^2_{partial}=0.20$，脑中线的波幅（$M=-5.56\ \mu V$）高于左部（$M=-4.37\ \mu V$）的波幅，其余脑部位间的波幅差异均不显著。

N1平均波幅的脑区与部位的交互作用显著，$F(10, 440)=4.66$，$p=0.001$，$\eta^2_{partial}=0.10$。简单效应分析显示，左部的脑区主效应显著，$F(5, 220)=30.11$，$p<0.0001$，$\eta^2_{partial}=0.41$，枕区（$M=-7.94\ \mu V$）和顶区（$M=-5.10\ \mu V$）的波幅值大于额区（$M=-3.42\ \mu V$）、额中区（$M=-3.52\ \mu V$）、中央（$M=-3.26\ \mu V$）、中央顶区（$M=-3.68\ \mu V$），$p<0.001$或

$p<0.01$，前二脑区的波幅值差异显著，$p<0.001$；其余脑区波幅差异均不显著。脑中线波幅值的脑区主效应显著，$F(5,220)=17.64$，$p<0.001$，$\eta^2_{partial}=0.29$，枕区（$M=-8.89\ \mu V$）和顶区（$M=-7.48\ \mu V$）的波幅值大于额区（$M=-4.45\ \mu V$）、额中区（$M=-5.00\ \mu V$）、中央（$M=-4.76\ \mu V$）、中央顶区（$M=-4.95\ \mu V$），$p<0.001$ 或 $p<0.01$；枕、顶两区的波幅值差异不显著，其余脑区间的波幅差异也不显著。脑右部波幅值的脑区主效应显著，$F(5,220)=31.82$，$p<0.0001$，$\eta^2_{partial}=0.42$，枕区（$M=-9.36\ \mu V$）和顶区（$M=-6.75\ \mu V$）的波幅值均高于额区（$M=-3.65\ \mu V$）、额中区（$M=-4.00\ \mu V$）、中央（$M=-4.01\ \mu V$）、中央顶区（$M=-4.51\ \mu V$）四个脑区的波幅值，$p<0.001$，且前两脑区间的波幅值差异显著，$p=0.001$，后四脑区间的波幅差异均不显著。

其次，不同脑区 P1 潜伏期和波幅值的测量分析。进行 4（群际冲突信息：非冲突线索、唤醒冲突、攻击线索、动作冲突）×6（脑区：额区、额中区、中央、中央顶区、顶区、枕区）×3（部位：左、中线、右）的重复测量方差分析，事后 Sidak 检验法比较主效应。表 5-8 显示了 4 种群际冲突信息条件下不同脑区和部位的 P1 的潜伏期和波幅值。

分析结果表明，P1 潜伏期上，群际冲突信息的主效应及其与脑区、部位交互作用，三重交互作用均不显著；脑区主效应显著，$F(5,220)=18.23$，$p<0.0001$，$\eta^2_{partial}=0.29$，枕区（$M=141.83\ ms$）和顶区（$M=146.64ms$）的潜伏期均短于额区（$M=179.03\ ms$）、额中区（$M=177.34\ ms$）、中央区（$M=173.08\ ms$）、中央顶区（$M=162.28\ ms$）4 个脑区的潜伏期，中央顶区的潜伏期短于额区、额中区和中央区，其余脑区间的潜伏期差异不显著；部位主效应显著，$F(2,88)=7.67$，$p=0.001$，$\eta^2_{partial}=0.15$，脑中线部位的潜伏期（$M=168.92\ ms$）均长于左脑（$M=160.57\ ms$，$p=0.004$）和右脑（$M=160.61\ ms$，$p=0.001$）两部位的潜伏期，左、右脑部位的潜伏期差异不显著。脑区与部位的交互作用显著，$F(10,440)=3.51$，$p=0.003$，$\eta^2_{partial}=0.07$，如图 5-14 所示。

简单效应分析显示，额区、额中区潜伏期的部位效应均不显著；脑中央区潜伏期的部位效应显著，$F(2,88)=4.18$，$p=0.028$，$\eta^2_{partial}=0.09$，

表 5-8　　　　不同脑区 P1 成分的潜伏期和波幅值的描述性统计

群际冲突信息	脑区	脑部位 左部 潜伏期（ms）		波幅值（μV）	中线 潜伏期（ms）		波幅值（μV）	右部 潜伏期（ms）		波幅值（μV）
		M	SD	M	M	SD	M	M	SD	M
非冲突线索	额区	181.60	26.10	4.22	180.13	28.54	4.70	182.71	28.56	4.39
	额中区	178.89	29.13	3.79	180.18	28.72	4.12	181.02	30.30	3.68
	中央区	172.84	40.50	3.19	177.33	35.74	3.63	170.13	41.73	2.85
	中顶区	162.53	48.15	3.17	175.64	44.15	3.61	152.22	50.85	3.09
	顶区	146.22	52.64	4.25	160.31	56.19	4.31	139.24	52.52	4.24
	枕区	133.78	47.80	3.88	156.44	57.62	2.77	140.36	54.61	2.67
唤醒冲突	额区	176.80	23.75	4.11	177.82	27.02	4.20	180.40	23.19	4.20
	额中区	177.02	29.44	3.32	175.91	27.68	3.45	178.67	29.64	3.36
	中央区	174.44	37.95	2.99	179.64	32.08	3.21	166.36	39.22	2.57
	中顶区	160.76	49.31	2.84	171.07	44.07	3.18	158.98	50.07	2.88
	顶区	144.84	51.04	3.69	160.27	55.92	4.18	142.18	53.61	4.11
	枕区	139.56	50.45	4.20	154.27	59.77	2.86	158.18	58.10	2.86
攻击线索	额区	175.78	34.06	4.09	176.89	34.96	4.32	178.40	33.62	4.24
	额中区	174.58	38.15	3.39	178.09	35.21	3.51	176.62	35.26	3.39
	中央区	173.56	37.77	2.89	180.98	33.01	2.92	172.44	41.16	2.55
	中顶区	157.38	49.31	2.79	174.40	45.03	3.02	153.69	49.52	2.88
	顶区	141.42	50.24	3.54	153.42	59.52	3.90	140.49	53.97	4.44
	枕区	130.40	45.87	4.22	139.64	57.37	2.87	141.91	58.14	3.07
动作冲突	额区	176.53	31.55	4.64	180.13	28.45	5.20	181.20	27.66	5.14
	额中区	173.47	33.18	4.15	180.27	27.70	4.53	173.38	36.08	4.37
	中央区	168.76	42.03	3.33	176.13	37.83	4.15	164.36	44.41	3.57
	中顶区	159.91	50.32	3.24	169.51	44.46	4.41	151.24	49.57	3.86
	顶区	144.98	50.55	4.09	151.96	55.92	5.14	134.31	50.00	4.91
	枕区	127.64	43.76	4.33	143.69	55.83	3.33	136.04	55.27	3.26

中线 Cz 部位的潜伏期（$M=178.52\ ms$）长于右中央区 C4（$M=168.32\ ms$）的时间，$MD=10.20$，$p<0.05$；中央顶区潜伏期的部位效应显著，$F(2, 88)=6.20$，$p=0.003$，$\eta^2_{partial}=0.12$，中线 CPz 的潜伏期（$M=172.66\ ms$）长于右中央顶区 CP4（$M=154.03\ ms$）的时间，$p=0.005$；顶区潜伏期的部位主效应显著，$F(2, 88)=4.46$，$p<0.05$，$\eta^2_{partial}=0.09$，中线 Pz 的潜伏期（$M=156.49\ ms$）显著长于右顶区 P4 的数值（$M=139.06\ ms$），与左顶区 P3 的潜伏期（$M=144.37\ ms$）差异无统计学意义。枕区潜伏期的部位效应显著，$F(2, 88)=5.51$，$p<0.05$，$\eta^2_{partial}=0.11$，中线 Oz 的潜伏期（$M=148.51\ ms$）长于左枕区（$M=132.84\ ms$）的时间，$MD=15.667$，$p=0.019$；其余脑区间的潜伏期差异均不显著。

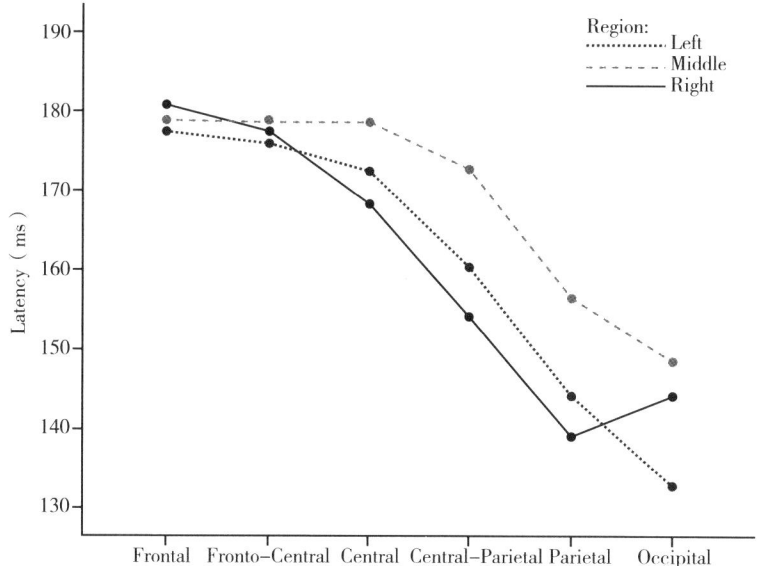

图 5-14　脑区与部位在 P1 潜伏期上的交互作用

注：图中"Latency"即潜伏期，"Region"即脑部位，"Left"即脑左部，"Middle"即中线，"Right"即脑右部，"Frontal"即额区，"Fronto-Central"即额中区，"Central"即中央，"Central-Parietal"即中央顶区，"Parietal"即顶区，"Occipital"即枕区。

在 P1 波幅上，群际冲突信息的主效应显著，$F(3, 132)=2.90$，$p=0.037$，$\eta^2_{partial}=0.06$，动作冲突诱发的波幅（$M=4.20\ \mu V$）大于非冲突线索（$M=3.70\ \mu V$）、唤醒冲突（$M=3.46\ \mu V$）和攻击线索（$M=3.45\ \mu V$）诱

发的波幅，均 $p<0.05$，后 3 者诱发的波幅差异不显著。群际冲突信息与部位的交互作用显著，$F(6, 264)=3.64$，$p=0.005$，$\eta^2_{partial}=0.08$，如图 5-15 所示。

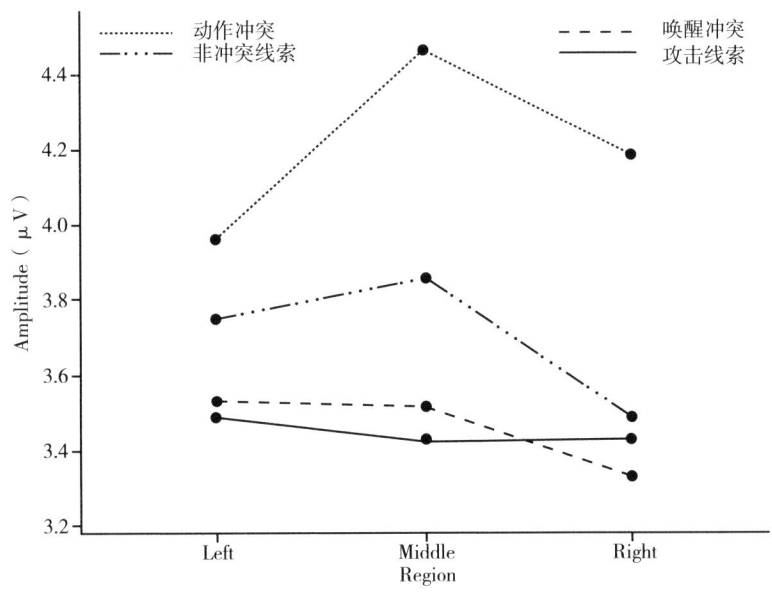

图 5-15　冲突信息和部位在 P1 波幅上的交互作用

注：图中"Amplitude"即波幅值，"Region"即脑部位，"Left"即脑左部，"Middle"即中线，"Right"即脑右部。

简单效应分析表明，左脑波幅的群际冲突信息主效应不显著；脑中线波幅的群际冲突信息主效应显著，$F(3, 132)=3.94$，$p=0.017$，$\eta^2_{partial}=0.08$，动作冲突诱发波幅（$M=4.46\ \mu V$）高于非冲突线索（$M=3.86\ \mu V$）、唤醒冲突（$M=3.52\ \mu V$）和攻击线索（$M=3.42\ \mu V$）诱发的波幅；右脑波幅的群际冲突信息主效应显著，$F(3, 132)=3.78$，$p=0.014$，$\eta^2_{partial}=0.08$，动作冲突诱发波幅（$M=4.19\ \mu V$）高于唤醒冲突诱发的波幅（$M=3.33\ \mu V$）；其他冲突信息间的波幅值差异均不显著。

脑区在 P1 波幅上的主效应显著，$F(5, 220)=2.45$，$p=0.035$，$\eta^2_{partial}=0.05$，额区诱发波幅（$M=4.45\ \mu V$）大于额中区（$M=3.76\ \mu V$）、中央区（$M=3.16\ \mu V$）和中顶区（$M=3.25\ \mu V$）的波幅；中央区的波幅小于

额中区波幅值，中顶区波幅显著小于顶区波幅（$M=4.23~\mu V$），其余脑区间的波幅差异均不显著；P1波幅的脑区与部位交互作用显著，$F(10, 440)=5.57$，$p<0.001$，$\eta^2_{partial}=0.11$，如图5-16所示。简单效应检验表明，左脑波幅的脑区效应不显著；脑中线波幅的脑区主效应显著，$F(5, 220)=2.53$，$p=0.030$，额区波幅（$M=4.61~\mu V$）高于额中区（$M=3.90~\mu V$）和中央区（$M=3.48~\mu V$），均$p<0.01$，其余脑区间的波幅差异不显著；右脑波幅的脑区主效应显著，$F(5, 220)=3.86$，$p=0.002$，额区波幅（$M=4.49~\mu V$）> 额中区（$M=3.70~\mu V$）> 中央区的波幅（$M=2.88~\mu V$），顶区波幅（$M=4.43~\mu V$）大于中顶区（$M=3.18~\mu V$）和枕区（$M=2.96~\mu V$）的波幅，其余脑区间的波幅差异不显著。

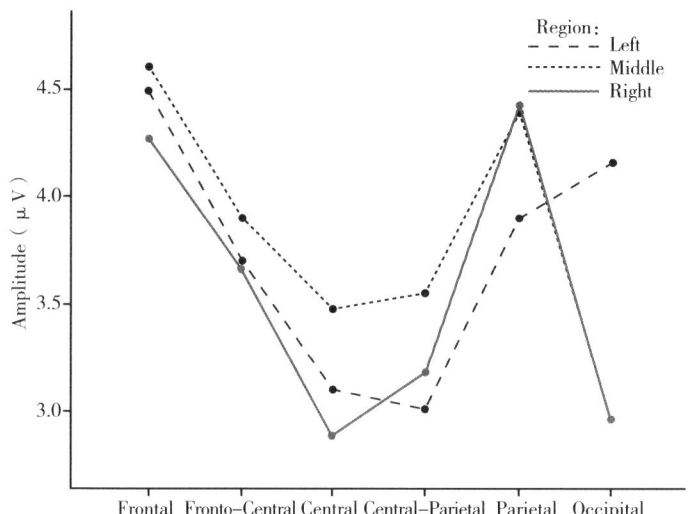

图5-16 脑区和部位在P1波幅上的交互作用

注：图中"Amplitude"即波幅值，"Region"即脑部位，"Left"即脑左部，"Middle"即中线，"Right"即脑右部，"Frontal"即额区，"Fronto-Central"即额中区，"Central"即中央，"Central-Parietal"即中央顶区，"Parietal"即顶区，"Occipital"即枕区。

P1波幅的部位主效应、群际冲突信息与脑区的交互效应，以及3者多重交互作用均不显著。

其三，"额区—中央区"分布的N2成分潜伏期和波幅值的测量分析。进行4（群际冲突信息：非冲突线索、唤醒冲突、攻击线索、动作冲突）×3（脑区：额区、额中区、中央区）×3（部位：左、中线、右）的三因素重复测量方差分析，事后Sidak检验法比较主效应。N2潜伏期上，结果表明，群际冲突信息的主效应，以及它与脑区、部位的交互作用及其3者的多重交互作用均不显著；部位主效应及其与脑区的交互效应不显著；脑区主效应显著，$F(2, 88)=18.46$，$p<0.0001$，$\eta^2_{partial}=0.30$，三脑区的潜伏期差异均具统计学意义：额区（$M=259.87\ ms$）>额中区（$M=257.38\ ms$）>中央区（$M=252.62\ ms$），$p<0.05$或$p<0.001$。N2波幅上，群际冲突信息的主效应及其与脑区、部位的交互作用均不显著，脑区的主效应不显著；部位的主效应显著，$F(2, 88)=4.92$，$p<0.01$，$\eta^2_{partial}=0.10$，脑中线波幅（$M=-3.45\ \mu V$）高于左脑（$M=-2.60\ \mu V$）和右脑（$M=-2.80\ \mu V$）两部位的波幅，它与脑区的交互作用显著，$F(4, 176)=2.53$，$p=0.042$，$\eta^2_{partial}=0.05$。简单效应分析显示，脑左部和右部波幅的脑区效应均不显著，脑中线波幅的脑区主效应显著，$F(2, 88)=3.72$，$p=0.028$，额中区FCz的波幅（$M=-3.97\ \mu V$）大于中央区Cz波幅（$M=-3.00\ \mu V$），$p=0.002$，其余脑区间的波幅差异不显著。

最后，P300成分的测量分析。进行4（群际冲突信息：非冲突线索、唤醒冲突、攻击线索、动作冲突）×6（脑区：额区、额中区、中央、中央顶区、顶区、枕区）×3（部位：左、中线、右）的重复测量方差分析，事后Sidak检验法比较主效应。P300潜伏期上，群际冲突信息的主效应及其与脑区、部位的多重交互作用均不显著；脑区的主效应显著，$F(5, 220)=13.59$，$p<0.0001$，$\eta^2_{partial}=0.24$；部位主效应显著，$F(2, 88)=5.59$，$p=0.007$，$\eta^2_{partial}=0.11$；脑区与部位的交互作用非常显著，$F(10, 440)=4.70$，$p=0.0005$，$\eta^2_{partial}=0.10$，如图5-17所示。

事后比较和简单效应分析表明，枕区的潜伏期最短（$M=346.63\ ms$），显著小于其他5个脑区的潜伏期，$p<0.01$或$p<0.001$；脑中线的潜伏期（$M=359.99\ ms$）显著短于左脑部位（$M=363.03\ ms$）的时间，其余部位间的潜伏期差异不显著；脑左部潜伏期的脑区效应显著，$F(5, 220)=4.11$，$p<0.05$，$\eta^2_{partial}=0.09$，枕区的潜伏期（$M=354.60\ ms$）显著短于顶区潜伏期（$M=366.07\ ms$），$p=0.011$，其余脑区间的潜伏期差异均不显

第五章 群际信息加工及脑机制

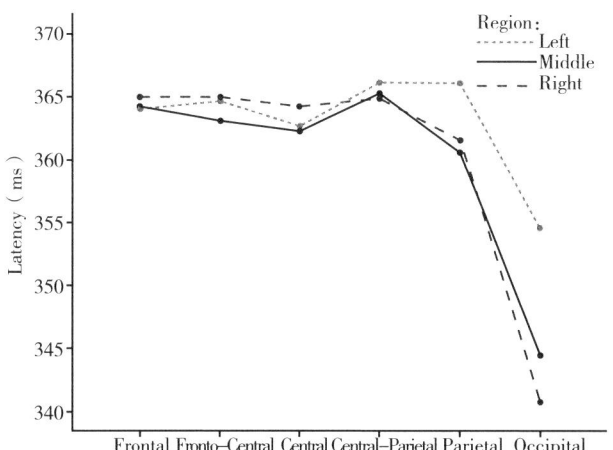

图 5-17　P300 潜伏期的脑区与部位交互作用

注：图中"Latency"即潜伏期，"Region"即脑部位，"Left"即脑左部，"Middle"即中线，"Right"即脑右部，"Frontal"即额区，"Fronto-Central"即额中区，"Central"即中央，"Central-Parietal"即中央顶区，"Parietal"即顶区，"Occipital"即枕区。

著；脑中线潜伏期的脑区效应显著，$F(5, 220)=10.77$，$p<0.00001$，$\eta^2_{partial}=0.20$，枕区的潜伏期（$M=344.50\ ms$）最小，皆显著短于其他 5 个脑区的潜伏期，$p<0.01$ 或 $p<0.001$；右脑部位潜伏期的脑区效应也显著，$F(5, 220)=18.49$，$p<0.00001$，$\eta^2_{partial}=0.30$，枕区的潜伏期（$M=340.78\ ms$）均显著小于其余 5 个脑区的潜伏期，均 $p<0.001$，而 5 个脑区间的潜伏期差异不显著。

P300 波幅上，群际冲突信息的主效应显著，$F(3, 132)=8.46$，$p=0.0002$，$\eta^2_{partial}=0.16$，动作冲突诱发的波幅（$M=6.16\ \mu V$）显著高于其余 3 类冲突信息诱发的波幅，$p<0.05$ 或 $p<0.01$。群际冲突信息与部位的交互作用显著，$F(6, 264)=3.04$，$p=0.01$，$\eta^2_{partial}=0.07$，如图 5-18 所示。

简单效应分析显示，脑左部波幅的群际冲突信息主效应显著，$F(3, 132)=7.33$，$p=0.001$，$\eta^2_{partial}=0.14$，动作冲突诱发的波幅（$M=5.89\ \mu V$）均显著高于非冲突线索（$M=4.99\ \mu V$）、唤醒冲突（$M=4.97\ \mu V$）、攻击线索（$M=4.39\ \mu V$）3 种信息诱发的波幅，$p<0.05$ 或 $p<0.01$，后 3 者诱发

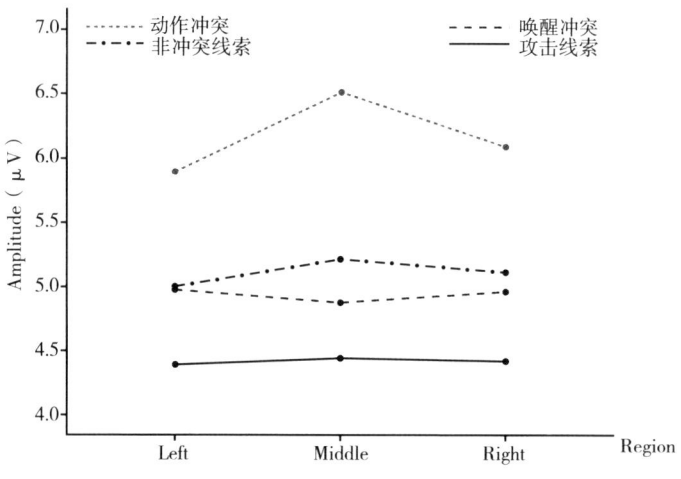

图 5-18　P300 波幅的冲突信息与部位交互作用

注：图中"Amplitude"即波幅值，"Region"即脑部位，"Left"即脑左部，"Middle"即中线，"Right"即脑右部。

的波幅值差异不显著；脑中线波幅的群际冲突信息主效应显著，$F(3, 132)=10.11$，$p<0.001$，$\eta^2_{partial}=0.19$，动作冲突诱发的波幅（$M=6.51\ \mu V$）显著高于其他3类信息诱发的波幅，$p<0.01$ 或 $p<0.001$；脑右部波幅的群际冲突信息主效应显著，$F(3, 132)=6.34$，$p=0.001$，$\eta^2_{partial}=0.13$，动作冲突诱发的波幅（$M=6.09\ \mu V$）高于唤醒冲突（$M=4.96\ \mu V$，$p=0.040$）和攻击线索（$M=4.42\ \mu V$，$p=0.007$）两类信息诱发的波幅。

P300波幅的脑区主效应显著，$F(5, 220)=17.69$，$p<0.00001$，$\eta^2_{partial}=0.29$，顶区诱发波幅值（$M=7.39\ \mu V$）均高于额区（$M=4.51\ \mu V$）、额中区（$M=4.31\ \mu V$）、中央区（$M=5.08\ \mu V$）、中顶区（$M=6.59\ \mu V$）和枕区（$M=3.03\ \mu V$）5个脑区的波幅值；中顶区波幅显著大于其余4个脑区的波幅，中央区与额中区的波幅差异显著，其余脑区间的波幅差异不显著。脑区与部位的交互作用显著，$F(10, 440)=6.14$，$p=0.0002$，$\eta^2_{partial}=0.30$，如图5-19所示。

简单效应检验表明，左部波幅的脑区主效应显著，$F(5, 220)=13.03$，$p<0.0001$，$\eta^2_{partial}=0.23$，顶区波幅（$M=7.36\ \mu V$）均显著大于其余5个脑区的波幅，中顶区波幅（$M=6.19\ \mu V$）显著高于额中区（$M=4.18$

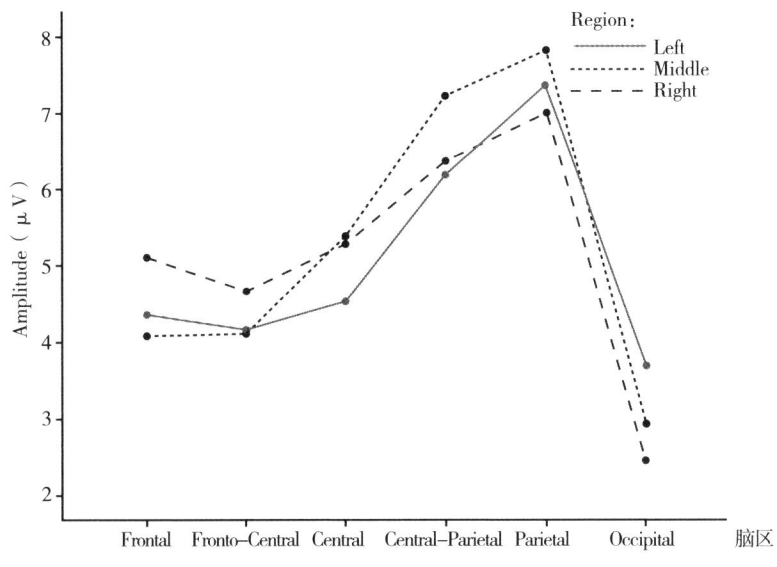

图5-19 脑区与部位在P300波幅上的交互作用

注：图中"Amplitude"即波幅值，"Region"即脑部位，"Left"即脑左部，"Middle"即中线，"Right"即脑右部，"Frontal"即额区，"Fronto-Central"即额中区，"Central"即中央，"Central-Parietal"即中央顶区，"Parietal"即顶区，"Occipital"即枕区。

µV）、中央区（$M=4.56$ µV）和枕区（$M=3.70$ µV）的波幅，均$p<0.01$或$p<0.001$，其余脑区间的波幅差异不显著。脑中线波幅的脑区效应显著，$F(5, 220)=19.26$，$p<0.0001$，$\eta^2_{partial}=0.30$，中顶区（$M=7.23$ µV）和顶区（$M=7.82$ µV）的波幅差异不显著，但二者均显著高于其余4脑区的波幅。中央区波幅（$M=5.38$ µV）大于额中区波幅（$M=4.10$ µV，$p=0.002$），其余不同脑区间的波幅差异不显著。脑右部波幅的脑区主效应显著，$F(5, 220)=14.06$，$p<0.0001$，$\eta^2_{partial}=0.24$，顶区波幅（$M=7.00$ µV）均显著高于额中区（$M=4.67$ µV）、中央区（$M=5.29$ µV）和枕区（$M=2.45$ µV）的波幅，中顶区波幅（$M=6.36$ µV）显著高于额中区和枕区的波幅，枕区波幅显著低于中央区的波幅，其余脑区间的波幅差异均不显著。

统计分析未发现显著的P300波幅的部位主效应，群际冲突信息与脑区的交互效应，以及群际冲突信息、脑区和部位的三重交互作用。

2. 动作启动线索的认知神经特性

动作冲突信息在许多脑区诱发了波幅更大的ERP成分，提示此类信息检测投入了较多的心理资源。因之，动作线索与靶子类别可构成3类群际信息："动作线索—攻击行为"冲突、"动作线索—正性情绪"冲突、"动作线索—中性情绪"冲突。为探查这些冲突信息加工的神经生理机制，测量了它们的潜伏期和波峰幅值。图5-20显示了3种冲突信息的ERPs总平均图。F3、Fz、F4、FC3、FCz、FC4、C3、Cz、C4、CP3、CPz、CP4、P3、Pz、P4、T5、T6、O1、Oz、O2电极上均诱发了明显的N1、P1、N2或P300 ERP成分。其中额–中央区N2波幅产生的变异较为突出，中央顶区—枕区的N1和P300成分的波幅变异较为明显。以这些成分的峰值潜伏期和波峰幅值为因变量，进行多因素重复测量方差分析。

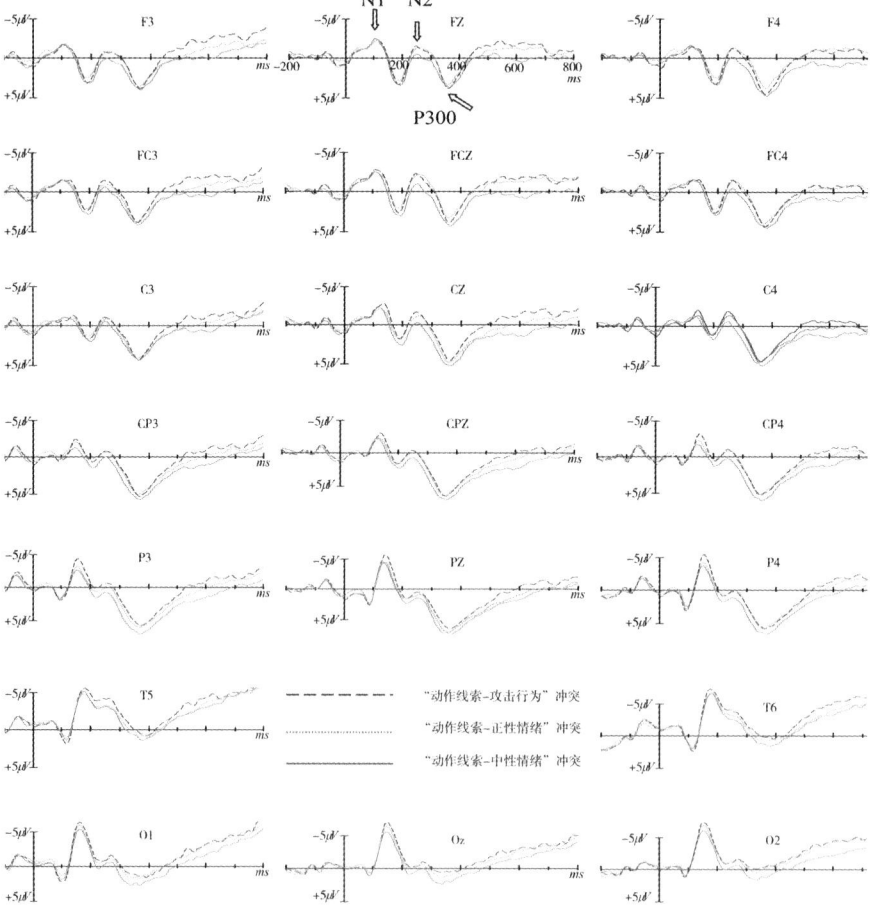

图5-20　动作线索启动条件下不同冲突信息诱发的脑区ERP波形图

首先，分别对 N2 的峰值潜伏期与波峰值进行 3（冲突信息：动作—攻击信息、动作—正性信息、动作—中性信息）×3（脑区：额区、额中区、中央区）×3（部位：左、中线、右）的三因素重复测量方差分析，事后 Sidak 检验法比较主效应。结果表明，N2 潜伏期上，冲突信息的主效应及其与部位的交互效应，以及部位主效应及其与脑区交互效应、三重交互作用均不显著。脑区的主效应显著，$F(2, 84)$ =13.08，$p=0.0002$，$\eta^2_{partial}=0.24$，额区的潜伏期（$M=260.25\ ms$）>额中区（$M=255.34\ ms$）>中央区（$M=251.93\ ms$）的时间。冲突信息与脑区的交互作用显著，$F(4, 168)=3.34$，$p=0.028$，$\eta^2_{partial}=0.07$。简单效应分析显示，"动作—攻击"冲突的脑区主效应显著，$F(2, 84)=4.31$，$p<0.05$，$\eta^2_{partial}=0.09$，额区潜伏期（$M=258.31\ ms$）长于中央区（$M=253.61\ ms$）的时间，$p<0.05$；"动作—正性"冲突信息的脑区主效应显著，$F(2, 84)=11.13$，$p=0.001$，$\eta^2_{partial}=0.21$，额区潜伏期（$M=261.81\ ms$）>额中区（$M=254.87\ ms$）>中央区（$M=247.92\ ms$），$p<0.05$ 或 $p<0.01$；"动作—中性"冲突的脑区主效应显著，$F(2, 84)=5.17$，$p=0.014$，$\eta^2_{partial}=0.11$，额区潜伏期（$M=260.64\ ms$）长于中央区（$M=254.26\ ms$）的时间，$p=0.035$。

N2 波幅上，冲突信息的主效应及其与脑区、部位的交互作用，以及脑区的主效应、三重交互作用均不显著。部位的主效应显著，$F(2, 84)=3.43$，$p=0.038$，脑中线的波幅值（$M=-3.93\ \mu V$）均大于左侧（$M=-3.22\ \mu V$）和右侧（$M=-3.22\ \mu V$）的波幅值，$p<0.05$；脑区与部位的交互作用显著，$F(4, 168)=3.49$，$p=0.025$，$\eta^2_{partial}=0.08$。简单效应分析显示，额区的部位主效应显著，$F(2, 84)=4.53$，$p=0.014$，$\eta^2_{partial}=0.10$，中线 Fz 的波幅（$M=-3.99\ \mu V$）高于左侧 F3（$M=-3.24\ \mu V$）和右侧 F4（$M=-3.13\ \mu V$）的波幅值，$p<0.05$；额中区的部位主效应显著，$F(2, 84)=5.50$，$p=0.008$，$\eta^2_{partial}=0.12$，中线 FCz 的波幅值（$M=-4.34\ \mu V$）高于右侧 FC4（$M=-3.08\ \mu V$）的波幅值，$p<0.001$；中央区的部位主效应不显著。

其次，分别对中央顶区—枕区分布的 N1 或 P300 ERP 成分的潜伏期和波幅值，进行 3（冲突信息：动作—攻击信息、动作—正性信息、动作—中性信息）×3（脑区：中央顶区、顶区、枕区）×3（部位：左、中线、右）的重复测量方差分析，事后 Sidak 检验法比较主效应。N1 潜伏期上，冲突信息主效应显著，$F(2, 88)=4.08$，$p<0.05$，$\eta^2_{partial}=0.09$，"动作—攻击"冲突信息的潜伏期（$M=145.69\ ms$）显著长于"动作—中性"冲突信息的时间（$M=138.98\ ms$），$p<0.05$；脑区主效应显著，$F(2, 88)=20.94$，$p<0.0001$，$\eta^2_{partial}=0.32$，即枕区（O1\Oz\O2，$M=151.87\ ms$）> 顶区（P3\Pz\P4，$M=143.64\ ms$）> 中顶区（CP3\CPz\CP4，$M=130.54\ ms$）；部位主效应很显著，$F(2, 88)=11.47$，$p<0.0001$，$\eta^2_{partial}=0.21$，脑中线的潜伏期（$M=137.27\ ms$）均显著短于脑左侧（$M=145.44\ ms$）和右侧（$M=143.34\ ms$）的潜伏期，后二者的潜伏期差异不显著；脑区与部位的交互作用显著，$F(4, 176)=4.07$，$p=0.006$，$\eta^2_{partial}=0.09$。简单效应检验表明，脑左侧 3 个脑区间的潜伏期差异显著，$F(2, 88)=21.23$，$p<0.0001$，即枕区（$M=157.72\ ms$）> 顶区（$M=146.03\ ms$）> 中顶区（$M=132.56\ ms$）；中线 3 个脑区的峰值潜伏期均存在显著差异，$F(2, 88)=18.62$，$p<0.0001$，即枕区（$M=149.50\ ms$）> 顶区（$M=137.26\ ms$）> 中顶区（$M=125.07\ ms$）；脑右侧潜伏期的脑区主效应显著，$F(2, 88)=8.71$，$p=0.002$，中顶区的潜伏期（$M=134.00\ ms$）小于顶区（$M=147.62\ ms$）和枕区（$M=148.40\ ms$）的时间，后二者的潜伏期差异不显著。其余因素间的多重交互作用均不显著。

N1 峰值上，冲突信息的主效应及其与部位的交互作用均不显著，三因素的多重交互效应也不显著。脑区效应显著，$F(2, 88)=34.59$，$p<0.0001$，$\eta^2_{partial}=0.44$，即枕区（$M=-8.77\ \mu V$）> 顶区（$M=-6.33\ \mu V$）> 中顶区（$M=-4.41\ \mu V$）。部位主效应显著，$F(2, 88)=10.40$，$p=0.0002$，$\eta^2_{partial}=0.19$，脑左侧波幅（$M=-5.69\ \mu V$）均显著低于脑中线（$M=-6.95\ \mu V$）和右侧（$M=-6.86\ \mu V$）的波幅。冲突信息与脑区的交互作用显著，$F(4, 176)=4.43$，$p=0.009$，$\eta^2_{partial}=0.09$。简单效应分析显示，3 类动作启动冲突信息在中顶区和顶区诱发的波幅差异均不显著。枕区波幅的动作启动冲突信息主效应显著，$F(2, 88)=3.79$，$p=0.028$，$\eta^2_{partial}=0.08$，"动作—正性"冲突信息诱发的波幅值（$M=-9.36\ \mu V$）显著高于"动作—中性"冲突信息的波幅值（$M=-8.12\ \mu V$），$p=0.012$。脑区

与部位的交互作用显著，$F(4，176)=4.99$，$p=0.004$，$\eta^2_{partial}=0.10$。简单效应检验表明，脑左侧3个脑区间的波幅差异显著，$F(2，88)=31.11$，$p<0.0001$，$\eta^2_{partial}=0.41$，枕区（$M=-8.01\ \mu V$）＞顶区（$M=-5.17\ \mu V$）＞中顶区（$M=-3.89\ \mu V$）。中线波幅的脑区主效应显著，$F(2，88)=18.88$，$p<0.0001$，$\eta^2_{partial}=0.30$，中顶区波幅（$M=-4.82\ \mu V$）均小于顶区（$M=-7.27\ \mu V$）和枕区（$M=-8.77\ \mu V$）诱发的波幅。脑右侧3个脑区间的波峰值差异极其显著，$F(2，88)=42.10$，$p<0.0001$，$\eta^2_{partial}=0.49$，枕区（$M=-9.54\ \mu V$）＞顶区（$M=-6.54\ \mu V$）＞中顶区（$M=-4.51\ \mu V$）。

P300峰值潜伏期上，动作启动冲突信息的主效应，以及它与脑区、部位的交互作用均不显著。脑区主效应显著，$F(2，88)=24.50$，$p<0.0001$，$\eta^2_{partial}=0.36$，枕区潜伏期（$M=343.82\ ms$）短于中顶区（$M=365.56\ ms$）和顶区（$M=364.01\ ms$）的潜伏期。部位主效应显著，$F(2，88)=14.73$，$p<0.0001$，$\eta^2_{partial}=0.25$，脑左侧的潜伏期（$M=362.90\ ms$）长于脑中线（$M=356.94\ ms$）和右侧（$353.54\ ms$）的潜伏期。脑区与部位的交互作用显著，$F(4，176)=3.28$，$p=0.029$，$\eta^2_{partial}=0.07$，简单效应检验显示，脑左侧、中线和右侧枕区的潜伏期均显著短于对应部位的中顶区和顶区的潜伏期，均$p<0.0001$。

P300的波幅值上，动作启动冲突的主效应显著，$F(2，88)=4.67$，$p=0.012$，$\eta^2_{partial}=0.10$，"动作—攻击"冲突信息在中顶区—枕区诱发的波幅（$M=5.85\ \mu V$）显著小于"动作—中性"冲突信息诱发的波幅（$M=7.36\ \mu V$），$p=0.026$。脑区的主效应显著，$F(2，88)=37.43$，$p<0.0001$，$\eta^2_{partial}=0.46$，即顶区的波幅（$M=8.50\ \mu V$）最大，显著高于中顶区（$M=7.73\ \mu V$）和枕区（$M=3.95\ \mu V$）的波幅，后两者间的波幅差异也显著，$p<0.0001$。部位的主效应极显著，$F(2，88)=4.99$，$p=0.009$，$\eta^2_{partial}=0.10$，脑中线的波幅（$M=7.33\ \mu V$）显著高于脑左侧（$M=6.57\ \mu V$）和右侧（$M=6.28\ \mu V$）的波幅，后二者间的波幅差异不显著。脑区和部位的交互作用显著，$F(4，176)=7.22$，$p<0.0001$，$\eta^2_{partial}=0.14$，如图5-21所示。

脑左侧、中线和右侧3个部位波幅的脑区简单效应均极其显

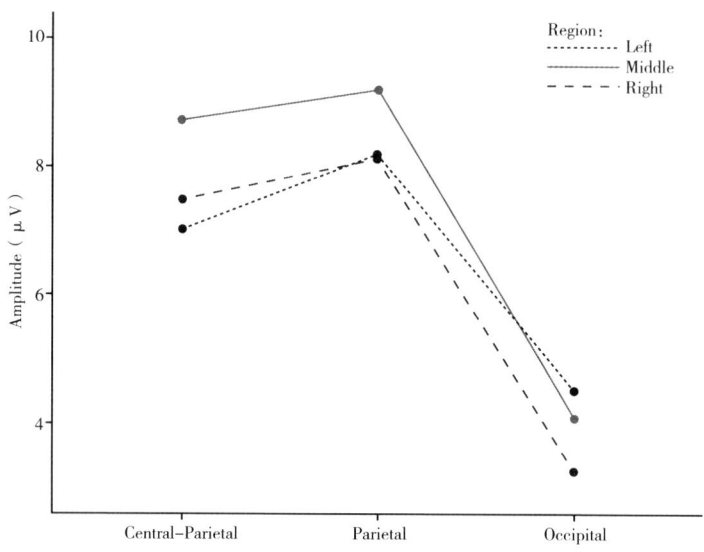

图 5-21 P300 波峰值的脑区与部位的交互作用

注：图中"Amplitude"即波幅值，"Region"即脑部位，"Left"即脑左部，"Middle"即中线，"Right"即脑右部，"Central-Parietal"即中央顶区，"Parietal"即顶区，"Occipital"即枕区。

著，即左侧 3 个脑区间的波幅均具有显著性差异，$F(2，88)=17.75$，$p<0.0001$：顶区（$M=8.19\ \mu V$）＞中顶区（$M=7.02\ \mu V$）＞枕区（$M=4.50\ \mu V$）。中线枕区的波幅（$M=4.09\ \mu V$）均显著低于中顶区（$M=8.70\ \mu V$）和顶区（$M=9.19\ \mu V$）诱发的波幅，$F(2，88)=36.61$，$p<0.0001$。脑右侧枕区诱发的波幅值（$M=3.25\ \mu V$）也显著低于中顶区（$M=7.47\ \mu V$）和顶区（$M=8.11\ \mu V$）的波峰值，$p<0.0001$。

（三）行为动力机制

采用 Pearson 相关分析法，计算检验了群际冲突线索监测进程中的潜伏期和平均波幅两个认知活动指标与 BIS/BAS 敏感性之间的相关系数，结果如表 5-9 所示。

非冲突信息刺激作用下，电极 C3 的早期 N1 成分潜伏期与 BAS 敏感性呈显著负相关，Oz 的 N1 平均波幅与 BIS 敏感性呈负相关，电极 P3 的 P1 成分潜伏期与 BAS 呈正相关。唤醒冲突线索监测下，C3 的 N1 潜伏期与 BAS 呈负相关，CP4 的 N1 潜伏期与 BIS 和 BAS 均呈正相关，FC4

表5-9　　冲突信息监测活动指标与行为强化敏感性的相关分析（r）

群际冲突线索	认知指标	强化敏感性	
		行为抑制系统（BIS）	行为激活系统（BAS）
非冲突信息	L–N1–C3	−0.06	−0.33*
	L–P1–P3	0.05	0.33*
	A–N1–Oz	−0.33*	−0.01
唤醒冲突线索	L–N1–C3	−0.14	−0.35*
	L–N1–CP4	0.31*	0.35*
	L–P1–FC4	−0.30*	−0.08
	L–P300–F3	0.33*	−0.09
	L–P300–FCz	0.35*	−0.06
	L–P300–C3	0.30*	0.04
	L–P300–Cz	0.37*	−0.07
攻击性线索	L–N1–CP3	0.34*	0.03
	L–N1–CPz	0.31*	−0.09
	L–N1–CP4	0.33*	0.08
	L–N1–Pz	0.31*	0.05
	A–N1–Oz	−0.30*	−0.05
	A–P300–P4	−0.01	0.31*
动作冲突线索	L–N1–F3	−0.32*	−0.17
	L–P300–O1	−0.04	0.31*
	A–N1–O1	−0.30*	−0.17
	A–N1–Oz	−0.31*	−0.16
动作启动			
攻击性线索	L–N1–CP3	0.37*	0.01
	L–N1–P3	0.40*	0.04
	L–N1–Pz	0.40*	−0.06
	L–N1–P4	0.39*	0.03
正性情绪线索	L–P300–O2	−0.33*	0.05
	A–N1–Oz	−0.30*	−0.14

注："L"表示潜伏期，"A"表示平均波幅；*$p<0.05$。

的 P1 潜伏期与 BIS 呈负相关；P300 成分中，F3、FCz、C3 和 Cz 四个电极的潜伏期均与 BIS 敏感性呈显著正相关。

攻击性线索监测下，中顶区（CP3/CPz/CP4）和 Pz 电极的 N1 成分潜伏期均与 BIS 呈正相关，Oz 的 N1 平均波幅与 BIS 呈负相关，电极 P4 的 P300 成分平均波幅与 BAS 呈显著正相关。动作冲突线索监测下，N1 成分中电极 F3 的潜伏期、以及 O1 和 Oz 两个电极的平均波幅均与 BIS 呈负相关，电极 O1 的 P300 成分潜伏期与 BAS 呈显著正相关。此外，在动作启动条件下，攻击性线索诱发顶区（P3/Pz/P4）和 CP3 电极分布的 N1 成分潜伏期与 BIS 敏感性呈显著正相关；正性情绪线索作用下电极 O2 的 P300 成分潜伏期、电极 Oz 的 N1 成分平均波幅均与 BIS 敏感性呈显著负相关。

三　冲突线索的启动与监测效应

冲突监测是人的大脑进行信息处理的基本机能之一，有刺激不一致（stimulus-incongruent，SI）和反应不一致（response-incongruent，RI）两类信息的检测通路。我们采用图片边框颜色判断任务考察了群际冲突信息监测的行为反应和神经机制。

（一）冲突线索无外显启动效应

在"S1-S2"启动范式的边框颜色判断任务中，尽管只需完成图框颜色判断反应，但先后相继呈现的启动图片与目标图片所载信息在语义和属性上却可构成一致性和冲突性两类刺激对，且红、绿两种颜色辨别及其按键反应涉及反应控制过程。因此之故，行为数据显示，反应时指标上，启动类别和靶子类别的主效应及其交互作用均不显著，以及二者相结合构成的群际冲突信息类别的主效应也不显著，即被试对非群际、群际唤醒、群际攻击和群际动作 4 类冲突线索的检测敏感性差异无统计学意义。这些非差异性可能与两个因素有关，即一是整体上，由于颜色辨别是外显的直接加工任务，可能占去了较多的认知资源，而无暇顾及前后两个刺激对之间的属性关联性，导致反应时所表征的仅是一种简单的色觉识别和动作反应能力，因而也就不受靶刺激线索的类别差异影响。

二是由于刺激对之间的冲突属性关系是在内隐水平上得以展现的，容易受外显色觉识别反应任务的干扰，从而阻碍或削弱了刺激对之间的语义关系提取，成为孤立的认知事件，也就无法观测到启动效应。简言之，行为测量方法无法灵敏地考察群际冲突信息检测和监控的时程特点与脑机制，这主要是因为刺激冲突检测主要发生在早期和中期加工阶段，与快速的刺激评价和目标觉察认知活动有关[①]。因此，在行为测量的反应时指标上，无法将冲突监测加工与行为反应执行所需的时间进行有效分离，从而混淆了刺激冲突监测效应。

（二）冲突线索有内在监测效应

与行为指标相反，来自电生理数据分析则表明，ERP总平均图上，四类群际冲突信息激发的神经电位活动具有相似的头皮分布和波形特征，均诱发了脑中线及其邻接左右两侧明显分布的N1、P1、N2、P300。从这些ERP成分的时程特点及其心理关联意义看，人们对群际冲突线索的检测主要发生在早期和晚期两个加工阶段。统计结果显示，在N1、P1两个ERP早期成分上，群际冲突信息检测活动所诱发的平均波幅及其潜伏期均存在脑区和部位差异。田（Tian）等发现当刺激间隔时间（ISI）短于150 ms时，可记录到P100、N150两个ERP成分[②]。而本研究中，ISI被设为100 ms～300 ms，平均间隔200 ms。因此，我们有理由认为尽管这两个早期加工成分主要受注意心理活动的显著影响，反映着刺激冲突认知加工的早期注意效应。但它们在不同冲突刺激监测下的波幅差异可能还与ISI有关。此外，监测加工4类群际冲突线索所引发的脑电位强度及其时间进程没有显著差异，说明在早期的刺激冲突检测中，尽管存在刺激评价阶段，但人们还无法快速地区分出刺激的社会意义或语义差别，主

---

① Zhang H., Zhang J., Kornblum S., "A parallel distributed processing model of stimulus–stimulus and stimulus–response compatibility", *Cognitive Psychology*, Vol.38, No.3, 1999, pp.386–432.

② Tian S., Wang Y., Wang H., Cui L., "Interstimulus interval effect on event–related potential N270 in a color matching task", *Clinical EEG electroencephalography*, Vol.32, No.2, 2001, pp.82–86.

要受刺激觉察活动的支配。这样一来，脑区和部位的波幅和潜伏期差异，主要反映的是由刺激的物理属性引起的视知觉和注意加工现象。

正如前文述及，N2成分或家族是大脑冲突监测系统活动的电学指标，各种刺激型和反应型冲突负载认知任务（conflict-laden tasks）中，均发现N2成分是认知控制过程的一个标志，它的心理关联意义即为个体对加工过程中冲突信息的监测和检测活动[①②]。我们发现，总体上，4类群际冲突线索的认知活动均产生了N2冲突监测效应。在群际冲突线索检测中，大脑额区的N2成分潜伏期最长，额中区次之，中央区的最短，表明脑中央区对冲突线索的觉察非常敏感，显著快于额区。另外，脑中线的N2波幅最大，主要表现在FCz电极上，这与弗斯得恩（Folstein）和万·佩滕（Van Petten）的发现一致[③]，说明额—中央区一带是人脑负责检测冲突信息或事件的主要部位。此外，这种冲突监测模式不受刺激的冲突方式或冲突性质影响，具有较强的稳健性。我们发现"动作—攻击"、"动作—正性"和"动作—中性"3类动作启动冲突信息诱发的额区N2潜伏期最长，中央区最短；脑中线N2波幅值显著大于左、右侧脑部，主要表现在Fz和FCz两个电极上。这种电生理反应模式不存在冲突信息类别的差异，可能是因为这些群际线索在"冲突"维度上具有同质性，即都反映的是社群范畴间的情绪和行为的不一致或对立。另一方面可能是混淆了执行控制与冲突检测的效应，在实验设计中，外显任务是辨别图片边框颜色，因由目标图片的随机呈现使得红、绿两种颜色辨别及其对应按键反应可构成动作反应抑制条件，而启动和目标两类图片的语义与范畴上的刺激冲突则是以间接而内隐的方式展现。这样一来，N2成分既涉及反应控制过程的电生理活动效应，也含有刺激冲突检测效应。因此，

---

① Donkers F. C. L., van Boxtel G. J. M., "The N2 in go/no-go tasks reflects conflict monitoring not response inhibition", *Brain and Cognition*, Vol.56, No.2, 2004, pp.165–176.

② Veen V., Carter C. S., "Conflict and cognitive control in the brain", *Current Directions in Psychological Science*, Vol.15, No.5, 2006, pp.237–240.

③ Folstein J. R., Van Petten C., "Influence of cognitive control and mismatch on the N2 component of the ERP: A review", *Psychophysiology*, Vol.45, No.1, 2008, pp.152–170.

群际冲突线索的监测效应可能被反应抑制效应所污染，后续研究可以进一步考虑采用外显任务关联的目标图片语义或社群范畴分类任务来分离刺激和反应冲突监测效应。

P300 成分是评估与信息处理相关的脑功能的有效电生理指标，其波幅与认知加工的效率和分配有关，低波幅表示低效的认知功能；而它的潜伏期表示的是刺激评价时间，受任务处理水平的影响[1]。我们发现，总体上，枕区 P300 潜伏期最短，顶区诱发的波幅最大，二者均与脑部位有交互作用；群际动作冲突信息诱发的 P300 波幅最大，显著高于非冲突线索、唤醒冲突、攻击线索 3 类冲突信息诱发的波幅，且左、中、右 3 个脑部具有一致性。具体来说，群际动作启动线索的冲突监测中，脑左侧的 P300 潜伏期最长，左侧、中线和右侧枕区的潜伏期均显著短于中顶区和顶区对应部位的潜伏期；顶区的 P300 波幅最大，显著高于中顶区和枕区的幅值，脑中线的波幅显著高于左侧和右侧的波幅；"动作—攻击"冲突信息在中顶区—枕区诱发的 P300 波幅显著小于"动作—中性"冲突信息所诱发的波幅。上述电生理反应模式表明，群际冲突线索检测的中晚期加工阶段，脑顶区具有高效的认知功能，可优先对群际动作冲突信息进行认知加工，而枕区则对刺激评价最快，出现了加工分配与认知评价的脑区分离现象。

（三）冲突监测的行为效应

除了探讨不同群际冲突线索监测的脑机制外，我们还尝试考察了这种冲突监测诱发的电生理特性与行为强化敏感性之间的关系。统计发现群际冲突信息监测诱发的中央—顶区分布的 N1、P300 两个 ERP 成分的潜伏期均与 BIS 敏感性呈正相关，这种关联主要适用于唤醒冲突和攻击性线索的监测过程。此结果与阿莫迪奥（Amodio）等的发现有相似之处[2]，即 BIS 与冲突监测神经机制有关，从 BIS 系统的功能看，说明人的

---

[1] Hillyard S. A., Kutas M., "Electrophysiology of cognitive processing", *Annual Review of Psychology*, Vol.34, No.1, 1983, pp.33–61.

[2] Amodio D. M., Master S. L., Yee C. M., Taylor S. E. , "Neurocognitive components of the behavioral inhibition and activation systems: Implications for theories of self-regulation", *Psychophysiology*, Vol.45, No.1, 2008, pp.11–19.

这些脑区在检测群际情绪唤醒和行为冲突信息时，时间越充裕越倾向于将这些线索知觉和解释为一种条件惩罚信号，而由此诱发的电生理活动反应特性，可以提升行为抑制系统的敏感性。另外，冲突监测诱发分布于枕区的 N1 平均幅值，以及 FC4 电极点上的 P1 潜伏期、F3 电极的 N1 潜伏期均与 BIS 敏感性呈负相关。这种负向关联性表明冲突信息的早期觉察与评估具有降低 BIS 敏感性的作用。然而，根据强化敏感性理论，行为抑制系统（BIS）同样具有冲突检测作用，它的激活与情境的冲突性和不确定性有关，其功能在于维持对环境刺激中的冲突警觉性，当检测到冲突信息时，就会将注意力聚焦在冲突刺激上，通过抑制当前行动和启动防御行为来解决冲突[1][2]。正因为如此，人们在群际动作冲突和攻击性线索检测过程中所诱发的电生理特性能够抑制 BIS 系统的敏感性。此外，统计结果还显示，人们在检测群际非冲突线索、攻击性线索和动作冲突线索时，诱发分布在 CP4、P3、P4、O1 这 4 个电极点上的一些 ERP 成分的潜伏期与平均幅值和 BAS 敏感性有正向关系。这表明在这些群际冲突线索检测过程中，人脑头皮中后部的一些电生理活动特性能够增强人们的行为激活系统的敏感性，驱动人们寻求这些线索中的奖励信号或积极成分，并采取行为应对措施，以避开它们带来的潜在惩罚和威胁。简言之，冲突监测过程激发的电生理指标与行为动力的强化敏感性存在关联性，在不同脑区或部位有不同的相关模式。

---

[1] Gray J. A., McNaughton N., *The neuropsychology of anxiety: An enquiry into the functions of the septo-hippocampal system Second edition*, Oxford: Oxford University Press, 2000.

[2] McNaughton N., Gray J. A., " 'The neuropsychology of anxiety' as it really is: A response to O'Mara 2001", *Neuropsychological Rehabilitation*, Vol.12, No.4, 2002, pp.363–367.

第六章　群际行为决策

第一节　族群安全困境决策

安全困境（security dilemma）既是用于解释国际动力关系的一个核心概念，也是一个用来分析各种社会冲突的重要理论框架。在国际关系领域，安全困境起源于国际体制的无政府主义性质，这种缺乏"超级权力"的无政府状态没有能力为每个国家的安全提供全方位保护，致使各国最终必需对自身的安全和生存负责。面对自负安全责任的境况，每一个国家都试图扩张它们在政治、经济、文化、战略和军事等方面的实力，为的是将来在国内外形势需要时能更好地保存自身，以便维护国家安全，确保社会安宁有序。然而，正是在这个国家实力扩张过程中，每一个国家都将构成其邻接国家安全的潜在威胁，削弱着邻国的安全感，进而迫使邻国采取应对措施来增强自身实力以"做最坏的准备"，这种趋同的安全扩张路径必将导致关联国家双方均处于不安全的境地[1]。因此，在无政府主义条件下，它的本质实际上是一个以实力扩张来寻求国家安全的问题，安全包括客观与主观两个方面，客观上指没有危及国家自身存在的外在物体和力量，主观上指不存在心理恐惧[2]。正如杰维斯（Jervis）所

---

[1] Herz J. H., "Idealist internationalism and the security dilemma", *World Politics*, Vol.2, No.2, 1950, pp.157–180.

[2] 王子昌：《不确定性与安全困境》，《东南亚研究》2002年第6期，第12–16页。

言，这种主观心理恐惧主要来自于一国领导者对他国现行良性意图的不确定性感知，表现为害怕他国的当前非威胁性政策在今后会变得越来越没有善意，并转化成为本国自身安全的威胁物[1]。实际上，从安全困境的心理动力学看，安全困境的存在并不需要归因于他国的攻击性和敌对意图，只要处于无政府的国家体制下，出于自我防卫需要，每一方都认为对方的实力扩张（军事能力）必然会构成自身安全的潜在威胁，且在敌意动机驱使下必将成为主动的威胁行动[2]。综上而言，安全困境把多方行动者或多边行为主体都置于一种对关联他者的扩张本质和行为意图的不信任境地，而为了消解这种不确定性和客观实力威胁，各方行动者和行为主体便不得不主动地采取进攻或防御行动来加以应对，确保安全。

这种由安全困境驱动的民族或族群动力机制也得到了研究者的广泛关注，他们认为在民族关系范畴，安全困境也是一个有效的解释性概念[3]。当采用国际关系中的安全困境核心观念来诠释同一个多民族国家境内的群际社会冲突情境时，姜安补充指出非均势化是造成民族安全困境的一个首要的结构性因素，表现在族群间的权力阶层化、利益非平等化、秩序失衡性、财富两极化、文化差异性等方面，这些非均势化因素构成群际冲突发生的先决条件[4]。另外，从民族安全困境的产生机制看，诺本德夫（Nalbandov）认为在国家管控的无政府主义条件下，每一个族群都试图依靠自身力量来竭尽所能地确保本民族利益和权利最大化，增加民族安全感。但这种单方面的安全自助行为常会引发族群之间的相互防备和意图误解，进而产生群际信息流动的地理和情感障碍，促使行为体竞相争夺社会资源、积蓄物质力量，最终使得族群双方均处于不安全境地。

---

[1] Jervis R., "Cooperation under the security dilemma", *World Politics*, Vol.30, No.2, 1978, pp.67–214.

[2] Garver J. W., "The security dilemma in Sino–Indian relations", *India Review*, Vol.1, No.4, 2002, pp.1–38.

[3] Cotter, J. M., "Cultural security dilemmas and ethnic conflict in Georgia", *Journal of Conflict Studies*, Vol.19, No.1, 1999, pp.

[4] 姜安：《国际安全困境的结构性维度》，《东北师大学报：哲学社会科学版》2006年第6期，第43–48页。

第六章 群际行为决策

具体而言，一个典型的由民族安全困境所导致的群际冲突机制常被描述为如下几个环节：首先，在国家无政府状态环境中，即使对竞争性族群的习俗和礼仪无知或所知甚少时，一个族群也往往通过曲解它们来形成虚假的敌意印象；其次，一旦形成敌意印象后，对立的族群就会通过社会区隔划分来强化各自的族群边界，正是这种人为的族群隔离减少了各方在公共场域的接触频率，致使对立各方难以有效地预测对方的行动，从而进一步增加了彼此的未来行动的不确定性；其三，行动的不确定性使得对立的族群都不易辨识彼此行为意图的善恶性质，因而加深了双方对彼此现实境况的相互误解，产生指向对方的心理恐惧感；最后，因由恐惧感而进一步衍生为群际互不信任，这种缺乏互信的群际关系使得每个族群都倾向于把来自于其他族群的各种输入信号视为虚假的、敌意的、不值得信赖的，并试图在民族安全和防御能力建设中超越对方，积极寻求不必要的额外保护，引发了更多的不安全风险。正是这种力争上游、恐为人后的群际行为响应模式既强化着族群安全的自我实现预言，也加剧了群际反制行为，继而削弱族群自身的安全利益[1]。因此之故，族群安全困境往往被视为群际冲突的触发器。

那么，族群安全困境是如何演变为公开的群际冲突或民族暴力呢？对此，研究者提出了不同的核心概念和理论观点。惠勒（Wheeler）和布斯（Booth）使用不确定性作为解释性因素，认为根源于他者行动的模棱两可性，群际双方往往易将对方的意图误解为恶意的，甚至是侵犯性的，继而产生了无事实依据的恐惧和敌意情绪，倾向于把对方的行为举动视为一种挑衅和潜在安全威胁，需要为之采取防御应对措施，以做好最坏的反制或对抗行动准备[2]。行动—响应动力论则认为一个族群为巩固自身的社会权力、增强民族安全，而采取的各种行动措施会很容易地威胁到

---

[1] Nalbandov R., "Living with security dilemmas: Triggers of ethnic conflicts ——The case of Georgia", *Transcience A Journal of Global Studies*, Vol.1, No.1, 2010, pp.42–57.

[2] Wheeler N., Booth K., "The security dilemma", In J. Baylis, N. J. Rengger, Eds., *Dilemmas of world politics: International issues in a changing world*, Oxford: Clarendon Press, 1992, pp.29–60.

其他族群的权力与安全；为了回应当事行为者的安全自助行为，另一利益关联的族群会在不确定性规避基础上，使用更为有力的反制行为；最终为摆脱这种群际实力的螺旋式竞备过程，对立各方都倾向于采用先发制人的攻击方式来消解对方给本族群造成的安全威胁[1][2]。简言之，一个族群的任何实力增强行为都有可能遭到另一关联族群的反对和抵制，最终衍生为外显的群际冲突。此外，在安全困境与群际冲突的因果联结中，唐（Tang）作了系统阐释，认为无政府状态是引发安全困境的本源，在此社会情境中，为了满足本族群的生存和安全需要，每一族群都自助地采取无恶意行动来积蓄力量，增强攻防能力，正是这种群际行为过程所引发的不确定性、恐惧感和权力竞争激活了安全困境；随后，被激活的安全困境在物理因素和心理调节变量，以及行动—响应动力学作用下，经由群际间的螺旋式竞备过程产出自我挫败结果或演变为实际的群际冲突[3]。显然，此联结模型把安全困境的成因及其产生的潜在结果进行了分离，认为安全困境并非是群际冲突爆发的直接根源，它的社会效应是在群际认知和情感过程调节作用下，通过群际间螺旋式行动—响应的动力学过程实现的。

综上而言，研究者普遍认为安全困境影响着群际动力学模式，是引发族群冲突的一个重要社会心理背景变量，被广泛用作为分析和解释各种国家冲突、群体冲突或族群冲突的理论框架。尽管支持者坚持认为安全困境可以有效解释和预测上述各种类型的社会冲突[4][5]，但证据主要来自

---

[1] Posen B. R., "The security dilemma and ethnic conflict", *Survival*, Vol.35, No.1, 1993, pp.27–47.

[2] Snyder J. L., "Perceptions of the security dilemma in 1914", In R. Jervis, R. N. Lebow, J. G. Stein, Eds.,*Psychology and deterrence*, Baltimore & London: Johns Hopkins University Press, 1985, p.155.

[3] Tang S., "The security dilemma and ethnic conflict: Toward a dynamic and integrative theory of ethnic conflict", *Review of International Studies*, Vol.37, No.2, 2011, pp.511–536.

[4] Glaser C. L., "The security dilemma revisited", *World Politics*, Vol.50, No.1, 1997, pp.171–201.

[5] Kirwin M., "The security dilemma and conflict in Côte d'Ivoire", *Nordic Journal of African Studies*, Vol.15, No.1, 2006, pp.42–52.

第六章 群际行为决策

于对不同冲突个案发生机制的静态理论解析[①②③]，缺乏一种预测性的动态实证研究思路。此外，虽然不确定性、恐惧、误解误判、善性意图、最坏情况假设（worse-case assumption）、权利竞备、威胁评估、"攻势"优势、决策过程等概念被视为安全困境的核心要素，但关于这些社会心理变量在冲突机制模型中的作用还仅停留在理论分析水平，缺乏可靠的实证研究证据。鉴于此，为了进一步揭示安全困境中的群际行为动力特性，我们采用情景实验决策范式，首先构建了一个群际安全困境，然后根据行动—响应动力论的观点设置了一套群际事项决策材料，要求被试在族群成员角色扮演基础上，对这些群际实力竞备材料进行评判和行为反应。最后，根据唐对安全困境因果模型中调节变量的阐释，考察群际熟悉度、行为决策一致性、理性选择变量对群际行为动力的调节作用[④]。为达成上述目的，我们提出如下假设：首先，依据群际接触理论，即认为学习和认知外群体具有改善群际态度、刻板印象，产生情感联结以及调节群际行为过程的积极效应[⑤⑥]，假设 H1 认为群际熟悉度在群际行为决策中起着调节作用。其次，在攻击和防御能力难以明辨的条件下，安全困境显得尤为强烈[⑦]，此时一个族群的大多数实力加强行动容易被其他族群解释为一种安全威胁。据此，我们可以推论当群际双方能清楚地确知对方的实

---

① Alexseev M. A., Hofstetter C. R., "Russia, China, and the immigration security dilemma", *Political Science Quarterly*, Vol.121, No.1, 2006, pp.1–32.

② Dulić T., Kostić R., "Yugoslavs in arms: Guerrilla tradition, total defence and the ethnic security dilemma", *Europe-Asia Studies*, Vol.62, No.7, 2010, pp.1051–1072.

③ Welt C., "The thawing of a frozen conflict: The internal security dilemma and the 2004 prelude to the Russo-Georgian war", *Europe-Asia Studies*, Vol.62, No.1, 2009, pp.63–97.

④ Tang S., "The security dilemma and ethnic conflict: Toward a dynamic and integrative theory of ethnic conflict", *Review of International Studies*, Vol.37, No.2, 2011, pp.511–536.

⑤ Pettigrew T. F., "Intergroup contact theory", *Annual Review of Psychology*, Vol.49, No.1, 1998, pp.65–85.

⑥ Pettigrew T. F., Tropp L. R., "How does intergroup contact reduce prejudice? Meta-analytic tests of three mediators", *European Journal of Social Psychology*, Vol.38, No.6, 2008, pp.922–934.

⑦ Posen B. R., "The security dilemma and ethnic conflict", *Survival*, Vol.35, No.1, 1993, pp.27–47.

际和潜在行为反应时，便可理性地作出应对行动，进行更合理的行为决策，从而减少群际安全困境。在此推论基础上，我们假设（H2）群际行为决策一致性能显著影响群际行为动力模式。最后，理性选择理论从经济学角度应用合理性概念来解释群际冲突现象，认为不同族群间的冲突往往是双方为争夺稀缺资源而引起的，一般而言，权力、威望、领土、地位或财富被视为重要的社会资源，一个群体的获益意味着另一群体的损失。因此，在这种风险条件下，每个族群行为体都必需通过评估和权衡一个行动的预期效用来决断执行何种行为[①]。根据上述观点，我们假设（H3）作为一种备择行动的预期奖励和成本指标，个体的群际收益感知可以明显调节其行为决策过程。

一 研究方法与过程

（一）被试

采用招募和推介相结合的办法，选取云南省边疆地区 H 高校彝族和汉族大学生被试共 34 名，男性 17 名、女性 17 名，年龄 17～26 岁，平均年龄 20.50 岁，$SD=1.93$。其中汉族大学生 14 名，男 9 名、女 5 名，年龄 18～22 岁，平均年龄 19.71 岁，$SD=1.33$；彝族大学生 20 名，男 8 名、女 12 名，年龄为 17～26 岁，平均年龄 21.05 岁，$SD=2.11$。所有被试自愿参与实验，并得到一个软抄笔记本或毛巾作为回报。

（二）材料

据诺本德夫（Nalbandov）剖析的群际安全困境及其原因变量[②]，编制了民族困境和群际事件两类材料。民族困境材料中，首先根据"非均势化"观点描述了 Garme 和 Honky 两个虚构的民族在居住疆域、人口数量、经济和文化水平、体貌特征、生活方式等方面的结构性差异。然后，依据族群安全困境理论观点，细致地阐释了这两个民族的群际关系及其

[①] Piliavin I., Gartner R., Thornton C., Matsueda R. L. "Crime, deterrence, and rational choice", *American sociological review*, Vol.51, No.1, 1986, pp.101–119.

[②] Nalbandov R., "Living with security dilemmas: Triggers of ethnic conflicts ——The case of Georgia", *Transcience A Journal of Global Studies*, Vol.1, No.1, 2010, pp.42–57.

动力学模式。具体内容如下：

雅尔兹国家的朗突区地处该国边疆偏远地带，该区所管辖内的领土与多个国家交界接壤。Garme 族和 Honky 族是朗突区内的两大支系民族，其中 Garme 族人口总数达 100 多万，是该区内的主体民族，经济和文化的发展水平相对较高，而 Honky 族是一支跨境民族，区内人口总数较少，约 8 万，且国境内总人口数为 10 余万，比国外的 120 万人口少许多，在该区属于经济发展相对弱势的民族。其他族群差异及群际困境信息参见表 6-1。

表 6-1　　　　Garme 和 Honky 两民族的族群差异及群际困境

民族	生理体貌特征	文化习俗概貌	群际互动情况
Garme	体型高大、浓眉大眼、体肤黝黑、脸面狭扁、轮廓分明，男性留短发、蓄络腮胡，女性留长发、纹面	喜欢傍山而居，使用 Garme 族语和文字，以荞麦为主食，喜欢吃狗肉和鼠肉。	①由于两个民族的语言互不相通，只有少部分人能借助雅尔兹国语进行简单的交流和沟通，加之他们的生活习俗相差较大，所以彼此互不往来，在时空和情感上互相疏离，常常曲解对方的习俗、礼仪。 ②在日常生活交往中，两个民族表面上相互尊重，但在心理上则彼此互不信任，相互防备。 ③此外，在民族关系史上，两个民族曾发生过几次重大的局部流血暴力争斗。 ④长期以来，两个民族缺乏关系维系和情感联结的公共纽带，没有能力有效预测对方的未来行动意图，并对这种意图的不确定性充满恐惧感（因不易区分意图的邪恶与善良）， ⑤为了消解这种群际恐惧感，维护自己本民族的利益和权利，保证自己民族能长续久存和生存安全，他们都设法从自己的角度去发展和壮大民族实力（物力、财力和防卫能力）来保障这种安全需求，增加安全感。 ⑥但在民族安全防御能力提升和赶超行动中，两个民族都认为自己的行为是善意的，且这种善意无需言表，可被对方清楚的知道，而对方所有的举动都是针对本民族的，会削弱本民族的生存和社会安全。 ⑦尽管两个民族各自都无意去激怒对方，但双方都害怕彼此现行的各种善意安全行为措施会在将来某时变得不友好，成为本民族安全的最大威胁。
Honky	体格矮小、眉清目秀、体肤净白、脸面宽圆、轮廓模糊，男性留长发、穿耳戴饰，女性留短发	喜欢傍水而居，使用 Honky 族语和文字，以稻米为主食，喜欢吃驴肉和蝌蚪。	

族际情境事件涉及煤矿运输、语言文字、水力电站、混合住宿、族际通婚、民族联盟、食品促销、修建工厂、国家公职、人口生育、金矿开采、事故责任等12个主题。每一主题的行为体都分别由Garme和Honky两个民族构成，共组合成24个族际事件决策任务，具体的表述详见附录8。

（三）程序

签署知情同意书后，每一对被试通过抓阄方式预先确定各自所扮演的民族成员角色。实验主程序由"族群知识学习 → 群际情境事件决策 → 决策信息反馈"3大组块构成，整个实验流程如图6-1所示。

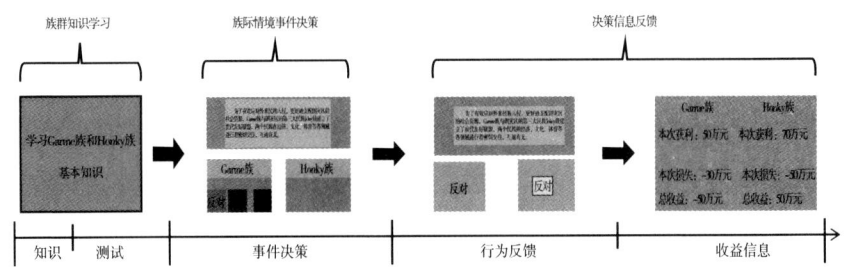

图6-1 民族安全困境下群际事件行为决策任务的实验流程

所有任务材料均采用E-prime 1.0软件编程在电脑屏幕中央呈现，作答反应通过预设键盘键钮后按键记录。在族群知识学习任务中，首先需要认真阅读和识记一则关于雅尔兹国家朗突区Garme族和Honky族两大民族的基本信息（详见材料部分），不设时间限制，直到被试自认为记住为止，随后完成相关内容的记忆测试。族群知识测试题项由3个单选题和11个判断题组成，具体题目内容参见附录9。这些测题被制成600像素×450像素的白底色"bmp"格式图片，其文字为浅蓝色，以完全随机且无时限方式呈现。作答界面背景色设为绿黄色（lime），其余属性的参数为默认值。作答时，指示被试仔细阅读每一题项，根据阅读材料中有关Garme族和Honky族的信息及其群际动力关系，选择出符合这两个族群实际情况的一个答案，并将所选答案前面的数字代号通过按键盘上对应的数字键钮记录。一旦选定答案便进入下一题的作答界面，直到完成全部题目。所有题目均提供了持续 300 *ms* 的"正确"或"错误"的作答反馈，以及累加测试成绩信息。此学习任务旨在让被试熟知群际关系，并置身于民族安全困境。

测试任务结束后，屏幕提示被试记住 Garme 族和 Honky 族的相关信息，继续完成族际情境事件决策任务。此任务的核心流程如下："+"注视点（居中呈现，时限 1000 *ms*）→ 事件决策 → 行为反馈 → 收益反馈。一个完整的族际情境事件决策界面如图 6-1 中 Garme 族成员的行为反应决策界面所示，被一分为三，上半部分用来完全随机呈现 24 个族际情境事件，左下半部分用于展示被试所扮演民族（Garme 族）的备选行为方式，右下半部分只显示另一个族称（Honky 族）、且它的行为备选区域设为灰色，表示被试无法预知对方族群的行为决策。事件决策中，被试在仔细阅读完每一个无呈现时限的族际情境事件后，都需根据他们先前识记过的群际信息，以及所扮演的民族成员身份，设身处地的对各种情境事件作出"反对、支持或防御"3 类行为选择，对应地依次按数字键 1、2 和 3 进行记录。一旦行为选定后即进入下一个情境事件的决策界面，直到完成全部的族际事件决策。

为了考查行为一致性和理性选择在族际情境事件决策中的作用，在每一个事件决策后都提供了行为和收益两种信息反馈，并假设这两种反馈能够影响或调解被试的后继决策行为。在决策信息反馈中，行为反馈界面同时展现了两个民族的行为选择结果，被试可以看到自己的决策与对方民族成员决策的一致性或差别，呈现时限为 3000 *ms*。蓝绿色（cyan）背景的收益反馈界面同时显示了两个民族在每次行为决策后的获利、损失和总收益情况，持续时限为 1000 *ms*，被试可以进行直观的收益比较。此外，在研究实施中，尽管实验前已告知每一对被试，他们各自的行为选择可以被彼此知晓，且每次决策都会带来收益或者损失，并用代币法来评估被试每次决策的获利和损失的程度，以及累积的总收益情况，但实际上，对方民族的 3 种行为反应均是被预先设定后并由电脑完全随机呈现的。同样地，每个民族的单次决策收益也是被预先设定好的，即划分为 −70、−50、−30、0、30、50、70 共 7 个等级，均由电脑完全随机呈现,当显示的数字≥0时,则判定为决策获利,而在数字＜0时,即为决策损失,决策总收益则等于每次决策收益之和。最后,在完成所有决策任务后,提示被试实验任务结束,并向他们呈现感谢词和祝福语。

(四)数据处理

首先,计算被试的族群知识测试成绩。把14个族群知识测试题中作答正确的题项数累加所得的数值记为群际知识分数,用作群际熟悉度指标。

其二,计算族际情境事件行为决策分数。计算24个族际情境事件决策中被试选择反对、支持、防御3种行为的频次,然后将各自所得数值记为相应的3种群际行为决策指标。另外,由于Garme族和Honky族都分别被表述为同一族际情境事件中的行为施动者和行为受体,故我们还可以把被试的事件决策区分为内群体行为决策和外群体行为决策两类。在此分类基础上,我们计算了12个内群体作为施动者的情境事件的3种行为频次,作为内群体事件行为决策指标;同样地,计算被试对12个外群体施动者的情境事件的3种行为频次,作为外群体事件行为决策指标。

其三,计算行为决策一致性指数。根据克里彭多夫(Krippendorff)提出的内容分析信度Krippendorff's α系数的计算办法[①],把被试的决策行为反应和电脑随机呈现的行为类别视为由两个决策者独立判定获得的名义数据,然后根据该系数的对应计算公式,计算得到一列决策者一致性Krippendorff's α系数,将其视为行为决策一致性指数,借助统计分析检验它在群际情境事件决策中的效用。

其四,把由电脑随机呈现并累加后的代表另一民族的总收益,用作他族收益指标;同样地,把每个被试所扮演民族的决策总收益用作本族收益指标。这两个指标被视为理性选择变量的不同测度,纳入统计程序,考查它们在群际事件行为决策中的作用。

---

① Krippendorff, K., "Computing Krippendorff's Alpha-Reliability", Annenberg School for Communication Departmental Paper 43, Retrieved from https://repository.upenn.edu/asc_papers/43, 2011.

最后，采用 SPSS 22 for windows 软件，进行重复测量方差和协方差分析。

二 安全困境行为偏好

（一）群际行为选择倾向

以行为频次为因变量，进行 2（社群范畴：G 族、H 族）× 2（群际事件：G 族事件、H 族事件）× 3（行为决策：反对、支持、防御）的混合设计方差分析。统计结果显示，群际行为决策中，社群范畴和群际事件的主效应均不显著。行为决策主效应显著，$F(2, 64)=58.70$，$p<0.0001$，$\eta^2_{partial}=0.65$。事后多重均值比较 LSD 检验显示，支持行为（$M=6.35$）多于反对行为（$M=3.16$）多于防御行为（$M=2.47$），$p<0.05$ 或 0.0001。

群际事件、行为决策与社群范畴的三重交互作用显著，$F(2, 64)=37.87$，$p<0.0001$，$\eta^2_{partial}=0.54$。简单简单效应分析显示，同族事件不同行为决策的社群范畴主效应均显著，G 族事件的行为决策中，G 族的反对行为频次（$M=2.06$，$SD=1.29$）少于 H 族的反对行为频次（$M=3.56$，$SD=1.25$），$F(1, 32)=11.76$，$p=0.002$；G 族的支持行为（$M=8.25$，$SD=1.95$）多于 H 族的支持频次（$M=4.89$，$SD=1.57$），$F(1, 32)=31.00$，$p<0.001$；G 族的防御决策（$M=1.69$，$SD=1.70$）少于 H 族的防御频次（$M=3.50$，$SD=1.54$），$F(1, 32)=10.61$，$p=0.003$。

在 H 族事件的行为决策中，H 族的反对行为（$M=2.78$，$SD=1.44$）少于 G 族的反对行为频次（$M=4.25$，$SD=1.61$），$F(1, 32)=7.93$，$p=0.008$；H 族的支持行为频次（$M=7.67$，$SD=2.00$）多于 G 族的支持行为频次（$M=4.63$，$SD=2.06$），$F(1, 32)=19.03$，$p<0.001$；H 族的防御行为频次（$M=1.56$，$SD=1.46$）少于 G 族的防御频次（$M=3.13$，$SD=2.39$），$F(1, 32)=5.46$，$p<0.026$。

（二）行为决策调节因素

根据安全困境理论，在无法决断他族的实力扩张意图时，决策者通常采取防御和攻击两种行动来应对群际安全困境，削弱他族的安全威胁，以确保本族的族群安全[①]。据此，可把反对和防御两种行为决策视为群际安全困境的应对方式，进一步分析这两种群际行为决策的调节因素。以群际熟悉度、行为决策一致性、本族收益、他族收益为协变量，进行群际、内群体和外群体行为决策（反对、防御）单因素重复测量方差分析，结果如表6-2所示。分析表明，被试对群际的防御和反对两种行为决策存在显著性差异，$\eta^2_{partial}=0.14$，但在使用群际熟悉度为协变量时，这两种行为差异不显著，效应量明显减小。

表6-2　　安全困境下群际行为决策的协方差分析

变异来源	III型平方和	自由度	均方	F	p	Partial η^2
群际行为决策	47.78	1	47.78	5.52	0.025	0.14
误差（群际）	285.72	33	8.66			
群际行为决策（群际熟悉度）	5.53	1	5.53	0.62	0.435	0.02
误差（群际）	283.38	32	8.86			
群际行为决策（决策一致性）	46.07	1	46.07	5.20	0.029	0.14
误差（群际）	283.75	32	8.87			
群际行为决策（本族收益）	52.92	1	52.92	6.04	0.020	0.16
误差（群际）	280.55	32	8.77			
群际行为决策（他族收益）	62.41	1	62.41	8.01	0.008	0.20
误差（群际）	249.49	32	7.80			
内群体事件行为决策	14.13	1	14.13	5.16	0.030	0.14
误差（内群体）	90.37	33	2.74			
内群体事件行为决策（群际熟悉度）	0.15	1	0.15	0.05	0.819	0.002
误差（内群体）	89.65	32	2.80			
内群体事件行为决策（决策一致性）	14.69	1	14.69	5.28	0.028	0.14
误差（内群体）	89.11	32	2.79			
内群体事件行为决策（本族收益）	16.84	1	16.84	6.15	0.019	0.16

[①] Wheeler N., Booth K., "The security dilemma", In J. Baylis, N. J. Rengger, Eds., *Dilemmas of world politics: International issues in a changing world*, Oxford: Clarendon Press, 1992, pp.29–60.

续表

变异来源	III型平方和	自由度	均方	F	p	Partial η2
误差（内群体）	87.56	32	2.74			
内群体事件行为决策（他族收益）	18.47	1	18.47	7.42	0.010	0.19
误差（内群体）	79.63	32	2.49			
外群体事件行为决策	8.47	1	8.47	1.86	0.182	0.05
误差（外群体）	150.53	33	4.56			
外群体事件行为决策（群际熟悉度）	7.75	1	7.75	1.72	0.200	0.05
误差（外群体）	144.52	32	4.52			
外群体事件行为决策（决策一致性）	7.33	1	7.33	1.63	0.211	0.05
误差（外群体）	143.72	32	4.49			
外群体事件行为决策（本族收益）	8.29	1	8.29	1.76	0.194	0.05
误差（外群体）	150.36	32	4.70			
外群体事件行为决策（他族收益）	11.64	1	11.64	2.63	0.115	0.08
误差（外群体）	141.56	32	4.42			

同样地，在行为决策一致性为协变量时，群际行为决策变量的平方和及其效应量有所下降，但两种行为差异依然显著；以本族收益和他族收益为协变量时，群际行为决策的效应量均明显增加，$\eta^2_{partial}$的值为0.16和0.20。内群体事件行为决策中，反对和防御行为的选择存在显著性差异，这种差异引起的效应量可解释总变异的13.52%，加入群际熟悉度协变量后，两种行为决策差异不显著，且效应量显著降低，而在使用行为决策一致性、本族收益、他族收益为协变量时，反对、防御两种行为差异变大，内群体事件行为决策的效应量明显增加。外群体的两种行为决策差异不显著，且使用群际熟悉度、行为决策一致性、本族收益为协变量时，外群体事件行为决策变量的效应量均变小，但以他族收益为协变量时，该因素的效应量有所增加（2.27%），他族收益协变量的主效应显著，$F(1, 32) = 5.71$，$p=0.023$。

三 群际事件应对倾向

安全困境把不同族群置于安全自救境地，因此之故，同一区域内不

群际关系心理预警机制研究

同族体的相同行为举动常被各自相互确认为非理智的、富有攻击性的,必将构成本民族自身存在与发展的安全威胁。在无法确知其他族群的行为意图时,为了减少成为其受害者的风险,每一族群都会认为采取群际攻击优于被动防御,敌对姿态比群际合作更安全。基于这种族群安全困境机制,我们设置了族际情境事件,考察了不同族群的行为决策特点。统计分析发现,在安全困境场域中,族群成员面对群际事件行为决策时,除了总体上优先选择支持行为外,使用反对行为的频次显著多于防御行为。这种行为动力特征突出地体现在内族群的民族安全事务决策中,而在外族群安全事务的判断中,行为决策差异仅体现在支持行为的选用频次高于防御行为上,二者与反对行为间的频次差异均不显著。这种内、外有别的群际行为动力特征可能与如下因素有关,即一是从决策内容看,需要族群成员进行决策判断的事项都是有利于增强一个族群的经济、社会、文化等方面的实力,或者利于改善群际关系和人口优势。尽管这些举措可以直接提升一个当事族群体的社会生态环境、增强其族群社会安全,但对同一地缘的其他族群来说,可能就构成了严重的生存和安全威胁。因此,每一个族群成员都倾向于支持本族群采取实力增强行动和群际攻击性或威胁性行为加以应对。其二,实验任务中,要求族群成员在熟知两个族群存在结构性差异的基础上,决断群际双方的单向族群自利行为,此时其他族群的相同行为事项往往被视为一种威胁。根据群体威胁理论,外群体的经济竞争和文化威胁是引发群际冲突的重要心理因素[1][2]。当感知到族群间存在物质资源争夺关系,以及价值观和生活范式存在冲突时,族群成员就会采用负性态度和行为处理群际事件。安全困境理论也认为一个族群总是尝试降低成为另一个敌意群体或竞争性族群的受害者的风险,并坚信采取攻势行动优于防御行动。此外,普拉藻斯卡

---

[1] McLaren L. M., "Anti-Immigrant prejudice in Europe: Contact, threat perception, and preferences for the exclusion of migrants", *Social Forces*, Vol.81, No.3, 2003, pp.909–936.

[2] Quillian L., "Prejudice as a response to perceived group threat: Population composition and anti-immigrant and racial prejudice in Europe", *American Sociological Review*, Vol.60, No.4, 1995, pp.586–611.

斯（Prazauskas）指出任何形式的社会冲突皆是不同群体间利益冲突或价值取向不相容所导致的结果[①]。综上，安全困境下的群际行为动力模式是内群体偏向和理性选择两种心理过程合力的产物。

为了探查安全困境中群际行为动力特征的影响因素，我们分析了群际熟悉度、决策一致性、理性选择变量的调节效应。统计显示，群际熟悉度、决策一致性、本族收益和他族收益4个协变量均可降低群际、内群体、外群体3种行为决策变量的平方和，减少或增加其效应量，表明它们在一定程度上可调节反对和防御两种攻势行为决策。其中群际熟悉度在3种行为决策条件下均具有负向调节作用，明显减少了3者的效应量，此结果与假设H1一致，即在群际熟悉度的调节下两种攻势行为的频次差异被减弱了，其原因可能在于经由学习获得的群际经验增进了双方相互的理解和尊重[②]，从而降低了外显性反对行为。另一个不可忽视的因素是族群成员的群际熟悉度分值偏高端（得分10～14，$M=12.56$，$SD=1.48$），在统计上可能高估了这种调节效应。同样地，行为决策一致性在群际和外群体事件行为决策中具有负向调节作用，可在一定程度上减小反对和防御两种行为的选用差异，而在内群体事件行为决策中具有正向调节作用，增加了效应量，加大两种行为的频次差异。这与假设H2基本一致，即决策一致性可以调节群际行为动力模式，其原因在于：尽管缺乏一致而可靠的他者信息是安全困境的一个基本特性[③]，在此情境中，这两种行为易被不同族群感知为敌意的、险恶的、攻击性的，需要采取更具暴力性和破坏性的反制行为来主动应对，但因由行为者双方的决策一致性可能降低了彼此行为意图的不确定感，进而允许双方可直接根据对方的行为反应来决断己方的应对措施，而无需求助于深层次的心理过

[①] Prazauskas A., "Ethnic conflicts in the context of democratizing political systems", *Theory and Society*, Vol.20, No.5, 1991, pp.581–602.

[②] Lett H. A., "Techniques for achieving interracial cooperation", *Harvard Educational Review*, Vol.15, No.1, 1945, pp.62–71.

[③] Kühn F. P., "Securing uncertainty: Sub-state security dilemma and the risk of intervention", *International Relations*, Vol.25, No.3, 2011, pp.363–380.

程解释。也正是因为这种显在的群际行为过程促使族群双方及时调整应对策略，采用了较为趋同的行为模式。与此相反，内群体事件行为决策中的决策一致性正向调节效应可能与族群成员的内群体利益聚焦有关，为确保一个行动的预期效用，作为决策者的族群个体必须理性而明确地作出行为反应，而不是选用模棱两可的防御行为。此外，决策一致性在群际行为决策中的调节效应差异可能与它的观测方式有关，毕竟外群体的行为反应是由电脑随机控制的，因此，后续研究可以通过改善程序设计来进一步揭示它们的关系。

前文假设（H3）群际收益感知能有效调节决策者的行为反应，与之相一致，我们发现当使用本族收益和他族收益为协变量来调整群际和内群体事件两类行为决策时，两种攻势行为反应的频次存在显著性差异，表明群际收益感知在群际和内群体事件的行为动力中具有正向调节作用。另外，在进行外群体事件行为决策时，虽然族群成员对两种行为的选择无显著性差异，但加入本族收益协变量后，其效应量呈下降趋势，而在使用他族收益为协变量时，却可显著提升该因素的效应量。对于这些行为反应差异及其调节作用，除安全困境理论将其根源归结为群际间行为意图的不确定性外，理性选择理论者[1][2]则认为，行动者的行为选择是由备选行为的期望效用所驱动的，为使效用最大化，需要对备选行为进行成本和收益的理性计算，这样一来，在主观上，选择执行的行为往往被认为比其他备择行为能带来更多利润和经济收益。因此，每一个族群成员在决断群际和内群体事务时，主观理性计算将使他们按照内群体偏向和收益优先的原则，作出行为决策和行动回应。相应地，在外群体事务的行为决策中，由于事件本身是有利于外群体的，其目的在于增强外群体实力，故只要一个决策事件不构成内群体的生存和安全威胁，即可快速做出行为反应，而无需过多考虑行为的后果或者效用。此外，值得注

---

[1] Arsovska J., & Kostakos P., "Illicit arms trafficking and the limits of rational choice theory: the case of the Balkans", *Trends in Organized Crime*, Vol.11, No.4, 2008, pp.352–378.

[2] Mouzelis N., *Sociological theory: What went wrong? Diagnosis and remedies*, London: Routledge, 1995.

意的是，虽然群际收益感知的两个指标设计在理论上符合安全困境理论中的不确定性观点，但在统计上计量的却是由电脑完全随机呈现的一组等距数据之和，没有进行实际的效用评估。因此，后续研究可以考虑基于决策事件的效用预评估，来设置不同行为反应的期望效用水平，同时使实验程序中的情境更具交互性和真实性。

简而言之，安全困境下的善意行动措施具有攻防双重目的，这种不确定性在心理上易引发当事者对彼此的恐惧、误解、敌意和误判，在行为上，迫使行动者双方基于最坏情况假设陷入实力和权利的竞备困境。为了摆脱此困境下的竞备风险和安全威胁，双方或多方当事者往往在行动—响应动力学过程中，借助社会心理变量的调节作用，来组织各自的行为决策过程，并执行高期望效用行为。由此可见，一个群体的行为决策过程及其输出行为性质将决定着不同国家、不同群体或族群之间的行为动力模式，这种动力特征支配着它们的接触和交往方式，乃至文化心理体验和社会意义表达样式。

第二节 群际偏向决策机制

群际偏向（intergroup bias）是群体过程中的普遍现象，作为一种社会性需求，对人的社会适应和生存发展起着重要作用。它是人们借助于内群体和外群体之间的社会性比较来获得社会认同，建构自我概念的有效途径，体现为将正性或负性的情感、认知、价值观、特质、态度和行为等方面的心理特征，以一种系统偏向的方式赋予某个特定的社会群体或族群[1][2][3]。萨姆纳（Sumner）最早将这种群际偏向界定为人们把自己所

---

[1] Dasgupta N., "Implicit ingroup favoritism, outgroup favoritism, and their behavioral manifestations", *Social Justice Research*, Vol.17, No.2, 2004, pp.143–169.

[2] Hewstone M., Rubin M., Willis H., "Intergroup bias", *Annual Review of Psychology*, Vol.53, No.1, 2002, pp.575–604.

[3] Rustemli A., Mertan B., Ciftci O., "In-group favoritism among native and immigrant Turkish Cypriots: Trait evaluations of in-group and out-group targets", *The Journal of Social Psychology*, Vol.140, No.1, 2000, pp.26–34.

群际关系心理预警机制研究

属群体的事象观念视为一切事物的中心，其他所有事项的衡量和评定都要参照它进行，并用民族优越感（ethnocentrism）来定义对内群体的积极情感，而且发现这种自豪感和优越感等积极情感总是与对外群体的消极情感捆绑在一起[1]。后来研究者们把这种群际关系中的偏向区分为内群体偏好和外群体偏差两种类型，前者强调与外群体及其成员相比较时，当事者倾向于将积极特征赋予他们自身所属的群体及其成员，后者则是人们把更多的积极特征归属于外群体及其成员的倾向[2]。较早的研究探讨了印象评定、归因、特质判断、奖赏分配等内群体偏好的认知动力特征[3][4][5]，发现不管有无任何关于内群体和外群体的相关信息时，人们都倾向于认为内群体比外群体有着更多的积极品质，并借助于认知操作活动来维系这种群体偏私信念（group-serving beliefs），如低估、歪曲或遗忘关于内群体的消极信息[6]。新近的研究则探讨了群际偏向的内隐特性及其行为效应[7]，以及它的核心演化机理[8]。

随着世界范围内各种危害性群际冲突的频频发生，研究者们把关注焦点转向了群际偏向的社会心理效应及其相关变量的探究，期望找到有

---

[1] Sumner, W. G., *Folkways: A study of the sociological importance of usages, manners, customs, mores, and morals*, Boston, MA: Ginn and Company, 1906.

[2] Hewstone, M. Giles, H., "Social groups and social stereotypes", In W. B. Gudykunst, Ed., *Intergroup communication*, London: Edward Arnold, 1986, pp. 10–20.

[3] Gerard, H. B., Hoyt, M. F., "Distinctiveness of social categorization and attitude toward ingroup members", *Journal of Personality and Social Psychology*, Vol.29, No.6, 1974, pp.836–842.

[4] Sidanius J., Pratto F., Mitchell M., "In-group identification, social dominance orientation, and differential intergroup social allocation", *The Journal of Social Psychology*, Vol.134, No.2, 1994, pp.151–167.

[5] Brewer M. B., "In-group bias in the minimal intergroup situation: A cognitive-motivational analysis", *Psychological Bulletin*, Vol.86, No.2, 1979, pp.307–324.

[6] Howard J. W., Rothbart M., "Social categorization and memory for in-group and out-group behavior", *Journal of Personality and Social Psychology*, Vol.38, No.2, 1980, pp.301–310.

[7] Dasgupta N., "Implicit ingroup favoritism, outgroup favoritism, and their behavioral manifestations", *Social Justice Research*, Vol.17, No.2, 2004, pp.143–169.

[8] Hammond R. A., Axelrod R., "The evolution of ethnocentrism", *Journal of Conflict Resolution*, Vol.50, No.6, 2006, pp.926–936.

效管控群际偏向负性作用的调节因素。已有研究表明认同动机中的区别性和归属动机可以有效预测人们的群体偏好[①],由自我锚定引起的内群体偏好,是人们将积极的自我表征延伸到自己所属内群体的结果[②]。另一些研究则发现操控认知活动和认知能力可以有效调控个体的群际偏向行为,如观点采择、统计推理、认知闭合需要等认知因素可以减弱或增强人们的群体偏好效应[③④]。在个体因素的探讨中,研究者还发现群际偏向与人格因素有关,公众集体自尊得分高者的内群体偏好比得分低者强烈[⑤]。从社会文化因素看,群际偏向存在跨文化差异,在个体自身表现较好而其所属内群体表现较差时,西方个体主义文化中的人们很少倾向于内群体偏好,而在集体主义取向的中国文化背景下,个体均表现出了较强的内群体偏好[⑥]。此外,地位级差也是影响群际偏向的重要调节变量,研究发现当与社会弱势群体成员相比时,社会优势群体成员通常表现出更多的内

[①] Vignoles V. L. Moncaster N. J., "Identity motives and in-group favouritism: A new approach to individual differences in intergroup discrimination", *British Journal of Social Psychology*, Vol.46, 2007, pp.91–113.

[②] Vanhoomissen T., Overwalle F. V., "Me or not me as source of ingroup favoritism and outgroup derogation: a connectionist perspective", *Social Cognition*, Vol.28, No.1, 2010, pp.84–109.

[③] Galinsky, A. D., Moskowitz, G. B., "Perspective-taking: decreasing stereotype expression, stereotype accessibility, and in-group favoritism", *Journal of personality and social psychology*, Vol.78, No.4, 2002, pp.708–724.

[④] Shah J. Y., Kruglanski A. W., Thompson E. P., "Membership has its (epistemic) rewards: need for closure effects on in-group bias", *Journal of Personality & Social Psychology*, Vol.75, No.2, 1998, pp.383–393.

[⑤] Cremer D. D., "Relations of self-esteem concerns, group identification, and self-stereotyping to in-group favoritism. *Journal of Social Psychology*, Vol.141, No.3, 2001, pp.389–400.

[⑥] Chen Y. R., Brockner J., KatzT., "Toward an explanation of cultural differences in in-group favoritism: the role of individual versus collective primacy", *Journal of Personality and Social Psychology*, Vol.75, No.6, 1998, pp.1490–1502.

群体偏爱和外群体偏见[①]。综合来看，我们认为动机、认知、人格、文化、地位等相关变量对人们的群际偏向行为具有显著的调节作用，科学的操控和利用这些因素可以有效地抑制负性群际偏向行为。而从理性选择理论看，任何行为的发生与否主要取决于人们对行为效用的理性"成本—收益"分析。因此，我们假定收益反馈信息在群际偏向行为决策中具有重要的调节效应，对于这种作用机制的实证考察将是认识群际偏向本质的又一个有效途径。

除广泛探讨群际偏向的行为表现及其调节因素外，另一些研究者还对它的发生机制进行了理论解释。其中社会认同理论将群际偏向的心理根源归结为人们的社会分类过程及其社会认同效应，强调个体一旦在社会或心理意义上将他们自身归属于某个特定的社会范畴或群体后，便会在认知、信念、情感、态度和行为等方面更为偏袒和支持内群体成员[②]，同时表现出对外群体的负性评价，并形成群体间的偏见、歧视、敌意、竞争，甚至引发暴力冲突或攻击行为。相关实验研究发现在社群范畴化后，即使某种社群身份是一种临时的、表面的、甚至是明显无意义的，人们也倾向于采用偏向内群体的方式来评价绩效、分配资源。从社群边界理论看，知觉到族群差异影响人们的成就感、归属感、公平感时，群际关系趋向于不和谐、相互排斥对立[③]；当族群相异性威胁到人们的价值观与规范、负面影响自我概念、产生不确定性和焦虑时[④]，这种相异性就

[①] Smith D. R., DiTomaso N., Farris G., Cordero R., "Favoritism, bias, and error in performance ratings of scientists and engineers: The effects of power, status, and numbers", *Sex Roles*, Vol.45, No.5–6, 2001, pp.337–358.

[②] Tajfel H., Turner J. C., "The social identity theory of intergroup behavior", In S. Worchel, W. G. Austin, Eds., *Psychology of intergroup relations*, Chicago: Nelson-Hall, 1986, pp.7–24.

[③] Schaafsma J., "Interethnic relations at work: Examining ethnic minority and majority members' experiences in the Netherlands", *International Journal of Intercultural Relations*, Vol.32, No.5, 2008, pp.453–465.

[④] Stephan W. G., Stephan C. W., "Intergroup anxiety", *Journal of Social Issues*, Vol.41, No.3, 1985, pp.157–175.

会减少群际之间的相互吸引,导致人们避免群际接触,消极互动反应[①②],产生内群体偏向和外群体贬抑。显然,依据这些理论观点,一个合乎逻辑的推论就是在群际动力学关系中,只要存在社会分类和群际边界感知过程,群体成员就会采取群际差异化策略来处理群际事务,区别对待内群体和外群体。

综上所述,为维护和提升一个社群身份的积极情感和自我概念水平,人们常倾向于以某种积极的方式将内群体从相关联的外群体中区别开来,表现出内群体偏好和外群体偏见两种群际心理效应。尽管研究者们一致认为这种有偏向的群际差异化可以发生在认知、情感、态度和行为层面上,同时也指出它是客观世界中的一种基本的社会心理现象,具有普遍性特征,常被看作是大多数恶性群际冲突的心理根源[③]。但已有研究文献主要集中于考察群际偏向的发生条件及其行为表现形式,忽视把群际偏向本身作为一种社会行为的产生条件或背景变量,且对于这种变量在群际合作和冲突行为中的效应尚缺乏相关的实证探索。有鉴于此,我们在本研究中拟考察在社群范畴感知水平,外显族群偏向情境对人们的群际行为决策的作用机制,并进一步假设族群偏向情境下的行为反应模式会受到收益反馈信息和奖惩敏感性人格因素的显著调节。

一 研究方法与过程

(一) 被试

采用招募和推介相结合的办法,选取得到云南省边疆地区 H 高校彝

---

① Plant E. A., Devine P. G., "The antecedents and implications of interracial anxiety", *Personality and Social Psychology Bulletin*, Vol.29, No.6, 2003, pp.790–801.

② Spencer-Rodgers J., McGovern T., "Attitudes toward the culturally different: The role of intercultural communication barriers, affective responses, consensual stereotypes, and perceived threat", *International Journal of Intercultural Relations*, Vol.26, No.6, 2002, pp.609–631.

③ Shah J. Y., Kruglanski A. W., Thompson E. P., "Membership has its (epistemic) rewards: need for closure effects on in-group bias", *Journal of Personality & Social Psychology*, Vol.75, No.2, 1998, pp.383–393.

族和汉族大学生被试共 66 名，分成两个子样本。第一个子样本用于前测研究，男性 10 名、女性 11 名，年龄 19～23 岁，平均年龄 20.80 岁，$SD=1.54$；汉族大学生 10 名，彝族大学生 11 名。第二个子样本用于正式实验研究，45 名被试中男性 24 名、女性 21 名，年龄 17～26 岁，平均年龄 20.60 岁，$SD=1.79$；汉族大学生 24 名，男性 12 名、女性 12 名，年龄 18～23 岁，平均年龄 20.25 岁，$SD=1.59$；彝族大学生 21 名，男性 12 名、女性 9 名，年龄为 17～26 岁，平均年龄 21.00 岁，$SD=1.95$。所有被试自愿参与实验，并得到一个软抄笔记本或毛巾作为回报。

（二）设计

采用 2（群际偏向：内族群偏向、外族群偏向）×2（提议者类别：内族、外族）×2（行为类别：接受、反击）的三因素被试内设计，因变量为行为决策频次。

（三）材料

1. 群际分钱提议

要求把 100 元钱无剩余地分配给本民族人和他民族人，且每个民族得到的数值必须是整数。根据两整数之和等于 100 的原则，在数学上可以组合得到 101 种分钱提议。为了得到具有内族群偏向和外族群偏向两种分钱提议，我们利用《分钱提议类别判断》（见附录 10）对第一个子样本进行测试，要求被试对 101 种提议作自主判断，将其分成"偏向内族群的、公平的、偏向外族群的"3 类，然后从每种提议方案后的 3 个类别中选出符合被试自己实际看法的一个类别。随后对每一方案的类别判断数据进行 χ^2 检验，把在 $\alpha=0.05$ 显著性水平上有差异的、且某个类别的选择人数比例为 80% 以上（$n \geqslant 17$）的分钱提议确定为正式实验材料，即分别把 68～100 之间或 100～68 之间的 32 种数字组合（不含 69～31 或 31～69 组合）分钱提议区分为偏向内族群的和偏向外族群的两大类。在正式实验任务中，这些具有群际偏向的分钱提议被制作成为 400 像素×150 像素的 bmp 格式图片，每张图片布局被一条绿色竖直线一分为二，上半部分为提议者彝族和汉族的族称，每个族称对应的下半部分呈现了各自分钱所得的数值。

第六章 群际行为决策

2. 奖惩敏感性问卷

采用修订的中文版《惩罚敏感性和奖励敏感性问卷》测量奖惩敏感性特征。该问卷含30个题项，分惩罚敏感性（SP）和奖励敏感性（SR）两个因子，各有15个题项，使用"1（完全不符合）～5（完全符合）"5点Likert量表评分。在本实验样本中，总量表 α 系数值为0.79，SP、SR两个因素的 α 值分别是0.83和0.75，表明有较好的信效度，符合心理测量要求。此量表的两个因子分数之比用作协变量。

（四）程序

任务包括群际分钱提议判断任务和奖惩敏感性动力测量。采用E-prime 1.0软件编程在电脑屏幕中央呈现，任务和按键顺序在实验单元和被试间进行平衡。群际分钱提议判断任务中，整个实验流程如图6-2所示，由任务准备和核心实验任务两大环节构成。

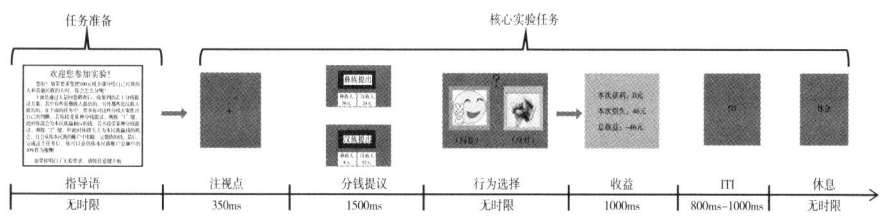

图6-2 群际偏向情境下群际分钱提议判断任务的实验流程

任务准备环节主要呈现实验指导语，背景色为蓝绿色（cyan），文本背景色为白色，内容如下：

您好！如果要求您把100元钱全部分给自己民族的人和其他民族的人时，你会怎么分呢？

下面是通过大量问卷调查后，收集到的若干分钱提议方案，其中有些是彝族学生提出的，另外那些是汉族人提出的。在下面的任务中，要求你对这些分钱方案作出自己的判断，若你接受某种分钱提议，则按"1"键，此时你就会为本民族赢得相应的钱；若不接受某种分钱提议，则按"2"键，但此时你将失去为本民族赢钱的机会，且会从你本民族的账户中扣除一定数值的钱。最后，完成这个任务后，你可以获得你本民族账户总额中的 10% 作为报酬。

如果你明白了实验要求，请按任意键开始。

被试一旦明白任务要求并按键后，即进入群际分钱提议判断任务的核心实验流程：在呈现 350 ms 的"+"注视点后，随机呈现一个由汉族或彝族提出的分钱提议，持续时间为 1500 ms；随后呈现行为选择界面，要求被试作出相应的判断，并按键反应，即数字"1"键表示同意，数字"2"键表示反对；按键后，呈现本次行为选择带来的收益结果，作为该行为效应的反馈信息，时间持续为 1000 ms；之后，随机间隔 800 ms ~ 1000 ms，平均 900 ms，开始下一个提议判断（trail）。考虑到每个分钱提议的提出者为彝、汉两民族，以及两种行为反应具有迫选性，故分钱提议的呈现次数为：32 种数字组合 × 2（群际偏向：内、外群体偏向）× 2（提议者：彝族、汉族）× 2（行为选择：同意、反对），即共设置了 256 个试次（trails），每完成 64 个试次（trails）时，提示暂停休息，时间由被试自主决定。所有行为反应数据由电脑自动记录。

随后，完成奖惩敏感性动力测量。此任务要求被试独立完成电脑版《惩罚敏感性和奖励敏感性问卷》的测试：首先阅读指导语，掌握答题方法。指导语告知被试判断下面的 30 个行为描述是否符合被试自己的实际情况，然后从每个描述句后的 5 个选项中，选出与被试真实情况最相符的一个答案，并把答案前的数字代号通过按键盘上对应的数字键记录。备选项中的数字：1 表示"完全不符合"，2 表示"很不符合"，3 表示"不确定"，4 表示"比较符合"，5 表示"完全符合"。为让被试掌握正确的按键方法，在指导语界面，我们设置了作答例题及其操作方法说明。例如："题干：小时候，我害怕黑暗的地方；答案选项：①完全不符合，②很不符合，③不确定，④比较符合，⑤完全符合"。此题的作答说明为：若"完全符合"这个答案最符合你的实际情况，则按键盘上的数字"5"键记录，依照此按键方法，当选择"比较符合"时，就按数字"4"键；选择"不确定"，按"3"键；选"很不符合"按"2"键，选"完全不符合"按"1"键，一个题项只选择按一个数字键。随后，提示被试明白了按键方法后，请按任一个键开始答题。在答题界面，每个题项被添加在 600 像素 × 100 像素的品红色 bmp 格式图片上，文本的字体颜色为深蓝色，按照序列顺序呈现在电脑屏幕的上端居中位置，背景色为黑色，每次只显示一个题项，不设时间限制。一旦被试按键选定答案后即自动进入下一题的作答界面，直到完成全部题目。测试用时由被试自主决定，但要求其尽可能快的完成。此外，当完成此任务后，屏幕提示被试全部实验任务结束，并显示感谢语和祝福词。

（五）数据处理

首先，计算 3 个被试内因素间不同水平结合的行为选择频次。把一个分钱提议中分钱所得数值较大的民族与被试民族一致时，视为内族群偏向，反之则为外族群偏向；根据提议者民族与被试民族的一致性来区分提议者族群类别，二者一致时视为内族提议者，不一致则为外族提议者；然后分别累加上述 4 个水平不同结合下同意和反对的被选频次，相应地记为接受和反击两种行为类别的指标。

其次，计算收益指标。利用 Excel 中的对数函数 LOG10 把被试所得的总收益进行分值转换，求解所得数值记为行为反应后的收益指标。

其三，计算惩罚敏感性指数。首先，根据《惩罚敏感性和奖励敏感性问卷》的因子结构及其题项归属，分别计算惩罚敏感性和奖励敏感性两个因子所含题项得分的平均分作为它们各自的分值。然后，使用惩罚敏感性因子分值除以奖励敏感性因子分值，所得的数值记为惩罚敏感性指数，分值越大表明惩罚敏感性越占优势。

最后，使用 SPSS version 22 for windows 统计软件，对被试内因素的数据进行重复测量方差分析，然后以收益指标和惩罚敏感性指数为协变量进行协方差分析。

二 群际偏向应对策略

（一）应对倾向

以行为反应频次（f）为因变量，进行 2（群际偏向：内族群偏向、外族群偏向）× 2（提议者类别：内族、外族）× 2（行为类别：接受、反击）的三因素重复测量方差分析。结果显示，群际偏向的主效应不显著，$F(1, 44) = 2.90$，$p=0.096$，$\eta^2_{partial}=0.06$；提议者类别效应不显著，$F(1, 44)=1.59$，$p=0.214$，$\eta^2_{partial}=0.04$；行为类别的主效应边缘显著，$F(1, 44) = 4.01$，$p=0.051$，$\eta^2_{partial}=0.08$，反击行为频次（$M=34.39$）多于接受行为频次（$M=29.68$）；除了群际偏向与行为类别的交互作用显著外，$F(1, 44)=79.78$，$p<0.001$，$\eta^2_{partial}=0.65$，其余因素间的交互效应均不显著，$p>0.05$。简单效应分析显示，接受行为指标上，群际偏向的主效应显著，$F(1, 44)=79.47$，$p<0.001$，$\eta^2_{partial}=0.64$，内族群偏向时的得分（$M=45.64$）显著高于外族群偏向的分数（$M=13.72$）；与之相比，反击行为上，群际偏向效应显著，$F(1, 44)=80.07$，$p<0.001$，$\eta^2_{partial}=0.65$，外族群偏向时的分数（$M=50.41$）显著高于内族群偏向的得分（$M=18.38$）。

（二）调节因素

分别以收益指标、惩罚敏感性指数为协变量，进行2（群际偏向：内族群偏向、外族群偏向）×2（提议者类别：内族、外族）×2（行为类别：接受、反击）的重复测量方差分析。结果显示，当以收益指标为协变量时，群际偏向主效应显著，$F(1, 43)=5.95$，$p=0.019$，$\eta^2_{partial}=0.12$；提议者类别的主效应不显著，$F(1, 43)=0.09$，$p=0.761$，$\eta^2_{partial}=0.002$；行为类别效应显著，$F(1, 43) = 37.82$，$p<0.001$，$\eta^2_{partial}=0.47$。群际偏向与行为类别的交互效应显著，$F(1, 43)=13.42$，$p=0.001$，$\eta^2_{partial}=0.24$，其余交互作用不显著。简单效应分析表明，在内族群偏向时，尽管事后比较Bonferroni法检验显示，接受行为频次（$M=45.64$）显著多于反击行为频次（$M=18.38$，$p<0.001$），但行为类别的主效应不显著，$F(1, 43)=0.15$，$p=0.699$，$\eta^2_{partial}=0.004$；在外族群偏向上，行为类别效应显著，$F(1, 43)=47.52$，$p<0.001$，$\eta^2_{partial}=0.53$，事后Bonferroni法检验显示反击行为（$M=50.41$）多于接受行为（$M=13.72$）。

惩罚敏感性指数为协变量时，群际偏向、提议者类别、行为类别主效应均不显著，群际偏向与行为类别交互作用显著，$F(1, 43)=7.37$，$p=0.010$，$\eta^2_{partial}=0.15$。简单效应分析显示，在内族群偏向时，行为类别的主效应显著，$F(1, 43)=6.39$，$p=0.015$，$\eta^2_{partial}=0.13$，事后比较Bonferroni法检验显示，接受行为多于反击行为；外族群偏向上，行为类别的主效应显著，$F(1, 43)=4.15$，$p=0.048$，$\eta^2_{partial}=0.09$，事后Bonferroni法检验显示反击行为多于接受行为。

三 群际偏向决策效应

群际偏向有其专门的社会和心理诱发因素，当把它作为一种激发社会行为的条件或变量进行操纵时，我们发现在民族范畴感知水平，族群偏向影响着人们的群际行为决策，总体上被试使用反击行为的频次较多，显著高于接受行为的选用频率。另外，群际偏向效应的发挥受到决策行为类别的调节，即在内族群偏向情境下，人们更多地选用接受行为，而在外族群偏向时，人们更倾向于选用反击行为。这种行为反应模式可能与如下因素有关：首先，根据现实群体冲突理论，在现实社群生活中，族群竞争是一个普遍而持久的社会心理现象，具有建立和维护族群边界的功能。在心理上，外族群被视为顽固不化的、丧失人性的、没有道德而不安好心的，内族群则被理想化为通情达理的、所有的做法和观点都正确[1]。如此一来，这种族群认知偏差往往会导致人们对外族群行为和意图的严重误判，进而造成在群际偏向情境下的分化行为反应方式。其次，在实验设计上，任务材料已经明确了汉族和彝族的族群边界，这种民族分类标签易激活被试头脑中有关两个民族的偏见和刻板印象，并利用相关的刻板印象来指导他们后续的判断和行为[2][3]。因此，在两种群际偏向情境下的行为反应差异可能与启动了被试头脑中关于彝汉两族不同性质的刻板印象内容有关，这些先入为主之见能够以一种微妙而有害的方式影

---

[1] Linville P. W., Jones E. E., "Polarized appraisals of out-group members", *Journal of Personality and Social Psychology*, Vol.38, No.5, 1980, pp.689–703.

[2] Fisk S., Neuberg S., "A continuum of impression formation, from category-based to individuating processes: Influences of information and motivation on attention and interpretation", *Advances in Experimental Social Psychology*, Vol.23, No.23, 1990, pp.1–74.

[3] Rodin M. J., "Who is memorable to whom: A study of cognitive disregard", *Social Cognition*, Vol.5, No.2, 1987, pp.144–165.

响着他们的判断、决策和行为①。最后，在群际关系动力学机制中，人们在行为、态度、情感、认知或者资源分配等方面所展示的群际差异化具有较强的稳健性，几乎不受一个人的身份范畴划分以及所处社会场景的约束②。因此，这种内-外群体非对称的群际行为反应模式主要与被试固有的内群体偏好倾向有关③，它能显著影响一个人对待群际的态度和行为，导致对外群体拒绝或排斥④。此外，两种群际偏向情境下的行为反应差异，可能还与实验任务中行为反应类别的设置水平有关，尽管这两种行为设置符合研究目的要求，但却构成了迫选反应情境，可能增加了被试按键反应偏差。因此，后续研究应考虑增加其他类别的群际行为反应水平。

另外，尽管一些研究表明群际偏向是有条件的，会受到不同群体各自的权利和地位差异的调节或反转⑤⑥，偏爱或者贬抑某个群体取决于多种社会心理因素。但考虑到这种将群体偏好行为差异本身视为群际偏向观测指标的做法存在循环论证之嫌，我们在研究中将之作为群际社会行为的影响因素或背景变量，来深入探讨在群际偏向情境下，人们的群际行为动力特征，并假设收益反馈信息和奖惩敏感性人格因素可以调节群际偏向情境下的行为反应模式。实际上，这些假设得到了数据分析支持，

---

① Dasgupta N., "Implicit ingroup favoritism, outgroup favoritism, and their behavioral manifestations", *Social Justice Research*, Vol.17, No.2, 2004, pp.143–169.

② Ben-Ner A., McCall B. P., Stephane M., Wang H., "Identity and in-group/out-group differentiation in work and giving behaviors: Experimental evidence", *Journal of Economic Behavior & Organization*, Vol.72, No.1, 2009, pp.153–170.

③ Turner J. C., Brown R. J., Tajfel H., "Social comparison and group interest in ingroup favouritism", *European Journal of Social Psychology*, Vol.9, No.2, 1979, pp.187–204.

④ Brüß J., "Proud but isolated? Effects of in-group favouritism and acculturation preferences on inter-ethnic attitudes and contact between German, Turkish and resettler adolescents", *Journal of Ethnic and Migration Studies*, Vol.31, No.1, 2005, pp.3–27.

⑤ Jost J. T., Banaji M. R., "The role of stereotyping in system-justification and the production of false consciousness", *British Journal of Social Psychology*, Vol.33, No.1, 1994, pp.1–27.

⑥ Smith D. R., DiTomaso N., Farris G., Cordero R., "Favoritism, bias, and error in performance ratings of scientists and engineers: The effects of power, status, and numbers", *Sex Roles*, Vol.45, No.5–6, 2001, pp.337–358.

第六章 群际行为决策

统计结果显示，当以收益指标为协变量时，群际偏向、行为类别两个因素的主效应得到了加强，成为显著影响被试行为反应的重要调节变量，加大了两种行为的使用频次差异。这一发现表明在决断群际偏向条件下的群际事务时，行为收益反馈信息可以正向调节着一个族群决策者的群际行为反应模式，导致群际偏向情境中的行为决策偏差，加大了不同行为的反应差异，起着促进群际行为差异化的作用。

当使用惩罚敏感性指数作为协变量时，被试的反击和接受行为反应差异被削弱了，也降低了群际偏向与行为类别交互作用的效应量。这些发现表明奖惩敏感性人格变量对人们在群际偏向情境下的行为反应具有负向调节作用，能有效抑制群际偏向情境下的攻击性行为，促进群际接受行为，起着抑制群际行为差异化的效应。此外，一些群际关系理论者认为人们通常会在态度、信念、情感和行为方面表现出一种强烈支持内群体及其成员的普遍倾向[1][2]，但我们没有发现群际偏向信息源（提议者类别）的主效应，这说明在群际偏向情境下，人们行为决策的焦点在于如何依据群际偏向事件内容特点来使一个行为反应的收益最大化，而很少考虑这类事件的信息发出者的作用。当然，群际偏向信息源在群际行为决策中的作用值得进一步探讨。

---

[1] Sidanius J., Pratto F., *Social dominance: An intergroup theory of social hierarchy and oppression*, New York: Cambridge University Press, 2001.

[2] Turner J. C., Hogg M. A., Oakes P. J., Reicher S. D., Wetherell M. S., *Rediscovering the social group: A self-categorization theory*, Cambridge, MA, US: Basil Blackwell, 1987.

第七章　群际冲突心理预警模型

群际冲突是一类不符合社会主流价值观的、破坏社群正常社会秩序的行为。其结果对卷入冲突的社群各方，都是消极的，富于惩罚性的，阻碍发展的，甚至强化社群对立、加深群际怨恨。社会心理学认为集体心理失衡是群际冲突的内在驱动力量，包括如下4类，一是社群间的不和、仇恨和不信任；二是群际关系性质的不满足感、变革愿望，以及自我肯定的渴求；三为群际偏见；四是敏感的社群自我意识、社群权利平等的破坏，以及社群尊严遭遇损伤[1]。实际上，这些因素与群际冲突之间是否存在因果关系，尚需进一步实证确认。

一些研究者采用定性评判与数学计量相结合的办法，对群际冲突进行了测量和评估。如富勒（Fuller）、墨菲（Murphy）、瑞吉利（Ridgley）和乌拉克（Ulack）综合采用专家判断和层次分析两种方法，建构了一个群际冲突的潜变量测评模型，即潜在冲突＝动机因素×能力因素。动机因素包括领土纠纷、歧视感知、社会—经济差异、民族—国家意识、侵犯5个变量，能力因素主要观测集群性、群体组织、国外支持、人口增长、资源、交往6种行动能力指标[2]。奥朗索（Alonso）和鲁伊兹－鲁菲诺（Ruiz-Rufino）采用抗议指数和叛乱指数来测评社群冲突，前者

---

[1] Я·Я·埃廷格尔、钟华：《独联体的族际冲突与国际经验》，《民族译丛》1994年第6期，第21—27页。

[2] Fuller G. A., Murphy A. B., Ridgley M. A., Ulack R., "Measuring potential ethnic conflict in Southeast Asia", *Growth & Change*, Vol.31, No.2, 2000, pp.305–331.

第七章 群际冲突心理预警模型

主要计量年度内少数族群成员参与示威游行和抗议行动的程度,采用"0-5"6等级评分,表示完全没有抗议—示威游行普遍;后者偏重于测量年度内少数族群组织的反对现存社会现状,以及对抗政府来敦促其满足族群需求的程度,该指标反映的是同一国境内少数族群使用暴力和武装冲突的情况,采用"0(无暴力行为)—7(国内战争)"8等级量表评分。这两个指标的得分越高表示同一国境内的民族冲突越剧烈,民族和国家之间的利益诉求越不相容,政府社会管理乏力[①]。此外,在全球化与群际冲突的关系考察中,石山(Ishiyama)采用多元统计技术,以34个发展中国家的102个少数民族为例,测查了全球化在群际冲突中的作用,回归分析表明全球化无法有效预测群际冲突[②]。

整体而言,在这些因果模式探讨中,一方面研究者所构建的群际冲突的解释体系及其对策设计,难脱"事后聪明"的理论顿悟之嫌,亦未能有效地进行实践检验。另一方面,实证研究中因素指标的选用及其计量方法较为主观,不合乎测量学的要求,影响了研究结果的信度和效度。更为遗憾的是,学者们也未能深究这些因素之间的内在联系以及作用机制,所以也就谈不上在冲突发生前利用它们进行有效预警和干预管理。莱文(LeVine)曾指出由于先前群际冲突的个案研究是以有界的、有限的和独立的描述性参变量作为前提证据,来分析特定的冲突事件单元,因此,进一步的研究可以借用生物学、个体发生学中的相关概念及原理,来帮助描绘和理解群际冲突的发展路径、内容及其置换机制[③]。

事实上,群际冲突是多种社会因素与复杂心理过程相互作用的产物,长期以来,它给人类造成巨大痛苦,严重影响着多民族国家的政治秩序和社会经济有序发展,甚至威胁着地区和全球的安全稳定。为探索有效

[①] Alonso S., Ruiz-Rufino R., "Political representation and ethnic conflict in new democracies", *European Journal of Political Research*, Vol.46, No.2, 2007, pp.237–267.

[②] Ishiyama J., "Does globalization breed ethnic conflict?" *Nationalism and Ethnic Politics*, Vol.9, No.4, 2004, pp.1–23.

[③] Le Vine V. T., "Conceptualizing `ethnicity' and `ethnic conflict': A controversy revisited", *Studies in Comparative International Development*, Vol.32, No.2, 1997, pp.45–75.

的群际冲突管控方略，我们在群际信息加工机制理论模型的建构基础上，已采用神经生理检测技术和经典 ERP 实验研究范式，探索了群际冲突的生理动因、监测特性、行为动力模式和与攻击性的相互关系及其社会心理意义，有效地确认了一些与群际冲突信息加工相关的神经生理指标、认知加工特性及其关联行为指标，但都不能单独地对群际冲突机制作出充分的解释。因此，如何把这些因素和指标同时纳入到一个整合性评价模型也就成为评估和预警群际冲突信息心理传播效应的最大挑战。一般而言，群际冲突是具有明显的复杂性特征和潜在次生危害、破坏性严重的非常规突发事件，它的后续衍生状况具有高度的不确定性[1]。从因素效应看，它是由社会因素、生理因素、心理因素、行为因素相互作用的结果，而在复杂科学看来，它还是一个典型的、有差异的复杂系统。

就复杂系统本身而言，它是由众多子系统以层次结构方式组成的，各个子系统之间既相互联系又相互独立。也就是说，一个复杂系统大致由基本组分和基本组分相互作用两个主要部份构成，组分之间的关系是非线性的和动力学的，每一个组分的意义是由其与系统中所有其他组分的动力学关系所规定和决定[2][3]。因此，根据前文的实证研究，我们可以把群际冲突的心理传播系统视为由生理应答模式、社会认知模式、行为动力模式和群际攻击行为模式 4 个子系统以层次结构方式组成的。从突变理论（catastrophe theory）的观点看[4]，这 4 个子系统的质态及其动力学关系是不连续现象，可以使用势函数来分类临界点，考察它们从一种稳态到另一稳态的非连续变化特征。具体而言，我们主要采用状态变量和控

---

[1] 韩智勇、翁文国、张维、杨列勋：《重大研究计划"非常规突发事件应急管理研究"的科学背景、目标与组织管理》，《中国科学基金》2009 年第 4 期，第 215–220 页。

[2] 罗吉贵：《复杂系统中涌现形成机理的讨论》，博士学位论文，上海大学，2008 年。

[3] [南非]保罗·西利亚斯：《复杂性与后现代主义：理解复杂系统》，曾国屏译，上海科技教育出版社 2006 年版。

[4] 注：Thom, R. (1972). Stabilité structurelle et morphogenèse [English translation by D. H. Fowler, *Structural stability and morphogenesis*: *An outline of a general theory of models*]. H Fowler, Trans. Reading, Canada: W.A. Benjamin, 1975.

第七章 群际冲突心理预警模型

制变量两个关键参数来建构一个群际冲突心理传播系统或过程的不连续现象的数学模型，从而对该系统及其4个组分的功能进行综合评判。其中状态变量是指引起该系统突变的内部变量，也即那些具体的可观测指标；控制变量则是导致系统突变的各种可连续变化的外部因素，即构成突变模型的各种变量。托姆（Thom）在系统动力学的势函数基础上，推导得出只要控制参量的个数不超过5，自然界总共有11种突变类型。但他认为在三维空间和一维时间中，由4个控制变量和2个状态变量控制的初等突变，可概括为7种性质不同的初等突变形态，按其几何形状分别被称为折迭型、尖点型、燕尾型、蝴蝶型、双曲脐点型、椭圆脐点型和抛物脐点型。常用的突变模型如表7-1所示，这些数学模型具有高度的概括性和普适性。

表7-1 常用突变模型及归一公式

突变类型	控制变量	状态变量	势函数	分歧方程	归一公式
折迭型	1	1	$V(x)=x^3+ax$	$a=-3x^2$	$x_a=\sqrt[2]{a}$
尖点型	2	1	$V(x)=x^4+ax^2+bx$	$a=-6x^2, b=8x^3$	$x_a=\sqrt[2]{a}, x_b=\sqrt[3]{b}$
燕尾型	3	1	$V(x)=x^5+ax^3+bx^2+cx$	$a=-6x^2, b=8x^3, c=-3x^4$	$x_a=\sqrt[2]{a}, x_b=\sqrt[3]{b}, x_c=\sqrt[4]{c}$
蝴蝶型	4	1	$V(x)=x^6+ax^4+bx^3+cx^2+dx$	$a=-10x^2, b=20x^3, c=-15x^4, d=4x^5$	$x_a=\sqrt[2]{a}, x_b=\sqrt[3]{b}, x_c=\sqrt[4]{c}, x_d=\sqrt[5]{d}$
棚屋型	5	1	$V(x)=x^7+ax^5+bx^4+cx^3+dx^2+ex$		$x_a=\sqrt[2]{a}, x_b=\sqrt[3]{b}, x_c=\sqrt[4]{c}, x_d=\sqrt[5]{d}, x_e=\sqrt[6]{e}$

由表7-1可知，根据势函数和分歧方程可导出各种常用初等突变模型的归一公式。归一公式是利用突变理论进行多准则决策的基本运算公式，它将一个系统内各控制变量指标不同的质态归化为可比较的同一质态，从而对系统进行量化递归运算，把系统的控制变量和状态变量的取值范围限制在0～1之间，求出表征系统状态特征的系统总突变隶属函数值，作为综合评价的依据[1]。

在归一公式中，控制变量a、b、c、d、e表示的是状态变量x的不同方面的特征，它们的原始数据取值范围和度量单位各不相同，一般无法进行相互间比较。因此，应将底层指标的原始数据转化到0～1

---

[1] 史志富、张安、刘海燕、张圣云：《基于突变理论与模糊集的复杂系统多准则决策》，《系统工程与电子技术》2006年第7期，第1010–1013页。

范围内的越大越优型无量纲可比较数值。此外，在利用突变理论进行决策判断时，若一个系统的各控制变量间无相互关联作用，则按"大中取小"的非互补原则，从控制变量相应的突变值中选取最小值作为系统状态变量 x 值；若一个系统中的控制变量存在相互关联作用，则遵循互补原则，取控制变量相应的突变值的平均值作为系统状态变量 x 值。

简言之，在群际冲突心理预警系统及其组分构想基础上，我们尝试进一步引入复杂系统理论，采用基于模糊集的突变级数法对群际冲突信息加工的心理传播效应进行综合评价，以期为建立具有监测和预警功能的群际冲突心理预警系统及其可能的干预模式夯实理论基础，继而为我国群际冲突的预防管控，以及完善民族政策提供学理依据和实践参考。

第一节 研究设计与方法

一 被试

被试由参与了前面所有实验任务的同一批人员组成，共 27 人，年龄 18~23 岁，平均年龄 20.41 岁（SD=1.69），其中女性 14 名，男性 13 名，汉族被试 13 名（6 男、7 女），彝族被试 14 名（7 男、7 女），有群际冲突经历者 12 名，无群际冲突经历者 15 名。

二 程序

依据前面第二章中"群际冲突的信息加工模式"及其因素效应关系的理论构想，应用 SPSS 和 LISREL 软件对生理应答模式、社会认知模式、行为动力模式以及群际攻击行为多个指标，实施相关分析、回归分析和结构方程建模分析。随后，在这些分析基础上，利用突变级数法对选定的核心指标进行整合评价，考察群际冲突的心理传播预警效应。

三 数据处理

（一）数据分析

首先，合并计算社会认知模式指标中脑电成分的潜伏期和平均波幅。计算同一个 ERP 成分中分布在同一脑区的几个同位电极上的潜伏期和平均波幅的平均值，记为该脑区在社会认知过程中的两个认知指标，即敏感性（平均潜伏期）和投入度（平均波幅）。

其次，根据群际冲突信息加工模式中的因素效应路径构想，以各种群际攻击行为指标为因变量，生理应答、社会认知和行为动力指标为自变量，进行 Stepwise 法多元逐步回归分析。在此基础上，逐一检验和甄选各种因素的有效预测指标。

其三，据特质攻击性和主动性-反应性攻击问卷的因素得分，采用 K-means 快速聚类法分类被试，依据最终聚类中心值，选出了 3 名高分者和 2 名低分者，分别命名为"强攻击性者"和"弱攻击性者"。然后将二者与有无群际冲突经验分类变量相结合，可以组合成"有冲突经验弱攻击者""有冲突经验强攻击性者""无冲突经验弱攻击性者""无冲突经验强攻击性者"4 类。

最后，为评判群际冲突信息加工理论模型的合理性和实效性，在群际冲突的认知预警系统建构基础上，根据突变理论决策原理，运用突变级数法，计算 5 个特例被试的总突变隶属函数值。

（二）模型检验

在有效预测指标甄选和被试分类的基础上，运用基于模糊集的突变理论决策方法[①]，来综合评价群际冲突信息加工的心理传播预警效应。基本步骤如下：

1. 建立递阶层次指标结构

按照前述群际冲突信息加工理论模型的内在作用机制，我们将群际冲突的心理传播系统分解成由生理应答模式、社会认知模式、行为动力

---

① 史志富、张安、刘海燕、张圣云：《基于突变理论与模糊集的复杂系统多准则决策》，《系统工程与电子技术》2006 年第 7 期，第 1010–1013 页。

模式和群际攻击行为4个模块及其多个控制变量组成的多层复杂系统。

2. 底层观测指标的无量纲化处理

根据控制变量的维数，分别采用模糊数的方法将底层控制变量指标的原始数据进行标准化处理。由于控制变量原始数据的量纲和取值范围各不相同，使它们之间无法比较，需要将各指标的原始数据转化到 0～1 范围内，变为无量纲数据。因此，我们在研究中采用无量纲化关系式处理，即分别计算每个被试在同一观测指标上的得分与该指标上被试得分的最大值之比，将被试在各观测指标上的分值转换成取值为 [0，1] 的效益型指标。

3. 求解各层控制变量隶属函数值

根据突变模型及相应的归一化公式，将各控制变量转化为状态变量表示的质态，然后把计算后的多个状态变量值，按照控制变量间的互补性，应用"非互补"和"互补"的综合评价原则，决断出各层控制变量指标的突变函数值。

4. 求解系统的总突变隶属函数值

采用突变理论的归一公式对各层控制变量的状态变量值进行量化递归计算，并将它们的突变函数值进行"大中取小"或者求取平均值，最后选定的数值即为群际冲突的心理传播系统的总突变隶属函数值。

5. 评判群际冲突心理传播系统的预警效应

按照总突变隶属函数值的大小进行排序，或者将之与预定的突变预警判别等级标准进行比较，从而做出最终决策。

第二节 群际冲突预警模型构建

一 生理应答与行为动力、群际攻击行为之间的关联性

生理应答与行为动力、群际攻击行为之间的 Stepwise 法多元逐步回归分析结果如表 7-2 所示。

表 7-2 行为效应指标对生理应答模式指标的多元回归分析（R^2）

行为效应指标		生理应答指标（R^2）	行为效应指标		生理应答指标（R^2）
强化敏感性	行为激活系统_乐趣寻求	DHFnorm（0.20）	特质攻击行为	言语攻击	LH（0.18）
	行为抑制系统	DRR（0.33）			DLH（0.39）
奖惩敏感性	惩罚敏感性	VLF（0.17）		特质攻击性	DLFnorm（0.39）
	奖励敏感性	DHR（0.24）	主动-反应攻击	主动性攻击	Dα1（0.18）
		Dθ（0.17）			DGSR（0.12）
		Dδ（0.13）		反应性攻击	T（0.19）
特质冲动性	动作冲动性	DLF（0.17）			DOXY_R（0.15）
		DRR（0.25）			DHF（0.14）
特质攻击行为	愤怒	Dθ（0.26）	内群体偏向	内族提议_反击	γ1（0.17）
		DGSR（0.19）			Lfnorm（0.19）
		DOXY_R（0.14）		外族提议_反击	DLH（0.18）
	身体攻击	HF（0.21）	外群体偏向	内族提议_反击	VLF（0.21）
		Dγ1（0.25）			DGSR（0.21）
	敌意	DHR（0.35）			

注："D"表示群际冲突信息加工诱发的生理应答指标与静息基线的差值，其余英文字母为各种指标的缩写；数字为回归分析方程的确定系数 R^2 值。

由回归分析方程的确定系数 R^2 值可知，群际冲突视频信息加工诱发的 T、VLF、HF、LF/HF、LFnorm 4 个心率变异性指标和 γ1 EEG 参数，以及相对差异量的心率、心率变异性、皮肤电导水平、指脉率、EEG 反应参数，既可以显著预测被试行为动力中的强化敏感性、奖惩敏感性、特质冲动性，也能有效预测他们的特质攻击行为、主动—反应攻击行为和群际偏向攻击行为。

二 社会认知与行为动力、群际攻击行为之间的关联性

社会认知与行为动力、群际攻击行为之间的回归分析结果如表 7-3

群际关系心理预警机制研究

所示。冲突检测、注意偏向两个认知过程中不同脑区的多个 ERP 成分的潜伏期和平均波幅，对强化敏感性、奖惩敏感性、特质冲动性 3 个行为动力指标具有显著预测作用。同时，它们也能有效预测被试的特质攻击性、反应—主动攻击、群际反对、群际偏向攻击等群际攻击行为。

表 7-3　行为效应指标对冲突检测、注意偏向指标的多元回归分析（R^2）

行为效应指标		冲突检测（R^2）		注意偏向（R^2）	
		敏感性（潜伏期）	投入度（平均波幅）	敏感性（潜伏期）	投入度（平均波幅）
强化敏感性	行为激活系统_奖励反应性	——	CDZAP1F(0.15)	AYXLP20C(0.15)	AYXAP500FC(0.19)
	行为激活系统_内驱力	CHXLN1F(0.21)	——	AYSLP1C(0.22)	
		CHXLN1C(0.16)		AYXLP20F(0.18)	
		CHXLN1P(0.12)			
		CHXLN1CP(0.10)			
		CGJLN1F(0.17)			
		CDZLN1CP(0.18)			
		CDZLN1F(0.16)			
		CDZLN1P(0.18)			
	行为激活系统_乐趣寻求	CHXLN1FC(0.20)	CDZAP1CP(0.20)		
		CGJLN1F(0.21)	CGJAP3O(0.17)		
		CDZLN1C(0.16)			
		CDZLP1P(0.23)			
		CHXLP3P(0.17)			
	行为激活系统	CHXLN1F(0.36)		AYSLP1F(0.16)	
		CGJLN1F(0.29)		AYXLP20F(0.26)	
	行为抑制系统	CDZLN1CP(0.17)	CHXAN1O(0.16)		AYXAP50P(0.19)
		CDZLN1F(0.35)	CGJAN1O(0.18)		AYXAP200P(0.16)
			CDZAN1O(0.27)		
			CDZAP1C(0.18)		
奖惩敏感性	惩罚敏感性	CHXLN1F(0.20)			
	奖励敏感性	CHXLN1P(0.15)		AYSLN1C(0.16)	
		CGJLN1P(0.19)			
		CHXLN2F(0.25)			

第七章 群际冲突心理预警模型

续表

行为效应指标		冲突检测（R^2）		注意偏向（R^2）	
		敏感性 （潜伏期）	投入度 （平均波幅）	敏感性 （潜伏期）	投入度 （平均波幅）
特质冲动性	无计划性	——	CGJAP1F(0.20)	——	AYSAN1F(0.20)
		——	CGJAP1CP(0.23)	——	AYSAP1F(0.22)
		——	CDZAP1F(0.17)	——	AYSAN300F(0.27)
		——	CDZAP1P(0.16)	——	AYXAN300F(0.29)
		——	CHXAN2F(0.15)	——	AYXAP500F(0.22)
		——	CGJAN2F(0.17)	——	——
		——	CGJAP3F(0.20)	——	——
		——	CGJAP3P(0.27)	——	——
	动作冲动性	CHXLN1CP(0.21)	CDZAP1F(0.16)	——	——
		CGJLN1F(0.20)	CGJAP3O(0.15)	——	——
		CDZLP3CP(0.18)	——	——	——
	认知冲动性	CHXLN1C(0.23)	CHXAP1F(0.18)	AYXLN1FC(0.17)	AYXAP200O(0.18)
		CGJLN1C(0.18)	CGJAP1F(0.16)	——	——
		CDZLN1C(0.37)	CDZAP1F(0.22)	——	——
		CHXLP1P(0.15)	CHXAN2F(0.24)	——	——
		CDZLP1P(0.17)	CGJAN2F(0.17)	——	——
		CHXLP3C(0.19)	CDZAN2F(0.20)	——	——
		CDZLP3F(0.21)	CGJAP3F(0.21)	——	——
	特质冲动性	CHXLN1CP(0.20)	CHXAP1F(0.25)	AYXLN1FC(0.16)	AYSAN1F(0.15)
		CGJLN1C(0.16)	CGJAP1F(0.23)	——	AYSAP1F(0.17)
		CDZLN1C(0.23)	CGJAP1CP(0.23)	——	AYXAP200O(0.19)
		CDZLP1P(0.19)	CDZAP1F(0.30)	——	——
特质攻击性	愤怒	CDZLN1CP(0.15)	CHXAP1FC(0.15)	——	——
		CGJLP1FC(0.20)	CGJAP1FC(0.20)	——	——
		CDZLP1FC(0.25)	CDZAP1FC(0.32)	——	——
		CHXLN2C(0.47)	——	——	——
		CGJLN2FC(0.31)	——	——	——
		CDZLN2CP(0.39)	——	——	——
		CGJLP3F(0.19)	——	——	——
		CGJLP3FC(0.15)	——	——	——
	身体攻击	CHXLN2P(0.25)	CHXAP3P(0.21)	AYSLN300F(0.17)	——
		CDZLN2CP(0.16)	CGJAP3CP(0.20)	AYXLP50O(0.19)	——
	敌意	CGJLN1P(0.16)	CHXAP1O(0.23)	AYSLP1F(0.20)	——
		CDZLP1O(0.20)	CGJAP1O(0.16)	AYXLP200P(0.19)	——
		CHXLN2F(0.25)	CDZAP1CP(0.22)	——	——

群际关系心理预警机制研究

续表

行为效应指标		冲突检测 (R^2)		注意偏向 (R^2)	
		敏感性 （潜伏期）	投入度 （平均波幅）	敏感性 （潜伏期）	投入度 （平均波幅）
特质攻击性	言语攻击	CHXLN2FC(0.23)	CGJAP1C(0.15)	AYSLN300FC(0.26)	AYXAN300FC(0.22)
		CGJLN2FC(0.30)	——	——	——
		CHXLP3F(0.42)	——	——	——
		CHXLP3O(0.19)	——	——	——
		CGJLP3F(0.25)	——	——	——
		CGJLP3O(0.28)	——	——	——
		CDZLP3O(0.15)	——	——	——
	特质攻击性	CDZLP1O(0.25)	CHXAP1FC(0.17)	——	——
		CHXLN2C(0.49)	CGJAP1CP(0.20)	——	——
		CGJLN2FC(0.37)	CDZAP1CP(0.27)	——	——
		CDZLN2CP(0.23)	——	——	——
		CHXLP3F(0.16)	——	——	——
		CGJLP3O(0.29)	——	——	——
		CGJLP3C(0.18)	——	——	——
主动-反应攻击	主动性攻击	CHXLP3CP(0.17)	CHXAN1O(0.17)	——	AYXAP500F(0.15)
	反应性攻击	——	CGJAP3O(0.16)	——	——
群际攻击行为	群际反对	CHXLN1C(0.27)	CGJAN1O(0.15)	AYXLN1C(0.22)	AYXAP1FC(0.17)
		CGJLN1C(0.20)	CDZAN1O(0.15)	——	——
		——	CHXAP1O(0.25)	——	——
		——	CGJAP1O(0.29)	——	——
		——	CDZAP1P(0.23)	——	——
内群体偏向攻击	内族提议_反击	CDZLN2P(0.17)	CGJAP1CP(0.15)	——	——
		CGJLP3C(0.15)	CHXAN2CP(0.15)	——	——
	外族提议_反击	CGJLN1CP(0.19)	CGJAP1CP(0.16)	AYXLP200P(0.17)	——
		CDZLN2P(0.18)	CHXAN2CP(0.15)	——	——
		——	CGJAN2P(0.19)	——	——
		——	CGJAP3P(0.16)	——	——
外群体偏向攻击	内族提议_反击	CHXLN2C(0.15)	CHXAN1F(0.18)	——	——
		——	CDZAN1F(0.17)	——	——
	外族提议_反击	CHXLP1C(0.15)	CGJAN2F(0.15)	——	AYSAP1F(0.16)

注：在冲突检测和注意偏向两个信息加工的观测指标中，"C"标示为冲突检测，"A"标示为注意偏向；"HX"表示唤醒冲突条件，"DZ"表示动作冲突条件，"GJ"表示攻击冲突条件；"YS"表示阈上刺激条件，"YX"表示阈下刺激条件；其余字母数字组合规则为"潜伏期 L（平均波幅 A）＋ERP 成分＋脑区（R^2）"；"——"意为无对应指标。下同。

第七章 群际冲突心理预警模型

三 群际冲突关系预警模型与实效评价

根据表7-2和表7-3中对行为效应指标具有显著预测作用的生理应答指标、社会认知指标，建构群际冲突关系预警评价指标体系及其突变模型，如图7-1所示。

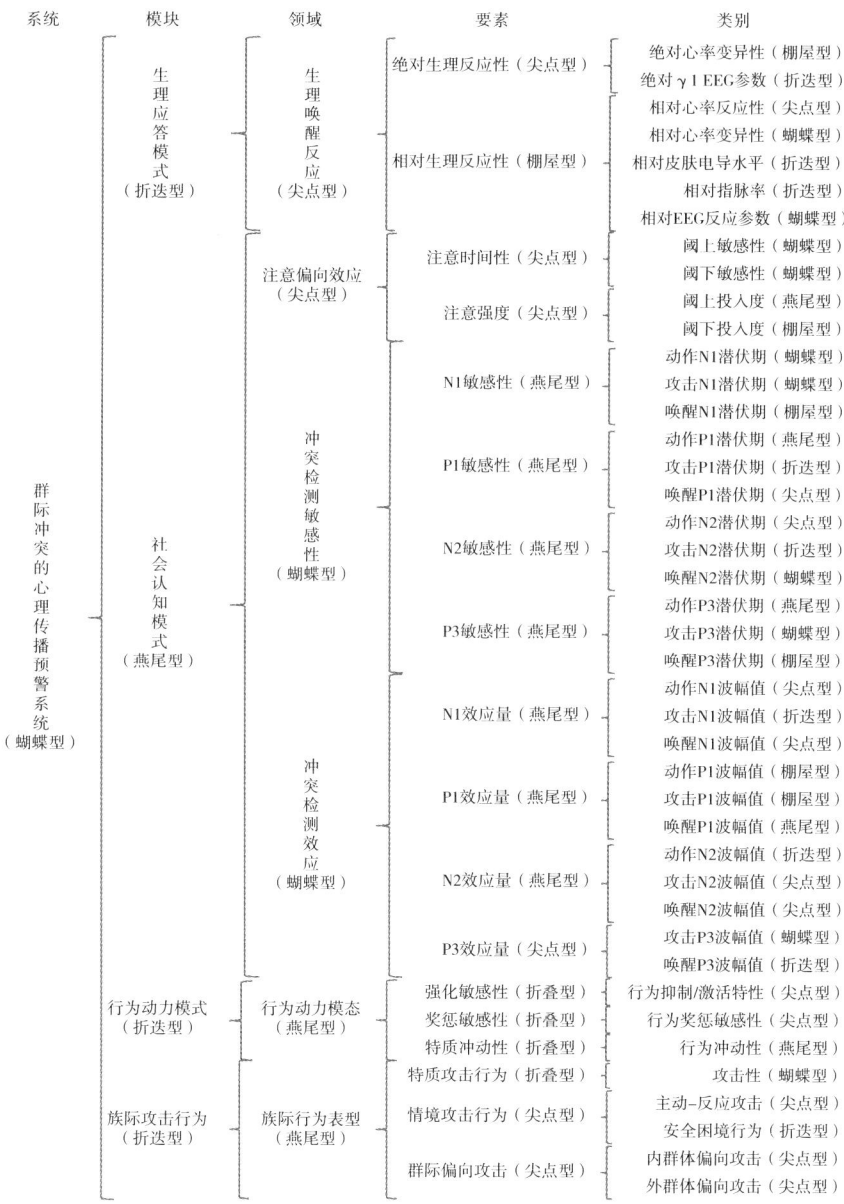

图7-1 群际冲突的心理预警指标体系及其突变模型

群际关系心理预警机制研究

在群际冲突的心理预警系统中，与类别层级相对应的具体观测指标见表7-4。

表7-4　　　各类别层评价指标及其观测指标

类别	观测指标	类别	观测指标	类别	观测指标
绝对心率变异性（棚屋型）	VLF(0.21)	唤醒N1潜伏期（棚屋型）	CHXLN1F(0.36)	攻击P1波幅值（棚屋型）	CGJAP10(0.29)
	HF(0.21)		CHXLN1C(0.27)		CGJAP1CP(0.23)
	T(0.19)		CHXLN1CP(0.21)		CGJAP1FC(0.20)
	LFnorm(0.19)		CHXLN1FC(0.20)		CGJAP1C(0.15)
	LF/HF(0.18)		CHXLN1P(0.15)		
绝对γ1 EEG参数（折迭型）	γ1(0.17)	动作P1潜伏期（燕尾型）	CDZLP1C(0.25)	唤醒P1波幅值（燕尾型）	CHXAP1F(0.25)
相对心率反应性（尖点型）	DHR(0.35)		CDZLP10(0.25)		CHXAP10(0.17)
	DRR(0.33)		CDZLP1P(0.23)		CHXAP1FC(0.17)
	DLF/HF(0.39)	攻击P1潜伏期（折迭型）	CGJLP1FC(0.20)	动作N2波幅值（折迭型）	CDZAN2F(0.20)
相对心率变异性（蝴蝶型）	DLFnorm(0.39)	唤醒P1潜伏期（尖点型）	CHXLP1C(0.15)	攻击N2波幅值（尖点型）	CGJAN2P(0.19)
	DLF(0.17)		CHXLP1P(0.15)		CGJAN2F(0.17)
	DHF(0.14)	动作N2潜伏期（尖点型）	CDZLN2CP(0.39)	唤醒N2波幅值（尖点型）	CHXAN2F(0.24)
相对皮肤电导水平（折迭型）	DGSR(0.15)		CDZLN2P(0.25)		CHXAN2CP(0.15)
相对指脉率（折迭型）	DOXY_R(0.15)	攻击N2潜伏期（折迭型）	CGJLN2FC(0.37)		CGJAP3P(0.21)
	Dθ(0.26)	唤醒N2潜伏期（蝴蝶型）	CHXLN2C(0.49)	攻击P3波幅值（蝴蝶型）	CGJAP3F(0.21)
相对EEG反应参数（蝴蝶型）	Dγ1(0.25)		CHXLN2F(0.25)		CGJAP3CP(0.20)
	Dα1(0.18)		CHXLN2P(0.25)		CGJAP30(0.17)
	Dδ(0.13)		CHXLN2FC(0.23)	唤醒P3波幅值（折迭型）	CHXAP3P(0.21)
	AYSLN300FC(0.26)	动作P3潜伏期（燕尾型）	CDZLP3F(0.21)	行为抑制/激活特性（尖点型）	行为激活系统
阈上敏感性（蝴蝶型）	AYSLP1C(0.22)		CDZLP3CP(0.18)		行为抑制系统
	AYSLP1F(0.20)		CDZLP30(0.15)		惩罚敏感性
	AYSLN1C(0.16)		CGJLP30(0.29)		奖励敏感性
	AYXLP20F(0.26)	攻击P3潜伏期（蝴蝶型）	CGJLP3C(0.18)		动作冲动性
阈下敏感性（蝴蝶型）	AYXLN1C(0.22)		CGJLP3FC(0.15)	行为冲动性（燕尾型）	认知冲动性
	AYXLN1FC(0.17)		CHXLP3F(0.42)		无计划性
	AYXLP20C(0.15)		CHXLP3C(0.19)		愤怒
	AYSAN300F(0.27)	唤醒P3潜伏期（棚屋型）	CHXLP30(0.19)		身体攻击
阈上投入度（燕尾型）	AYSAP1F(0.22)		CHXLP3CP(0.17)	攻击性（蝴蝶型）	敌意
	AYSAN1F(0.20)		CHXLP3P(0.17)		言语攻击
	AYXAN300F(0.29)		CDZAN1F(0.17)	主动-反应攻击（尖点型）	主动攻击性
	AYXAN300FC(0.22)	动作N1幅值（尖点型）	CDZAN10(0.27)		反应攻击
阈下投入度（棚屋型）	AYXAP500F(0.22)		CGJAN10(0.18)	安全困境行为（折迭型）	族际反对
	AYXAP500FC(0.20)		CHXAN1F(0.18)	内群体偏向攻击（尖点型）	外族提议_反击
	AYXAP200P(0.16)		CHXAN10(0.17)		内族提议_反击
	CDZLN1C(0.37)		CDZAP1FC(0.32)	外群体偏向攻击（尖点型）	内族提议_反击
动作N1潜伏期（蝴蝶型）	CDZLN1F(0.35)		CDZAP1F(0.30)		外族提议_反击
	CDZLN1CP(0.18)		CDZAP1CP(0.27)		
	CDZLN1P(0.18)	动作P1幅值（棚屋型）	CDZAP1P(0.23)		
	CGJLN1F(0.29)		CDZAP1C(0.27)		
攻击N1潜伏期（蝴蝶型）	CGJLN1C(0.19)				
	CGJLN1CP(0.19)				
	CGJLN1P(0.19)				

注：括号内的数值为回归分析所得的确定系数 R^2 值，数值越大表示其影响作用越大。

然后，采用李发荣等的做法[①]，对全部被试的各种观测指标数据进行

[①] 李发荣、刘菊梅、仝纪龙、袁九毅、朱振华：《基于突变级数法的我国西部城市环境承载力研究》，《环境工程》2010年第S1期，第338-342页。

第七章 群际冲突心理预警模型

无量纲化关系式处理，将它们转换为值域 [0，1] 的效益型指标。之后，应用突变理论中的各种突变模型的归一公式，对转换后的 5 个特例被试数据（见附录 11）进行量化递归计算，得到他们在指标体系中各层级的突变隶属函数值。最后，根据总突变隶属值进行综合判别和最终决策，结果见表 7-5。

表 7-5 5 名特例被试的群际冲突心理预警效应综合评价结果

类别	被试 1	被试 2	被试 3	被试 4	被试 5
性别	女	女	男	男	男
年龄	18	19	21	19	22
民族	汉	彝	汉	汉	彝
群际冲突经验	无	有	无	有	无
攻击性	强	弱	弱	强	强

模块	状态变量值					突变函数值				
生理应答模式（折迭型）	0.804	0.836	0.877	0.839	0.893	0.897	0.914	0.936	0.916	0.945
社会认知模式（燕尾型）	0.884	0.858	0.918	0.926	0.931	0.960	0.950	0.972	0.975	0.977
行为动力模式（折迭型）	0.972	0.977	0.965	0.984	0.985	0.993	0.994	0.991	0.996	0.996
群际攻击行为（折迭型）	0.909	0.926	0.909	0.933	0.967	0.981	0.985	0.981	0.986	0.993
群际冲突心理传播效应（蝴蝶型）						0.897	0.914	0.936	0.916	0.945

如表 7-5 所示，群际冲突经验维度上，两名群际冲突者被试的群际冲突信息加工的心理预警效应的总突变隶属值较为接近，分别为 0.914，0.916；两名无群际冲突经验者的预警效应总突变隶属值也比较近似，即 0.936 和 0.945；一个例外的是女性无群际冲突经验强攻击性者的总突变值较低。从攻击性看，两名弱攻击性者的总突变隶属函数值存在差异，同样地，3 名强攻击性者的总突变函数值也各不相同。

第三节　预警系统非线性动力机制

组织行为学的大量研究发现，冲突的爆发是一个渐进的过程，即冲突不断升级最终走向公开化并造成相应后果的过程[①]。冲突的产生一般有4个阶段：即潜在的对立或不一致冲突阶段、认知和个性化阶段、行为意向阶段、行为阶段。作为社会冲突特定的表现形式，群际冲突也遵循这一规律，所以群际冲突的管理应是一个动态的过程，需要构建一个"由低到高、逐级干预、动态连贯、风险分散"的，规范化、标准化的预警和干预常规模式。因此，通过研究建立起一套科学合理的、实效性强、简便易行的群际冲突心理预警指标体系显得尤为重要和迫切。虽然已有研究主要采取对群际冲突事件的个案解读方式，发现了大量的政治经济、社会文化、个体和群体心理等因素对群际冲突的驱动和诱发作用，尝试相应的理论模型建构。尽管这些研究为解决群际冲突问题提供了社会组织方式、管理政策模式和国家治理的理论构想，加深了人们对群际冲突的社会机制和心理机制的理解，但这些因素宏观抽象而不易操作评估，且其有效性及其相互关系依旧需要社会历史的实践检验，因而不能直接拿来作为群际冲突信息加工的心理预警指标。

从复杂科学理论的角度看，群际冲突是一个复杂系统，它的演化过程主体繁多，各种涉及因素错综复杂、呈非线性关系。它是由大量要素构成的，要素之间相互作用，这种作用是动力学的、非线性的，形成回路，任何要素活动的效应都可以反馈到其自身，包括负反馈（减低、抑制）和正反馈（加强、激发）。因此，从复杂系统理论看，采用结构分析或成因析解的还原论和决定论的办法，是无法通达全面理解群际冲突的本质与动力机制的。为此，在本研究中，我们认为采用复杂系统理论方法研究群际冲突问题是克服已有研究困境的必然选择，因为群际冲突符

[①] 朱玉芹、朱丹凤：《公共组织冲突管理研究综述》，《陕西理工学院学报社会科学版》2011年第1期，第17–22页。

合复杂系统的主要特征：一是开放性，群际冲突是与外界有着物质、能量和信息交换的开放系统；二是复杂性，系统内部子系统的相关性会导致系统整体行为的出现；三是进化涌现性，群际冲突中子系统或基本单元之间的交互作用，从整体上演化、进化出一些独特的、新的性质，如通过自组织方式形成某种模式；四是层次性，组成群际冲突的子系统存在强耦合现象，不可以将复杂系统分成几个小部分单独进行研究，然后简单地汇集各部分知识达成对总体的理解；五是巨量性，系统中基本单元或子系统的数目较大。为了避免以往群际冲突因素罗列的线性思维研究缺陷，本研究借助回归分析法，甄选出了与群际冲突信息加工密切关联的生理应答指标、社会认知指标和行为动力指标，以及群际攻击行为要素。然后，运用复杂系统中的突变级数模型分析方法，深入考察了群际冲突信息加工的各要素之间动态耦合过程。最后在定量水平上，对特例被试数据进行了实证分析，结果发现所建构的群际冲突的心理预警模型具有较强的高危个体判别能力，能够有效地把两类被试区别开来，这表明前文构想的群际冲突信息加工模式，以及建基于此模式上的心理预警评价系统具有一定的科学合理性，即由生理应答模式、社会认知模式、行为动力模式、群际攻击行为4个组分构成，它们具有突变形态的非线性动力学特征和演化进程。这为群际冲突问题的有效干预管理和解决提供了微观的生态化证据。但值得注意的是，由于研究样本本身的特殊性，使得这一发现无法直接应用于实际群际冲突问题的解释和解决中，它的外部效度仍需通过科学的取样程序，采用多学科多方法的路径来深入考证。

第四节　群际冲突关系预警组分

在群际冲突信息加工模式的建构基础上，我们尝试从生理—认知—行为的视角，从生理唤醒反应、社会认知加工、行为动力模态3个方面展开了实验研究，然后从复杂系统动力学观点，基于突变理论，应用突变级数法将3方面的研究数据进行整合，从而系统地考察和检验了群际冲突的心理传播预警效应，为监测和预警潜在群际冲突者提供了检测技术和理论参考。总体来看，主要发现和未来展望分述如下。

一　群际冲突关系预警构件

我们在本研究中综合采用了神经生理记录技术、经典心理实验范式、复杂系统理论方法，以群际冲突信息加工中的生理应答模式、认知加工特性、行为动力模式和群际攻击行为为研究对象，经过科学实验检测和相互印证，甄选了有效的群际冲突的心理传播预警指标，并根据复杂系统中的突变模型，建构和检验了群际冲突的心理传播预警模型及其判别效应。主要得出如下结论：

（一）生理应答模式

群际冲突经验者的静息心率水平与特质攻击性存在负向关系，主要体现在敌意维度；群际冲突经验者的静息指脉率（OXY-R）与敌意行为呈负向关联。

群际冲突信息刺激传播作用所导致的心率和R-R间期降低倾向于激活群际间的敌意和冲动性行为；群际冲突信息感知可降低HRV反应性，在HRV的总功率（T）、低频功率（LF）、高频功率（HF）指标上，具有一定特异性；低HRV反应模式是预测攻击性行为的有效指标；群际冲突信息传播引起的低血氧饱和度与身体攻击呈正相关，与认知冲动性呈负相关，低指脉率反应与愤怒呈正相关。静息自发EEG参数能量与特质攻击性呈负相关，主要体现在身体攻击和愤怒两个方面，且受性别、群际冲突经验的调节；群际冲突信息传播诱发的θ、$\alpha1$、$\alpha2$、$\beta1$、$\beta2$、$\gamma1$参数能量减少与愤怒和身体攻击呈正相关；各种诱发EEG反应参数能量变化与特质冲动性没有关联性。

综合来看，在群际冲突信息加工中，人们所表现出的特异性生理唤醒反应与特质攻击性和特质冲动性相关联，表明群际冲突信息的心理传播可改变个体的生理唤醒状态，这种唤醒程度易激活冲动性和攻击性行为模式。

（二）社会认知机制

群际冲突社会表征模式包括3个子网络：一个4-核中心核、一个

3- 核边缘系统和一个 2- 核外周系统，构成一个"中心核—边缘系统—外周系统"的层次结构模型。该模型以"战争（矛盾、和谐）"为中心内核来组织整个表征结构，其整体意义产生于"战争、斗争、和平、矛盾、冲突"5 个共享关键元素。在社会表征过程中，不同民族的"群际冲突"社会表征模式是不一样的，在本研究中，彝族被试以"战争"为中心内核作为表征结构的锚定点，应用"战争（矛盾）→ 打架（内乱）→ 纠纷"为分类系统主轴进行社会表征，强调"民族"和"差异"两个元素，并把"利益、文化差异、冲突、交际、民族、内乱"视为群际冲突的核心诱发或启动信息。汉族被试同样以"战争"为中心内核来组织整个表征结构，但应用"战争（和谐）→ 利益（打斗）→ 分争"为分类主轴进行社会表征，强调"流血"和"武力"两个元素，并把"打架、暴力、冲突、流血"视为群际冲突的核心诱发或启动信息。

人际冲突和群际冲突信息的心理传播所引发的神经激活模式具有相似性，但二者的认知时间进程和认知资源分配存在差异。两者的异同主要可以归因于人们无意识地优先选择注意加工群际冲突信息，而这种注意资源分配偏差易使人们把相关的社会环境解释为危险的，且相关分析也表明冲突信息注意偏向的电生理指标与行为的奖惩敏感性、主动性攻击、反应性攻击存在关联性。综合电生理指标来看，群际冲突信息注意偏向有两个来源，一是无意识或前注意，二是策略性控制加工。

群际冲突线索的认知加工包括线索感知和冲突评价两过程。群际冲突信息监测可诱发明显的 N1、P1、N2、P300 ERP 成分，其中 P300 是群际信息冲突监测的标记性神经认知成分。据这些成分的心理关联意义，我们可以把群际冲突信息监测过程分解为早期注意定向、刺激冲突评估、行为反应调控和认知资源分配 4 个连贯一体的信息处理阶段。群际冲突信息监测诱发的一些电生理学指标与行为动力的强化敏感性存在关联性，表现为对行为抑制系统和行为激活系统的敏感性具有增强作用。

（三）行为动力模式

安全困境和群际偏向是影响群际行为的重要社会心理变量。在安全困境条件下，人们处理族群实力竞备事件时，总体上，支持行为的选用频次最高，反对行为次之，防御行为使用频次最少。这种行为动力模式存在族群差异，主要体现在内族群的自利行动决策中，而对于外族群的相同行动，除了防御行为使用频次较低外，人们的行为决策无明显偏好和显著差异。群际熟悉度、决策一致性、理性选择变量是影响安全困境中群际行为动力模式的重要因素，它们能够在一定程度和条件下加大或减少支持、反对和防御行为的反应差异，起着促进或抑制作用。

在族群偏向情境下，人们处理群际事件时，总体上，反击行为使用频次明显多于接受行为。这种行为动力模式存在群际偏向差异，主要体现在内族群偏向条件下的接受行为显著多于外族群偏向时的行为频次，而在外族群偏向时，人们使用反击行为的频次明显多于内族群偏向的行为频次。收益反馈信息、奖惩敏感人格因素是影响群际偏向情境中群际行为动力模式的重要因素，其中收益反馈信息在一定程度和条件下正向调节接受和反击行为的反应差异，起着促进群际行为差异化的作用；与之相比较，奖惩敏感性人格变量可以负向调节人们的行为反应模式，起着抑制群际行为差异化的效应。

最后，基于突变理论和模糊集的复杂系统多准则决策方法的研究表明，群际冲突的心理预警模型是由生理应答模式、社会认知模式、行为动力模式、群际攻击行为四个准则层组成的复杂系统，涉及了生理唤醒反应、注意偏向效应、冲突检测敏感性、冲突检测效应、行为动力模态、群际行为表型6大领域层的内容。它们构成群际冲突心理预警系统中的核心要素，这些要素以动力学的、非线性的方式相互作用，形成回路，具有突变形态的动力学特征，遵循着突变形态的演化进程。

二 新意、局限与未来展望

通过扎实的文献梳理、创新的理论模型构建、科学的实验操控以及详实的数据分析，我们的研究发现增进了人们对群际冲突的本质理解和新的认识。在研究新意上，本研究的最大特色是将复杂系统理论引入群际冲突的心理预警分析中，并融入现代神经生理测评技术和成熟的经典ERP研究范式，从群际冲突的突变模型视角，对群际冲突信息心理传播的生理应答模式、社会认知模式、群际行为模式进行多维度多水平的探讨，突破了已有研究的方法局限性和问题域。另外，采用复杂社会网络分析技术对群际冲突主题的社会表征进行建模和测量分析，此举有效弥补了结构性分析的理论研究缺陷。更为独特之处在于，将突变理论中的突变级数方法引入群际冲突的心理预警模型及判别效应的综合评价，既可以在整体上判定族群成员的预警级别，也可以对具体的准则层面作出险情判别。这样一来，在实际的管理实践和操作中，我们就可以运用医学生物学技术，以常规体检的方式，对潜在的高危人群作出预判，并结合行为动力和攻击性行为的科学测量结果，锁定那些可能从事群际冲突的人群，及时对他们进行社会干预和心理疏导，必要时进行管制教育。

综合来看，我们的研究无论在研究视角、理论建构、研究内容方面，还是在实验设计、数据分析方法上，都做了一些新的尝试和改进，发现了一些具有较强社会应用价值的结论，并成功建构了一个理解群际冲突信息加工机制及其心理传播预警系统的理论模型。这些可为防控社群冲突和维护社会稳定提供一些科学依据及工作思路，但不可否认，其中的一些新关系和新发现，以及所建构的群际冲突心理预警模型尚需开展大量研究来予以检验、修正和发展。具体而言，在应用和概化本研究结论时，尚需谨慎考虑和关注以下几个方面：

第一，群际冲突信息加工模式的理论建构尚需完善。尽管本研究在社会成因和心理成因的研究反思及解读基础上，提出了关于群际冲突信息加工的生理应答、认知加工和行为动力3条心理传播路径，且三者的关系也得到了有力的实验数据支撑，但从群际冲突事件的现实情境看，影响群际冲突信息加工的社会—心理因素还有很多，那么本研究所考察的这些因素效应是否为冲突事件的关键和核心仍需后续研究进行验证和排查，如可考察社会公正感、社会比较、社会团结、宗教归属感、社会支配倾向、主观获得感等因素的主效应或者调节效应。另外一个与之相关联的理论问题是：虽然本研究预设群际暴力行为是群际冲突信息经由3条心理传播路径的加工整合所造成的，但这种因果关系是虚假的还是真实的，以及是否可以将之应用于当前的一些社会冲突事件的解释中，显

群际关系心理预警机制研究

然还需开展大量的研究来检验。综合来看，虽然此模型的建构为深入探讨群际冲突的社会心理及传播机制奠定了理论基础，但其自身还有待完善，因此，后续研究可在引入新的变量基础上，开展实证研究，进行补充和发展。

第二，研究设计上还有待进一步改进。首先，在研究内容上，虽然假定生理、认知、社会和行为4个方面的变量是引发群际冲突的核心要素，但在本研究中仅考察了部分自主神经活动指标、注意偏向效应、冲突监测效应、强化敏感性、奖惩敏感性、特质冲动性、攻击性行为指标等变量的作用及其关联模式。显然，凭借这些因素的作用模式还无法全面的回答群际冲突的机制问题，因此，未来研究至少可考虑以下一些因素的效应：一是在生理应答模式中，可以引入一些神经生化、基因多态性、体质体能方面的变量，如已有的研究一致发现攻击性倾向与神经递质系统的活性有关，尤其是血清素能系统功能（serotonergic）的作用更为显著[1]；二是在社会认知模式中，可考虑情感过程的调节和动力作用；三是群际间的社会偏见、社会距离对群际行为动力模式的影响。其次，研究样本量偏少是个明显的缺陷。尽管从实验研究方法技术本身来看，每个研究中各个因素水平下的样本量符合要求，但由于总体上的相对小样本量使得本研究中的一些重要发现和结论难以推广到普遍的群际冲突社会情境。另外，样本被试主要选自于大学生群体，即使部分被试自我报告曾参与过族群间的冲突打闹，但这些冲突可能仅是人际交往上的不一致或对抗，而与那些群际群体性暴力冲突的利益诉求和表达方式可能完全不同。因此，后续研究可以考虑抽取那些参与过实际冲突事件且被劳教者或者暴力犯人，以提高研究的内部效度和外部效度。最后，在数据整合方面尚有较大改进空间。尽管通过相关分析、回归分析和结构方程建模分析能相互印证地找出有效的群际冲突的心理传播预警指标，并

---

[1] Coccaro E. F., Kavoussi R. J., "Neurotransmitter correlates of aggression", In D. M. Stoff , R. B. Cairns, Eds., *The neurobiology of clinical aggression*, Mahwah, NJ: Lawrence J. Erlbaum Associates Inc, 1996, pp.67–85.

第七章 群际冲突心理预警模型

借助于突变级数算法将它们整合在突变模型中，作为检验假设理论模型的证据，但这些方法本身也存在局限，受样本量及其组成结构的影响，尤其是结构建模分析对样本量的要求较高，为此，后续研究在加大取样容量的同时，还应考虑样本组成成分。另外，在突变级数法中，首先需要对原始观测数据去量纲化，不同的转化方法可能影响最终所得的突变函数值，因此，还需改进原始数据的无量纲处理方法，以及评价指标体系的层次结构。

第三，本研究结果离社会管理应用还有一些距离。从研究可行性来看，本研究的根本目的是尝试通过对群际冲突信息的加工机制的考察，来建构一个具有评估和鉴别能力的群际冲突的心理传播预警系统，研究得出了一些学术参考价值和管理应用价值较高的结论。例如，可以根据群际冲突社会表征模式及其测量研究结果，来构建一个系统的群际冲突社会管理模式及其运行网络机制，同时，根据联结网络表征模型中结点具有激活特性的特点，即在感知呈现和积极思考条件下，一个结点就可被激活，进而能通过连线激活与之相连接的其他结点，来预判和及时处置由认知词汇要素引发的偶然性突发事件。另外，本研究的主体核心工作是探讨了群际冲突信息的加工机制，根据班杜拉（Bandura）的社会认知理论[①]，通过观察学习，个体可以内化那些他们没有直接经历过的情境中的认知、情感和行为反应，这提示国家政府部门和责任单位应加强群际冲突事件的信息管理，需根据处置管控与社会稳定的需求，对相关信息进行分级分类，选择适宜的传播途径，降低因内容渲染和传播不当造成的潜在社会危害，促进民族团结，和谐发展。但由于本研究还存在上述一些问题和不足，加之选用指标的鉴别度和预警力尚不清楚，故虽然本研究可以为进一步探讨群际冲突的心理预警机制提供理论指导与路径参考，但它的社会实践应用价值仍需进一步考证和检验。

---

① Bandura A., "Social cognitve theory of mass communication", In J. Bryant, D. Zillmann, Eds., *Media effects: Advances in theory and research (2nd ed.)*, Hillsdale NJ: Lawrence Erlbaum Associates, Inc, 2002, pp.121-153.

综上而言，本研究是在社会心理学的范畴内，从生理驱动因素、认知加工因素、行为动力因素和攻击性维度研究群际冲突的信息传播机制及其预警效应，有助于丰富社会心理学在群际关系层面上的探究，具有较强的理论和实践价值。群际冲突信息加工模型的预警指标体系的研发，可为管理和解决群际冲突问题提供理论参考与工作思路；此外，基于复杂系统科学探讨群际冲突问题，可以灵活而综合地评估个体的群际冲突心理行为的早期征兆及其动态发展规律，形成切实可行的群际冲突信息监测与预警机制，做到及时干预和处置，从而降低群际冲突事件的管理成本。

参考文献

Я·Я·埃廷格尔、钟华:《独联体的族际冲突与国际经验》,《民族译丛》1994年第6期。

[南非]保罗·西利亚斯:《复杂性与后现代主义:理解复杂系统》,曾国屏译,上海科技教育出版社2006年版。

贝尔、柯勒斯、帕罗蒂斯:《神经科学:探索脑》第二版,高等教育出版社2004年版。

辞海编辑委员会:《辞海》第六版,上海辞书出版社1999年版。

董艳娟、王玉平、王荫华、毛薇:《大脑对早期、晚期冲突信息处理的事件相关电位研究》,《临床神经电生理学杂志》2006年第3期。

郭志刚:《社会统计分析方法——SPSS软件应用》,中国人民大学出版社1999年版。

韩晓燕、田晓丽:《制度、文化与日常确证——外来移民及其子女的情景性身份认同》,《清华大学学报(哲学社会科学版)》2016年第6期。

韩智勇、翁文国、张维、杨列勋:《重大研究计划"非常规突发事件应急管理研究"的科学背景、目标与组织管理》,《中国科学基金》2009年第4期。

侯杰泰、温忠麟、成子娟:《结构方程模型及其应用》,教育科学出版社2004年版。

[英]霍恩比:《牛津高阶英汉双解词典》第七版,商务印书馆2009年版。

姜安：《国际安全困境的结构性维度》，《东北师大学报：哲学社会科学版》2006年第6期。

杰缅季叶夫、张广翔：《论民族冲突心理》，《现代外国哲学社会科学文摘》1991年第5期。

李发荣、刘菊梅、仝纪龙、袁九毅、朱振华：《基于突变级数法的我国西部城市环境承载力研究》，《环境工程》2010年第S1期。

李献云、费立鹏、徐东、张亚利、杨少杰、童永胜等：《Barratt冲动性量表中文修订版在社区和大学人群中应用的信效度》，《中国心理卫生杂志》2011年第8期。

李彦章、张燕、姜英、李航、米沙、易光杰等：《行为抑制/激活系统量表中文版的信效度分析》，《中国心理卫生杂志》2008年第8期。

林崇德、杨治良、黄希庭：《心理学大辞典》，上海教育出版社2004年版。

林枫：《蜘蛛：社会网络分析技术》，世界图书出版公司北京公司2012年版。

林枫、江钟立：《网络思维：基于点线符号的认知图式和复杂性范式》，《自然辩证法通讯》2011年第1期。

林枫、王媛媛、江钟立：《网络思维和网络分析在经络研究中的应用前景》，《中国针灸》2011年第3期。

林聚任：《社会网络分析：理论、方法与应用》，北京师范大学出版社2009年版。

罗吉贵：《复杂系统中涌现形成机理的讨论》，博士学位论文，上海大学，2008年。

刘俊升、周颖、顾文瑜：《Buss-Perry攻击性量表在青少年中的初步修订》，《中国临床心理学杂志》2009年第4期。

[法]塞尔日·莫斯科维奇：《社会表征（第1版）》，管健、高文珺、俞容龄译，中国人民大学出版社2011年版。

邱皓政：《量化研究与统计分析：SPSS中文视窗版数据分析范例解析》，重庆大学出版社2009年版。

史志富、张安、刘海燕、张圣云:《基于突变理论与模糊集的复杂系统多准则决策》,《系统工程与电子技术》2006 年第 7 期。

王剑峰:《族群性的陷阱与族群冲突》,《思想战线》2004 年第 4 期。

王美萍、张文新:《COMT 基因多态性与攻击行为的关系》,《心理科学进展》2010 年第 8 期。

王沛、霍鹏飞、王灵慧:《阈下知觉的加工水平及其发生条件——基于视觉掩蔽启动范式的视角》,《心理学报》2012 年第 9 期。

王文菁、池思晓、钟天平:《静息状态下焦虑障碍患者心率变异的特点》,《广东医学》2012 年第 2 期。

王振宏、郭德俊、游旭群、高培霞:《身体攻击行为学生自主神经活动的情绪唤醒特点,《心理学报》2007 年第 2 期。

王子昌:《不确定性与安全困境》,《东南亚研究》2002 年第 6 期。

魏景汉、阎克乐:《认知神经科学基础》,人民教育出版社 2008 年版。

习近平:《共同构建人类命运共同体》,《求是》2021 年第 1 期。

于晓溪:《愉快刺激对攻击行为学生自主神经系统唤醒恢复的影响》,硕士学位论文,东北师范大学,2008 年。

中同社会科学院语言研究所词典编辑室编:《现代汉语词典》第 7 版,商务印书馆 2016 年版。

赵仑:《ERPs 实验教程》修订版,东南大学出版社 2010 年版。

周颖:《内隐攻击性研究》,上海社会科学院出版社 2011 年版。

朱玉芹、朱丹凤:《公共组织冲突管理研究综述》,《陕西理工学院学报社会科学版》2011 年第 1 期。

Abric J. C., "A theoretical and experimental approach to the study of social representations in a situation of interaction", In R. Farr & S. Moscovici, Eds., *Social representations*, Cambridge: Cambridge University Press, 1984.

Abric, J.–C., "Central system, peripheral system: their functions and roles in the dynamics of social representation", *Papers on Social Representations*, Vol.2, No.2, 1993.

Abric J. C., "L'organisation interne des representations sociales: système central et système périphérique", In C. Guimelli, Ed., *Structures ettransformations des représentations sociales*, Lausanne: Delachaux et Niestlé, 1994.

Adolphs R., Tranel D., Damasio A. R. "The human amygdala in social judgment", *Nature*, Vol.393, No.6684, 1998.

Alexseev M. A., Hofstetter C. R., "Russia, China, and the immigration security dilemma", *Political Science Quarterly*, Vol.121, No.1, 2006.

Amodio D. M., Master S. L., Yee C. M., Taylor S. E., "Neurocognitive components of the behavioral inhibition and activation systems: Implications for theories of self-regulation", *Psychophysiology*, Vol.45, No.1, 2008.

Anderson C. A., & Bushman B. J., "Effects of violent video games on aggressive behavior, aggressive cognition, aggressive affect, physiological arousal, and prosocial behavior: A meta-analytic review of the scientific literature", *Psychological Science*, Vol.12, No.5, 2001.

Anderson C. A., Bushman B. J., "Human aggression", *Annual Review of Psychology*, Vol.53, No.1, 2002.

Allport, G. W., *The nature of prejudice*, Reading, MA: Addison-Wesley, 1954.

Alonso S., Ruiz-Rufino R., "Political representation and ethnic conflict in new democracies", *European Journal of Political Research*, Vol.46, No.2, 2007.

Amir N., Beard C., Burns M., Bomyea J., "Attention modification program in individuals with generalized anxiety disorder", *Journal of Abnormal Psychology*, Vol.118, No.1, 2009.

Arsovska J., & Kostakos P., "Illicit arms trafficking and the limits of rational choice theory: the case of the Balkans", *Trends in Organized Crime*, Vol.11, No.4, 2008.

Asmundson G. J., Stein M. B., "Selective processing of social threat in patients with generalized social phobia: Evaluation using a dot-probe paradigm", *Journal of Anxiety Disorders*, Vol.8, No.2, 1994.

Atkins M. S., Stoff D. M., "Instrumental and hostile aggression in childhood disruptive behavior disorders", *Journal of Abnormal Child Psychology*, Vol.21, No.2, 1993.

Bandura A., "Social cognitve theory of mass communication", In J. Bryant , D. Zillmann, Eds., *Media effects:Advances in theory and research (2nd ed.)*, Hillsdale NJ: Lawrence Erlbaum Associates, Inc, 2002.

Bar-Haim Y., Lamy D., Glickman S., "Attentional bias in anxiety: A behavioral and ERP study", *Brain and Cognition*, Vol.59, No.1, 2005.

Bar-Haim Y., Lamy D., Pergamin L., Bakermans-Kranenburg M. J., van Ijzendoorn M. H., "Threat-related attentional bias in anxious and nonanxious individuals: A meta-analytic study", *Psychological Bulletin*, Vol.133, No.1, 2007.

Baron R. A., Richardson D. R., *Human aggression*. New York: Plenum Press, 1994.

Barratt E. S., "Impulsiveness subtraits: Arousal and information processing", In J. T. Spence, C. E. Izard, Eds., *Motivation, emotion, and personality*, New York: Elsevier Science Publishers, 1985.

Bartholow B. D., Bushman B. J., Sestir M. A., "Chronic violent video game exposure and desensitization to violence: Behavioral and event-related brain potential data", *Journal of Experimental Social Psychology*, Vol.42, No.4, 2006.

Bartholow B. D., Dickter C. L., "A response conflict account of the effects of stereotypes on racial categorization", *Social Cognition*, Vol.26, No.3, 2008.

Bartos O. J., Weh P., *Using conflict theory*, New York: Cambridge University Press, 2002.

Baş A. U., Yurdabakan İ., "Factor structure of the reactive-proactive aggression questionnaire in Turkish children and gender, grade-Level, and socioeconomic status differences in reactive and proactive aggression", *Journal of Psychoeducational Assessment*, Vol.30, No.3, 2012.

Bauer M. W., Gaskell G., "Towards a paradigm for research on social representations", *Journal for the Theory of Social Behaviour*, Vol.29, No.2, 1999.

Beck A. T., Clark D. A., "Anxiety and depression: An information processing perspective", *Anxiety Research*, Vol.1, No.1, 1988.

Beck A. T., Clark D. A., "An information processing model of anxiety: Automatic and strategic processes", *Behaviour Research and Therapy*, Vol.35, No.1, 1997.

Ben-Ner A., McCall B. P., Stephane M., Wang H., "Identity and in-group/out-group differentiation in work and giving behaviors: Experimental evidence", *Journal of Economic Behavior & Organization*, Vol.72, No.1, 2009.

Berkowitz L., *Aggression: Its causes, consequences and control*, New York: McGraw-Hill, 1993.

Blaut A., Paulewicz B., Szastok M., Prochwicz K., Koster E., "Are attentional bias and memory bias for negative words causally related?" *Journal of Behavior Therapy and Experimental Psychiatry*, Vol.44, No.3, 2013.

Bodenhausen, G. V., Kang, S. K., Peery, D., "Social categorization and the perception of social groups", In S. T. Fiske & C. N. Macrae, Eds., *The SAGE handbook of social cognition*, London, UK: SAGE, 2012.

Böhnke R., Bertsch K., Kruk M., Naumann E., "The relationship between basal and acute HPA axis activity and aggressive behavior in adults", *Journal of Neural Transmission*, Vol.117, No.5, 2010.

Booth K., Wheeler N., *The security dilemma: Fear, cooperation and trust in world politics*, New York: Palgrave Macmillan, 2008.

Botvinick M. M., Braver T. S., Barch D. M., Carter C. S., Cohen J. D., "Conflict monitoring and cognitive control", *Psychological review*, Vol.108, No.3, 2001.

Botvinick M. M., Cohen J. D., Carter C. S., "Conflict monitoring and anterior cingulate cortex: an update", *Trends in Cognitive Sciences*, Vol.8, No.12, 2004.

Botvinick M., Nystrom L. E., Fissell K., Carter C. S., Cohen J. D., "Conflict monitoring versus selection-for-action in anterior cingulate cortex", *Nature*, Vol.402, No.6758, 1999.

Boulding K., *Conflict and defense: A general theory*, New York: University Press of America, 1988.

Brevers D., Cleeremans A., Bechara A., Laloyaux C., Kornreich C., Verbanck P., Noël X., "Time course of attentional bias for gambling information in problem gambling", *Psychology of Addictive Behaviors*, Vol.25, No.4, 2011.

Brewer M. B., "In-group bias in the minimal intergroup situation: A cognitive-motivational analysis", *Psychological Bulletin*, Vol.86, No.2, 1979.

Brewer M. B., "Ingroup identification and intergroup conflict: When does ingroup love become outgroup hate?" In L. Jussim & R. D. Ashmore, Eds., *Social identity, intergroup conflict, and conflict reduction*, London: Oxford University Press, 2001.

Browne M. W., Cudeck R., "Single sample cross-validation indices for Covariance structures", Multivariate Behavioral Research, Vol.24, No.4, 1989.

Brüß J., "Proud but isolated? Effects of in-group favouritism and acculturation preferences on inter-ethnic attitudes and contact between German, Turkish and resettler adolescents", *Journal of Ethnic and Migration Studies*, Vol.31, No.1, 2005.

Bryant F. B., Smith B. D., "Refining the architecture of aggression: A measurement model for the Buss–Perry aggression questionnaire", *Journal of Research in Personality*, Vol.35, No.2, 2001.

Buss A. H., Perry M., "The aggression questionnaire", *Journal of Personality and Social Psychology*, Vol.63, No.3, 1992.

Campbell D. T., "Ethnocentric and other altruistic motives", In D. Levine, Ed., *Nebraska symposium on motivation*, Lincoln: University of Nebraska Press, 1965.

Carretié L., Mercado F., Tapia M., Hinojosa J. A., "Emotion, attention, and the 'negativity bias', studied through event-related potentials", *International Journal of Psychophysiology*, Vol.41, No.1, 2001.

Carver, C. S., White, T. L., "Behavioral inhibition, behavioral activation, and affective responses to impending reward and punishment: the bis/bas scales", *Journal of Personality and Social Psychology*, Vol.67, No.2, 1994.

Cha C. B., Najmi S., Park J. M., Finn C. T., Nock M. K., "Attentional bias toward suicide-related stimuli predicts suicidal behavior", *Journal of Abnormal Psychology*, Vol.119, No.3, 2010.

Chan S. C., Raine A., Lee, T., "Attentional bias towards negative affect stimuli and reactive aggression in male batterers", *Psychiatry Research*, Vol.176, No.2–3, 2010.

Chen Y. R., Brockner J., Katz T., "Toward an explanation of cultural differences in in-group favoritism: the role of individual versus collective primacy", *Journal of Personality and Social Psychology*, Vol.75, No.6, 1998.

Clak D. A., Beck A. T., *Scientific foundations of cognitive theory and therapy of depression*, New York: John Wiley & Sons, 1999.

Clark, D. M., "Anxiety disorders: why they persist and how to treat them", *Behaviour Research and Therapy*, Vol.37, 1999.

Clayson P. E., Larson M. J., "Conflict adaptation and sequential trial effects: Support for the conflict monitoring theory", *Neuropsychologia*, Vol.49, No.7, 2011.

Coan J. A., Allen J. J. B., "Frontal EEG asymmetry and the behavioral activation and inhibition systems", *Psychophysiology*, Vol.40, No.1, 2003.

Coccaro E. F., Kavoussi R. J., "Neurotransmitter correlates of aggression", In D. M. Stoff, R. B. Cairns, Eds., *The neurobiology of clinical aggression*, Mahwah, NJ: Lawrence J. Erlbaum Associates Inc, 1996.

Coccaro E. F., Kavoussi R. J., Cooper T. B., Hauger R. L., "Central serotonin activity and aggression: Inverse relationship with prolactin response to d-fenfluramine, but not CSF 5-HIAA concentration, in human subjects", *American Journal of Psychiatry*, Vol.154, No.10, 1997.

Cooper R. M., Langton S. R. H., "Attentional bias to angry faces using the dot-probe task? It depends when you look for it", *Behaviour Research and Therapy*, Vol.44, No.9, 2006.

Coronges K. A., Stacy A. W., Valente T. W., "Structural comparison of cognitive associative networks in two populations", *Journal of Applied Social Psychology*, Vol.37, No.9, 2007.

Corr P. J., "Reinforcement sensitivity theory and personality", *Neuroscience & Biobehavioral Reviews*, Vol.28, No.3, 2004.

Cotter, J. M., "Cultural security dilemmas and ethnic conflict in Georgia", *Journal of Conflict Studies*, Vol.19, No.1, 1999.

Cox W. M., Fadardi J. S., Pothos E. M., "The addiction-stroop test: Theoretical considerations and procedural recommendations", *Psychological Bulletin*, Vol.132, No.3, 2006.

Crick N. R., Dodge K. A., "Social information-processing mechanisms in reactive and proactive aggression", *Child Development*, Vol.67, No.3, 1996.

Dabbs J. M., Frady R. L., Carr T. S., Besch N. F., "Saliva testosterone and criminal violence in young adult prison inmates", *Psychosomatic Medicine*, Vol.49, No.2, 1987.

Dasgupta N., "Implicit ingroup favoritism, outgroup favoritism, and their behavioral manifestations", *Social Justice Research*, Vol.17, No.2, 2004.

Davis M., Whalen P. J., "The amygdala: vigilance and emotion", *Molecular Psychiatry*, Vol.6, No.1, 2001.

de Gardelle V., Charles L., Kouider S., "Perceptual awareness and categorical representation of faces: Evidence from masked priming", *Consciousness and Cognition*, Vol.20, No.4, 2011.

Demaree H. A., Robinson J. L., Everhart D. E., Youngstrom E. A., "Behavioral inhibition system BIS strength and trait dominance are associated with affective response and perspective taking when viewing dyadic interactions", *International Journal of Neuroscience*, Vol.115, No.11, 2005.

de Nooy W., Mrvar A., Batagelj V., *Exploratory social network analysis with Pajek*, New York: Cambridge University Press, 2005.

de Vries-Bouw M., Jansen L., Vermeiren R., Doreleijers T., de Ven P. V., Popma A., 2012. "Concurrent attenuated reactivity of alpha-amylase and cortisol is related to disruptive behavior in male adolescents", *Hormones and Behavior*, Vol.62, No.1, 2012.

DiegoM. A., Field T., Hernandez-Reif M., "BIS/BAS scores are correlated with frontal EEG asymmetry in intrusive and withdrawn depressed mothers", *Infant mental health journal*, Vol.22, No.6, 2001.

Donkers F. C. L., van Boxtel G. J. M., "The N2 in go/no-go tasks reflects conflict monitoring not response inhibition", *Brain and Cognition*, Vol.56, No.2, 2004.

Dulić T., Kostić R., "Yugoslavs in arms: Guerrilla tradition, total defence and the ethnic security dilemma", *Europe-Asia Studies*, Vol.62, No.7, 2010.

Echabe A. E., Guede E. F., Castro J., "Social representations and intergroup conflicts: Who's smoking here?" *European Journal of Social Psychology*, Vol.24, No.3, 1994.

Ellemers, N., Kortekaas, P., Ouwerkerk, J. W., "Self-categorisation, commitment to the group and group self-esteem as related but distinct aspects of social identity", *European Journal of Social Psychology*, Vol.29, No.2-3, 1999.

Eriksen B., Eriksen C., "Effects of noise letters upon the identification of a target letter in a nonsearch task", *Perception & Psychophysics*, Vol.16, No.1, 1974.

Esses V. M., Jackson L. M., Armstrong T. L., "Intergroup competition and attitudes toward immigrants and immigration: An instrumental model of group conflict", *Journal of Social Issues*, Vol.54, No.4, 1998.

Fadardi J. S., Ziaee S. S., "A comparative study of drug-related attentional bias: Evidence from Iran", *Experimental and Clinical Psychopharmacology*, Vol.18, No.6, 2010.

Ferreira A. A. A., Corso, G., Piuvezam, G., Alves, M. S. C. F., "A scale-free network of evoked words", *Brazilian Journal of Physics*, Vol.36, No.3, 2006.

Field M., Cox W. M., "Attentional bias in addictive behaviors: A review of its development, causes, and consequences", *Drug and Alcohol Dependence*, Vol.97, No.1–2, 2008.

Field M., Mogg K., Zetteler J., Bradley B., "Attentional biases for alcohol cues in heavy and light social drinkers: Tthe roles of initial orienting and maintained attention", *Psychopharmacology*, Vol.176, No.1, 2004.

Fisk S., Neuberg S., "A continuum of impression formation, from category-based to individuating processes: Influences of information and motivation on attention and interpretation", *Advances in Experimental Social Psychology*, Vol.23, No.23, 1990.

Flanagan T., Iarocci G., D'Arrisso A., Mandour T., Tootoosis C., Robinson S., Burack J. A., "Reduced ratings of physical and relational aggression for youths with a strong cultural identity: Evidence from the Naskapi people", *The Journal of adolescent health: official publication of the Society for Adolescent Medicine*, Vol.49, No.2, 2011.

Flament C., "L'analyse de similitude: une technique pour les recherches sur les représentations sociales" [Similarity analysis: A technique for researches in social representations]", *Cahiers de Psychologie Cognitive/Current Psychology of Cognition*, Vol.1, No.4, 1981.

Foa E. B., Feske U., Murdock T. B., Kozak M. J., McCarthy P. R., "Processing of threat-related information in rape victims", *Journal of Abnormal Psychology*, Vol.100, No.2, 1991.

Folstein J. R., Van Petten C., "Influence of cognitive control and mismatch on the N2 component of the ERP: A review", *Psychophysiology*, Vol.45, No.1,

2008.

Forster S. E., Carter C. S., Cohen J. D., Cho R. Y., "Parametric manipulation of the conflict signal and control-state adaptation", *Journal of Cognitive Neuroscience*, Vol.23, No.4, 2010.

Fowles D. C., "The three arousal model: Implications of Gray's two-factor learning theory for heart rate, electrodermal activity, and psychopathy", *Psychophysiology*, Vol.17, No.2, 1980.

Fowles D. C., "Psychophysiology and psychopathology: A motivational approach", *Psychophysiology*, Vol.25, No.4, 1988.

Frewen P. A., Dozois D. J. A., Joanisse M. F., Neufeld R. W. J., "Selective attention to threat versus reward: Meta-analysis and neural-network modeling of the dot-probe task", *Clinical Psychology Review*, Vol.28, No.2, 2008.

Frühholz S., Godde B., Finke M., Herrmann M., "Spatio-temporal brain dynamics in a combined stimulus–stimulus and stimulus–response conflict task", *NeuroImage*, Vol.54, No.1, 2011.

Fuller G. A., Murphy A. B., Ridgley M. A., Ulack R. "Measuring potential ethnic conflict in Southeast Asia", *Growth & Change*, Vol.31, No.2, 2000.

Fung A. L.-C., Raine A., Gao Y., "Cross-cultural generalizability of the reactive–proactive aggression questionnaire(RPQ)", *Journal of Personality Assessment*, Vol.91, No.5, 2009.

Furlong G. T., *The conflict resolution toolbox: models & maps for analyzing, diagnosing, and resolving conflict*, Canada: John Wiley & Sons Canada, Ltd, 2005.

Fuster J. M., *The prefrontal cortex: Anatomy*, New York: Raven Press, 1980.

Garner M., Mogg K., Bradley B. P., "Orienting and maintenance of gaze to facial expressions in social anxiety", *Journal of Abnormal Psychology*, Vol.115, No.4, 2006.

Galinsky, A. D., Moskowitz, G. B., "Perspective-taking: decreasing stereotype expression, stereotype accessibility, and in-group favoritism", *Journal of personality and social psychology*, Vol.78, No.4, 2002.

Garver J. W., "The security dilemma in Sino-Indian relations", *India Review*, Vol.1, No.4, 2002.

Gerard, H. B., Hoyt, M. F., "Distinctiveness of social categorization and attitude toward ingroup members", *Journal of Personality and Social Psychology*, Vol.29, No.6, 1974.

Glaser C. L., "The security dilemma revisited", *World Politics*, Vol.50, No.1, 1997.

Gray J. A., "The psychophysiological basis of introversion-extraversion", *Behaviour Research and Therapy*, Vol.8, No.3, 1970.

Gordis E. B., Granger D. A., Susman E. J., Trickett P. K., "Asymmetry between salivary cortisol and alpha-amylase reactivity to stress: relation to aggressive behavior in adolescents", *Psychoneuroendocrinology*, Vol.31, No.8, 2006.

Gotlib I. H., Kasch K. L., Traill S., Joormann J., Arnow B. A., Johnson S. L. "Coherence and specificity of information-processing biases in depression and social phobia", *Journal of Abnormal Psychology*, Vol.113, No.3, 2004.

Gray J. A., *Elements of a two-process theory of learning*, New York: Academic Press, 1975.

Gray J. A., "The neuropsychology of emotion and personality", In S. M. Stahl, S. D. Iversen, E. C. Goodman, Eds., *Cognitive neurochemistry*, Oxford: Oxford University Press, 1987.

Gray J. A., McNaughton N., *The neuropsychology of anxiety: An enquiry into the functions of the septo-hippocampal system Second edition*, Oxford: Oxford Univerty Press, 2000.

Green D. P., Seher R. L., "What role does prejudice play in ethnic conflict?" *Annual Review of Political Science*, Vol.6, No.1, 2003.

Cremer D. D., "Relations of self-esteem concerns, group identification, and self-stereotyping to in-group favoritism. *Journal of Social Psychology*, vol.141, No.3, 2001.

Guimelli C., "Differentiation between the central core elements of social representations: Normative vs. functional elements", *Swiss Journal of Psychology*, Vol.57, No.4, 1998.

Gurr T. R., *Peoples versus states: Ethnopolitical conflict and accommodation at the end of the 20th century*. Washington, DC: US Institute of Peace Press, 2000.

Hagmann P., Cammoun L., Gigandet X., Meuli R., Honey C. J., Wedeen V. J., Sporns O., "Mapping the structural core of human cerebral cortex", *PLoS Biology*, Vol.6, No.7, 2008.

Hallion L. S., Ruscio A. M., "A meta-analysis of the effect of cognitive bias modification on anxiety and depression", *Psychological Bulletin*, Vol.137, No.6, 2011.

Hammond R. A., Axelrod R., "The evolution of ethnocentrism", *Journal of Conflict Resolution*, Vol.50, No.6, 2006.

Harvey A. G., Watkins E. R., Mansell W., Shafran R., *Cognitive behavioural processes across psychological disorders: A transdiagnostic approach to research and treatment*, New York: Oxford University Press, 2004.

Herz J. H., "Idealist internationalism and the security dilemma", *World Politics*, Vol.2, No.2, 1950.

Herz J. H., *Political realism and political idealism: A study in theories and realities*, Chicago: University of Chicago Press, 1951.

Hewstone, M. Giles, H., "Social groups and social stereotypes", In W. B. Gudykunst, Ed., *Intergroup communication*, London: Edward Arnold, 1986.

Hewstone M., Rubin M., Willis H., "Intergroup bias", *Annual Review of Psychology*, Vol.53, No.1, 2002.

Higley J., King Jr S., Hasert M., Champoux M., Suomi S., Linnoila M., "Stability of interindividual differences in serotonin function and its relationship to severe aggression and competent social behavior in rhesus macaque females", *Neuropsychopharmacology*, Vol.14, No.1, 1996.

Hillyard S. A., Anllo–Vento L., Clark V. P., Heinze H.–J., Luck S. J., Mangun G. R., "Neuroimaging approaches to the study of visual attention: A tutorial", In A. F. Kramer, M. G. H. Coles, G. D. Logan, Eds., *Converging operations in the study of visual selective attention*, Washington, DC, US: American Psychological Association, 1996.

Hillyard S. A., Kutas M., "Electrophysiology of cognitive processing", *Annual Review of Psychology*, Vol.34, No.1, 1983.

Holtz P., "How popper's 'three worlds theory' resembles Moscovici's 'social representations theory' but why Moscovici's social psychology of science still differs from popper's critical approach", *Papers on Social Representations*, Vol.25, No.1, 2016.

Hooper D., Coughlan J., Mullen M., "Structural equation modelling: Guidelines for determining model fit", *Electronic Journal of Business Research Methods*, Vol.6, No.1, 2008.

Howard J. W., Rothbart M., "Social categorization and memory for in–group and out–group behavior", *Journal of Personality and Social Psychology*, Vol.38, No.2, 1980.

Hsieh Y.–H., Ko H.–C., "Cognitive biases for emotional faces in high–and low–trait depressive participants", *The Kaohsiung Journal of Medical Sciences*, Vol.20, No.10, 2004.

Huang Y.–X., Luo Y.–J., "Temporal course of emotional negativity bias: An ERP study", *Neuroscience Letters*, Vol.398, No.1–2, 2006.

Hubbard J. A., Dodge K. A., Cillessen A. H. N., Coie J. D., Schwartz D., "The dyadic nature of social information processing in boys' reactive and proactive aggression", *Journal of Personality and Social Psychology*, Vol.80, No.2, 2001.

Hubbard J. A., Parker E. H., Ramsden S. R., Flanagan K. D., Relyea

N., Dearing K. F., Hyde C. T., "The relations among observational, physiological, and self-report measures of children's anger", *Social Development*, Vol.13, No.1, 2004.

Hubbard J. A., Smithmyer C. M., Ramsden S. R., Parker E. H., Flanagan K. D., Dearing K. F., Simons R. F., "Observational, physiological, and self-report measures of children's anger: Relations to reactive versus proactive aggression", *Child Development*, Vol.73, No.4, 2002.

Huesmann L. R., Kirwil L., "Why observing violence increases the risk of violent behavior in the observer", In D. J. Flannery, A. T. Vazsonyi & I. Waldman, Eds., *The Cambridge handbook of violent behavior and aggression*, Cambridge, England: Cambridge University Press, 2007.

Hu L. t., Bentler P. M., "Cutoff criteria for fit indexes in covariance structure analysis: Conventional criteria versus new alternatives", *Structural Equation Modeling: A Multidisciplinary Journal*, Vol.6, No.1, 1999.

Huotilainen A., Tuorila H., "Social representation of new foods has a stable structure based on suspicion and trust", *Food Quality and Preference*, Vol.16, No.7, 2005.

Ishiyama J., "Does globalization breed ethnic conflict?" *Nationalism and Ethnic Politics*, Vol.9, No.4, 2004.

James P., Goetze D., *Evolutionary theory and ethnic conflict*, Westport, U.S.A: Greenwood Publishing Group, 2001.

Jehn K. A., "A multimethod examination of the benefits and detriments of intragroup conflict", *Administrative Science Quarterly*, Vol.40, No.2, 1995.

Jeong H.-W., *Understanding conflict and conflict analysis*, London: SAGE Publications Ltd, 2008.

Jervis R., "Cooperation under the security dilemma", *World Politics*, Vol.30, No.2, 1978.

Jost J. T., Banaji M. R., "The role of stereotyping in system-justification and the production of false consciousness", *British Journal of Social Psychology*,

Vol.33, No.1, 1994.

Kagan J., Reznick J. S., Snidman N., "Biological bases of childhood shyness", *Science*, Vol.240, No.4849, 1988.

Keogh E., Dillon C., Georgiou G., Hunt C., "Selective attentional biases for physical threat in physical anxiety sensitivity", *Journal of Anxiety Disorders*, Vol.15, No.4, 2001.

Keogh E., Ellery D., Hunt C., Hannent I., "Selective attentional bias for pain-related stimuli amongst pain fearful individuals", *Pain*, Vol.91, No.1–2, 2001.

Kimbrel N. A., Mitchell J. T., Nelson-Gray R. O., "An examination of the relationship between behavioral approach system BAS sensitivity and social interaction anxiety", *Journal of Anxiety Disorders*, Vol.24, No.3, 2010.

Kirwin M., "The security dilemma and conflict in Côte d'Ivoire", *Nordic Journal of African Studies*, Vol.15, No.1, 2006.

Koster E. H. W., De Raedt R., Leyman L., De Lissnyder E., "Mood-congruent attention and memory bias in dysphoria: Exploring the coherence among information-processing biases", *Behaviour Research and Therapy*, Vol.48, No.3, 2010.

Krahé B., Möller I., Huesmann L., Kirwil L., Felber J., Berger A., "Desensitization to media violence: Links with habitual media violence exposure, aggressive cognitions, and aggressive behavior", *Journal of Personality and Social Psychology*, Vol.100, No.4, 2011.

Kreidie L., Monroe K., "Psychological boundaries and ethnic conflict: How identity constrained choice and worked to turn ordinary people into perpetrators of ethnic violence during the Lebanese civil war", *International Journal of Politics, Culture, and Society*, Vol.16, No.1, 2002.

Kriesberg L., *Constructive conflicts: From escalation to resolution*, Lanham, MD: Rowman and Littlefield, 1998.

Krippendorff, K., "Computing Krippendorff's Alpha-Reliability", Annenberg

School for Communication Departmental Paper 43, Retrieved from https://repository.upenn.edu/asc_papers/43, 2011.

Kühn F. P., "Securing uncertainty: Sub-state security dilemma and the risk of intervention", *International Relations*, Vol.25, No.3, 2011.

Leone G, Sarrica M., "Challenging the myth of Italians as 'good fellows': Is clarity about in-group crimes the best choice when narrating a war to its perpetrators' descendants?", *Papers on Social Representations*, Vol.21, No.2, 2012.

Lett H. A., "Techniques for achieving interracial cooperation", *Harvard Educational Review*, Vol.15, No.1, 1945.

LeVine V. T., "Conceptualizing 'ethnicity' and 'ethnic conflict': A controversy revisited", *Studies in Comparative International Development*, Vol.32, No.2, 1997.

Levine R. A., Campbell D. T., *Ethnocentrism: Theories of conflict, ethnic attitudes, and group behavior*, New York: Wiley, 1972.

Lijffijt, M., Lane, S. D., Meier, S. L., Boutros, N. N., Burroughs, S., Steinberg, J. L., ... Swann, A. C., "P50, N100, and P200 sensory gating: Relationships with behavioral inhibition, attention, and working memory", *Psychophysiology*, Vol.46, No.5, 2009.

Lin F., He D., Jin Y., Tao Y., Jiang Z., "Mapping the central structure core in social representation of pain", *Journal of Applied Social Psychology*, Vol.43, No.9, 2013.

Linville P. W., Jones E. E., "Polarized appraisals of out-group members", *Journal of Personality and Social Psychology*, Vol.38, No.5, 1980.

Lorber M., "Psychophysiology of aggression, psychopathy, and conduct problems: A meta-analysis", *Psychological Bulletin*, Vol.130, No.4, 2004.

Mackie D. M., Smith E. R., "Intergroup relations: Insights from a theoretically integrative approach", *Psychological Review*, Vol.105, No.3, 1998.

MacLeod C., Mathews A., Tata P., "Attentional bias in emotional disorders",

Journal of Abnormal Psychology, Vol.95, No.1, 1986.

MacMahon K. M., Broomfield N. M., Espie C. A., "Attention bias for sleep-related stimuli in primary insomnia and delayed sleep phase syndrome using the dot-probe task", *Sleep*, Vol.29, No.11, 2006.

Mangun G. R., Buck L. A., "Sustained visual-spatial attention produces costs and benefits in response time and evoked neural activity", *Neuropsychologia*, Vol.36, No.3, 1998.

Martin M., Williams R. M., Clark D. M., "Does anxiety lead to selective processing of threat-related information?" *Behaviour Research and Therapy*, Vol.29, No.2, 1991.

Mathews A., Mackintosh B., "A cognitive model of selective processing in anxiety", *Cognitive Therapy & Research*, Vol.22, No.6, 1998.

Mathias C. W., Stanford M. S., "Impulsiveness and arousal: Heart rate under conditions of rest and challenge in healthy males", *Personality and Individual Differences*, Vol.35, No.2, 2003.

Mawson A. R., "On the association between low resting heart rate and chronic aggression: retinoid toxicity hypothesis", *Progress in Neuro-Psychopharmacology and Biological Psychiatry*, Vol.33, No.2, 2008.

Mazur A., Booth A., "Testosterone and dominance in men", *The Behavioral and Brain Sciences*, Vol.21, No.3, 1998.

McFarland B. R., Shankman S. A., Tenke C. E., Bruder G. E., Klein D. N., "Behavioral activation system deficits predict the six-month course of depression", *Journal of Affective Disorders*, Vol.91, No.2–3, 2006.

McHugh R. K., Behar E., Gutner C. A., Geem D., Otto M. W., "Cortisol, stress, and attentional bias toward threat", *Anxiety, Stress & Coping*, Vol.23, No.5, 2010.

McLaren L. M., "Anti-Immigrant prejudice in Europe: Contact, threat perception, and preferences for the exclusion of migrants", *Social Forces*, Vol.81, No.3, 2003.

McNaughton N., Corr P. J., "A two-dimensional neuropsychology of defense: Fear/anxiety and defensive distance", *NeuroscienceBiobehavioral Reviews*, Vol.28, No.3, 2004.

McNaughton N., Gray J. A., " 'The neuropsychology of anxiety' as it really is: A response to O'Mara 2001", *Neuropsychological Rehabilitation*, Vol.12, No.4, 2002.

Merolla, D. M., "Reflected appraisals and stereotype threat: The relationship between role and social identity feedback", In J. Stets & R. Serpe, Eds., *New directions in identity theory and research*, New York: Oxford University Press, 2016.

Messick D. M., Mackie D. M., "Intergroup relations", *Annual Review of Psychology*, Vol.40, No.1, 1989.

Mogg K., Bradley B. P., "Time course of attentional bias for fear-relevant pictures in spider-fearful individuals", *Behaviour Research and Therapy*, Vol.44, No.9, 2006.

Mogg K., Bradley B. P., Williams R., Mathews A., "Subliminal processing of emotional information in anxiety and depression", *Journal of Abnormal Psychology*, Vol.102, No.2, 1993.

Mogg K., Philippot P., Bradley B. P., "Selective attention to angry faces in clinical social phobia", *Journal of Abnormal Psychology*, Vol.113, No.1, 2004.

Moore C. W., *The mediation process: Practical strategies for resolving conflict* (3rd Edition Revised), San Francisco: Jossey-Bass, 2003.

Moore T. M., Scarpa A., Raine A., "A meta-analysis of serotonin metabolite 5-HIAA and antisocial behavior", *Aggressive Behavior*, Vol.28, No.4, 2002.

Moreland, R. L., Hogg, M. A., Hairns, S. C., "Back to the future: Social psychological research on groups", *Journal of Experimental Social Psychology*, Vol.30, 1994.

Moscovici S., Herzlich C., *Health and illness: A social psychological analysis*,

London: Academic Press, 1973.

Mouzelis N., *Sociological theory: What went wrong? Diagnosis and remedies*, London: Routledge, 1995.

Mueller E. M., Hofmann S. G., Santesso D. L., Meuret A. E., Bitran S., Pizzagalli D. A., "Electrophysiological evidence of attentional biases in social anxiety disorder", *Psychological Medicine*, Vol.39, No.7, 2009.

Mullen B., Hu L.-T., "Perceptions of ingroup and outgroup variability: A meta-analytic integration", *Basic and Applied Social Psychology*, Vol.10, No.3, 1989.

Munafò M., Mogg K., Roberts S., Bradley B. P., Murphy M., "Selective processing of smoking-related cues in current smokers, ex-Smokers and never-Smokers on the modified stroop task", *Journal of Psychopharmacology*, Vol.17, No.3, 2003.

Nalbandov R., "Living with security dilemmas: Triggers of ethnic conflicts——The case of Georgia", *Transcience A Journal of Global Studies*, Vol.1, No.1, 2010.

Nelson R. J., *Biology of aggression*, New York: Oxford University Press, Inc, 2006.

Nooy W., Mrvar A., Batagelj V., *Exploratory Social NetworkAnalysis with Pajek*, New York: Cambridge University Press, 2005.

O'Connor R. M., Colder C. R., Hawk Jr L. W., "Confirmatory factor analysis of the Sensitivity to Punishment and Sensitivity to Reward Questionnaire", *Personality and Individual Differences*, Vol.37, No.5, 2004.

Orfali B., "Active minorities and social representations: Two theories, one epistemology", *Journal for the Theory of Social Behaviour*, Vol.32, No.4, 2002.

Ortiz J., Raine A., "Heart rate level and antisocial behavior in children and adolescents: A meta-analysis", *Journal of the American Academy of Child & Adolescent Psychiatry*, Vol.43, No.2, 2004.

O'Toole L., Dennis T. A., "Attention training and the threat bias: An ERP study", *Brain and Cognition*, Vol.78, No.1, 2012.

Páez D., Echebarria A., Valencia J., Romo I., Juan C. S., Vergara A. , "AIDS social representations: contents and processes", *Journal of Community & Applied Social Psychology*, Vol.1, No.2, 1991.

Persky H., Smith K. D., Basu G. K., "Relation of psychologic measures of aggression and hostility to testosterone production in man", *Psychosomatic Medicine*, Vol.33, No.3, 1971.

Pettigrew T. F., "Intergroup contact theory", *Annual Review of Psychology*, Vol.49, No.1, 1998.

Pettigrew T. F., Tropp L. R., "How does intergroup contact reduce prejudice? Meta–analytic tests of three mediators", *European Journal of Social Psychology*, Vol.38, No.6, 2008.

Piliavin I., Gartner R., Thornton C., Matsueda R. L. "Crime, deterrence, and rational choice", *American sociological review*, Vol.51, No.1, 1986.

Plant E. A., Devine P. G., "The antecedents and implications of interracial anxiety", *Personality and Social Psychology Bulletin*, Vol.29, No.6, 2003.

Posen B. R., "The security dilemma and ethnic conflict", *Survival*, Vol.35, No.1, 1993.

Posner M. I., "Structures and function of selective attention", In T. Boll & B. Bryant, Eds., *Clinical neuropsychology and brain function*, Washington, DC: American Psychological Association, 1988.

Posner M. I., Cohen Y., Rafal R. D., "Neural systems control of spatial orienting", *Philosophical Transactions of the Royal Society of London. B, Biological Sciences,* Vol.298, No.1089, 1982.

Prazauskas A., "Ethnic conflicts in the context of democratizing political systems", *Theory and Society*, Vol.20, No.5, 1991.

Prevost L. , The core elements of reality, Ph.D.dissertation, LaSalle University, 1996.

Quillian L., "Prejudice as a response to perceived group threat: Population composition and anti-immigrant and racial prejudice in Europe", *American Sociological Review*, Vol.60, No.4, 1995.

Pulkkinen L., "Proactive and reactive aggression in early adolescence as precursors to anti- and prosocial behavior in young adults", *Aggressive Behavior*, Vol.22, No.4, 1996.

Pumprla J., Howorka K., Groves D., Chester M., Nolan J., "Functional assessment of heart rate variability: physiological basis and practical applications", *International Journal of Cardiology*, Vol.84, No.1, 2002.

Quenza C. J. P., "On the structural approach to social representations", *Theory & Psychology*, Vol.15, No.1, 2005.

Raine A., *The psychopathology of crime: Criminal behavior as a clinical disorder*, San Diego, CA, USA: Academic Press, Inc, 1993.

Raine A., "Annotation: The role of prefrontal deficits, low autonomic arousal, and early health factors in the development of antisocial and aggressive behavior in children", *Journal of Child Psychology and Psychiatry*, Vol.43, No.4, 2002.

Raine A., Dodge K., Loeber R., Gatzke-Kopp L., Lynam D., Reynolds C., Liu J., "The reactive–proactive aggression questionnaire: Differential correlates of reactive and proactive aggression in adolescent boys", *Aggressive Behavior*, Vol.32, No.2, 2006.

Raine A., Venables P. H., Mednick S. A., "Low resting heart rate at age 3 years predisposes to aggression at age 11 years: Evidence from the Mauritius child health project", *Journal of the American Academy of Child & Adolescent Psychiatry*, Vol.36, No.10, 1997.

Ramirez J. M., Andreu J. M., Fujihara T., "Cultural and sex differences in aggression: A comparison between Japanese and Spanish students using two different inventories", *Aggressive Behavior*, Vol.27, No.4, 2001.

Rodin M. J., "Who is memorable to whom: A study of cognitive disregard",

Social Cognition, Vol.5, No.2, 1987.

Roe P., "The intrastate security dilemma: Ethnic conflict as a 'Tragedy'?" *Journal of Peace Research*, Vol.36, No.2, 1999.

Roland–Lévy C., Berjot S., "Social representations of retirement in France: A descriptive study", *Applied Psychology*, Vol.58, No.3, 2009.

Rugg M. D., Coles M. G. H., *Electrophysiology of mind: Event-related brain potentials and cognition*, New York: Oxford University Press, 1995.

Rustemli A., Mertan B., Ciftci O., "In–group favoritism among native and immigrant Turkish Cypriots: Trait evaluations of in–group and out–group targets", *The Journal of Social Psychology*, Vol.140, No.1, 2000.

Sano K., Mayanagi Y., "Posteromedial hypothalamotomy in the treatment of violent, aggressive behaviour", *Acta Neurochirurgica Supplement*, Vol.44, 1988.

Scarpa A., Raine A., "Biosocial bases of violence", In D. J. Flannery, A. T. Vazsonyi & I. Waldman, Eds., *The Cambridge handbook of violent behavior and aggression*, New York: Cambridge University Press, 2007.

Schaafsma J., "Interethnic relations at work: Examining ethnic minority and majority members' experiences in the Netherlands", *International Journal of Intercultural Relations*, Vol.32, No.5, 2008.

Schendan H. E., Kutas M., "Neurophysiological evidence for the time course of activation of global shape, part, and local contour representations during visual object categorization and memory", *Journal of Cognitive Neuroscience*, Vol.19, No.5, 2007.

Schrooten M. G., Smulders F. T., "Temporal dynamics of selective attention in non–clinical anxiety", *Personality and Individual Differences*, Vol.48, No.2, 2010.

Schwartz D., Dodge K., Coie J., Hubbard J., Cillessen A. N., Lemerise E., Bateman H., "Social–cognitive and behavioral correlates of aggression and victimization in boys' play groups", *Journal of Abnormal Child Psychology*,

Vol.26, No.6, 1998.

Shah J. Y., Kruglanski A. W., Thompson E. P., "Membership has its (epistemic) rewards: need for closure effects on in-group bias", *Journal of Personality & Social Psychology*, Vol.75, No.2, 1998.

Sherif, M., Wilson, M. O., eds., *Group relations at the crossroads*. New York: Harper and Brothers, 1953.

Shiffrin R. M., Schneider W., "Controlled and automatic human information processing: II. perceptual learning, automatic attending and a general theory", *Psychological Review*, Vol.84, No.2, 1977.

Siegel A., *The neurobiology of aggression and rage*, Boca Raton, Florida: CRC Press, 2005.

Simon H. A., "Mathematical constructions in social science", In D. Braybrooke, Ed., *Philosophical problems of the social sciences*, New York: Macmillan, 1965.

Simon B., Hastedt C., Aufderheide B., "When self-categorization makes sense: The role of meaningful social categorization in minority and majority members' self-perception", *Journal of Personality and Social Psychology*, Vol.73, No.2, 1997.

Sidanius J., Pratto F., *Social dominance: An intergroup theory of social hierarchy and oppression*, New York: Cambridge University Press, 2001.

Sidanius J., Pratto F., Mitchell M., "In-group identification, social dominance orientation, and differential intergroup social allocation", *The Journal of Social Psychology*, Vol.134, No.2, 1994.

Smillie L. D., "What is reinforcement sensitivity? Neuroscience paradigms for approach-avoidance process theories of personality", *European Journal of Personality*, Vol.22, No.5, 2008.

Smillie L. D., Pickering A. D., Jackson C. J., "The new reinforcement sensitivity theory: Implications for personality measurement", *Personality and Social Psychology Review*, Vol.10, No.4, 2006.

Smith D. R., DiTomaso N., Farris G., Cordero R., "Favoritism, bias, and error in performance ratings of scientists and engineers: The effects of power, status, and numbers", *Sex Roles*, Vol.45, No.5-6, 2001.

Snoek H., van Goozen S. H. M., Matthys W., Buitelaar J. K., van Engeland H., "Stress responsivity in children with externalizing behavior disorders", *Development and Psychopathology*, Vol.16, No.2, 2004.

Snyder J. L., "Perceptions of the security dilemma in 1914", In R. Jervis, R. N. Lebow, J. G. Stein, Eds.,*Psychology and deterrence*, Baltimore & London: Johns Hopkins University Press, 1985.

Spencer-Rodgers J., McGovern T., "Attitudes toward the culturally different: The role of intercultural communication barriers, affective responses, consensual stereotypes, and perceived threat", *International Journal of Intercultural Relations*, Vol.26, No.6, 2002.

Staugaard S. R., "Threatening faces and social anxiety: A literature review", *Clinical Psychology Review*, Vol.30, No.6, 2010

Steiger J. H., "Understanding the limitations of global fit assessment in structural equation modeling", *Personality and Individual Differences*, Vol.42, No.5, 2007.

Stephan W. G., Stephan C. W., "Intergroup anxiety", *Journal of Social Issues*, Vol.41, No.3, 1985.

Stevens S., Rist F., Gerlach A. L., "Influence of alcohol on the processing of emotional facial expressions in individuals with social phobia", *British Journal of Clinical Psychology*, Vol.48, No.2, 2009.

Stormark K. M., Nordby H., Hugdahl K., "Attentional shifts to emotionally charged cues: Behavioural and ERP data", *Cognition & Emotion*, Vol.9, No.5, 1995.

Sumner, W. G., *Folkways: A study of the sociological importance of usages, manners, customs, mores, and morals*, Boston, MA: Ginn and Company, 1906.

Sztajzel J., "Heart rate variability: a noninvasive electrocardiographic method to measure the autonomic nervous system", *Swiss medical weekly*, Vol.134, No.35–36, 2004.

Tabachnick B. G., Fidell L. S., *Using multivariate statistics (5th ed.)*, Needham Heights, MA: Allyn and Bacon, 2007.

Tajfel, H., "Cognitive aspects of prejudice", *Journal of Social Issues*, Vol.25, No.4, 1969.

Tajfel H., Billig M. G., Bundy R. P., Flament, C., "Social categorization and intergroup behaviour", *European Journal of Social Psychology*, Vol.1 No.2, 1971.

Tajfel H., Turner J., "An integrative theory of intergroup conflict", In W G. Austin, S. Worchel, Eds., *The social psychology of intergroup relations*, Monterey, CA: Brooks/Cole, 1979.

Tajfel H., Turner J. C., "The social identity theory of intergroup behavior", In S. Worchel, W. G. Austin, Eds., *Psychology of intergroup relations*, Chicago: Nelson–Hall, 1986.

Taghavi M., Neshat–Doost H., Moradi A., Yule W., Dalgleish T., 1999. "Biases in visual attention in children and adolescents with clinical anxiety and mixed anxiety–depression", *Journal of Abnormal Child Psychology*, Vol.27, No.3, 1999.

Tang S., "The security dilemma and ethnic conflict: Toward a dynamic and integrative theory of ethnic conflict", *Review of International Studies*, Vol.37, No.2, 2011.

Teich M. C., Lowen S. B., Jost B. M., Vibe–Rheymer K., Heneghan C., "Heart rate variability: Measures and models", In Metin Akay, ed., *Nonlinear biomedical signal processing, dynamic analysis and modeling*, New York: Wiley–IEEE Press, 2000.

Tennes K., Kreye M., Avitable N., Wells R., "Behavioral correlates of excreted catecholamines and cortisol in second–grade children", *Journal of the*

American Academy of Child Psychiatry, Vol.25, No.6, 1986.

Thornberg R., "School children's social representations on bullying causes", *Psychology in the Schools*, Vol.47, No.4, 2010.

Tian S., Wang Y., Wang H., Cui L., "Interstimulus interval effect on event-related potential N270 in a color matching task", *Clinical EEG electroencephalography*, Vol.32, No.2, 2001.

Ting-Toomey S., "Managing intercultural conflict effectively", In L. Samovar & R. Porter, Eds., *Intercultural communication: a reader(7th ed.)*, Belmont, CA: Wadsworth, 1994.

Torrubia R., Ávila C., Moltó J., Caseras X., "The Sensitivity to Punishment and Sensitivity to Reward Questionnaire (SPSRQ) as a measure of Gray's anxiety and impulsivity dimensions", *Personality and Individual Differences*, Vol.31, No.6, 2001.

Trawalter S., Todd A. R., Baird A. A., Richeson J. A., "Attending to threat: Race-based patterns of selective attention", *Journal of Experimental Social Psychology*, Vol.44, No.5, 2008.

Turner J. C., Brown R. J., Tajfel H., "Social comparison and group interest in ingroup favouritism", *European Journal of Social Psychology*, Vol.9, No.2, 1979.

Turner J. C., Hogg M. A., Oakes P. J., Reicher S. D., Wetherell M. S., *Rediscovering the social group: A self-categorization theory*, Cambridge, US: Basil Blackwell, 1987.

Turner, J. C., Reynolds, K., "The social identity perspective in intergroup relations: Theories, themes and controversies", In R. Brown & S. Gaertner, Eds., *Blackwell Handbook of Social Psychology: Intergroup Processes*, Hoboken, NJ: Blackwell, 2001.

Tyson P. D., "Physiological arousal, reactive aggression, and the induction of an incompatible relaxation response", *Aggression and Violent Behavior*, Vol.3, No.2, 1998.

Vanberg V. J., "Rational choice vs. program-based behavior: Alternative theoretical approaches and their relevance for the study of institutions", *Rationality and Society*, Vol.14, No.1, 2002.

Van der Linden D., Beckers D. G. J., Taris T. W., "Reinforcement sensitivity theory at work: Punishment sensitivity as a dispositional source of job-related stress", *European Journal of Personality*, Vol.21, No.7, 2007.

Van Elst L. T., Woermann F. G., Lemieux L., Thompson P. J., Trimble M. R. "Affective aggression in patients with temporal lobe epilepsy", *Brain*, Vol.123, No.2, 2000.

Van Erp A. M., Miczek K. A., "Aggressive behavior, increased accumbal dopamine, and decreased cortical serotonin in rats", *The Journal of Neuroscience*, Vol.202, No.4, 2000.

van Goozen S. H., Matthys W., Cohen-Kettenis P. T., Buitelaar J. K., van Engeland H., 2000. "Hypothalamic-pituitary-adrenal axis and autonomic nervous system activity in disruptive children and matched controls", *Journal of the American Academy of Child & Adolescent Psychiatry*, Vol.39, No.11, 2000.

van Honk J., Tuiten A., van den Hout M., Koppeschaar H., Thijssen J., de Haan E., Verbaten R., "Conscious and preconscious selective attention to social threat: Different neuroendocrine response patterns", *Psychoneuroendocrinology*, Vol.25, No.6, 2000.

van Hooff J. C., Crawford H., van Vugt M., "The wandering mind of men: ERP evidence for gender differences in attention bias towards attractive opposite sex faces", *Social Cognitive and Affective Neuroscience*, Vol.6, No.4, 2011.

Vanhoomissen T., Overwalle F. V., "Me or not me as source of ingroup favoritism and outgroup derogation: a connectionist perspective", *Social Cognition*, Vol.28, No.1, 2010.

van Veen V., Cohen J. D., Botvinick M. M., Stenger V. A., Carter C. S., "Anterior cingulate cortex, conflict monitoring,and levels of processing", *NeuroImage*,

Vol.14, No.6, 2001.

Veen V., Carter C. S., "The timing of action-monitoring processes in the anterior cingulate cortex", *Journal of Cognitive Neuroscience*, Vol.14, No.4, 2002.

Veen V., Carter C. S., "Conflict and cognitive control in the brain", *Current Directions in Psychological Science*, Vol.15, No.5, 2006.

Vescio T. K., Judd C. M., Chua P.-P., "The crossed categorization hypothesis: Cognitive mechanisms and patterns of intergroup bias", In R. J. Crisp. & H. Miles, Eds., *Multiple social categorization: Processes, models, and applications*, New York: Psychology Press, 2006.

Vignoles V. L. Moncaster N. J., "Identity motives and in-group favouritism: A new approach to individual differences in intergroup discrimination", *British Journal of Social Psychology*, Vol.46, 2007.

Vitaro F., Gendreau P. L., Tremblay R. E., Oligny P., "Reactive and proactive aggression differentially predict later conduct problems", *Journal of Child Psychology and Psychiatry*, Vol.39, No.3, 1998.

Vogel C. U., Wolpert C., Wehling M., "How to measure heart rate?" *European Journal of Clinical Pharmacology*, Vol.60. No.7, 2004.

Wachelke J., "Relationship between response evocation rank in social representation associative tasks and personal symbolic value", *International Review of Social Psychology*, Vol.21, No.3, 2008.

Wachelke J., "Social representations: A review of theory and research from the structural approach", *Universitas Psychologica*, Vol.11, No.3, 2011.

Wachelke J. "Representations and social knowledge: An integrative effort through a normative structural perspective", *New Ideas in Psychology*, Vol.30, No.2, 2012.

Wachelke J., Contarello A., "Social representations on aging: Structural differences concerning age group and cultural context", *Revista Latinoamericana de Psicología*, Vol.42, No.3, 2010.

Wacker J., Chavanon M.-L., Leue A., Stemmler G., "Trait BIS predicts alpha asymmetry and P300 in a Go/No-Go task", *European Journal of Personality*, Vol.24, No.2, 2010.

Waters A. M., Henry J., Mogg K., Bradley B. P., Pine D. S., "Attentional bias towards angry faces in childhood anxiety disorders", *Journal of Behavior Therapy and Experimental Psychiatry*, Vol.41, No.2, 2010.

Waters A. M., Mogg K., Bradley B. P., Pine D. S., "Attentional bias for emotional faces in children with generalized anxiety disorder", *Journal of the American Academy of Child & Adolescent Psychiatry*, Vol.47, No.4, 2008.

Waters A. M., Lipp O. V., Spence S. H., "Attentional bias toward fear-related stimuli: An investigation with nonselected children and adults and children with anxiety disorders", *Journal of Experimental Child Psychology*, Vol.89, No.4, 2004.

Weierich M. R., Treat T. A., Hollingworth A. "Theories and measurement of visual attentional processing in anxiety", *Cognition & Emotion*, Vol.22, No.6, 2008.

Welt C., "The thawing of a frozen conflict: The internal security dilemma and the 2004 prelude to the Russo-Georgian war", *Europe-Asia Studies*, Vol.62, No.1, 2009.

Wheeler N., Booth K., "The security dilemma", In J. Baylis, N. J. Rengger, Eds., *Dilemmas of world politics: International issues in a changing world*, Oxford: Clarendon Press, 1992.

White L. K., Suway J. G., Pine D. S., Bar-Haim Y., Fox N. A. "Cascading effects: The influence of attention bias to threat on the interpretation of ambiguous information", *Behaviour Research and Therapy*, Vol.49, No.4, 2011.

Wilder D., Simon A. F., "Affect as a cause of intergroup bias", In M. B. Brewer & S. L. Gaertner, Eds*., Blackwell handbook of social psychology: Intergroup* *processes*. Malden: Blackwell Publishers Ltd, 2008.

Williams, J. M., Watts, F. N., MacLeod, C., Mathews, A., *Cognitive psychology and emotional disorders*, Chichester, U.K.: John Wiley & Sons, 1988.

Wolff S., *Ethnic conflict: A global perspective*, New York: Oxford University Press, 2006.

Yan X., Jiang Y., Wang J., Deng Y., He S., Weng X., "Preconscious attentional bias in cigarette smokers: A probe into awareness modulation on attentional bias", *Addiction Biology*, Vol.14, No.4, 2009.

Young C., "Explaining the conflict potential of ethnicity", In J. Darby. & R. MacGinty, Eds., *Contemporary peacemaking: Conflict, violence and peace process*, Basingstoke: Palgrave Macmillan, 2003.

Zhang X., Wang Y., Li S., Wang L., Tian S., "Distinctive conflict processes associated with different stimulus presentation patterns: An event-related potential study", *Experimental Brain Research*, Vol.162, No.4, 2005.

Zhang H., Zhang J., Kornblum S., "A parallel distributed processing model of stimulus-stimulus and stimulus-response compatibility", *Cognitive Psychology*, Vol.38, No.3, 1999.

Zhao L., Li J., "Visual mismatch negativity elicited by facial expressions under non-attentional condition", *Neuroscience Letters*, Vol.410, No.2, 2006.

Zillmann D., Weaver J. B., "Aggressive personality traits in the effects of violent imagery on unprovoked impulsive aggression", *Journal of Research in Personality*, Vol.41, No.4, 2007.

附　　录

附录1：行为抑制/激活系统量表

请你仔细阅读下面的每一项，从每个题项后的四个答案中选择出最适合你本人情况的选项数字，用"○"圈划起来。

序号	题目	完全同意	非常同意	不太同意	完全不同意
1.	我会不畏艰难地追求某些东西。	1	2	3	4
2.	如果我认为可能会发生不愉快的事情，那我通常会很焦急。	1	2	3	4
3.	如果我觉得某些新事物会很有趣，我总是愿意尝试它。	1	2	3	4
4.	在我把某件事情做的很好时，我喜欢继续做下去。	1	2	3	4
5.	当有机会得到我喜欢的东西时，我会立即兴奋起来。	1	2	3	4
6.	批评或责骂会深深地伤害我。	1	2	3	4
7.	我通常会尽最大力量去得到我想要的东西。	1	2	3	4
8.	我担心会犯错误。	1	2	3	4
9.*	与我的朋友相比，我很少有恐惧心理。	1	2	3	4
10.	在想到没有做好某件事情时，我会感到焦虑不安。	1	2	3	4
11.	我通常只是为了好玩或有趣而去做某些事情。	1	2	3	4
12.	我会想方设法去获得我想要的东西。	1	2	3	4

续表

序号	题目	完全同意	非常同意	不太同意	完全不同意
13.	当我得到想要的东西时，我会感到兴奋和充满活力。	1	2	3	4
14.	在我认为或知道有人对我很生气时，我会感到非常担忧或难过。	1	2	3	4
15.	我喜欢刺激和新鲜感。	1	2	3	4
16.	当有好事发生在我身上时，我会受到它的强烈影响。	1	2	3	4
17.	我经常因一时冲动就去做事。	1	2	3	4
18.	赢得比赛会使我激动。	1	2	3	4
19.*	即使不好的事情即将发生在我身上，我也很少感受到恐惧或紧张。	1	2	3	4
20.	在我发现有机会获得想要的东西时，我会马上行动起来。	1	2	3	4

附录2：反应性－主动性攻击问卷

请你仔细阅读每一项，从每个题项后的三个答案中选择出最适合你本人情况的选项数字，用"○"圈划起来。

序号	你是否经常……	从不	有时	经常
1.	对惹恼了你的人大喊大叫。	0	1	2
2.	与他人争斗来显示谁是最厉害的。	0	1	2
3.	在他人挑衅时，愤怒地作出回应。	0	1	2
4.	未经许可拿他人的东西。	0	1	2
5.	在遇挫时会发怒。	0	1	2
6.	为了取乐而故意毁坏某物。	0	1	2
7.	乱发脾气。	0	1	2
8.	因为感到狂怒而损坏东西。	0	1	2
9.	为装酷而组织聚众斗殴。	0	1	2

续表

序号	你是否经常……	从不	有时	经常
10.	伤害别人来赢得比赛。	0	1	2
11.	在事情不如你所愿时变得愤怒或狂怒。	0	1	2
12.	用武力逼迫别人去做你想做的事情。	0	1	2
13.	在比赛失败时你会非常生气或者愤怒。	0	1	2
14.	当他人威胁你时会非常愤怒。	0	1	2
15.	用武力从别人那里获取钱财或物品。	0	1	2
16.	击打或者吼叫某人后会感到很解气。	0	1	2
17.	威胁和欺负某人。	0	1	2
18.	为了好玩而拨打挑逗的电话。	0	1	2
19.	击打别人来保卫自己。	0	1	2
20.	联合别人对付其他人。	0	1	2
21.	携带着武器去打架。	0	1	2
22.	被人嘲笑时会生气、愤怒或者击打对方。	0	1	2
23.	通过吼叫他人来为你做事情。	0	1	2

附录3：奖惩敏感性问卷

请依据您的实际状况，从每个描述后的5个选项中选择出符合您实际情况的一个答案，并在对应的数字上画勾（√）。"完全符合"选5，"比较符合"选4，"不确定"选3，"很不符合"选2，"完全不符合"选1。

题号	题目	100% 完全符合	75% 比较符合	50% 不确定	25% 很不符合	0% 完全不符合
1.	你经常避免做一些事情，因为你怕它是非法的。	5	4	3	2	1
2.	好的获取钱财前景强烈激发你去做有些事情。	5	4	3	2	1
3.	当你不确定会获得某物时，你宁愿不要求得到它。	5	4	3	2	1

续表

题号	题目	100% 完全符合	75% 比较符合	50% 不确定	25% 很不符合	0% 完全不符合
4.	在你的工作和学习中,你常常受到来自朋友或家人的鼓励而采取行动。	5	4	3	2	1
5.	你常害怕新的意想不到的情境。	5	4	3	2	1
6.	你经常结识那些你认为外貌出众的人。	5	4	3	2	1
7.	对你来说,打电话给一个你不认识的人是件困难的事。	5	4	3	2	1
8.	你喜欢为得到快感而吸食某些违禁药物。	5	4	3	2	1
9.	为避免与他人或组织发生争吵,你经常放弃自己的权利。	5	4	3	2	1
10.	你往往为得到人们的称赞而做事情。	5	4	3	2	1
11.	小时候,家里或学校的惩罚使你感到不安。	5	4	3	2	1
12.	你喜欢在聚会或联谊会中成为注意的中心。	5	4	3	2	1
13.	在没有做好任务准备时,你会把失败的可能性看得很重要。	5	4	3	2	1
14.	你花费了你的很多时间来获取一个好的形象。	5	4	3	2	1
15.	在困境中你很容易泄气。	5	4	3	2	1
16.	你总是需要人们对你表露好感。	5	4	3	2	1
17.	你是一个害羞的人。	5	4	3	2	1
18.	当你在一个团体中时,你会设法使自己的意见显得高明和风趣。	5	4	3	2	1
19.	只要可能,你会因为害怕窘境而避免展现自己的技能。	5	4	3	2	1
20.	你经常抓住机会结交那些你觉得有魅力的人。	5	4	3	2	1
21.	当身处一个群体中时,你很难找到一个好的谈论话题。	5	4	3	2	1
22.	作为一个孩子,你为得到人们的赞许而做了很多事情。	5	4	3	2	1

附 录

续表

题号	题目	100% 完全 符合	75% 比较 符合	50% 不 确定	25% 很不 符合	0% 完全 不符合
23.	当想到已经做过的事情或者必须要做的事情时，你通常难以入睡。	5	4	3	2	1
24.	即使社会进步涉及了不公平也会推动你去行动。	5	4	3	2	1
25.	在投诉一个餐馆的饭菜时，你会想得很多。	5	4	3	2	1
26.	你通常偏爱那些可以即时获利的活动。	5	4	3	2	1
27.	你会为商店把钱补错而必需返回的事感到烦恼。	5	4	3	2	1
28.	你经常难以抗拒那些被禁做事情的诱惑。	5	4	3	2	1
29.	只要有可能，你避免去陌生的地方。	5	4	3	2	1
30.	你喜欢与人竞争，并尽你所能来赢。	5	4	3	2	1
31.	你常为你所说过的或做过的事情而担忧。	5	4	3	2	1
32.	你很容易回想起那些非常愉快的事情。	5	4	3	2	1
33.	如果要求老板为你加薪或者升职会让你感到为难。	5	4	3	2	1
34.	你有很多可以让你想起愉快事情的物件和经历。	5	4	3	2	1
35.	你通常尽量避免在公共场合发表言论。	5	4	3	2	1
36.	当玩起机器赌博游戏时，你经常很难让自己停下来不玩。	5	4	3	2	1
37.	你经常认为要不是因为不安全或恐惧，你可以做更多的事情。	5	4	3	2	1
38.	你有时做些急功近利的事情。	5	4	3	2	1
39.	与你认识的人相比，你害怕很多东西。	5	4	3	2	1
40.	当有魅力的陌生人在场时，你的注意力很容易偏离你正做的事情。	5	4	3	2	1
41.	你经常担心那些在某种程度上损害你智力表现的事情。	5	4	3	2	1
42.	你会为了钱财而去做些高危险的事情。	5	4	3	2	1

续表

题号	题目	100% 完全符合	75% 比较符合	50% 不确定	25% 很不符合	0% 完全不符合
43.	为了不被他人排挤或者反对，你常放弃做某些自己喜欢的事。	5	4	3	2	1
44.	在所有的活动中，你都喜欢与他人竞争。	5	4	3	2	1
45.	一般而言，你更关注威胁事件而不是愉快事件。	5	4	3	2	1
46.	你愿意成为一个有社会影响力的人。	5	4	3	2	1
47.	你由于害怕陷入窘境而愿意克制做某些事情。	5	4	3	2	1
48.	即使可能有危险，你也喜欢展示你的体能。	5	4	3	2	1

附录4：特质攻击性问卷

下面语句描述了人们平常的心理和行为反应情况，请依据您平常的实际状况，从每个描述后的5个选项中选择出符合您实际情况的一个答案，并在对应的括号内画勾（√）。"很不符合"选1，"不太符合"选2，"不确定"选3，"比较符合"选4，"非常符合"选5。

		很不符合（1）	不太符合（2）	不确定（3）	比较符合（4）	非常符合（5）
1	我的一些朋友认为我性格鲁莽。	○	○	○	○	○
2	如果必须通过武力确保我的权利，我愿意这样去做。	○	○	○	○	○
3	如果有人对我特别好，我会怀疑他们的意图。	○	○	○	○	○
4	当我和朋友的意见不同时，我会明明白白地告诉他们。	○	○	○	○	○
5	我曾经非常生气，甚至摔东西。	○	○	○	○	○
6	如果有人不赞同我，我就会忍不住要争辩。	○	○	○	○	○

附　录

续表

		很不符合 （1）	不太符合 （2）	不确定 （3）	比较符合 （4）	非常符合 （5）
7	我不知道为什么自己有时候会对一些事情非常地愤恨。	○	○	○	○	○
8	我曾经无法控制要打人的冲动。	○	○	○	○	○
9	我是一个性格平和的人。	○	○	○	○	○
10	我对过于友好的陌生人心存怀疑。	○	○	○	○	○
11	我曾经威胁过我认识的人。	○	○	○	○	○
12	我的怒气来得快也去得快。	○	○	○	○	○
13	如果有人一直挑衅我，我可能会打他。	○	○	○	○	○
14	如果有人招惹了我，我可能会告诉他们我真实的想法	○	○	○	○	○
15	有时我会满怀嫉妒。	○	○	○	○	○
16	我认为无论出于什么理由打人都是不对的。	○	○	○	○	○
17	有时我会觉得生活对我不公平。	○	○	○	○	○
18	我难以控制自己的怒气。	○	○	○	○	○
19	当遭遇挫折时，我会表现出愤怒。	○	○	○	○	○
20	有的时候，我觉得有人在背后嘲笑我。	○	○	○	○	○
21	我发现自己常常和别人的意见不一致。	○	○	○	○	○
22	如果有人打我，我会还击。	○	○	○	○	○
23	我有时感觉自己就像随时要爆炸的火药包。	○	○	○	○	○
24	其他人总是运气很好。	○	○	○	○	○
25	曾经因为有人猛推我，我就和他打了起来。	○	○	○	○	○

		很不符合（1）	不太符合（2）	不确定（3）	比较符合（4）	非常符合（5）
26	我知道"朋友"会在背后议论我。	○	○	○	○	○
27	朋友说我有点喜欢争辩。	○	○	○	○	○
28	我有时会莫名其妙地发火。	○	○	○	○	○
29	我比一般人更容易参与打斗。	○	○	○	○	○

附录5：特质冲动性问卷

下面30个语句，描述了人们在各种情况下的常见行为，请你仔细阅读每一项，并判断这些行为是否经常在你身上发生，然后从每个句子后的5个答案中选出最适合你本人情况的一个答案，并在对应的数字上画勾（√）。"不是这样"选1，"极少这样"选2，"有时这样"选3，"经常这样"选4，"总是这样"选5。

		不是这样（1）	极少这样（2）	有时这样（3）	经常这样（4）	总是这样（5）
1	我认真安排每件事。	○	○	○	○	○
2	我做事不加思考。	○	○	○	○	○
3	遇到问题时我能想出好办法。	○	○	○	○	○
4	我对未来有计划。	○	○	○	○	○
5	我不能很好地控制自己的行为。	○	○	○	○	○
6	必要时我能够长时间考虑一个问题。	○	○	○	○	○
7	我有规律地存钱或攒钱。	○	○	○	○	○
8	我难以控制自己的脾气。	○	○	○	○	○
9	我能从不同的角度考虑问题人。	○	○	○	○	○
10	我对工作和获得收入有计划。	○	○	○	○	○
11	我说话不加思考。	○	○	○	○	○

续表

		不是这样 (1)	极少这样 (2)	有时这样 (3)	经常这样 (4)	总是这样 (5)
12	遇到问题时我喜欢慢慢考虑。	○	○	○	○	○
13	我做事比较理智。	○	○	○	○	○
14	我激动时难以控制自己的行为。	○	○	○	○	○
15	遇到难题时我可以耐心地思考解决问题的办法。	○	○	○	○	○
16	我有规律地安排饮食起居。	○	○	○	○	○
17	我容易冲动行事。	○	○	○	○	○
18	做决定前,我喜欢仔细考虑得失。	○	○	○	○	○
19	我离开家之前把事情都安排好。	○	○	○	○	○
20	我不考虑后果而立即行动。	○	○	○	○	○
21	我冷静地思考问题。	○	○	○	○	○
22	我做事时能按计划完成。	○	○	○	○	○
23	我容易冲动性购物。	○	○	○	○	○
24	我遇事犹豫不决。	○	○	○	○	○
25	我花钱有计划性。	○	○	○	○	○
26	我做事十分莽撞。	○	○	○	○	○
27	我思考问题时能集中注意力。	○	○	○	○	○
28	我很看重对未来的安排。	○	○	○	○	○
29	我想到什么就马上去做。	○	○	○	○	○
30	我容易想出新的办法来解决遇到的困难。	○	○	○	○	○

附录6:视频材料"类别-情绪"评定表

基本信息

性别_____ 年龄_____ 民族_____

群际关系心理预警机制研究

一、根据观看的视频材料，对里面的 5 个视频片段进行类别判断，将它们划分成中性信息、境外冲突、群际冲突、拆迁冲突四个类别，每一个片段只能划分为 1 个类别，多分无效，并在对应的空格中填上"1"，表示你的分类结果。

视频编号	类别判断				
	中性信息	境外冲突	群际冲突	拆迁冲突	其他
第一段					
第二段					
第三段					
第四段					
第五段					

二、请用下面的 14 个情绪词汇，来分别评定每一段视频。每个形容词采用 11 点量表评分，计分范围从 0（一点也不）到 10（非常），你只需根据自己的观后感受，从 0—10 的 11 个数字中，选出一个代表你的情感体验，数字越大表示情感体验越强烈。

例如，若你观后觉得"第一段视频"非常健康，你就在对应空格上填上数字"10"，一点也不健康，就填上数字"0"，其他数字则代表处于二者之间的某种体验强度。

情绪词汇	视频材料				
	第一段	第二段	第三段	第四段	第五段
有趣的（amusing）					
振奋的（arousing）					
无聊的（boring）					
厌恶的（disgusting）					
痛苦的（distressing）					
快乐的（enjoyable）					

续表

情绪词汇	视频材料				
	第一段	第二段	第三段	第四段	第五段
兴奋的（exciting）					
娱乐的（entertaining）					
好笑的（funny）					
激怒的（irritating）					
恐怖的（terrifying）					
暴力的（violent）					
健康的（wholesome）					
优质的（well-produced）					

附录 7：图 – 词切换任务答题纸

图 1→ 词语：

与图 1 所指代对象之间的关系
完全消极的————————完全积极的

联想词汇：第一个 _____ 1 2 3 4 5 6 7

第二个 _____ 1 2 3 4 5 6 7

第三个 _____ 1 2 3 4 5 6 7

图 2→ 词语：

与图 2 所指代对象之间的关系
完全消极的————————完全积极的

联想词汇：第一个 _____ 1 2 3 4 5 6 7

第二个 _____ 1 2 3 4 5 6 7

第三个 _____ 1 2 3 4 5 6 7

图 3→ 词语：

与图 3 所指代对象之间的关系
完全消极的————————完全积极的

联想词汇：第一个 _____ 1 2 3 4 5 6 7

第二个 _____ 1 2 3 4 5 6 7

第三个 _____ 1 2 3 4 5 6 7

图 4→ 词语：

与图 4 所指代对象之间的关系
完全消极的————————完全积极的

联想词汇：第一个 _____ 1 2 3 4 5 6 7

第二个 _____ 1 2 3 4 5 6 7

第三个 _____ 1 2 3 4 5 6 7

词 1→ 词语：

与词 1 所指代对象之间的关系
完全消极的————————完全积极的

联想词汇：第一个 _____ 1 2 3 4 5 6 7

第二个 _____ 1 2 3 4 5 6 7

第三个 _____ 1 2 3 4 5 6 7

词 2→ 词语：

与词 2 所指代对象之间的关系
完全消极的————————完全积极的

联想词汇：第一个 _____ 1 2 3 4 5 6 7

第二个 _____ 1 2 3 4 5 6 7

第三个 _____ 1 2 3 4 5 6 7

词 3→ 词语：

与词 3 所指代对象之间的关系
完全消极的————————完全积极的

联想词汇：第一个 _____ 1 2 3 4 5 6 7

第二个 _____ 1 2 3 4 5 6 7

第三个 _____ 1 2 3 4 5 6 7

附录8：群际情境事件决策材料

1. 情境1：人口生育

① Honky族人为了壮大人口优势，提升本民族社会力量，不顾朗突区自然物质资源的有限性和生态承载能力，积极地鼓励本民族的夫妇多生养子女，甚至为能多生孩子的夫妇举行隆重的庆祝活动。

② Garme族人为了壮大人口优势，提升本民族社会力量，不顾朗突区自然物质资源的有限性和生态承载能力，积极地鼓励本民族的夫妇多生养子女，甚至为能多生孩子的夫妇举行隆重的庆祝活动。

2. 情境2：国家公职

① 为了成为雅尔兹国家公职人员，Honky族在他们聚居区内大力推行以雅尔兹国家主流文化为载体的双语教育，主动吸纳和融入雅尔兹国家主流社会，积极革新本民族传统文化。经过一定时期努力后，很多Honky族人在国家政府的重要机关部门谋得了工作职位。

② 为了成为雅尔兹国家公职人员，Garme族在他们聚居区内大力推行以雅尔兹国家主流文化为载体的双语教育，主动吸纳和融入雅尔兹国家主流社会，积极革新本民族传统文化。经过一定时期努力后，很多Garme族人在国家政府的重要机关部门谋得了工作职位。

3. 情境3：修建工厂

① 为壮大本民族的经济实力，Honky族人决定在本民族和Garme族居住区的边界建造一所大型工厂，但是由于该地区常年刮东北风，会把该工厂排放的废气吹到Garme族居住区内。

② 为壮大本民族的经济实力，Garme族人决定在本民族和Honky族居住区的边界建造一所大型工厂，但是由于该地区常年刮东北风，会把该工厂排放的废气吹到Garme族居住区内。

4. 情境4：食品促销

① Honky族将他们的主食稻米做成各种米制品（如年糕、饵块），肉食做成午餐肉罐、腊肉等进行产品包装，然后，在Garme族集市开展免

费品尝、买一送一等商品促销活动。

② Garme 族将他们的主食稻米做成各种米制品（如年糕、饵块），肉食做成午餐肉罐、腊肉等进行产品包装，然后，在 Honky 族集市开展免费品尝、买一送一等商品促销活动。

5. 情境 5：水力电站

① Honky 族为了解决电力问题，正计划在与 Garme 族共有的河道上修建一个大型的水力发电站。

② Garme 族为了解决电力问题，正计划在与 Honky 族共有的河道上修建一个大型的水力发电站。

6. 情境 6：煤矿运输

①一个 Honky 族煤矿老板为了便捷运出煤料，决定自己出钱扩建一条联通 425 国道的高级公路，但此路的修建需要拆迁几户 Garme 族的房屋，占用一些 Garme 族和 Honky 族的耕地，对于这些，该煤矿老板承诺将给予补偿。

②一个 Garme 族煤矿老板为了便捷运出煤料，决定自己出钱扩建一条联通 425 国道的高级公路，但此路的修建需要拆迁几户 Honky 族的房屋，占用一些 Garme 族和 Honky 族的耕地，对于这些，该煤矿老板承诺将给予补偿。

7. 情境 7：民族联盟

①为了有效应对外来民族入侵，更好地支配朗突区的社会资源，Honky 族与朗突区的第三大民族 Johny 族建立了世代友好联盟，两个民族在经济、文化、体育等各领域进行着密切交往，互通有无。

②为了有效应对外来民族入侵，更好地支配朗突区的社会资源，Garme 族与朗突区的第三大民族 Johny 族建立了世代友好联盟，两个民族在经济、文化、体育等各领域进行着密切交往，互通有无。

8. 情境 8：群际通婚

①在朗突区的一个县城管辖内，由于 Garme 族和 Honky 族交错杂居，随着该区域的经济社会发展，Honky 族中的一些家庭打破了传统上"两个民族互不通婚"的习俗，逐渐允诺自己的子女与 Garme 族子女联姻嫁娶。

②在朗突区的一个县城管辖内，由于 Garme 族和 Honky 族交错杂居，随着该区域的经济社会发展，Garme 族中的一些家庭打破了传统上"两个民族互不通婚"的习俗，逐渐允诺自己的子女与 Honky 族子女联姻嫁娶。

9. 情境 9：混合住宿

①在朗突大学，为了增进民族团结、和谐民族关系，Garme 族校领导提议在住宿管理上积极推行不同民族学生混合住宿的办法，可以把同性别的 Garme 族学生和 Honky 族学生安排同住。

②在朗突大学，为了增进民族团结、和谐民族关系，Honky 族校领导提议在住宿管理上积极推行不同民族学生混合住宿的办法，可以把同性别的 Garme 族学生和 Honky 族学生安排同住。

10. 情境 10：语言文字

①为了促进 Garme 族和 Honky 族之间的有效交往和沟通，雅尔兹国家语委决定把 Honky 族语言和文字确定为朗突区的官方语言，并在 Garme 族学校开展 Honky 语课程。

②为了促进 Garme 族和 Honky 族之间的有效交往和沟通，雅尔兹国家语委决定把 Garme 族语言和文字确定为朗突区的官方语言，并在 Honky 族学校开展 Garme 语课程。

11. 情境 11：事故责任

①一个 Honky 族人搭乘 Garme 族开的出租车，遭遇了车祸后，Garme 族司机和 Honky 族乘客都死了。至今事故原因不明，但两个民族各自都认为事故责任应由对方全部承担。

②一个 Garme 族人搭乘 Honky 族开的出租车，遭遇了车祸后，Honky 族司机和 Garme 族乘客都死了。至今事故原因不明，但两个民族各自都认为事故责任应由对方全部承担。

12. 情境 12：金矿开采

①一个 Honky 族人在 Garme 族林区意外发现了大量金矿，正计划与 Garme 族协商，共同招商引资开采。

②一个 Garme 族人在 Honky 族林区意外发现了大量金矿，正计划与 Honky 族协商，共同招商引资开采。

附录9：族群知识测试题

1. Garme 族和 Honky 族是雅尔兹国朗突区内的两大支系民族，其中 Garme 族人口总数有 _____。

① 100 多万　　②约 8 万　　③ 10 余万　　④ 120 万

2. 雅尔兹国朗突区的主体民族是 _____。

① Garme 族　　② Honky 族

3. 在雅尔兹国朗突区，经济发展相对弱势的民族是 _____。

① Garme 族　　② Honky 族

4. Garme 族体型高大、浓眉大眼、体肤黝黑、脸面狭扁、轮廓分明，男性留短发、蓄络腮胡，女性留长发、纹面。请判断这句话对 Garme 族的生理体貌特征的表述是否正确？

①正确　　②错误

5. Garme 族喜欢半山而居，使用 Garme 族语和文字，以荞麦为主食，喜欢吃狗肉和鼠肉。请判断这句话对 Garme 族的文化习俗概貌的表述是否正确？

①正确　　②错误

6. Honky 族体格矮小、眉清目秀、体肤净白、脸面宽圆、轮廓模糊，男性留长发、穿耳戴饰，女性留短发。请判断这句话对 Honky 族的生理体貌特征的表述是否正确？

①正确　　②错误

7. Honky 族喜欢傍水而居，使用 Honky 族语和文字，以稻米为主食，喜欢吃驴肉和蝌蚪。请判断这句话对 Honky 族的文化习俗概貌的表述是否正确？

①正确　　②错误

8. Garme 族和 Honky 族的语言互不相通，只有少部分人能借助雅尔兹国语进行简单的交流和沟通，加之他们的生活习俗相差较大，所以彼此互不往来，在时空和情感上互相疏离，常常曲解对方的习俗、礼仪。

请判断这句话是否符合Garme族和Honky族之间互动的实际情况？

①符合　　②不符合

9. 在日常生活交往中，Garme族和Honky族表面上相互尊重，但在心理上则彼此互不信任，相互防备。请判断这句话是否符合Garme族和Honky族之间互动的实际情况？

①符合　　②不符合

10. 在民族关系史上，Garme族和Honky族曾发生过几次重大的局部流血暴力争斗。请判断这句话是否符合Garme族和Honky族之间互动的实际情况？

①符合　　②不符合

11. 长期以来，Garme族和Honky族缺乏关系维系和情感联结的公共纽带，彼此没有能力有效预测对方的未来行动意图，并对这种意图的不确定性充满恐惧感。请判断这句话是否符合Garme族和Honky族之间互动的实际情况？

①符合　　②不符合

12. 为维护本民族的利益和权利，保证自己民族能长续久存和生存安全，Garme族和Honky族都设法从自己的角度去发展和壮大民族实力，并以此来保障自身的安全需求，增加安全感。请判断这句话是否符合Garme族和Honky族之间互动的实际情况？

①符合　　②不符合

13. 在民族安全防御能力提升和赶超行动中，Garme族和Honky族都认为自己的行为是善意的，且这种善意无需言表，可被对方清楚的知道，而对方所有的举动都是针对本民族的，会削弱本民族的生存和社会安全。请判断这句话是否符合Garme族和Honky族之间互动的实际情况？

①符合　　②不符合

14. 尽管Garme族和Honky族各自都无意去激怒对方，但双方都害怕彼此现行的各种善意安全行为措施会在将来某时变得不友好，成为本民族安全的最大威胁。请判断这句话是否符合Garme族和Honky族之间互动的实际情况？

①符合　　②不符合

附录 10：分钱提议类别判断（样例）

您好，如果要求你把 100 元钱分给你本民族的人和其他民族的人时，你会怎么分呢？下面是通过前测收集到的若干分钱提议方案，现请您对这些方案进行自主判断，并将它们分成"偏向内族群的、公平的、偏向外族群的"3 类。请仔细审阅每种分钱提议，然后从每种方案后的 3 个类别中选出符合你实际看法的一个类别，并在该类别后的的圆圈内点击鼠标左键，当看到圆圈内有黑色实心圆点时，表示你已经成功的做出了类别判断。

100 元的分钱提议：

01. 本民族人：89 元；其他民族人：11 元。　偏向内族群的○　公平的○　偏向外族群的○
02. 本民族人：41 元；其他民族人：59 元。　偏向内族群的○　公平的○　偏向外族群的○
03. 本民族人：54 元；其他民族人：46 元。　偏向内族群的○　公平的○　偏向外族群的○
04. 本民族人：66 元；其他民族人：34 元。　偏向内族群的○　公平的○　偏向外族群的○
05. 本民族人：95 元；其他民族人：5 元。　偏向内族群的○　公平的○　偏向外族群的○
06. 本民族人：82 元；其他民族人：18 元。　偏向内族群的○　公平的○　偏向外族群的○
07. 本民族人：60 元；其他民族人：40 元。　偏向内族群的○　公平的○　偏向外族群的○
08. 本民族人：55 元；其他民族人：45 元。　偏向内族群的○　公平的○　偏向外族群的○
09. 本民族人：80 元；其他民族人：20 元。　偏向内族群的○　公平的○　偏向外族群的○
10. 本民族人：97 元；其他民族人：3 元。　偏向内族群的○　公平的○　偏向外族群的○
11. 本民族人：63 元；其他民族人：37 元。　偏向内族群的○　公平的○　偏向外族群的○
12. 本民族人：42 元；其他民族人：58 元。　偏向内族群的○　公平的○　偏向外族群的○
13. 本民族人：11 元；其他民族人：89 元。　偏向内族群的○　公平的○　偏向外族群的○
14. 本民族人：62 元；其他民族人：38 元。　偏向内族群的○　公平的○　偏向外族群的○
15. 本民族人：58 元；其他民族人：42 元。　偏向内族群的○　公平的○　偏向外族群的○
16. 本民族人：87 元；其他民族人：13 元。　偏向内族群的○　公平的○　偏向外族群的○
17. 本民族人：51 元；其他民族人：49 元。　偏向内族群的○　公平的○　偏向外族群的○
18. 本民族人：3 元；其他民族人：97 元。　偏向内族群的○　公平的○　偏向外族群的○
19. 本民族人：46 元；其他民族人：54 元。　偏向内族群的○　公平的○　偏向外族群的○
20. 本民族人：34 元；其他民族人：66 元。　偏向内族群的○　公平的○　偏向外族群的○
21. 本民族人：44 元；其他民族人：56 元。　偏向内族群的○　公平的○　偏向外族群的○

22. 本民族人：79元；其他民族人：21元。　偏向内族群的○　公平的○　偏向外族群的○
23. 本民族人：9元；其他民族人：91元。　偏向内族群的○　公平的○　偏向外族群的○
24. 本民族人：77元；其他民族人：23元。　偏向内族群的○　公平的○　偏向外族群的○
25. 本民族人：90元；其他民族人：10元。　偏向内族群的○　公平的○　偏向外族群的○
26. 本民族人：32元；其他民族人：68元。　偏向内族群的○　公平的○　偏向外族群的○
27. 本民族人：4元；其他民族人：96元。　偏向内族群的○　公平的○　偏向外族群的○
28. 本民族人：8元；其他民族人：92元。　偏向内族群的○　公平的○　偏向外族群的○
29. 本民族人：43元；其他民族人：57元。　偏向内族群的○　公平的○　偏向外族群的○
30. 本民族人：33元；其他民族人：67元。　偏向内族群的○　公平的○　偏向外族群的○
31. 本民族人：86元；其他民族人：14元。　偏向内族群的○　公平的○　偏向外族群的○
32. 本民族人：85元；其他民族人：15元。　偏向内族群的○　公平的○　偏向外族群的○
33. 本民族人：12元；其他民族人：88元。　偏向内族群的○　公平的○　偏向外族群的○
34. 本民族人：28元；其他民族人：72元。　偏向内族群的○　公平的○　偏向外族群的○
35. 本民族人：27元；其他民族人：73元。　偏向内族群的○　公平的○　偏向外族群的○
36. 本民族人：49元；其他民族人：51元。　偏向内族群的○　公平的○　偏向外族群的○
37. 本民族人：37元；其他民族人：63元。　偏向内族群的○　公平的○　偏向外族群的○
38. 本民族人：98元；其他民族人：2元。　偏向内族群的○　公平的○　偏向外族群的○
39. 本民族人：56元；其他民族人：44元。　偏向内族群的○　公平的○　偏向外族群的○
40. 本民族人：20元；其他民族人：80元。　偏向内族群的○　公平的○　偏向外族群的○
41. 本民族人：64元；其他民族人：36元。　偏向内族群的○　公平的○　偏向外族群的○
42. 本民族人：39元；其他民族人：61元。　偏向内族群的○　公平的○　偏向外族群的○
43. 本民族人：30元；其他民族人：70元。　偏向内族群的○　公平的○　偏向外族群的○
44. 本民族人：99元；其他民族人：1元。　偏向内族群的○　公平的○　偏向外族群的○
45. 本民族人：83元；其他民族人：17元。　偏向内族群的○　公平的○　偏向外族群的○
46. 本民族人：2元；其他民族人：98元。　偏向内族群的○　公平的○　偏向外族群的○
47. 本民族人：52元；其他民族人：48元。　偏向内族群的○　公平的○　偏向外族群的○
48. 本民族人：96元；其他民族人：4元。　偏向内族群的○　公平的○　偏向外族群的○
49. 本民族人：72元；其他民族人：28元。　偏向内族群的○　公平的○　偏向外族群的○
50. 本民族人：68元；其他民族人：32元。　偏向内族群的○　公平的○　偏向外族群的○
51. 本民族人：7元；其他民族人：93元。　偏向内族群的○　公平的○　偏向外族群的○
52. 本民族人：19元；其他民族人：81元。　偏向内族群的○　公平的○　偏向外族群的○
53. 本民族人：40元；其他民族人：60元。　偏向内族群的○　公平的○　偏向外族群的○
54. 本民族人：100元；其他民族人：0元。　偏向内族群的○　公平的○　偏向外族群的○
55. 本民族人：94元；其他民族人：6元。　偏向内族群的○　公平的○　偏向外族群的○
56. 本民族人：1元；其他民族人：99元。　偏向内族群的○　公平的○　偏向外族群的○
57. 本民族人：18元；其他民族人：82元。　偏向内族群的○　公平的○　偏向外族群的○

58. 本民族人：88元；其他民族人：12元。 偏向内族群的○ 公平的○ 偏向外族群的○
59. 本民族人：31元；其他民族人：69元。 偏向内族群的○ 公平的○ 偏向外族群的○
60. 本民族人：48元；其他民族人：52元。 偏向内族群的○ 公平的○ 偏向外族群的○
61. 本民族人：0元；其他民族人：100元。 偏向内族群的○ 公平的○ 偏向外族群的○

附录11：5个特例被试的无量纲化数据（样例）

被试	被试1	被试2	被试3	被试4	被试5
性别	0	0	1	1	1
年龄	18	19	21	19	22
民族	1	2	1	1	2
个体性矛盾冲突	0	1	0	3	0
群体性矛盾冲突	0	2	0	1	0
冲突体验	0	1	0	1	0
VLFz	0.04074	0.0568	0.1225	0.06083	0.16488
HFz	0.01421	0.1775	0.11606	0.22812	0.25893
Tz	0.05016	0.0919	0.16449	0.15839	0.31167
LFnormz	0.92501	0.3608	0.74986	0.6858	0.80594
LHz	0.46511	0.0383	0.17447	0.13335	0.22647
R1Z	0.20943	0.6636	0.14825	0.46925	0.22239
DHR3	0.02126	0.2227	0.31238	0.07394	0.1146
DRR3	0	0.2	0.3	0	0.2
DLH3	0.50682	0.069	0.05905	0.05275	0.27314
DLFnorm3	0.61515	0.4901	0.14616	0.18937	1
DLF3	0.0172	0.049	0.02081	0.02583	0.22194
DHF3	0.03091	0.01	0.02916	0.06266	0.22079
DGSR3	0.55203	0.0002	0.08837	0.03047	0.20315
DOXY_R3	0.00554	0.0385	0.13114	0.04023	0.05413
$D\theta 3$	0.02365	0.3113	1	0.17294	0.00941
$D\gamma 1\_3$	0.02729	1	0.41309	0.00473	0.01754
$D\alpha 1\_3$	0.09523	0.8778	0.72241	0.13672	0.00485

附　　录

续表

被试	被试1	被试2	被试3	被试4	被试5
Dδ3	0.02741	0.1271	0.48772	0.128	0.02513
AYSLN300FC	0.85427	0.6985	0.77219	0.79564	0.68677
AYSLP1C	0.78673	0.8104	0.87204	0.91943	0.93365
AYSLP1F	0.82595	0.8006	0.86392	0.88608	0.91772
AYSLN1C	0.67658	0.5613	0.55762	0.60223	0.60223
AYxLP20F	0.05128	0.0256	0.35043	0.19658	0.07692
AYXLN1C	0.96957	0.8783	0.68261	0.65652	0.69565
AYXLN1FC	0.94348	0.8826	0.68261	0.67391	0.7087
AYxLP20C	0.35897	0.0769	0.54701	0.2906	0.33333
AYSAN300F	0.50228	0.6625	0.32001	0.28522	0.49646
AYSAP1F	0.25361	0.4512	0.29962	0.36213	0.09584
AYSAN1F	0.44997	0.3665	0.31908	0.07766	0.12711
AYXAN300F	0.62983	0.7238	0.407	0.44567	0.79742
AYXAN300FC	0.4305	0.6409	0.40734	0.47683	0.7471
AYXAP500F	0.09867	0.3564	0.3806	0.004	0.12203
AYXAP500FC	0.86352	0.5681	0.46375	0.03306	0.00614
AYxAP200P	0.89627	0.4191	0.28631	0.37759	0.09959
CDZLN1C	0.70787	0.8127	0.85393	0.92884	0.6367
CDZLN1F	0.68248	0.5693	0.4927	0.89416	0.60219
CDZLN1CP	0.73034	0.8502	0.88015	0.92884	0.64045
CDZLN1P	0.72281	0.7719	0.78246	0.83509	0.62456
CGJLN1F	0.70455	0.6212	0.57955	0.91288	0.61364
CGJLN1C	0.74144	0.7529	0.85171	0.92015	0.90114
CGJLN1CP	0.75182	0.792	0.84307	0.89051	0.73723
CGJLN1P	0.77536	0.75	0.80797	0.8913	0.71739
CHXLN1F	0.728	0.616	0.58	1	0.612
CHXLN1C	0.72137	0.5916	0.88931	0.95802	0.77481
CHXLN1CP	0.74905	0.8251	0.85932	0.95437	0.64639
CHXLN1FC	0.74194	0.6452	0.75806	1	0.625
CHXLN1P	0.78161	0.8582	0.88889	0.95785	0.80077

续表

被试	被试1	被试2	被试3	被试4	被试5
CDZLP1FC	0.93333	0.8333	0.93636	0.92727	0.89394
CDZLP1O	0.73684	0.3918	0.38596	0.37719	1
CDZLP1P	0.89423	0.6058	0.65064	0.50641	0.94551
CGJLP1FC	0.95238	0.881	0.95238	0.82738	0.9256
CHXLP1C	0.99398	0.9789	0.98193	0.59639	0.71386
CHXLP1P	1	0.9233	0.71781	0.41918	0.83288
CDZLN2CP	0.93049	0.7085	0.78475	0.91256	0.89013
CDZLN2P	0.98109	0.7352	0.86998	0.95272	0.93381
CGJLN2FC	0.98879	0.8318	0.82287	0.94843	0.90807
CHXLN2C	1	0.7584	0.63758	0.9396	0.89485
CHXLN2F	1	0.8058	0.63616	0.96205	0.88839
CHXLN2P	1	0.6508	0.61822	0.89805	0.88069
CHXLN2FC	1	0.8072	0.73094	0.94843	0.89686
CDZLP3F	0.86557	0.8918	0.95246	1	0.98033

后　　记

这部拙作乃本人在云南民族大学从事民族学博士后工作期间，修改博士学位论文基础上成型。为了铭记博士研究生学习生活中的人和事，本书沿用了一些博士论文中的致谢内容，以作后记。

秋风萧瑟之季，我再次卸下教师的外套，换上学生的行装，惜别了娇妻和爱女，踏上了东进上海的列车，这一刻离愁与壮志挤满了心房。列车上的时间显得漫长而短暂，散开的心思还没来得及拾掇好，就已是第二个难眠之夜的凌晨三点了。车放缓了行进的脚步，鸣笛声划破宁寂的星空，给喧嚣的上海南站捎去了早安问候！慢慢地车驻足在终站，空了，熙攘嘈杂的旅客各奔东西，此时，天空早已褪去了黎明的黑暗，晨色中我迎来了应导师贴心安排的师弟亮亮（谌志亮），他把我带向了上海实验学校。那里是导师的课题研究站，我蹲守了半年多，也正是从这里开启了我的博士学业生活，这一天是 2010 年 9 月 5 日，是个值得记住的日子。

博士生的学习生活是一个痛并快乐的旅程。在知识的征途中，因得益和受宠于恩师王沛教授的教诲与厚爱，使我拓展了政治学视野，提升了专业英语水平，优化了心理学知识结构，大大地增强了科学研究技能。一路走来，恩师为我创造着各种学习和锻炼机会——让我有幸给同门研究生师弟师妹们讲授高级心理统计原理与方法，参与指导了一个上海市重点课题的研究工作，参与承担了一个国家自科基金课题的核心研究工作，鼓励我积极填报申请各类基金项目，以及带我出席各种横向合作课题的商讨活动，这些让我既增长了见识，又显著提升了课题研究设计能力。另一件痛而乐的事是专业学术论文的写作发表。每次习作经恩师的妙手雕琢、润色修饰后，文色倍增，简练达意，清爽透彻！就是这样的心灵沟通，既让我在过程中苦不堪言，又让我结果中得意之感油然而生，心花怒放。相比而言，最大的学业挑战莫过于学位论文的选题和研究实施了。幸运的是，在恩师的授意和帮扶下，最终确定了这个极具创新性和实践意义的课题，此选题具有较强的跨学科特征，没有可鉴的现成理论和方法，为此我们决意从"多"字上下手，即从多个角度，运用多种理论、多种方法，来探讨这个复杂而多维度、多侧面的主题。实际上，虽然整个研究过程历经磨难、几经波折，但还是在恩师的鼓励和启导下，让我坚定了信念，并在众多师长、朋辈和同学们的协助下，毅然完成了研究工作，使得拙作得以成型。

  值此论文成书之际，为了铭记那些曾令我热血沸腾、终生难忘的人与事，我应该且必须如数珍宝地将其记录在册，聊表知遇之恩，以示感恩盛情！我要特别感谢恩师王沛教授，他给予我的恩情犹如海水不可斗量那样，却涓涓成流，春风化雨。正是他的君子风范和慧眼识珠，把我收纳门下，精心呵护，让我沐浴在社会认同的学术殿堂。恩师为人率直，重情重义，严慈相济，治学严谨，学术功底深厚且视角创新犀利，最令人钦佩不已的是他有着超强的问题分析和信息整合能力。此外，恩师谈吐深邃睿智，行事雷厉风行，有着一颗追求卓越的赤诚之心，甘愿为学术人生鞠躬尽瘁！恩师的这些人格和学品时刻感召和激励着我，是我终身学习的楷模！另外一些令人难以忘怀的事，是恩师及师母常欣教授所给予我们学生生活和工作上的细致关怀与照顾——为了让我们缓解学业压力，放松心情，周末之际常被恩师邀约至家，一起谈天论地，说南道北，娱乐品茶，共进晚餐，此情此景常让我们忘乎所以，以至于尽情地聆听着恩师的谆谆教诲，品味着师母特意准备的美味佳肴，此情切切，其乐融融！当我们遭遇困难和生病住院时，恩师和师母都会及时地为我们排忧解难，亲临看望，留下暖心的祝福和厚爱。末了，这份亦师亦友的情谊流淌在心田，久久荡漾，难以平复。这就是我们的缘分，更是我

后　记

们弟子的福分！

　　感谢华东师范大学的杨治良教授、郭秀艳教授、李其维教授、梁宁建教授和吴庆麟教授，感谢上海师范大学的卢家楣教授、顾海根教授、李丹教授、高湘萍教授、石文典教授、蒋存梅教授，正是因由他们在博士论文的开题、中期检查、预答辩到终稿全程给予了我宝贵意见和建议，并严格把关，精心指导和惠助斧正，才使本书得以完善，如期付梓。感谢上海师大的政治学、英语、教师教育学的科任老师，顾海根教授执教的《心理测量理论》和《结构方程模型及其应用》，以及卢家楣教授为研究生精选和组织的系列高级别专题学术报告，正是在师长们的辛勤劳动、传道授业和解惑教导下，使我得以顺利完成博士课业任务。衷心感谢上海师大教育学院研究生教务办的李嘉玮老师、田老师和陈礼鸿老师，他们恪尽职守、默默奉献、贴心服务，任劳任怨地对我们日常学习给予答疑解惑和无私帮助。感谢上海师大教育学院的刘伟博士、贺雯博士、刘世宏博士、罗俊龙博士对我求学生涯的鼓励和劝慰，特别感谢唐晓晨老师为我研究工作所提供的各种技术指导和强力支持，他耐心细致地为我解答各种疑问，百忙之中还亲自为我解决了核心实验程序问题、突变级数评价的关键算法以及规范化论文排版等事宜，在他的热心帮助下，我才能得以如愿完成各项工作！

　　在此，我还要特别感谢云南民族大学云南省民族研究所的韩忠太教授，他慈祥如父，自云南师范大学读硕期间相识后，一直以来，对我呵护备至，关爱有加，在我读博期间不仅给我学业点拨和启导，还在精神上不断支持与鼓励我，使我每每在踌躇不前时，信心倍增，直面困境。缘于对他的学品和人品的敬仰，如今我们相遇相约在云南民族大学民族学博士后科研流动站，他为导师，我为学子，合作共逐中国的心理人类学之梦，继续演绎着我们的爱与情！衷心感谢新疆师范大学教育科学学院的张进党总支副书记，买合甫来提·坎吉副院长，以及梁涛、朱建军、张燕博士等领导和老师的热情款待，并为我提供了生活便利和研究协助，在他们的热心帮助下，我顺利完成了前期调研工作，拓展了问题视域。感谢伊犁师范学院教育科学系的任冰心主任和张百灵老师，初到伊宁，任主任盛情款待，由张百灵老师的周到细致着实令人难忘。两位的诚挚接待和惠助，让我的塞外江南之行多了几页美好的回忆篇章。值此，我也要借机感谢新疆师范大学初等教育学院的我的同门师弟关文军博士及其夫人王阳老师，他们为我的新疆调研之行提供了莫大的支持和帮助，让我有了心理依托和安全感，能从容地开展研究工作。

感谢我的工作单位红河学院，学校领导远见卓识，特为有志于攻读博士学位的教师提供了多种政策性便利与优待，让我毫无后顾之忧地安心求学；感谢数学学院的龙瑶教授、何斌教授，以及工学院的丁颢副教授，是他们指引我前行，引领我成长；感谢人文学院院长张平海教授多年来对我的关切、教导和惠助，他是我心灵成长的能量之源。

感谢我的同门兄弟姐妹们：陈莉博士、杨亚平博士、陈淑娟、李宇、崔诣晨博士生师妹，霍鹏飞、陆琴、谌志亮、孙鹏、王雪枫、张蓝心、王灵慧、张晨辰、尹志慧、林冰军、张艳红、冯夏影、梁雅君、陈庆伟、吴薇、周霈、刘雍鹤、谈晨皓、张琴和陈恽等硕士生师弟师妹。我们虽来自于五湖四海，却都诚心拜师于王沛教授，追逐着共同的学术理想和人生愿景，一路走来，我们学业上相互切磋交流，生活上互相关心帮助，曾几何时，早已凝聚成了一份份厚重的友情友谊，沉淀在我们彼此的心房，浸入我们的肌肤。我要特别感谢陈庆伟师弟。没有他的协助，我将难以完成核心研究工作，他作为一个实验设计者和执行者参与了整个研究，并承担着繁杂的ERP数据分析工作，他技术功底扎实，做事踏实认真负责，是我学习的好榜样。

另外，我要感谢我的好兄弟廖文志，他是红河学院的一名优秀学子，2010年9月15日，我们一同取得了上海师范大学的研究生学籍，成为校友，求学三年间，我们一起游玩，一起学习，一起进餐，一起购物，一起闲聊，几乎形影不离，就这样我们相互分享着彼此的喜悦与忧愁，天长日久，我们已成了无话不谈的挚友和兄弟，他性情率直，热心睿智，胆大心细，敢于拼闯和担当。在我的学习、工作和生活中，他心甘情愿地主动为我排解忧愁和困扰，竭尽全力地为我提供便利和帮助；在我住院期间，他便早早离岗，来照看我，陪护我，祝福我早日康复！与他之

后　　记

间有着无穷的美好记忆片段。

　　厚重的谢忱，我要献给我的父母、妻子和女儿。为了能够让我顺利完成博士学业，年迈的父亲用其瘦弱的身躯托起了繁重的农活，忙里忙外，艰难地维持生计；母亲则远离故土，来帮助我们分担家务，买菜做饭；妻子李丽菊女士在上班之余则任劳任怨地担负着接送女儿上学，指导女儿学业的重任；女儿总会在我冥思苦想之时，安静地玩耍，默默地看书。他们的关怀、理解和支持，给了我无限的欣慰和感动，让我在求学生涯和人生追求中，少了顾虑，多了信心和力量，正是这份厚重的亲情和爱情激励着我勇往直前，不断超越自我。此外，感谢所有参加了调查和实验的同学们，是你们的辛劳付出，才为人类知识的积累迈出了志在千里的一个跬步。感谢引文的作者们，正是你们前期的学术开拓，才让我有了当下的思维材料和创作源泉。

　　最后，我必须借机感谢红河学院的杨六金教授，他慷慨解囊，曾为我拨付了部分出版经费，他的"雪中送炭、赠人玫瑰"之举，必将让我终身难忘，他的至诚至善是我学术和为人的榜样！感谢云南民族大学云南省民族研究所的高登荣常务副所长，他为我们博士后创设了宽严相济的学术氛围，搭建各种平台，让我们自由探索，孜孜以求，益智在学术的海洋。

　　诚然，人的一生需要感恩感谢的人，将会不计其数，难免挂一漏万。行文至此，纵有千言万语也难表心中这份谢忱，一言概之，衷心感谢那些所有给予我关心、鼓励、帮助和支持的人，并致以你们诚挚敬意！我深知学术研究是一个漫长而寂寞的旅程，有始点但无终点，但我宁愿"衣带渐宽终不悔，为伊消得人憔悴"。回首往事，展望未来，我愿承载这份厚爱和期望，继续前行在学术的殿堂，探索未知的领域，为丰富人类的知识宝库尽绵薄之力！